ullstein

Die aktuelle Forschung kommt zu einer verblüffenden Erkenntnis: Die meisten Prozesse im Gehirn finden unbewusst statt. Blitzschnell und automatisch erkennt unser Unterbewusstes Gefahren oder auch Belohnungen, oft lange bevor uns eine entsprechende Situation bewusst wird. Leider macht es immer wieder die gleichen Fehler: Es verführt uns zu Käufen, die wir später bereuen, lässt uns Dinge auf die lange Bank schieben, sucht die schnelle Lösung, die nicht immer die Beste ist, vereinfacht Zahlen und Wahrscheinlichkeiten oder ändert Erinnerungen aufgrund neuer Informationen. Zudem erzeugt der unterbewusste Autopilot »Gefühlsfehler«. Sie sind verantwortlich dafür, dass wir in negativen Gedankenschleifen kreisen, mit anderen in (selbst-) zerstörerische Streitereien geraten und in ungesunde, unproduktive Stimmungen verfallen. In seinem neuen Buch enthüllt Stefan Kölsch diesen natürlich vorgegebenen, aber oft überhandnehmenden und somit fatalen Mechanismus. Und er zeigt uns, wie wir dem Teufelskreis dieser »Bad Vibrations« entkommen können.

STEFAN KÖLSCH, geboren 1968 in Wichita Falls (Texas), schloss zunächst ein Geigenstudium ab und erwarb anschließend Diplome in Psychologie und Soziologie, bevor er am Max-Planck-Institut für Kognitions- und Neurowissenschaften in Leipzig promoviert wurde. Er arbeitete an der Harvard University sowie im Exzellenzcluster »Languages of Emotion« der FU Berlin und folgte 2015 einem Ruf auf eine Professur an die renommierte Universität Bergen in Norwegen.

Von Stefan Kölsch ist außerdem in unserem Hause erschienen:
Good Vibrations

Prof. Stefan Kölsch

Die dunkle Seite des Gehirns

Wie wir unser Unterbewusstes überlisten und negative Gedankenschleifen ausschalten

Ullstein

Besuchen Sie uns im Internet:
www.ullstein.de

Die Angaben und Ratschläge in diesem Buch sind von Autor und Verlag sorgfältig erwogen und geprüft. Dennoch kann eine Garantie nicht übernommen werden. Eine Haftung des Autors bzw. des Verlags und seiner Beauftragten für Personen-, Sach- und Vermögensschäden ist ausgeschlossen.

Aus Gründen der Lesbarkeit wurde im Text die männliche Form gewählt. Nichtsdestoweniger beziehen sich die Angaben auf Angehörige aller Geschlechter.

Ungekürzte Ausgabe im Ullstein Taschenbuch
1. Auflage April 2024
7. Auflage 2026

Bei Fragen zur Produktsicherheit wenden Sie sich bitte an produktsicherheit@ullstein.de
Umschlaggestaltung: zero-media.net, München nach einer Vorlage von bürosüd° GmbH, München
Titelabbildung: www.bürosüd.de
Illustrationen im Innenteil: Olga Kölsch
Satz: LVD GmbH, Berlin
Gesetzt aus Aldus Nova
Druck und Bindearbeiten: ScandBook, Litauen
ISBN 978-3-548-06840-4

Für meine Kinder

Inhaltsverzeichnis

Vorwort

»Das Unterbewusste« – jeder hat schon mal davon gehört, und jeder hat auch eins. Aber was ist es und was macht es? Ist es etwas Böses im Menschen oder will es unser Überleben sichern? Sind wir ihm hilflos ausgeliefert oder können wir es überlisten? Welche Geheimnisse verbirgt es?

Das Unterbewusste erzeugt seine eigenen Gedanken und seine eigenen Gefühle. Es drängt uns dazu, Dinge zu tun, die es für vorteilhaft hält, und Dinge zu lassen, vor denen es sich fürchtet. Das Unterbewusste hat sich im Laufe der Evolution für ein Leben im Urwald entwickelt. Dafür ist es perfekt und überlebenswichtig. In unserem modernen Leben mit Kühlschrank, Büro und Smartphone beeinflusst es uns jedoch oft entgegen unseren ureigenen Interessen. Nun wird das Unterbewusste zur dunklen Seite des Gehirns und legt uns Fallstricke.

Wenn im Urwald ein gefährliches Raubtier aus dem Busch hervorspringt, übernimmt das Unterbewusste blitzschnell das Kommando über das gesamte Gehirn. Heutzutage macht es uns durch diese Funktion blind – mit Sorgen, Ärger oder Feindschaft. Wir sind dann wie gefangen in negativen Gefühlen oder negativen Gedankenschleifen, unser Blutdruck steigt, und wir übersehen offensichtliche Lösungen. Im Urwald sorgt das Unterbewusste auch dafür, dass eine Beute nicht wieder fallen gelassen wird. Heutzutage führt der damit einhergehende Verlust-Frust zu Habgier, und unsere Schränke quellen über, weil wir uns nur schwer von Dingen trennen können.

Wir werden sehen, dass sich solche unterbewussten Funktionen Millionen von Jahren vor der Entstehung des Menschen bei den damals lebenden Tieren entwickelt haben. Deswegen sind sie tief in unseren Gehirnen verwurzelt. Zusätzlich haben sich im Unterbewusstsein des Menschen weitere faszinierende Funktionen herausgebildet. Menschen orientieren sich beispielsweise unterbewusst an den Regeln und Bräuchen ihres Stammes. Unser Unterbewusstes will, dass wir dazugehören und vom Rest der Gruppe akzeptiert werden. Deswegen drängt es uns dazu, uns so zu verhalten, so zu denken und sogar so zu fühlen wie die anderen. Es sorgt auch dafür, dass unsere Sicht der Welt mit derjenigen unserer Gruppe übereinstimmt, und zwar unabhängig davon, ob diese Sicht der Wirklichkeit entspricht. Dafür hat das Unterbewusste sogar einen eigenen Wirklichkeitsfilter. Diesen kann es geschlossen halten, und dann erliegt man allen möglichen irrationalen Vorstellungen und Illusionen. Wir können dies bei Menschen erkennen, die auf Verschwörungstheorien reinfallen, auf Propaganda oder auf Populisten.

Sie werden außerdem erfahren, dass unser Unterbewusstes auch ein Persönlichkeitssystem ist. In unserer frühen Kindheit hat es Bindungsstile zu unseren wichtigsten Bezugspersonen entwickelt. Diese frühkindlichen Bindungsstile beeinflussen lebenslang unsere Beziehungen zu anderen Menschen. Unsere unterbewussten Bindungsstile hängen außerdem mit etlichen Persönlichkeitseigenschaften zusammen, etwa damit, wie wir mit Ärger oder Stress umgehen, wie perfektionistisch wir sind, wie empathisch, wie selbstbewusst, ja sogar wie schmerzempfindlich wir sind.

Erst die unterbewussten Funktionen des Menschen haben die Entstehung moderner Zivilisationen ermöglicht. Gleichzeitig erschwert das Unterbewusste dem Menschen jedoch fortwährend das Leben in diesen Zivilisationen. Es führt uns mit Fehleinschätzungen und irrationalen Vorstellungen aufs Glatteis und wird zum Zündstoff von Konflikten. Wenn etwa andere nicht »normal« sind, also nicht mit unserer Gruppe übereinstimmen, oder wenn andere gar als Gefahr für die eigene Gruppe wahrgenommen werden, erzeugt das Unterbewusste Feindseligkeit. Dies kann zu Ausgrenzung führen, Hetze im Internet oder gar zu terroristischen Anschlägen, Kriegen und Genozid.

Glücklicherweise sind wir dem Unterbewussten nicht hilflos ausgeliefert. Ich werde Ihnen in diesem Buch verraten, wie man unterbewusste Vorgänge erkennen und sein eigenes Unterbewusstes überlisten kann. Zum Glück geht dies meist mit verblüffend einfachen Tricks. Einer der einfachsten und effektivsten davon ist, sich in einem Satz zu sagen, was gerade eigentlich das Problem ist, und in einem weiteren, was man *bewusst* will. Negative Gedankenschleifen kann man dadurch ausschalten, dass man sich deutlich sagt: »Aha, das sind Gedankenschleifen. Nun konzentriere ich mich aber wieder auf das, was ich gerade tun wollte.« Um ein Ziel zu erreichen, hilft es enorm, sich in einem Satz zu sagen, was überhaupt das Ziel ist. Bei Ängsten hilft es mehr als alles andere, sich bewusst in einem Satz zu sagen, was einen ängstigt. Durch solche Tricks können wir unsere negativen Gedanken und Emotionen kontrollieren, bevor sie uns kontrollieren. Dies zu schaffen gehört zu den größten persönlichen Erfolgen, die man im Leben erzielen kann.

Auch im Zusammenleben mit anderen können wir das Unterbewusste überlisten. Es wirkt zum Beispiel bei einem Streit oft Wunder, wenn man herausfindet, was der anderen Person eigentlich wichtig ist, und deren Sichtweise so wiedergibt, dass sie zustimmt. Wenn man der anderen Person dann auch noch sagt, dass man sie versteht und erkennt, was ihr wichtig ist, ist die Lösung des Konflikts meist bereits sehr nahe.

Zum Glück sind Probleme und Lebenskrisen tatsächlich meist nur halb so schlimm, wie sie uns scheinen, denn unser Unterbewusstes macht Probleme größer, als sie tatsächlich sind. Ebenso lässt unser Unterbewusstes die großen persönlichen Aufgaben des Lebens oft monströs und Furcht einflößend erscheinen – dabei können sie häufig mit kleinen, harmlosen Schritten bewältigt werden.

Die dunkle Seite des eigenen Gehirns zu verstehen ist die beste

Methode, um die dunkle Seite des Gehirns eines anderen Menschen zu verstehen. Dafür bietet dieses Buch einen umfassenden Einblick und eine Anleitung mit vielen praktischen Tipps. Diese sollen auch helfen, die eigene Gesundheit und das eigene Wohlbefinden zu fördern. Die stärksten Heilkräfte hat nämlich unser eigener Körper. Oft genug blockieren unterbewusste Gedanken und Stimmungen genau diese Heilkräfte. Unser Hormonhaushalt gerät dann aus dem Gleichgewicht, innere Organe werden fehlgesteuert oder überlastet, und wir werden krank, oft ohne dass ein Arzt die genaue Ursache dafür erkennen kann, etwa bei immer wiederkehrenden Schmerzen.

Die unterbewussten Vorgänge, die ich in diesem Buch darstelle, haben Hirnforscher in den letzten zwei Jahrzehnten in bahnbrechenden Experimenten beleuchtet. Diese Experimente enthüllen, dass sich das Unterbewusste in einem speziellen Teil des Gehirns befindet, nämlich im sogenannten »Orbitofrontalhirn« – hinter der Stirn über den Augen thront es im Kopf. Besonders deutlich kann man dies bei Patienten erkennen, bei denen das Orbitofrontalhirn geschädigt ist, denn bei diesen ändern sich die Funktionen des Unterbewussten. Die aufregendsten und aufschlussreichsten dieser Experimente habe ich allgemein verständlich dargestellt.

Mein Interesse am Unterbewussten und am Orbitofrontalhirn geht lange Zeit zurück. In meinem Soziologie-Studium Mitte der 1990er-Jahre suchten meine Professoren die Gesellschaft anhand von Theorien zu erklären, denen zufolge Menschen Entscheidungen rational treffen und dann entsprechend handeln. Ich habe damals einige dieser Professoren in den Seminaren mit meinen Bemerkungen genervt, dass Menschen stark von irrationalen Überlegungen beeinflusst seien und die Soziologie daher andere Modelle brauche. Heute wissen wir, dass Menschen Handlungen oft auf Grundlage irrationaler Bewertungen treffen – für die Forschungen dazu wurden mittlerweile Nobelpreise vergeben. Wenn viele Menschen die gleichen irrationalen Entscheidungen treffen, kann dies gesellschaftliche Auswirkungen haben wie etwa Reformstau, oder auch ökonomische Auswirkungen – von Hamsterkäufen bis zum Konkurs ganzer Wirtschaftszweige.

Etwa gleichzeitig mit meinem Soziologie-Diplom erwarb ich auch mein Psychologie-Diplom, und direkt danach hatte ich das Glück, eine Doktorarbeit am Max-Planck-Institut für Kognitive Neurowissenschaft in Leipzig beginnen zu können. Bei meiner ersten Hirnstudie untersuchte ich, wie Musik im Gehirn verarbeitet wird, und fand, dass plötzlich auftauchende unerwartete Harmonien starke Aktivität im Orbitofrontalhirn auslösten, dem Sitz des Unterbewussten. Dies zeigte, dass dieses aktiv wird, wenn Vorhersagen enttäuscht werden. Als junger Postdoktorand an der Harvard Medical School konnte ich solche Aktivität im Orbitofrontalhirn in einem ähnlichen Experiment erneut nachweisen und weiter erforschen. Seitdem beschäftige ich mich mit diesem Teil des Gehirns. In vielen meiner Experimente zu Emotionen, Bewertungen, Gedankenschleifen oder Vorhersagen beobachtete ich immer wieder Aktivität im Orbitofrontalhirn.

Zu meiner Zeit als Doktorand, in den frühen 2000er-Jahren, war erst wenig über das Orbitofrontalhirn bekannt. Heute wissen wir viel mehr darüber – genug, um wissenschaftlich stichhaltige Aussagen treffen zu können, die ich hiermit einer breiten Öffentlichkeit zugänglich machen möchte. Ich werde Ihnen in diesem Buch einen umfassenden, tiefen Einblick in unterbewusste Vorgänge im Gehirn geben, gemeinsam mit vielen Vorschlägen dazu, wie wir den Fallstricken, welche wir uns selbst unterbewusst immer wieder legen, leichter entgehen können. Dies soll dazu beitragen, ein ganz neues, wissenschaftlich fundiertes Verständnis des menschlichen Unterbewussten zu schaffen.

1

Gibt es ein »Unterbewusstes«? Wenn ja, warum grüßt es uns nie?

Der unterbewusste Autopilot – wohin fliegt er uns?

Jeder kennt es: Wenn wir uns nicht wirklich auf etwas konzentrieren, fangen unsere Gedanken an zu schweifen – das geschieht beim Pendeln zur Arbeit, während der Hausarbeit oder beim Duschen. Manchmal sind die umherschweifenden Gedanken positiv – wir erinnern uns vielleicht an etwas Schönes, oder uns kommt eine gute Idee. Oft jedoch funkt etwas dazwischen – es ist unser düsteres Unterbewusstes.[1] Es spielt uns Inhalte ein, die negativ sind. Unsere Gedanken kreisen dann um etwas, das uns emotional stresst – beispielsweise etwas, das uns einmal sehr ärgerte, enttäuschte oder frustrierte, wie eine Trennung oder ein Streit. Obwohl ein Ereignis längst erledigt ist, wiederkäuen wir Gedanken darüber, wie unfair etwas war, was wir hätten sagen sollen oder tun können. Oft malt sich das Unterbewusste auch Rache oder Vergeltung aus. Oder es lässt die Gedanken um etwas kreisen, worüber wir uns Sorgen machen oder vor dem wir Angst haben. Bei einigen Menschen kreisen die Gedanken darum, wie wertlos oder unfähig sie sich fühlen – etwa als Elternteil, als Partner oder überhaupt als Mensch.

Im Jahre 2010 befragten die Psychologen Matthew Killingsworth und Daniel Gilbert von der Harvard University Tausende von Testpersonen über eine Smartphone-App. Zu zufälligen Tageszeiten meldete sich die App und fragte die Personen, ob sie mit ihren Gedanken bei der Tätigkeit waren, mit der sie momentan beschäftigt waren, und wie glücklich sie sich gerade fühlten.[2] Die Forscher wollten damit herausfinden, wie oft Personen ihre Gedanken schweifen lassen und ob die Gedanken dabei eher angenehm oder unangenehm sind. Die Forscher machten eine überraschende Entdeckung: In fast der Hälfte der Fälle ließen die Personen ihre Gedanken schweifen. Bei der Arbeit, beim Einkaufen, Ausruhen, Lesen, Essen – egal bei welcher Tätigkeit – gaben die Personen an, dass ihre Gedanken schweiften. Nur beim Sex schweiften die Gedanken kaum.

Die Forscher bekamen außerdem noch ein weiteres faszinierendes Ergebnis: Sobald die Gedanken schweiften, fühlten sich die Personen im Schnitt unglücklicher, als wenn sie sich auf ihre Tätigkeit konzentrierten. Wenn die Personen sich auf etwas konzentrierten, empfanden sie ihre Gedanken eher als angenehm – verblüffenderweise selbst dann, wenn sie die Tätigkeit an sich gar nicht besonders mochten. Ließen sie ihre Gedanken jedoch schweifen, waren diese meist unangenehm oder bestenfalls neutral. Selbst wenn die Personen mit einer Tätigkeit beschäftigt waren, die sie eigentlich mochten, machte das Gedankenschweifen sie dabei oft unglücklich. Gelegentlich gaben die Personen zwar an, die Gedanken beim Gedankenschweifen seien positiv, jedoch fühlten sie sich dabei nicht glücklicher, als wenn die Gedanken nicht schweiften. Studien anderer Forscher kamen zu ähnlichen Ergebnissen: Menschen lassen im Durchschnitt circa in der Hälfte ihrer Lebenszeit die Gedanken schweifen, und in einem erheblichen Teil dieser Zeit kreisen die Gedanken um negative Dinge.

Erstaunlich, wie viel unserer kostbaren Lebenszeit wir also mit negativen Gedankenschleifen aus dem Fenster werfen. Jeder, der unsere Zeit derart verschwenden würde, wäre sofort unser ärgster Feind.

Wenn wir uns nicht *bewusst* auf unsere Tätigkeit konzentrieren, geraten wir leicht in eine Art *unterbewussten Autopilot-Modus*. Wir sind dann oft unglücklicher als in Situationen, in denen wir uns auf eine Aufgabe konzentrieren bzw. in denen wir unsere Aufmerksamkeit und unsere Gedanken bewusst steuern. Negative Gedanken kreisen im unterbewussten Autopilot-Modus wieder und wieder um etwas, das uns emotional belastet. Wir geraten dann schnell in einen Teufelskreis: Die negativen Gedankenschleifen vermiesen unsere Stimmung, und eine miese Stimmung ruft wiederum negative Gedankenschleifen hervor. Von daher steigern solche »Bad Vibrations« nicht gerade unsere Lebensqualität.

Negative Gedankenschleifen können sogar ungesund werden: Sie treten zum Beispiel bei Patienten mit Depression oder Angststörungen auf (in der Fachsprache wird das fortwährende Wiederkäuen von Gedanken *Rumination* genannt). Bei einer Depression sind zudem biochemische Vorgänge aktiv, die das Wachstum von Krebstumoren begünstigen, die Entstehung von Herz-Kreislauf-Erkrankungen fördern und die Kommunikation des Immunsystems durcheinanderbringen. Zum Beispiel produzieren Zellen des Immunsystems die gleichen Botenstoffe wie bei einer Entzündung. Diese Botenstoffe werden im Gehirn registriert und rufen dort dieselben Reaktionen hervor wie bei einer echten Entzündung.[3]

Sich unglücklich zu fühlen macht den Körper also krank. Daher ist es für die Gesundheit wichtig, negative Gedankenschleifen auszuschalten.

Im unterbewussten Autopilot-Modus werden bestimmte Hirnstrukturen aktiv, die ich das *Autopilot-Netzwerk* nenne (der wissenschaftliche Fachbegriff ist *Default Mode Network*). Dieses Netzwerk wurde in den letzten Jahren zu einem der meistuntersuchten Forschungsgegenstände der Hirnforschung. Experimente dazu werden auf ganz einfache Weise durchgeführt: Testpersonen liegen für mehrere Minuten ohne besondere Aufgabe im Hirnscanner. Den meisten wird dabei rasch langweilig und sie fangen an, ihre Gedanken schweifen zu lassen. Ihnen kommen spontane Gedanken, die sie nicht bewusst lenken und die weder zweckbestimmt noch zielgerichtet sind. Genau bei solchen Gedanken ist das Autopilot-Netzwerk aktiv. Ein Teil dieses Netzwerks ist der Orbitofrontalkortex, unser Unterbewusstes. Es erzeugt Gedanken über Dinge, die uns emotional beschäftigen – und gibt leider negativen Dingen Vorrang vor positiven.

Meine Arbeitsgruppe führte Experimente durch, bei denen wir Gedankenschleifen durch Musik beeinflussten. Die Testpersonen hörten für einige Minuten Musik, die entweder fröhlich oder traurig klang. Die Testpersonen hatten keine weitere Aufgabe, und so schweiften ihre Gedanken beim Musikhören bald umher. Bei fröhlich klingender Musik waren die Gedanken der Testpersonen positiver und drehten sich etwa um gemeinsames Tanzen und Feiern. Bei traurig klingender Musik kreisten die Gedanken hingegen oft um Trennung und Liebeskummer. Im Hirnscanner entdeckten wir, dass der Orbitofrontalkortex (das Unterbewusste) die spontanen Gedanken dahingehend beeinflusste, dass sie positiver oder negativer wurden.[4] Unser Unterbewusstes hat also Einfluss darauf, ob unsere Gedanken sich eher um positive oder negative Dinge drehen. Wenn die Stimmung um uns herum unerfreulich ist, wie etwa bei traurig klingender Musik, erzeugt unser Unterbewusstes eher unerfreuliche Gedankenschleifen.

Wir fanden außerdem heraus, dass das Autopilot-Netzwerk bei negativen Gedankenschleifen das Schmerz-System im Gehirn aktiviert. So werden unterbewusste negative Gedanken schmerzhaft, und wir fühlen uns unglücklich. Fortdauernde negative Gedanken und Stimmungen können sogar zu chronischen Schmerzen führen. Patienten mit Depression, bei denen das Autopilot-Netzwerk einschließlich des Unterbewussten besonders aktiv ist, haben oft auch Schmerzprobleme. Eine Aufhellung der Stimmung bei diesen Patienten reduziert diese Schmerzen.

Das unterbewusste Erzeugen negativer Gedankenschleifen ist wie eine schlechte Angewohnheit. Zum Glück können wir die giftigen Gedankenschleifen bewusst kontrollieren und ausschalten. Dafür müssen wir bei Gedankenschleifen unserem Unterbewussten das Steuer aus der Hand nehmen und bewusst unsere Gedanken lenken. Besonders wirkungsvoll sind hierbei folgende Schritte:

- Der *erste Schritt* besteht darin, die negativen Gedankenschleifen überhaupt zu erkennen. Sobald Sie sie bemerken, können Sie

Ihr Unterbewusstes grüßen und sich bewusst sagen »Aha, das sind Gedankenschleifen.« Freuen Sie sich darüber, dass Sie die unterbewussten Gedankenschleifen diesmal bemerkt haben – jede positive Regung wird Ihnen bei den nächsten Schritten helfen.

- Im *zweiten Schritt* sagen Sie sich: »Es ist normal, Gedankenschleifen zu haben. Dafür brauche ich mich nicht zu schämen. Jetzt lenke ich jedoch meine Gedanken auf etwas, das mir nützt.« Dann leiten Sie Ihre Gedanken bewusst auf etwas Positives oder Konstruktives, oder Sie konzentrieren sich einfach auf das, mit dem Sie gerade beschäftigt sind.
- *Dritter Schritt*: Achten Sie darauf, dass Sie nicht in die Gedankenschleifen zurückfallen. Bleiben Sie bei positiven oder konstruktiven Gedanken oder konzentrieren Sie sich auf Ihre momentane Tätigkeit. Behalten Sie das Gedanken-Steuer bewusst in der Hand, denn sobald Sie es aus der Hand geben, übernimmt Ihr unterbewusster Autopilot das Steuer und führt Sie zurück zum Grübeln, Brüten und Gedankenwiederkäuen.

Negative Gedankenschleifen abzuschalten gehört mit zu den größten Erfolgen, die wir im Leben erzielen können. Wenn wir gestresst sind, scheint uns dies schwierig. Je öfter wir diese Schritte jedoch üben, desto leichter gelingt es. Um negative Gedankenschleifen zu unterbinden, sind Techniken wie Meditation, Yoga und Achtsamkeitsübungen entwickelt worden (siehe dazu auch Kapitel *Medi-Working*, Seite 319). Falls Sie trotz der genannten Schritte Schwierigkeiten mit Gedankenschleifen haben, kann zum Beispiel ein Yoga-Kurs helfen.

Besonders gut gelingt das Ausschalten negativer Gedankenschleifen mit positiv klingender Musik, weil sie emotionale Sogwirkungen unterbricht. Es fällt dann leichter, sich schnell auf Positives zu konzentrieren, wodurch das Unterbewusste wieder abkühlt. Man kann einfach damit anfangen, sich auf die Musik zu konzentrieren (auf diese Weise kann man übrigens sogar lästige

Ohrwürmer ausschalten). Darüber hinaus kann Musik bewirken, dass unsere Gedanken im unterbewussten Autopilot-Modus positiver sind. Selbst wenn positiv klingende Musik nur im Hintergrund spielt, werden unsere Gedanken positiver.

Gedankenschleifen tauchen wie aus dem Nichts auf und versauern uns oft das Leben. Natürlich können Gefühle auch als Reaktion auf konkrete Anlässe entstehen. Sind diese Anlässe unerfreulich, setzt die dunkle Seite unseres Gehirns rasch eine unterbewusste Höllenspirale in Gang und erzeugt negative Sogwirkungen. Darum geht es im nächsten Abschnitt.

Höllenspiralen und Sogwirkungen

Wer kennt das nicht: Man steht auf dem Bahnsteig und wartet auf den Zug. Dann kommt die Ansage, dass der Zug eine Verspätung hat. Noch bevor wir überhaupt angefangen haben, *bewusst* die möglichen Folgen abzusehen und einzuschätzen, bewertet unser Unterbewusstes blitzschnell (und ungefragt) die Situation und stuft die Verspätung als Katastrophe ein. Sofort erzeugt es die ersten Ärgerimpulse im Gehirn und bereitet das Ankurbeln einer emotionalen Höllenspirale vor.

Als Reaktion darauf haben wir nun zwei Möglichkeiten: Entweder wir lassen dem negativen Emotions-Impuls freien Lauf – das ist leicht und bequem. Wir brauchen lediglich dem unterbewussten Autopiloten das Steuer zu überlassen. Oder wir nehmen bewusst Einfluss auf die Emotion: mit Vernunft, Geduld, Gelassenheit und idealerweise mit Humor. Dies ist jedoch oft mühselig, denn wir müssen extra unsere Intelligenz dafür bemühen.

Wenn wir über unsere Gefühle sprechen, meinen wir häufig, dass diese keinem bewussten Einfluss unterliegen, sondern wir ihnen machtlos ausgeliefert sind. Das ist ein Irrtum. Auch wenn diese Sichtweise für einige neu ist: Die Ursache eines Gefühls liegt nie einfach in einem Ereignis oder bei einem Objekt, sondern in unserem Gehirn. Der Beweis dafür ist, dass genau das gleiche Objekt bzw. Ereignis in unterschiedlichen Situationen zu unterschiedlichen Empfindungen führt. Schöne Geigentöne entzücken mich im Konzert, zermürben mich jedoch, wenn der Nachbar sie in der Nacht spielt. Sogar Schmerzen werden je nach Situation unterschiedlich stark empfunden. Gefühle kommen uns vor wie etwas, das ausgelöst wird und in uns auftaucht, ohne dass wir weiteren Einfluss darauf hätten. Wir lernen von klein auf, dass auf bestimmte Ereignisse bestimmte Gefühle *folgen*, und halten diese Ereignisse dann irrigerweise für die *Ursache* dieser Gefühle (dieser Fehlschluss wird in der Philosophie *Post hoc ergo propter hoc* genannt). In den meisten Fällen sind es jedoch unsere unbewussten *Bewertungen*, die die negativen Emotionen hervorrufen, nicht die Ereignisse selbst. Deswegen sind es im Alltagsleben meist unsere negativen Emotionen, die uns unglücklich und krank machen, und nicht die Umstände, die uns gerade nicht passen.

Wenn wir zum Beispiel auf dem Bahnsteig dem negativen Emotionsimpuls freien Lauf lassen, setzt unser Unterbewusstes eine emotionale Höllenspirale in Gang: Ärgert sich unser Unterbewusstes über irgendetwas, fragt es zum Beispiel sogleich, wer denn Schuld an dem Ärgernis hat. Vorzugsweise ist das jemand anderes, in diesem Fall »die blöde Bahn«. Damit ärgern wir uns also über das Ereignis selbst *und* über den Schuldigen, womit wir den Ärger schon einmal verdoppelt haben. Ärger plus Ärger ergibt psychologisch gesehen immer noch Ärger, das heißt, das Ärgern bereitet für neues Ärgern vor und wird für weiteres Ärgern wieder verwertet. Nun kann ich zusätzlich mit den Zähnen knirschen, weil dies ja nicht das erste Mal ist, sondern »schon wieder!« passiert. Manchmal ärgern wir uns auch darüber, dass diese Malaise bestimmt zurückgeht auf Arglist oder Unfähigkeit eines anderen. Bei den Ärger-Profis kommen nun die ersten Rachegedanken hoch. Außerdem kann ich mich noch darüber ärgern, dass ich mich überhaupt ärgere – der Fantasie des Unterbewussten sind hier keine Grenzen gesetzt. Unsere Emotionen drehen sich nun in einer Höllenspirale, in der das Unterbewusste unser Ärgern fortwährend recycelt. Dieser Mechanismus lässt sich auf jede negative Emotion des Unterbewussten übertragen: auf Trauer, Sorgen, Feindseligkeit, Hassen usw. Höllenspiralen werden leicht zur unterbewussten Gewohnheit, und so können auch diese negativen Emotionen zu einer Gewohnheit werden.

Die emotionalen Höllenspiralen gehen mit Sogwirkungen einher: Das Unterbewusste zieht nun alle Vorgänge im Gehirn in seinen Bann. Wir denken nur noch Gedanken, die zum negativen Gefühl passen, und fühlen uns nur zu Handlungen motiviert, die unserer negativen Gefühlslage entsprechen. Unsere negativen Emotionen ziehen auch negative Bewertungen an, selbst wenn diese irrational und irrtümlich sind. Wir können uns nicht mehr an positive Dinge erinnern und nehmen nur noch Dinge wahr, die zu unserer negativen Emotion passen. Deswegen machen uns negative Emotionen gleichsam blind. Wenn Sie sich gerade sehr über eine Person ärgern, probieren Sie einmal, sich an eine positive Eigenschaft dieser Person zu erinnern …

Das bisher Gesagte gilt natürlich nicht nur für Emotionen, sondern auch für negative Gedankenschleifen: Auch bei ihnen erzeugt das Unterbewusste Sogwirkungen, die unsere Aufmerksamkeit in den Bann nehmen – so machen uns auch negative Gedankenschleifen blind (daher: Achtung im Straßenverkehr …).

Hirnphysiologisch können wir den starken Einfluss des Unterbewussten auf die Aufmerksamkeit sowie auf das Gedächtnis daran erkennen, dass bei Patienten mit Schädigung bestimmter Regionen des Orbitofrontalkortex (dem Sitz des Unterbewussten) die Aufmerksamkeit oder das Gedächtnis gestört sind.[5]

Unser Unterbewusstes erzeugt emotionale Sogwirkungen mit einer Kraft, Überzeugung und Beharrlichkeit, von der sich unser bewusstes Denken oft eine Scheibe abschneiden könnte. Durch Sogwirkungen entstehen bei negativen Emotionen anhaltende negative Stimmungen, die es wiederum erschweren, diese Sogwirkungen abzuschalten. In einer deprimierten Stimmung ist es schwierig, Positives an der eigenen Person zu erkennen, sich an glückliche Ereignisse zu erinnern oder aus dem Bett zu steigen. Eine typische Äußerung, die eine starke unterbewusste Sogwirkung widerspiegelt, ist: »Ich kann an nichts anderes mehr denken.« In den meisten Fällen sind solche Aussagen jedoch Irrtümer (ansonsten sollte ein Arzt aufgesucht werden). Für Situationen, in denen wir unter emotionalen Sogwirkungen stehen, kann es helfen, sich einen allzeit leicht verfügbaren Zettel vorzubereiten, auf dem eigene Stärken aufgelistet sind, einige glückliche Erinnerungen und vielleicht ein paar aufmunternde Musikstücke. Ich habe solch einen Zettel im Portemonnaie.

Der Psychiater Darin Dougherty von der Harvard University bat Testpersonen, sich im Hirnscanner ein Ereignis ihres Lebens in Erinnerung zu rufen, bei denen sie sich besonders geärgert hatten. In ihren lebhaften Erinnerungen an das Erlebnis sahen sie Bilder und hörten Stimmen, wobei der Ärger von damals bald wieder in ihnen hochkochte. In den Messungen der Hirnaktivität entdeckte Dougherty, dass dabei die Aktivität im Orbitofrontalkortex anschwoll (sowie in weiteren Hirnstrukturen).[6]

Andere Experimente zeigen zudem: Wenn sich Testpersonen während der Untersuchung im Hirnscanner über andere ärgern, weil sie sich hintergangen, betrogen oder unfair behandelt fühlen, wird der Orbitofrontalkortex aktiv. Bekommen Testpersonen dann die Möglichkeit, die anderen zu bestrafen, etwa durch finanzielle Einbußen oder soziale Ausgrenzung, wird der Orbitofrontalkortex ebenfalls aktiv.[7] Unser Unterbewusstes erzeugt Ärger und gleich auch noch die Lust auf Bestrafung.

In einer unterbewussten Höllenspirale erwarten wir, dass das, was wir für die Ursache der gerade vorliegenden negativen Emotionen halten, gefälligst aufzuhören hat, anstatt dafür zu sorgen, dass unsere negativen Emotionen aufhören. Wir erwarten auch, dass jeder andere diese Ursache gefälligst genauso wichtig nimmt wie wir. Es ist dann nur noch ein kleiner Schritt, sich zu wünschen, dass die Person, über die man sich ärgert, aus der Welt verschwindet – anstatt die eigenen negativen Emotionen aus der Welt zu schaffen. Wie ein kleines Kind hält unser Unterbewusstes die Höllenspirale so lange auf Touren, bis es bekommt, was es will. Oder bis es abgelenkt wird. Wenn ein Mann am Zuggleis steht, mag er sich zwar gerade über die Verspätung schwarzärgern – taucht jedoch eine Frau auf und fragt ihn charmant, ob er wisse, wo sie vielleicht einen Kaffee bekommen könne, ist sein Unterbewusstes auf einmal vollauf mit der neuen Situation beschäftigt …

Lenkt uns aber keine charmante Person ab, müssen wir unser Unterbewusstes eben selbst ablenken. Es ist normal, dass bestimmte Ereignisse reflexartig vom Unterbewussten als negativ bewertet werden und negative Emotionen hervorrufen. Es liegt jedoch an uns, dafür zu sorgen, dass diese nicht zu negativen Stimmungen werden. Dafür können wir auf einen der etabliertesten Befunde der klinischen Psychologie zurückgreifen: Das wirksamste Mittel gegen negative Emotionen und den Stress, den sie mit sich bringen, ist bewusste, konstruktive geistige Aktivität.

Nehmen wir zur Illustration wieder den Umgang mit Ärger.

- Der *erste (und wichtigste) Schritt* ist, die negative Emotion überhaupt erst einmal bewusst zu erkennen und zu benennen – sich also zum Beispiel ganz einfach zu sagen: »Oha, ich merke, dass ich mich gerade ärgere, jetzt ist es Zeit, mich wieder abzuregen.« So schalten wir der unterbewussten Ärger-Reaktion bewusste geistige Aktivität hinzu. Wenn einem Steine in den Weg gelegt werden, ist es normal, einen Ärgerimpuls zu spüren. Wichtig ist, diesen möglichst schnell zu erkennen und angemessen zu reagieren: mit Geduld, Vernunft, Gelassenheit und vielleicht gar mit Humor. Wie lange haben Sie beim letzten Mal gebraucht, bis Sie bewusst erkannt haben, dass Sie sich ärgern? Schaffen Sie es beim nächsten Mal schneller?
- Im *zweiten Schritt* achten wir darauf, »cool zu bleiben« – mit drei Maßnahmen: durchatmen, entspannen, fließen lassen. In diesem Moment ist Geduld ein Zeichen innerer Stärke und Zorn ein Zeichen innerer Schwäche. Bedenken Sie, dass allein die Tatsache, Ärger zu empfinden, längst nicht bedeutet, dass etwas auch in Wahrheit ärgerlich ist. Es ist die eigene Sicht der Dinge, die etwas für einen ärgerlich macht. Nutzen Sie den Emotions-Impuls als Energie-Schub und überlegen Sie mit kühlem Kopf, ob bzw. wie das Problem gelöst werden kann (gegebenenfalls müssen Sie erst mal schnell eine Übergangslösung finden und zu einem späteren Zeitpunkt an einer langfristigen Lösung ar-

beiten). Es hilft zudem, zu realisieren, dass es stets gesünder ist, seinen Ärger zu beseitigen und nicht die Person, die den Ärger hervorgerufen hat. Kommen wir zurück auf das Beispiel mit der Zugverspätung: Sosehr jemand auch vor Ärger mit dem Fuß aufstampfen mag – seine Aufregung wird rein gar nichts an der Verspätung ändern. Sie wird auch nichts an zukünftigen Verspätungen ändern. Wenn jemand etwas ändern will, kann er später mit kühlem Kopf eine kurze Beschwerde schreiben. Wichtiger ist jetzt: durchatmen, entspannen, fließen lassen.

- Dann der *dritte Schritt*: Einen positiven Aspekt der Situation finden. Zum Beispiel hätte die Situation auch schlimmer kommen können, oder vielleicht bleibt uns nun irgendein künftiges Ärgernis erspart. So schalten wir der unbewussten negativen Bewertung eine bewusste positive Bewertung hinzu. Besonders hilfreich ist, einen lustigen Aspekt der Situation zu finden. (Ich sehe beispielsweise lustig aus, wenn ich mich ärgere – gucken Sie doch ebenfalls einmal in den Spiegel, wenn Sie sich so richtig ärgern …) Wenden Sie sich danach wieder einer Sache zu, die Sie *tatsächlich* tun wollen – und konzentrieren Sie sich darauf.
- Schließlich der *vierte Schritt* – für viele die größte Herausforderung: Die Sache abhaken und nicht mehr daran denken. Dies bedeutet: Der Sache keine Aufmerksamkeit mehr schenken und die unterbewusste Höllenspirale abschalten. Betreiben Sie sozusagen »mentales Entrümpeln«. Was geschehen ist, ist geschehen. Nun können Sie vielleicht etwas dazu beitragen, dass es in Zukunft anders wird. Zum Beispiel können Sie sich bei Ärger fortan auf die Dinge konzentrieren, die Ihnen wichtig sind und die Sie Ihren Zielen näher bringen, statt die Gedanken um den Anlass des Ärgers kreisen zu lassen, Groll zu hegen oder Rachegedanken mit sich herumzutragen. Ansonsten ermöglichen wir ausgerechnet einer Person, die uns Nachteile bringt, mietfrei in unserem Kopf zu wohnen. Im Gegenteil: Wenn Sie sich über eine Person geärgert haben, wünschen Sie der Person Glück

und Wohlbefinden wie jedem anderen Menschen auch – denn dies ist gesünder für Sie!

Diese vier Schritte können auf die meisten anderen ungesunden Gefühle und Stimmungen übertragen werden – Feindseligkeit, Mutlosigkeit, depressive Verstimmung usw. (siehe auch Kapitel *Notfallhilfe bei negativen Emotionen bzw. Stimmungen,* Seite 349). Bei vielen Menschen sind Höllenspiralen und Sogwirkungen zu unterbewussten Angewohnheiten geworden. Mit diesen Schritten können wir sie abschalten und in allen Lebenslagen eine unerschütterliche Gemütsruhe bewahren. Dies fördert unsere Gesundheit und stärkt unsere psychische Widerstandskraft. Ähnlich wie beim Abschalten negativer Gedankenschleifen erzielen wir hiermit jedes Mal, wenn wir diese vier Schritte meistern, einen der größten persönlichen Erfolge, die man im Leben erzielen kann. Mit Musik geht es übrigens noch leichter: Positiv klingende Musik anschalten, einige Momente mit den Fuß- und Fingerspitzen im Takt dazu tippen und dann den genannten vier Schritten folgen.

Die dunkle Seite unseres Gehirns kann uns das Leben freilich auch ohne negativen Anlass verdüstern. Ich hatte einst für unser Loft ein genau eingepasstes, edles Eichenholz-Regal gezimmert, mit gefrästen Nuten und Sockelleisten. Der Arbeitsaufwand war am Ende erheblich größer, als anfangs angenommen. Als ich nach wochenlanger Arbeit endlich fertig war und das funkelnagelneue Regal frisch geölt in seiner ganzen Pracht im Loft thronte, ärgerte ich mich erst einmal völlig entnervt darüber, wie schrecklich lange diese irrsinnige Aktion gedauert hatte. Im Angesicht des erfreulichen Anlasses erzeugte mein reizendes Unterbewusstes also »Bad Vibrations« und zog meinen Erfolg in erhebliche Mitleidenschaft. Anlässe dafür findet unser Unterbewusstes stets leicht: Es entdeckt ein Haar in der Suppe, etwas dauert zu lange, oder es fehlt irgendeine Kleinigkeit, welche die Situation jetzt noch besser machen würde und die uns nun leider zu unserem Glück fehlt …

Woher ich weiß, dass solche Bewertungen unterbewusst sind? Nun, niemand ärgert sich mit *bewusstem* Vorsatz oder macht sich absichtlich Kummer. Niemand möchte *bewusst* Glück vermeiden und stattdessen lieber leiden. Negative Emotionen und »Bad Vibrations« können also nicht aus unserem Bewusstsein kommen. Dadurch, dass wir unterbewusste Bewertungen bewusst beeinflussen, können wir unsere Emotionen regulieren und dafür sorgen, dass sie nicht zu längeren negativen Stimmungen werden. Negative Stimmungen sind ungesund und lassen uns vorschnell altern. Daher ist es für unsere Gesundheit und unser Wohlbefinden wichtig, dass wir unsere negativen Gefühle kontrollieren, statt von ihnen kontrolliert zu werden.

Länger leben mit »Good Vibrations«

Der schädliche Einfluss negativer Emotionen auf unsere Gesundheit ist in der Medizin lange Zeit stark unterschätzt worden. Was schätzen Sie, wie viel Lebenszeit uns negative Emotionen kosten? Die Psychologin Deborah Danner untersuchte dies anhand der Lebensgeschichten von Nonnen. Im Jahre 1930 ordnete die Oberin der School Sisters of Notre Dame an, dass jede neue Nonne ihrer Kongregation vor Ablegen ihres Gelübdes eine Seite über die eigene Lebensgeschichte einzureichen habe. Hunderte von Nonnen schrieben daraufhin in den folgenden Jahren ihre Lebensgeschichte auf, sie waren im Durchschnitt 22 Jahre alt.

Sieben Jahrzehnte später analysierte Danner 180 dieser Lebensgeschichten. Sie zählte, wie viele positive bzw. negative Erlebnisse beschrieben wurden und wie viele positive und negative Emotionswörter dafür benutzt wurden. Danner interessierte sich dafür, ob das Sterbealter der Nonnen, die besonders viele positive Erlebnisse beschrieben hatten, sich vom Sterbealter derjenigen unterschied, die besonders wenige positive Erlebnisse beschrieben hatten. Mögliche Unterschiede konnten nicht an den äußeren Lebensbedingungen liegen, denn diese waren für alle Nonnen sehr ähnlich. Auch ihre Lebensweisen waren fast gleich: Die Nonnen aßen gemeinsam, hatten ähnliche Tagesabläufe und konsumierten weder Alkohol noch Zigaretten. Deborah Danner fand, dass die Nonnen, die im Alter von Anfang 20 besonders viele positive Erlebnisse beschrieben hatten, deutlich länger lebten als diejenigen, die nur wenige positive Erlebnisse beschrieben. Was schätzen Sie, wie viel Jahre länger diese Nonnen lebten? Die Antwort: im Durchschnitt zehn Jahre.[8] Jede Minute negative Emotionen aus der dunklen Seite unseres Gehirns verkürzt unsere Lebenszeit, wenn wir den »Bad Vibrations« nicht bewusst entgegenwirken. Wir sind gesünder und leben länger, wenn wir lernen, die emotionalen Höllenspiralen zu durchbrechen und negative Gedankenschleifen sowie emotionale Sogwirkungen auszuschalten.

Um die positiven Seiten des Lebens zu sehen und negative Gedanken in positive umzuwandeln, hilft es, sich in ganzen Sätzen positive Dinge zu sagen. Probieren Sie einmal, sich bewusst ein Dutzend Dinge zu vergegenwärtigen, die in erfreulicher Weise mit Ihrer Person, Ihrem Leben, Ihrer derzeitigen Situation und Ihrem derzeitigen Befinden zu tun haben. Das können Stärken von Ihnen sein, willkommene Aspekte Ihrer Gesundheit, von Beruf, Freundschaften oder Partnerschaft, Ihres derzeitigen Körperempfindens usw. Fangen Sie die Sätze beispielsweise an mit »Ich freue mich, dass …«, »Wow, ist es ein Glück, dass …«, »Bin ich froh, dass …«, »Wie schön, dass …«, »Mensch, ist es angenehm, dass …«, »Ich habe so ein Glück gehabt, dass …«. Vielen Menschen hilft es mehr, wenn sie sich diese Sätze laut vorsagen, als sie nur innerlich zu denken, oder wenn sie sich die Sätze aufschreiben. (Besonders gut funktioniert diese Übung übrigens, wenn Sie dabei Musik hören, die ermutigend und fröhlich klingt.) Teilen Sie den einen oder anderen Satz später charmant mit Menschen, die Ihnen nahestehen.

Solche Sätze sind wie ein an das Leben gerichtetes Gebet, und dies zu sprechen oder zu schreiben kann eine spirituelle Erfahrung sein. »Spirituell« ist hier als Harmonie-Empfinden gemeint, also weder religiös noch esoterisch, sondern als die Erfahrung, Teil eines größeren, sinnvollen Ganzen zu sein, das in seiner Mächtigkeit über unser Fassungsvermögen hinausgeht (in einigen Religionen als »Gott« bezeichnet). Wir haben das Empfinden, dass es Sinn ergibt, wenn wir uns als Teile dieses größeren Ganzen so engagieren, dass wir und andere glücklich werden.

Diese einfache Übung regelmäßig zu praktizieren, etwa täglich, fördert Gesundheit und Wohlbefinden. Im Gehirn entstehen dabei neue Nervenbahnen, die helfen, die positiven Dinge im Leben zu erkennen sowie negative Gedanken und Emotionen schneller zu bemerken und zu beenden. In der Fachsprache heißt diese Fähigkeit *Resilienz*. Sie schützt vor Lebenszeit verkürzenden Verzweiflungskrankheiten wie Depression und hilft, schwierige Lebenssituationen ohne anhaltende gesundheitliche Beeinträchtigungen zu überstehen.

Unbewusste und unterbewusste Emotionen

Emotionen entstehen unbewusst und *unterbewusst.* Wo liegt da der Unterschied? Die vom Unterbewussten erzeugten Emotionen machen nur einen Teil unserer Emotionen aus. Die restlichen Emotionen entstehen in drei anderen Gefühls-Systemen. Zusammen mit dem Unterbewussten gibt es also vier Gefühls-Systeme im Gehirn (in Abbildung 1 illustriert). Diese Gefühls-Systeme erzeugen unterschiedliche Arten von Emotionen, Stimmungen und Bedürfnissen.[9] (Wissenschaftlich bezeichne ich diese Gefühls-Systeme als »Affektsysteme«.)

Das Unterbewusste ist eines dieser Systeme, es befindet sich im »Orbitofrontalkortex«. Ich habe bereits beschrieben, wie es negative Gedankenschleifen, Höllenspiralen und Sogwirkungen mitsamt den damit verbundenen Emotionen und Stimmungen erzeugt. Zum Glück gibt es jedoch auch noch die drei anderen Gefühls-Systeme im Gehirn. Ich werde diese kurz darstellen, damit wir besser zwischen unterbewussten Emotionen und unbewussten Emotionen unterscheiden können (ausführlicher habe ich diese Systeme in meinem Buch *Good Vibrations* beschrieben).

- Das *Vitalisierungs-System* im Hirnstamm aktiviert oder beruhigt uns und ist wie ein Wellness-Center im Gehirn, in dem wir Belebung und Regeneration finden. Es beherbergt die Steuerzentrale für das vegetative Nervensystem (auch »autonomes Nervensystem« genannt). Das vegetative Nervensystem kann die Körperorgane aktivieren oder beruhigen – etwa pocht unser Herz, oder uns stehen die Haare zu Berge. Das Vitalisierungs-System beeinflusst zudem Konzentration, Aufmerksamkeit und Wachheit im Gehirn. Wenn uns das Vitalisierungs-System

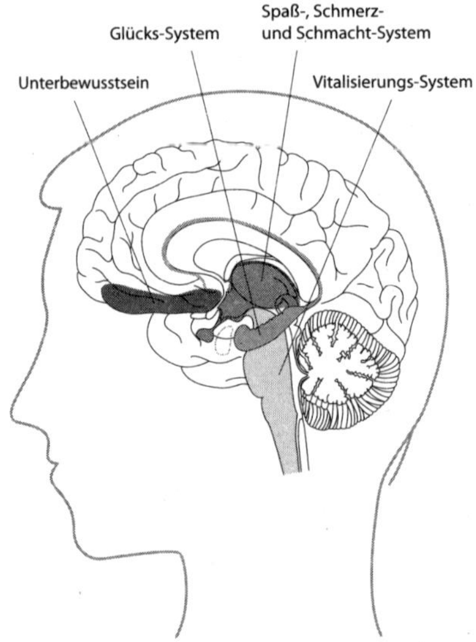

Abbildung 1: *Das Quartett der Affektsysteme im Gehirn: das Unterbewusste im Orbitofrontalkortex, das Glücks-System in der Hippocampus-Formation, das Spaß-, Schmerz- und Schmacht-System im Zwischenhirn und das Vitalisierungs-System im Hirnstamm.*

aktiviert, fühlen wir uns »frisch«, »mutig« oder auch »erschreckt«. Deaktivierung führt zu Empfindungen wie »ruhig«, »entspannt« oder auch »ermattet«. Das Unterbewusste kann das Vitalisierungs-System beeinflussen: Regt sich das Unterbewusste über etwas auf, etwa über eine Zugverspätung, funkt es ans Vitalisierungs-System, welches dann den Körper aktiviert. Wenn das Unterbewusste bei einer entmutigenden oder depressiven Stimmung Sogwirkungen produziert, erzeugt das Vitalisierungs-System Konzentrationsschwierigkeiten, Müdigkeit und Lustlosigkeit. Auch bewusst können wir das Vitalisierungs-System beeinflussen: Wenn wir langsam und tief ein- und ausatmen, wird unser Herzschlag langsamer, unsere

Muskeln entkrampfen sich, und dies beruhigt uns sogleich körperlich. Wollen wir uns hingegen motivieren oder Energie tanken, können wir ermutigend klingende Musik hören.

- Das *Spaß-, Schmerz- und Schmacht-System* im Zwischenhirn erzeugt Spaßgefühle, wenn dem Körper etwas Wohltuendes widerfährt. Nimmt der Körper Schaden, erzeugt es Schmerzen. Fehlt dem Körper etwas, erzeugt es Verlangen (»Schmacht«). Dieses System registriert auch das Zusammenspiel der inneren Körperfunktionen und steuert es über Hormone und das vegetative Nervensystem (dies wird »homöostatische Aktivität« genannt). Zum Beispiel registriert dieses System den Glukosespiegel im Blut – ist dieser abgesunken, meldet es Hunger. Wird der Hunger gestillt, erzeugt es Gefühle von Lust, Vergnügen und Befriedigung. Dabei wird auch der Botenstoff Dopamin ausgeschüttet, eine Art Treibstoff des Spaßsystems. Das Unterbewusste arbeitet eng mit dem Spaß-, Schmerz- und Schmacht-System zusammen: Wenn das Unterbewusste gestresst ist, versetzt es über das Spaß-, Schmerz- und Schmacht-System den Körper in Alarmbereitschaft. Dieses gibt dann Hormone in die Blutbahn ab, die den Blutdruck steigern und die Verfügbarkeit von Glukose im Blut erhöhen. Wenn das Unterbewusste Verluste registriert, aktiviert es das Schmerz-System, und wenn es seinen Willen bekommt, aktiviert es das Spaß-System. Wir können von den emotionalen Effekten des Spaß-, Schmerz- und Schmacht-Systems profitieren, indem wir uns regelmäßig Spaß und Vergnügen gönnen – selbst wenn wir meinen, dass wir es gerade nicht verdient hätten. Wir können zum Beispiel etwas essen, das richtig lecker *und* gesund ist, Schönheit genießen oder vielleicht Musik machen. Dies hält unsere Spaß- und Dopamin-Schaltkreise in Gang, was unserer Gesundheit wohltut und das Gehirn jung hält.
- Das *Glücks-System* in der Hippocampus-Formation beherbergt die Seele im Gehirn. Wenn wir andere Menschen kennenlernen, ermuntert uns dieses System, uns anderen zu nähern und uns

ihnen gegenüber zu öffnen, sodass soziale Bindungen entstehen können. Wenn wir Gemeinschaft erleben, erzeugt es bindungsbezogene Emotionen wie Sympathie, Vertrauen, Freude, Liebe. Beim Erleben dieser Emotionen werden wir glücklich. Bei Eltern schwillt der Hippocampus nach der Geburt eines Kindes an; bei Menschen, die chronisch unglücklich sind, schrumpft sein Volumen, er reagiert dann nur noch schwach auf Erfreuliches (etwa bei Patienten mit Depression oder mit schweren chronischen Erkrankungen). Beim Verlust sozialer Bindungen erzeugt der Hippocampus Gefühle von Trauer und Unglück. Das Unterbewusste sorgt bei Gefahren, Stress, negativen Emotionen oder negativen Gedankenschleifen dafür, dass die Aktivität im Glücks-System heruntergefahren wird. Wenn wir bewusst Gemeinschaft suchen und uns an ihr erfreuen, können wir von den emotionalen Effekten des Glücks-Systems profitieren. Zum Beispiel können wir Kontakt zu einem Freund bzw. einer Freundin aufnehmen, jemandem helfen, mit einer anderen Person mitfühlen, mit anderen spielen, tanzen oder Musik machen, eine uns nahestehende Person umarmen oder einer uns nahestehenden Person mitteilen, dass wir sie mögen.

Das Unterbewusste ist also eines von vier Gefühls-Systemen im Gehirn – es erzeugt sozusagen nur ein Viertel unserer Emotionen, die anderen drei Viertel stammen aus den anderen Gefühls-Systemen. Die *unterbewusst* erzeugten Emotionen machen so gesehen lediglich einen Teil aller Emotionen aus. Sobald wir bemerken, dass uns Gefühle aus dem Unterbewussten das Leben vergällen, können wir uns daher bewusst der wohltuenden Früchte anderer Gefühls-Systeme bedienen.

Werden die Gefühls-Systeme aktiv, kurbeln sie eine Reihe weiterer Vorgänge an. Dazu gehört die automatische Anregung oder Beruhigung des Körpers. Wenn der Zug verspätet ist und wir uns anfangen zu ärgern, steigt der Puls und der Blutdruck, Schweiß bricht aus, der Körper spannt sich an. Wenn wir uns hingegen geborgen fühlen und uns entspannen, kommt der Körper zur Ruhe und regeneriert.

Außerdem erzeugen die Gefühls-Systeme *Motivationen*, die wir als »Wollen« erleben. Solche Motivationen werden über das motorische System organisiert: Wenn wir uns bedroht fühlen, wollen wir weglaufen, wird auf einer Party mitreißende Musik gespielt, wollen wir uns dem Pulk anschließen und mittanzen.

Die Gefühls-Systeme schalten auch den automatischen *Ausdruck* von Gefühlen an: Wenn wir uns über etwas ärgern, schauen wir düster; wenn wir uns freuen, klingt unsere Stimme heller; wenn wir Angst haben, führen Körperdüfte zu dicker Luft. Das unbewusste Äußern von Emotionen verläuft derart automatisch, dass wir es unmöglich bewusst völlig kontrollieren können. Professionelle Pokerspieler tragen oft Sonnenbrillen – ein kurzes Zucken des Augenlides könnte dem Gegner verraten, dass man gerade blufft.

Zudem werden bei Emotionen unsere *Aufmerksamkeit* sowie unser *Gedächtnis* aktiviert – ich kann mich etwa an belastende Zugverspätungen und coole Partys erinnern. Und schließlich entsteht bei einer Emotion ein Gefühl bzw. eine *Empfindung,* d. h. die eigentliche Wahrnehmung der Emotion. Beispielsweise fühlt man sich ärgerlich. Wenn man es dagegen schafft, seinen Ärger zu regulieren, fühlt man sich hoffentlich bald wieder unbeschwert, locker und fröhlich.

Eine Emotion ist also vergleichbar mit einem Menü, das aus unterschiedlichen Gängen besteht: ein Auslöser als Vorspeise, als Hauptgericht die Aktivität in den Affektsystemen; körperliche Reaktionen und Motivationen sind die Beilagen, begleitend als Getränke der Ausdruck von Emotionen sowie die Steuerung von Aufmerksamkeit und Gedächtnis, als Dessert schließlich die Empfindung (siehe Abbildung 2). Die Erzeugung von Emotionen geschieht zwar unbewusst, wir können jedoch das Menü einer Emotion und dessen Zubereitung bewusst kontrollieren – wir sind der Restaurantchef. Wir können also glücklicherweise Emotionen bewusst wahrnehmen und bewusst Einfluss nehmen auf all die *unbewussten* Vorgänge, die an unseren Emotionen beteiligt sind und die nur zu einem Teil unterbewusst stattfinden. Sprich, wir sind negativen Empfindungen und Stimmungen niemals hilflos ausgeliefert, auch wenn es uns oft so scheinen mag.

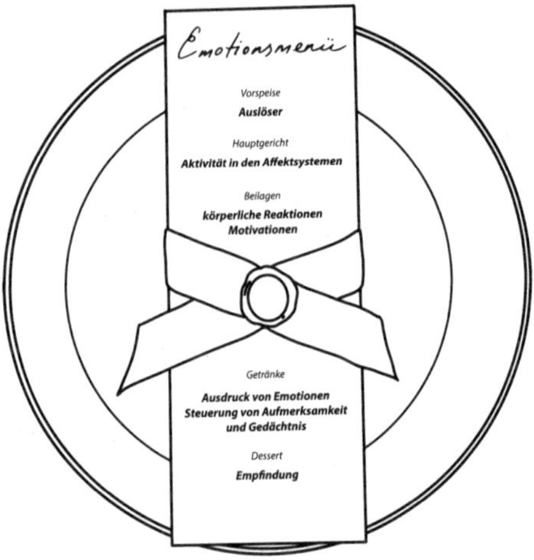

Abbildung 2: *Zu einer Emotion gehören mehrere Bestandteile, die wir uns vorstellen können wie die Gänge eines Menüs. Wir können bewusst darauf Einfluss nehmen.*

Wer ist der Chef im Gehirn?

Ich habe bereits dargestellt, dass wir bei negativen Emotionen leicht irrtümlicherweise meinen, widrige Umstände seien die Ursachen. Tatsächlich liegt ihre Ursache in unserem Gehirn, und oft in der dunklen Seite unseres Gehirns, dem Unterbewussten. Es kommt jedoch noch dicker: Wir meinen, dass unser Wille und unsere Pläne meist unserem Bewusstsein entspringen würden. Dies ist ebenfalls ein Irrtum, denn es verhält sich genau umgekehrt: Meist ist das, was wir bewusst als unseren Willen empfinden, unser *unterbewusstes* Wollen. Ohne dass wir es merken, befindet sich der Regisseur unseres Lebens oft auf der dunklen Seite des Gehirns.

Aber fangen wir von vorne an: Wenn in unserem Gehirn die Motivation erzeugt wird, etwas zu tun oder etwas zu unterlassen, empfinden wir dies als »wollen«. Wir *wollen* ein Glas Wasser trinken, einen guten Freund herzen, vor einem Elektroscooter wegspringen oder Hausarbeit erledigen. Motivationen werden bewusst oder unbewusst erzeugt, deswegen gibt es zwei fundamental unterschiedliche Arten des Willens: einen bewussten und einen unbewussten Willen. (Was ich hier als »unbewussten Willen« bezeichne, wird in der Philosophie oft als »Wollen« bezeichnet.) Der *bewusste Wille* ist derjenige, der auf bewussten, rationalen Entscheidungen beruht und das Umsetzen dieser Entscheidungen zum Ziel hat. Zum Beispiel ist es für die langfristige Lebensplanung eines Studenten bzw. einer Studentin wichtig, die Prüfungen zu bestehen. Dies motiviert dazu, morgens aufzustehen, zur Uni zu fahren und zur geplanten Zeit mit dem Lernen zu beginnen. (Wenn man bewusst das Steuer in der Hand hat, kann man sogar der Verlockung widerstehen, anfangs erst noch im Internet zu surfen oder auf WhatsApp zu chatten …) Wir können uns bewusst zu etwas motivieren, indem wir einen Sinn darin sehen. Wir geben uns dann einer sinnvollen Tätigkeit hin, um ein sinnvolles Ziel zu erreichen, die Tätigkeit macht uns Freude, und wir fühlen uns erfüllt.

Was indes ist der »unbewusste Wille«? Dieser wird von den vier Gefühls-Systemen im Gehirn erzeugt. Wie bereits beschrieben, gehört zum Menü jeder Emotion eine Motivation mit Handlungsimpulsen (siehe noch einmal Abbildung 2). Diese Motivation wird in der Emotionspsychologie auch »Handlungstendenz« genannt. Sie ist der unbewusst erzeugte, emotionale Wille, den wir meist bewusst *empfinden*. Wir erleben also emotionale Handlungsimpulse als Willen (bzw. als Drang oder Lust), und zwar als spontanen, gelegentlich schwer zu kontrollierenden Willen. Als ich vor einigen Jahren für einige Tage gefastet hatte, konnte ich beim Spazierengehen den nächsten Kebab-Laden schon von Weitem riechen, viel intensiver als sonst. Das *Spaß-, Schmerz- und Schmacht-System* in meinem Gehirn erzeugte einen extrem starken Willen, dem Geruch zu folgen und mir in dem Kebab-Laden etwas zu essen zu besorgen. (Zum Glück konnte ich dem widerstehen, indem ich schnell einen großen Bogen um den Laden machte und mich bemühte, an etwas anderes als Kebab zu denken …)

Auch das *Vitalisierungs-System* erzeugt unbewussten Willen. Wenn es morgens das Gehirn aktiviert, wollen wir aufstehen und uns bewegen; wenn es abends das Gehirn deaktiviert, wollen wir uns hinlegen und schlafen. Sind wir krank, deaktiviert das Vitalisierungs-System Gehirn und Körper, und wir wollen ruhen. Das *Glücks-System* hingegen erzeugt das Bedürfnis nach menschlicher Bindung und Gemeinschaft. Es erzeugt den Willen, die Nähe anderer Menschen zu suchen und uns an gemeinschaftlichen Aktivitäten der Gruppe zu beteiligen. Bei Eltern erzeugt es die Motivation, die Kinder zu versorgen. Dieses System erzeugt auch das Bedürfnis nach Warmherzigkeit und Mitgefühl. Wenn wir etwa jemanden in Not sehen, erzeugt es die Motivation zu helfen.

Welche Art Wille erzeugt nun aber das *Unterbewusste*? Es erzeugt zum Beispiel Höllenspiralen und Sogwirkungen, und an deren Stärke können wir erkennen, welch großer Dickkopf unser Unterbewusstes sein kann. Allerdings kann der unterbewusste Wille auch viel dezenter sein; in den letzten Jahrzehnten haben einige spektakuläre Experimente aus der Hirnforschung diesen höchst unauffälligen unterbewussten Willen enthüllt.

Die aufsehenerregendste dieser Studien leitete John-Dylan Haynes, einer der derzeit führenden Neurowissenschaftler in Deutschland. (Diese Studie führte er übrigens zu der Zeit durch, in der wir beide je eine selbstständige Nachwuchsgruppe am Max-Planck-Institut in Leipzig leiteten.) In dieser Studie wurde Hirnaktivität mittels Magnetresonanztomografie gemessen (MRT). Während die Testpersonen im Hirnscanner lagen, sollten sie nichts weiter tun, als einfach spontan, entweder mit dem linken oder dem rechten Zeigefinger, einen Knopf zu drücken – zu einem beliebigen Zeitpunkt, und zwar sobald sie den *Willen* hatten, dies zu tun. Sie konnten also frei entscheiden, wann sie einen Knopf drückten und ob sie den linken oder den rechten Knopf drückten. Im Schnitt taten sie dies alle 20 Sekunden, insgesamt dauerte das Experiment eine knappe Stunde.

Die folgsamen Testpersonen waren im Glauben, sie würden aufgrund ihres freien Willens die Tasten drücken. (Sie können es ja selbst einmal ausprobieren!) Der aufregende Befund dieser Studie war jedoch: Die Hirnsignale traten bereits auf, *bevor* eine Testperson sich dazu entschieden hatte, eine Taste zu drücken. Raten Sie einmal, wie lange vor einem Tastendruck diese Hirnsignale auftraten? Circa acht bis zehn Sekunden vorher, also lange bevor eine Testperson sich überhaupt »bewusst« zu einem Tastendruck entschieden hatte. Diese Hirnsignale waren so deutlich, dass man anhand von ihnen acht bis zehn Sekunden vor einem Tastendruck voraussagen konnte, ob die Person als Nächstes die linke oder die rechte Taste drücken würde.[10] Am frühesten konnten die Tastendrücke anhand von Hirnsignalen aus dem Unterbewussten (dem

Orbitofrontalkortex) vorhergesagt werden sowie aus einer direkt daran angrenzenden Hirnregion des Frontalkortex.

Diese Daten offenbaren einen sensationellen Sachverhalt: Die Hirnaktivität, welche in diesem Experiment einer spontanen Bewegung vorausging, machte sich zuerst im Unterbewussten bemerkbar, dann erst wurde der Person ihre Entscheidung, eine Taste zu drücken, tatsächlich bewusst und von ihr als Wille erlebt.

Das Unterbewusste erzeugt also Handlungsimpulse, die zu Handlungen führen können, von denen wir meinen, wir hätten sie aufgrund bewussten Wollens ausgeführt. Wir halten unseren unterbewussten Willen, ohne ihn lange zu hinterfragen, für unseren bewussten Willen. Im Alltag treffen wir ständig unterbewusst Entscheidungen, und zwar, *bevor* sie uns überhaupt bewusst sind, und dennoch bilden wir uns dann ein, sie ganz bewusst getroffen zu haben. Wir gehen etwa zum Kühlschrank, klicken im Internet auf den »Kaufen«-Button oder verdaddeln Zeit mit unwichtigen Dingen. Der unterbewusste Autopilot hat das Steuer in der Hand und trifft für uns Entscheidungen, die wir für unseren bewussten Willen halten. Zählen Sie einmal bis zehn und vergegenwärtigen Sie sich, wie weit wir mit unserem eingebildeten bewussten Willen unserem Unterbewussten hinterherhängen. Zehn Sekunden, bevor Sie am Konferenztisch zu den Keksen greifen, hat Ihr Unterbewusstes bereits entschieden, dass es einen Keks nehmen will, und angefangen, die Motorimpulse dafür vorzubereiten. Wir tun etwas und meinen, es sei unser bewusster Plan gewesen; tatsächlich jedoch war es der Plan unseres Unterbewussten. Deswegen müssen wir wissen, wie das Unterbewusste funktioniert und was dessen Pläne sind.

Bewusst können wir frei entscheiden

Das Unterbewusste kann also Impulse erzeugen, welche Entscheidungen vorbereiten und umsetzen – *anschließend* nehmen wir diese unterbewussten Entscheidungen dann als bewusst *und ge-*

wollt wahr. Wäre dies nicht die perfekte Entschuldigung für jedes Fehlverhalten?

Leider nein, denn bei einer solchen Entschuldigung würden wir das unterbewusste Wollen mit unserem bewussten Willen verwechseln – wir hielten das unbewusste Wollen dann irrtümlicherweise bereits für unseren bewussten Willen. Dabei würden wir also vernachlässigen, dass wir außer unserem bewussten Willen eben auch noch einen unbewussten Willen haben. Unter diesem Gesichtspunkt bricht die Entschuldigung zusammen, denn wir können stets trotz unbewussten Willens auch selbst das Steuer in die Hand nehmen und bewusst gewollte Entscheidungen treffen. Normalerweise tun wir dies jedoch nicht, weil es zeitraubend und anstrengend ist.

Selbst namhafte Neurowissenschaftler wie Robert Sapolsky, Wolfgang Singer und Gerhard Roth oder die Psychologen Steven Pinker und Wolfgang Prinz haben nicht erkannt, dass es außer dem bewussten Willen auch noch einen unbewussten Willen gibt, und daher irrtümlich angenommen, dass aller bewusster Wille aus dem Unbewussten stamme. Aus den Ergebnissen von Experimenten wie dem oben beschriebenen von John-Dylan Haynes haben sie den Schluss gezogen, Willensfreiheit sei »eine Illusion« (sie meinen, es gäbe keinen freien Willen, da unser bewusster Wille erzeugt würde, bevor er uns überhaupt bewusst werde). Dieser Schluss ist jedoch ein Irrtum, was wir erkennen können, wenn wir zwischen bewusstem und unbewusstem Willen unterscheiden, und dann folgendes Gedankenexperiment durchführen: Nehmen wir an, wir hätten einen Apparat, der unsere unterbewussten Hirnsignale lesen kann, und uns dann mitteilt, wenn unser Unterbewusstes den Willen für eine Handlung erzeugt – zum Beispiel den Willen, die linke oder rechte Taste zu drücken. Sobald der Apparat dies misst, sendet er uns ein Signal. Wir hätten dann einige Sekunden Zeit, um bewusst zu entscheiden, ob wir tatsächlich diese Taste drücken wollen oder nicht, wären also in der Lage, aufgrund einer bewussten, freien

Entscheidung eine *andere* Taste zu drücken als diejenige, für die das Unterbewusste zuvor Handlungsimpulse erzeugt hat. Dieses Gedankenexperiment enthüllt: Der bewusste Wille hat eine *Vetofunktion,* die einem Individuum ermöglicht, bei unbewusst aufkommenden Handlungsimpulsen auch anders entscheiden zu können. Wir können lernen, unsere unterbewussten Handlungsimpulse zu erkennen, *bevor* wir sie ausführen – selbst ohne einen Apparat, der die unterbewussten Gedanken misst. Ich kann am Konferenztisch den unbewussten Griff nach den Keksen erkennen, *bevor* ich den Keks in der Hand halte, und mich dann anders entscheiden. Eine weitere Chance habe ich, wenn ich den Keks zum Mund führe (dann kann ich ihn immer noch weglegen), und die letzte Chance habe ich, bevor ich den Keks runterschlucke …

Und selbst wenn man so etwas nicht schafft, kann man daraus lernen, die unbewussten Impulse beim nächsten Mal früher zu erkennen und ihnen dann zu widerstehen. Wäre all dies anders, dann wäre der Mensch seinen Emotionen und den damit zusammenhängenden Handlungsimpulsen ja stets hilflos ausgeliefert. Wir haben also einen freien, bewussten Willen – wenn wir bewusst das Steuer in die Hand nehmen, sind wir unser eigener Chef, der frei entscheiden kann, wie wir handeln und auf äußere Umstände reagieren.

Einige Zeit nachdem John-Dylan seine Studie veröffentlicht hatte, philosophierte ich mit ihm über mein Gedankenexperiment bei einem Bierabend in Berlin (mittlerweile hatten wir beide das Glück gehabt, Professoren in Berlin zu werden, er an der Charité, ich an der Freien Universität). John-Dylan verwandelte daraufhin dieses Gedankenexperiment in ein tatsächliches neurowissenschaftliches Experiment: Testpersonen hatten eine Haube mit Elektroden auf dem Kopf, welche die hirnelektrische Aktivität maßen. Auf einem Bildschirm sahen sie eine Ampel, unter dem Tisch stand ein Gaspedal, und die Testpersonen wurden gebeten, das Pedal immer dann zu drücken, wenn sie den Willen dazu verspürten. Sie sollten jedoch nur dann aufs Pedal drücken, wenn die Ampel auf Grün zeigte. Wenn die Ampel auf Rot zeigte, durften sie nicht drücken.

Nun verbrachte das Forscherteam eine brillante Meisterleistung: Sie bauten einen Apparat, der die hirnelektrische Aktivität der Testpersonen in Echtzeit analysierte. Anhand dieser Signale konnte der Apparat in Echtzeit ermitteln, ob gerade ein unterbewusstes Signal für einen Pedaldruck erzeugt wurde. Er konnte also faszinierenderweise angeben, ob die Testperson im Begriff war, das Gaspedal zu drücken, *bevor* dies der Testperson selbst überhaupt bewusst war. Der Computer wusste hier unheimlicherweise mehr über den unterbewussten Willen der Testperson als diese selbst. (In der Fachsprache wird ein solcher Apparat *Brain-Computer-Interface* genannt.)

Wenn der Computer nun ermittelt hatte, dass die Person im Begriff war, gleich das Gaspedal zu drücken, schaltete der Computer die Ampel auf Rot. In dieser Situation konnten die Testpersonen meist die Bewegung abbrechen. (Nur wenn das rote Licht erst einen Sekundenbruchteil vor der Ausführung der Bewegung gezeigt wurde, konnten sie die Bewegung nicht mehr abbrechen). Die Testpersonen waren ihren unterbewussten Handlungsimpulsen, das Gaspedal zu drücken, also nicht ohnmächtig ausgeliefert.

Die Daten dieses Experiments beweisen: Wir müssen unterbewussten Handlungsimpulsen nicht deterministisch folgen, denn wir haben auch einen bewussten Willen, der frei ist und mit dem wir uns stets anders entscheiden können, als es unser unterbewusster Wille vorsieht. Auch ohne ein Brain-Computer-Interface können wir Impulse unseres Unterbewussten erkennen – idealerweise *bevor* wir handeln, oder während wir handeln. Falls es zu spät war, können wir meist aus einem unterbewusst motivierten Fehler lernen und probieren, die unterbewussten Impulse beim nächsten Mal eher zu erkennen und dann anders zu handeln.

Unbewusster Wille ist in der Tat nicht »frei«, sondern biologisch bestimmt – zum Beispiel erzeugt das Spaß-, Schmerz- und Schmacht-System Hunger entsprechend homöostatischer Bedürfnisse. Allerdings können wir selbst solchen unbewussten Willen durch bewusste Entscheidungen überstimmen – auch wenn dies gelegentlich unvorstellbar schwer erscheint. Wir können uns von Hungergefühlen ablenken, negative Gedankenschleifen ausschalten, unterbewusst erzeugten Ärger löschen, Sogwirkungen unterbrechen. Wir können bewusst beobachten, was wir tun, und uns überlegen, ob dies wirklich das ist, was wir bewusst wollen und ob es wirklich in unserem ureigenen Interesse ist. Leider bedeutet dies auch, dass wir letztlich dafür verantwortlich sind, was wir tun.

Tipps: Entscheidungen bewusst treffen

Hier einige Tipps dazu, wie wir unseren unterbewussten Willen überlisten können, um Entscheidungen entsprechend unseres *bewussten Willens* zu treffen (siehe auch Kapitel *Problem-Lösen*, Seite 330).

- Sagen Sie sich klar in einem Satz, was Sie bewusst wollen – zum Beispiel, was Ihr Ziel ist oder was das Problem ist.
- Holen Sie aktiv Informationen ein, die für die Entscheidung wichtig sind. Manchmal fällt uns ein, was wir noch in Erfahrung bringen müssen, und »vergessen« es dann wieder. Schreiben Sie sich gegebenenfalls eine kurze Notiz. Scheuen Sie sich nicht, zu fragen, um Informationen zu erhalten. Warten Sie mit Ihrer Entscheidung, wenn Sie wissen, dass eine relevante Information fehlt. Die meisten Entscheidungen können warten, bis alle Informationen vorhanden sind (dabei jedoch Entscheidungen natürlich nicht unnötig auf die lange Bank schieben).
- Oft meinen wir, dass wir uns zwischen zwei Alternativen ent-

scheiden müssten und übersehen dabei weitere Alternativen, die noch viel wertvoller sind. Achten Sie daher darauf, dass Sie beim Auffinden der Alternativen bewusst auch in neue Richtungen denken (siehe dazu Kapitel *Kommunikationstechniken zur Konfliktlösung,* Seite 338). Dabei hilft es, sich mit Fantasie auch einige *unmögliche* Alternativen auszudenken, denn damit nehmen wir dem Unterbewussten das Denken aus der Hand und aktivieren stattdessen unser bewusstes kreatives Denken. Dadurch können wir in neue Denkbahnen geraten und auf ganz neue Ideen kommen.

- Um klar zu sehen, welche Alternative die Beste ist, hilft eine Tabellenkalkulation, in der unterschiedliche Alternativen mit ihren Vor- und Nachteilen aufgeführt sind, einschließlich der Wahrscheinlichkeiten und der persönlichen Wichtigkeit (siehe auch Kapitel *Tabelle zum Abwägen von Entscheidungen,* Seite 335).
- Konsultieren Sie andere und stellen Sie ihnen Ihre Alternativen, Überlegungen und Beurteilungen dar. Die Meinungen von drei Personen bilden eine gute Richtschnur, um endloses Grübeln zu vermeiden.
- Oft meinen wir, dass wir unbedingt die *beste* Entscheidung treffen müssten, ansonsten gäbe es eine Katastrophe. Wir meinen dies, weil unser Unterbewusstes Furcht davor erzeugt, Verluste zu erleiden. Wir haben jedoch bereits dann eine erfolgreiche Entscheidung getroffen, wenn diese uns einfach unserem Ziel *näher* bringt. Machen Sie sich daher bewusst, dass Sie nicht »die perfekte« Entscheidung treffen müssen, es gibt nämlich oft gar keine »allerbeste Entscheidung«. Wichtiger ist es, eine Entscheidung nach bestem Wissen und Gewissen zu treffen, d. h. eine Entscheidung, die einen seinem Ziel näher bringt und mit den eigenen Werten übereinstimmt (»Der Weg ist das Ziel«). Möglichst vorteilhafte Entscheidungen zu treffen ist ein Lernprozess. Wir lernen bis an unser Lebensende aus falschen Entscheidungen, deswegen sind Fehler und ungünstige Entscheidungen kein

Anzeichen von Charaktermangel, sondern schlimmstenfalls Anzeichen dafür, dass wir noch mehr lernen können.

- Entscheidungen ziehen oft eine Kette von Konsequenzen nach sich. Je sorgfältiger Sie diese im Vorhinein abschätzen und berücksichtigen, desto wahrscheinlicher können Sie eine sinnvolle Entscheidung treffen. Denken Sie daher die möglichen Konsequenzen Ihrer Entscheidung *zu Ende* und führen Sie gedanklich Probedurchläufe durch. Fragen Sie sich beispielsweise, was die unmittelbaren Folgen einer Entscheidung sein können und wie Sie jeweils gegebenenfalls darauf reagieren würden. Spielen Sie dies bei wichtigen Entscheidungen auch mit einer anderen Person durch. So können Sie leichter einschätzen, wie realistisch es ist, dass Ihre Entscheidung Sie Ihrem Ziel näher bringt. Dies gilt insbesondere, wenn Sie gemeinsam eine Entscheidung treffen, beispielsweise mit Ihrem Ehepartner.
- Treffen Sie diejenige Entscheidung, deren Basis eine positive Selbstvorstellung, Selbstvertrauen und Integrität ist. Häufig erzielen wir genau die Ergebnisse, die wir unterbewusst zu verdienen glauben. Gerade diese sind leider oft nicht in unserem eigentlichen Interesse. Wenn wir zum Beispiel unterbewusst meinen, dass wir es nicht verdient hätten, Erfolg zu haben oder glücklich zu werden, treffen wir oft Entscheidungen, die genau dazu führen, dass sich diese unterbewusste Meinung erfüllt.
- Viele Entscheidungen bringen Unsicherheit mit sich. Unser Unterbewusstes verabscheut jedoch Unsicherheit und will daher solche Entscheidungen vermeiden und hinauszögern – trotzdem müssen sie getroffen werden. Wenn wir uns vor einer unangenehmen Entscheidung drücken, führt das meist zu nachteiligen Konsequenzen, die wir durch eine rechtzeitige Entscheidung hätten verhindern können. Selbst bewusst eine Entscheidung zu treffen, anstatt sie anderen oder dem Schicksal zu überlassen, ist zudem wichtig für unsere geistige Gesundheit (zum Beispiel geht es Kindern oder Pflegebedürftigen besser, wenn sie ein Mitspracherecht haben und eigene Entscheidungen treffen dürfen).

- Setzen Sie sich nicht unter Druck – manchmal ist eine Entscheidung knifflig und braucht ihre Zeit. Diese Zeit ist oft unangenehm, etwa weil wir uns fürchten, einen Fehler zu machen, oder weil wir die Unsicherheit einer unentschiedenen Situation aushalten müssen. Sorgen Sie sich jedoch nicht, nur weil eine Entscheidung Zeit zum Reifen braucht.
- Bedenken Sie, dass Sie sich in einigen Fällen erst dann besser fühlen werden, wenn Sie eine Entscheidung umgesetzt haben (etwa wenn man sich einen Fehler eingesteht, eine andere Person entschädigt, etwas wiedergutmacht, um Vergebung bittet oder aber auch eine toxische Beziehung beendet, einen schlechten Mitarbeiter entlässt). Lassen Sie sich also nicht von unangenehmen Situationen abschrecken – oft sind wenige unangenehme Situationen besser als lange Unzufriedenheit.

Auch das Anfertigen unserer Steuererklärung kann glücklich machen – Warum wir Dinge tun, die wir nicht tun wollen

Im letzten Abschnitt ging es um die Verwechslung von unbewusstem und bewusstem Willen. Nun wird es noch komplizierter: Manchmal wollen wir zwar bewusst etwas tun, jedoch will unser Unbewusstes leider gerade etwas anderes. Jeder kennt es von der leidigen Steuererklärung: Wir schieben sie auf die lange Bank und flüchten uns stattdessen in angenehmere Tätigkeiten: Wir legen uns etwa aufs Sofa, sehen Filme an und knabbern dazu Kekse. Die dunkle Seite unseres Gehirns will partout nicht die Notwendigkeit der Steuererklärung einsehen und hat einfach keine Lust auf diese lästige Tätigkeit. Stattdessen will es lieber etwas Angenehmes tun – unser unbewusster Wille steht hier im Konflikt mit unserem bewussten Willen.

Wie ist es möglich, dass wir einer Tätigkeit nachgehen, während wir bewusst wissen, dass es besser wäre, etwas ganz anderes zu tun? Wie können wir erklären, dass wir Dinge tun, die wir bewusst gar nicht tun wollen? Wieso führe ich eine Handlung aus (etwa Kekse essen und Filme ansehen), obwohl ich eine alternative Handlung für sinnvoller halte (etwa Sport zu treiben oder ein Buch über das Unterbewusste zu schreiben …)? Philosophen haben seit Jahrtausenden darüber nachgedacht. Tatsächlich gehörten solche Fälle zu den allerersten Dingen, über die sich Philosophen überhaupt Gedanken gemacht haben (nachdem sie es längere Zeit auf die lange Bank geschoben hatten …). Sie nennen dieses Phänomen *Akrasia*. Aristoteles vermutete, dass Affekte (wie Lust auf Schokolade oder Unlust auf Sport) unsere bewusste Willenskraft schwächen könnten.

Auch in der heutigen Philosophie wird Akrasia meist mit Willensschwäche gleichgesetzt. Diese Auffassung können wir nach den hirnphysiologischen Überlegungen der letzten Abschnitte allerdings revidieren. Demnach ist Akrasia keine Willensschwäche, sondern umgekehrt: Willensstärke – jedoch *unbewusste* Willensstärke. Unbewusster Wille und bewusster Wille können sich im Konflikt miteinander befinden.

Das müssen sie jedoch nicht. Außer denjenigen Handlungen, die wir *bewusst* für am besten halten, führen wir eben auch diejenigen aus, die wir *unbewusst* und insbesondere *unterbewusst* für am besten halten. So (und nur so) können wir solch *irrationales* Verhalten erklären – warum wir also eben nicht einfach stets diejenigen Handlungen ausführen, die wir *bewusst* für am wichtigsten halten. Selbst wenn man körperliche Bedürfnisse wie Hunger aus diesem Problem ausklammert, bleibt der *unterbewusste* Wille als eine Triebfeder irrationaler Handlungen. (Das Unterbewusste ist ja ein anderes Affekt-System als etwa das Spaß-, Schmerz- und Schmacht-System, das für Hunger, Durst, sexuelle Triebe oder gar Sucht zuständig ist).

Dinge auf die lange Bank zu schieben ist ein typischer Fall von Akrasia. Dabei kann uns das Unterbewusste auf unterschiedliche Arten ein Bein stellen. Vielleicht erkennen Sie sich in einem der folgenden unterbewussten Aufschiebe-Typen wieder:

- *Vermeidungs-Typ*: Sie schieben Dinge auf, weil Ihr Unterbewusstes sich davor fürchtet, in Schwierigkeiten zu geraten. Gegenüber der sicheren Alternative, auf dem Sofa Spaß zu haben, scheint Ihnen Ihre Aufgabe übermäßig riskant, weil bei ihr möglicherweise etwas schiefgehen könnte. Sie haben entweder Furcht davor, dass das Ergebnis nicht absolut perfekt wird (alles andere wäre ein schmähliches Versagen). Oder Sie haben Furcht davor, dass Sie an dieser Aufgabe komplett scheitern – und damit dann auch gleich Ihr gesamtes Leben den Bach runtergehen wird. Sie machen sich zum Beispiel Sorgen, eine Prüfung nicht zu bestehen, denn wenn Sie diese Prüfung nicht bestehen, bekommen Sie nie einen Job, deswegen auch keine Partnerin, drum wird es auch nichts mit der eigenen Familie – und das wäre das Ende der Welt. Deswegen ziehen Sie es vor, gar nicht erst mit dem Lernen anzufangen. Oder aber Sie fürchten sich im Grunde genommen vor Erfolg, Glück oder Selbständigkeit und meinen, Sie hätten so etwas im Grunde genommen nicht verdient. Sie vermeiden Herausforderungen daher lieber.

- *Kampf-Typ*: Sie schieben Dinge auf, um sich an anderen zu rächen oder um den anderen zu zeigen, wer der eigentliche Herr im Hause ist. Sie könnten das Bußgeld für das falsche Parken auch gleich bezahlen, machen Sie aber nicht, weil Sie das Bußgeld ungerecht finden und den Raubrittern von der Gegenseite dafür wenigstens möglichst viele Umstände verursachen werden. Oder Sie kommen absichtlich zu spät oder halten sich nicht an Vereinbarungen, um es den dummen anderen einfach mal heimzuzahlen. Sie schieben Dinge auf, damit auch andere einmal nach Ihrer Pfeife tanzen, und Sie Ihr wohlverdientes Maß an Aufmerksamkeit bekommen. Endlich können Sie auf diese Weise mal Ihren Vorgesetzen kontrollieren – das hat er davon, dass er Sie regelmäßig einschränkt und herumkommandiert.
- *Nervenkitzel-Typ*: Sie verschaffen sich mit dem Aufschieben einen Nervenkitzel. Sie führen gerne eine Situation bis an die absolute Grenze und genießen dann den Kick, wenn Sie die Panik überlebt haben. Sie finden es reizvoll, auszuprobieren, ob Sie Ihren persönlichen Rekord noch weiter drücken können (etwa erst 18 Stunden vor dem Abgabetermin mit der Hausarbeit anfangen).

Unser Unterbewusstes legt uns auch gern dadurch Fallstricke, dass es uns schicke Ausreden verschafft, warum wir unsere Aufgabe jetzt bloß noch nicht angehen sollten. In meinen Seminaren stelle ich meinen Studenten oft die folgende Frage: »Stellen Sie sich vor, die Zeit, zu der ich geplant hatte, mit der Arbeit zu beginnen, ist gekommen. Allerdings stelle ich nun fest, dass der Tisch nicht sauber ist. Wenn ich nun jemand bin, der besser arbeiten kann, wenn der Tisch sauber ist, sollte ich dann zu Beginn erst einmal den Tisch sauber wischen?« Diese Frage wird meist einstimmig bejaht. »Wenn ich dann feststelle, dass ich besser mit Kaffee arbeiten kann, sollte ich dann erst einmal Kaffee machen, bevor ich anfange?« Die meisten bejahen dies immer noch. »Und wenn ich feststelle, dass mein Stuhl quietscht, ich jedoch jemand bin, der besser arbeiten kann, wenn der Stuhl nicht quietscht?« Langsam dämmert es einigen, dass ich immer irgendetwas finden kann, das mir als Ausrede dient, nicht anzufangen. Das Telefonkabel entdröseln, die Wäsche waschen, Telefonate erledigen – und dann ist die eingeplante Zeit auch schon halb vorbei, und es lohnt sich eigentlich nicht mehr, jetzt überhaupt noch mit der Arbeit zu beginnen … Deswegen ist es wichtig, zur geplanten Zeit sofort anzufangen, und alles, was einem nun siedend heiß einfällt, erst *nach* der Arbeit zu erledigen.

Weitere Ausreden, mit denen Sie nicht allein sind: »Es bringt nichts, wenn ich nicht in der richtigen Stimmung bin«; »Morgen wird es besser laufen!«; »Bin gerade zu müde (muss mich erst mal ausruhen).«; »Hab gerade keine Lust.«; »Ich brauche nur mal zehn Stunden am Stück frei, dann kann ich das machen.«; »Jetzt habe ich nicht mehr genug Zeit, das zu erledigen, drum fange ich gar nicht erst an.«; »Habe noch jede Menge Zeit! (und kann es also auch später machen)«.; »Das Wetter heute ist so schön, dass es zu schade wäre, zu arbeiten.«

Tipps: Unterbewusstes Aufschieben und Verzögern bewältigen

Unfairerweise wird trotz all der Zeit und Raffinesse, die wir in Aufschub und Verzögerung stecken, die zu bewältigende Aufgabe nicht leichter … Und noch gemeiner ist, dass sie sich trotz Aufschubs nicht einfach von selbst erledigt. Deswegen hier ein paar Tricks, wie wir die Fallstricke der unterbewussten Akrasia umgehen können. Im Idealfall können Sie damit sogar beim Anfertigen Ihrer Steuererklärung glücklich werden. Reservieren Sie sich circa 60 bis 90 Minuten und führen Sie die nächsten Schritte durch. (Es kann sein, dass man mehr Zeit braucht, dann müssen mehrere Zeitfenster reserviert werden, siehe auch Kapitel *Zeitmanagement*, Seite 323).

- *Erster Schritt: Den ersten Schritt tun.* Die längste Reise beginnt mit dem ersten Schritt. Wie groß oder klein dieser ist, ist unwichtig. Überlegen Sie sich daher, was der erste Schritt für Ihre Aufgabe ist. Dieser sollte klitzeklein und kinderleicht sein (etwa »Laptop aufklappen«). Manchmal weiß man gar nicht, wo man anfangen soll, dann ist es besser, mit Unsicherheit *irgendwo* anzufangen, als mit Sicherheit gar nicht anzufangen. Tun Sie nun diesen ersten Schritt. Falls Ihr Unterbewusstes dabei widerspenstig sein sollte, stellen Sie sich lebhaft vor, wie Sie diesen ersten Schritt tun. Stellen Sie sich auch lebhaft den großartigen Moment vor, in dem Sie Ihr Ziel erreichen. Meiden Sie jedwede unterbewusste Entschuldigung dafür, nicht anzufangen (etwa »erst mal aufräumen, dann geht es leichter«, »ich muss erst mal in die richtige Stimmung kommen«). Sagen Sie sich stattdessen Sätze wie »wenn ich erst einmal *fertig* bin, kann ich immer noch aufräumen«, »vielleicht wird es nicht perfekt, trotzdem fange ich jetzt an bzw. mache ich jetzt weiter,« »momentan ist mir eigentlich nicht danach, *trotzdem* tue ich jetzt den ersten Schritt,« »Ich mache mir zwar Sorgen, dass etwas nicht klappen wird, *trotzdem tue ich jetzt den ersten Schritt.*« Gehen Sie dann weiter Schritt für Schritt vor.
- *Zweiter Schritt. Das Erlebnis ist das Ergebnis.* Machen Sie es wie beim Rezept gegen Gedankenschleifen: Konzentrieren Sie sich einfach ganz und gar auf Ihre Tätigkeit, dann wird sie zur Meditation. Widmen Sie sich und Ihre Gedanken nur dieser Tätig-

keit, meiden Sie jede Ablenkung und auch jeden negativen Gedanken. Damit nehmen Sie dem Unterbewussten das Steuer aus der Hand. Sie werden sich dann bei der Tätigkeit *glücklicher* fühlen, als wenn Sie auf dem Sofa liegen und fernsehen. Sogar Ihre Steuererklärung anzufertigen kann Sie glücklich machen, wenn Sie sich dabei nur voll und ganz auf diese Tätigkeit konzentrieren und keine negativen Gedanken zulassen. Dies bedeutet auch: keine Hetze, kein Stress, keine negativen Emotionen – nur innere Ruhe und Gelassenheit. Schritt für Schritt. Haken Sie nach und nach die Schritte auf Ihrer To-do-Liste ab und freuen sich über die jeweiligen Fortschritte. Führen Sie sich gegebenenfalls vor Augen, dass Ihr Ergebnis nicht perfekt sein muss, sondern adäquat, und dass ein Scheitern keine Katastrophe wäre. Wenn Sie sich unbedingt negativen Emotionen hingeben wollen, dann tun Sie dies *nach* dem Zeitfenster, das Sie für Ihre Tätigkeit reserviert haben. (Siehe auch Kapitel *Medi-Working*, Seite 319)

- *Dritter Schritt: Sich über die Ergebnisse freuen*. Klopfen Sie sich nach der Arbeit ein paar Mal mit der Hand auf die Schulter und sagen Sie sich »Stark, dass du jetzt daran gearbeitet hast!« oder »Stark, dass du das jetzt geschafft hast!« Überlegen Sie sich gegebenenfalls vorher »Belohnungen« und feiern Sie das Ergebnis. Suchen Sie auf keinen Fall das Haar in der Suppe. Es ist normal, dass man auch mal weniger schafft, als man geplant hatte, dass man sich mit der Zeitplanung verschätzt hat, dass einen das Ergebnis noch nicht zufriedenstellt – macht nichts, nächstes Mal wird es besser klappen. Nun kommt es drauf an, sich nicht mit Selbstvorwürfen zu zerfleischen oder gar zu bestrafen, sondern anzuerkennen, dass man sein Bestes gegeben hat.
- Bedenken Sie, dass vieles leichter geht, wenn man es mit anderen gemeinsam tut. Deswegen kann es hilfreich sein, zum Beispiel eine Lerngruppe oder Ähnliches zu organisieren.

Diese Rezepte funktionieren seit Jahrtausenden: Bereits Sokrates hatte dazu geraten, sich bei Akrasia *bewusst* die Vor- und Nachteile beider Handlungsalternativen zu überlegen (auch wenn diese Bewusstmachung erst einmal strapaziös und zeitraubend ist). Dadurch können wir uns zu Handlungen motivieren, deren Zweck tatsächlich unserem ureigenen Interesse entspricht und also mehr Sinn ergibt. Sokrates würde sagen: Uns fehlt bei Akrasia das *Wissen* um die tatsächlichen Vor- und Nachteile. Dieses Wissen können wir durch bewusstes Nachdenken erwerben.

Nach Sokrates ist solche Bewusstmachung und solches Wissen übrigens unabdingbar dafür, glücklich zu werden (über den Spaß hinaus, welchen wir haben, wenn wir auf dem Sofa liegen und fernsehen). Selbst beim Anfertigen der Steuererklärung …

Der unbewusste Kosmos

Unser Bewusstsein ist uns unmittelbar augenfällig. Als die experimentelle Psychologie Ende des 19. Jahrhunderts begründet wurde, drehte sich dementsprechend alle Forschung um das Bewusstsein. In den letzten Jahrzehnten ist jedoch immer deutlicher geworden, dass unser Bewusstsein nur mit vielen unbewussten Vorgängen möglich und meist nur ein Endprodukt solcher Vorgänge ist. Um besser zu verstehen, was unbewusste Vorgänge sind, lassen Sie uns kurz der Frage nachgehen: Was ist unser Bewusstsein?

In unserem Bewusstsein spielt sich die Welt und unser Erleben in ihr ab. Wir können sowohl bewusst Dinge außerhalb unseres Körpers wahrnehmen, als auch bewusst erfühlen, was innerhalb unseres Körpers vor sich geht. Wir können sogar einiges von dem erkennen, was unbewusst in unserem Gehirn vor sich geht, zum Beispiel können wir negative Gedankenschleifen erkennen. In solch einem Moment werden uns die unterbewussten Gedankenschleifen bewusst. Wir haben die Gedanken noch einen Moment lang präsent, empfinden noch die Stimmung sowie den unterbewusst erzeugten Drang zu weiterem Gedankenkreisen und können den unterbewussten Gedanken entweder freien Lauf lassen oder sie regulieren – ähnlich wie wir am Konferenztisch den unbewussten Impuls zum Griff nach dem Keks bewusst erkennen und gegebenenfalls neutralisieren können.

Mit unserem Bewusstsein können wir mit Absicht unsere Gedanken und unsere Aufmerksamkeit lenken, Dinge lernen und logisch denken. Wir können Pläne schmieden, Entscheidungen treffen und so denken und handeln, wie wir es wollen. Mit unserem Bewusstsein können wir urteilen, etwa darüber, was wahr ist, ethisch richtig, sinnvoll oder schön. Unser Bewusstsein kann auch unterscheiden zwischen Wirklichkeit und Vorstellung. Es hat einen Sinn für die Zeit – für Vergangenes, Gegenwart und Zukunft.

Oft denken wir bewusst mit Sprache, wir können jedoch auch ohne Sprache denken. Zum Beispiel können wir uns eine Melodie ausdenken, eine Handlungsabfolge bildlich planen und uns diese vorstellen, oder wir können Erinnerungen unseres Lebens absichtlich hervorrufen und vor unserem geistigen Auge abspielen.

Bewusstsein ist begrenzt. Wir können zum Beispiel nicht mehr als einen bewussten Gedanken gleichzeitig denken. Dafür können wir aber sogar ein Bewusstsein vom Bewusstsein haben: Ich kann mir absichtlich darüber bewusst werden, dass ich über mein Bewusstsein nachdenke – und dabei feststellen, wie begrenzt und klein mein Bewusstsein tatsächlich ist.

Es scheint uns zwar, als sei unser Bewusstsein der Mittelpunkt der Welt. Tatsächlich macht es jedoch nur einen winzigen Bruchteil der Vorgänge im Gehirn aus, alle anderen Vorgänge finden unbewusst statt. Der atemberaubend weite Kosmos dieser unbewussten Vorgänge zeigt sich bereits bei der Sinneswahrnehmung. Unsere Sinnesorgane nehmen jede Sekunde eine unvorstellbar große Menge an Informationen auf: circa eine Milliarde Bits, das entspricht der Information von 125 Büchern. Von dieser Menge an Informationen filtert das Gehirn zunächst über 99 Prozent heraus. Es verarbeitet lediglich drei Millionen Bits weiter, das sind etwas weniger als 200 Buchseiten pro Sekunde. Diese Informationen werden größtenteils unbewusst verarbeitet, bewusst wird uns davon wiederum nur ein winziger Teil: etwa 100 Bits, das entspricht einem kurzen Satz mit zwölf Zeichen. Es kann aber auch weniger sein.

Wir können leicht erkennen, wie viel aufgenommene Sinnesinformation uns gar nicht erst bewusst wird, wenn wir uns einmal auf einen Körperteil konzentrieren, zum Beispiel auf unsere rechte Schulter. Plötzlich erspüren wir, ob sie angespannt oder locker ist, wie warm oder kalt sie ist, wie weich das Kleidungsstück an ihr ist. Diese Sinnesinformationen werden zwar stets ans Gehirn gesendet, gelangen jedoch nur dann in unser Bewusstsein, wenn wir unsere Aufmerksamkeit auf unsere Schulter lenken oder wenn die Schulter plötzlich schmerzt, zu kalt wird oder jemand darauf tippt. Wenn wir ein Buch lesen, blendet unser Gehirn automatisch Hintergrundrauschen aus, den Geschmack auf unserer Zunge, Hunger oder Durst oder wie stark die Blase drückt. Bewusst nehmen wir unseren Körper meist erst dann wahr, wenn wir ihn absichtlich erfühlen oder wenn etwas schmerzt.

Der berühmte Physiologe und Neurowissenschaftler Benjamin Libet fand bereits in den 1960er-Jahren heraus, dass Berührungen auf der Haut Reaktionen in der sensorischen Hirnrinde hervorrufen können, ohne dass die betreffende Person bewusst irgendetwas bemerkt.[11] Während einer Gehirnoperation platzierte Libet Elektroden auf der Hirnoberfläche eines Patienten. Anhand dieser Elektroden konnte er Signale des Gehirns messen. Wenn er die Haut deutlich stimulierte, nahm der Patient die Reize wahr, und das Messgerät schlug aus. Je schwächer die Reize wurden, desto weniger erkannte der Patient sie – schließlich bemerkte er keinen dieser Reize mehr. Trotzdem schlug das Messgerät immer noch aus – das heißt, auch die unterschwelligen Reize riefen klare Reaktionen in der Hirnrinde hervor. Sinnesinformation kann also Reaktionen im Gehirn auslösen, obwohl eine Person diese Information nicht bewusst wahrnimmt – die Person verarbeitet sie *unbewusst.*

Was geschieht mit Sinnesinformation, die zwar ins Gehirn gelangt, nicht jedoch in unser Bewusstsein? Das Gehirn besitzt eine Reihe von Filtern, die nur einen winzigen Teil der Flut von Sinnesinformationen passieren lassen. Einer dieser Filter ist das Unterbewusste, andere Filter befinden sich im Thalamus oder auch in Gebieten des Neokortex (der den größten Teil Hirnrinde ausmacht). Das Gehirn filtert Informationen stufenweise, sozusagen von grob nach fein, und nur diejenigen Informationen, die alle Filter passieren, werden uns auch bewusst. Psychologen der Berkeley University enthüllten in einem Experiment die Filterfunktion des Unterbewussten. Sie zeigten Testpersonen einen Spielfilm und verabreichten ihnen dabei leicht unangenehme elektrische Hautreize. Die gesunden Testpersonen bemerkten diese Reize nach einer Weile kaum noch, und die Reize riefen im Gehirn immer kleinere Reaktionen hervor. Bei Patienten mit Schädigung des Orbitofrontalhirns (welches das Unterbewusste beherbergt) fand diese Gewöhnung jedoch nicht statt; ihr Unterbewusstes sortierte die irrelevante Information nicht aus, deswegen fühlten sie die ganze Zeit die unangenehmen Schmerzreize.[12]

Das Unterbewusste kann auch andere Filter im Gehirn steuern. Wenn zum Beispiel Ungewöhnliches oder Relevantes geschieht, öffnet das Unterbewusste den Filter für die Sinneskanäle im Thalamus. Dies zeigte Oliver Gruber, mit dem ich das Glück hatte, gemeinsam am Max-Planck-Institut für Kognitions- und Neurowissenschaften in Leipzig zu forschen: Stellen Sie sich vor, Sie bekämen in einem Experiment immer wieder entweder einen grünen Apfel oder grüne Trauben zu sehen. Für den Apfel drücken Sie die eine Taste, für die Trauben die andere. Bald wird diese Aufgabe langweilig, und ihr Orbitofrontalhirn übernimmt das Steuer. Wenn der Apfel oder die Trauben gelegentlich mal rot sind (statt grün), ist dies für ihren Tastendruck nicht weiter relevant. Daher interessiert sich Ihr Unterbewusstes bald nicht weiter dafür, welche Farbe die Früchte haben. Nun werden Sie gebeten, für rote Früchte eine dritte Taste zu drücken – die roten Früchte werden also jetzt plötzlich relevant für Sie. Die Messdaten aus dem Hirnscanner zeigen: In dieser Situation öffnet das Unterbewusste im Orbitofrontalhirn den Filter zum Bewusstsein. Dadurch werden die roten Früchte *bewusst* erkannt, und man kann bewusst die korrekte Taste drücken.[13]

Unsere Erfahrung beeinflusst stark, was durch unseren unterbewussten Relevanz-Filter gelangt. Nachdem ich bereits mehrere Jahre in Norwegen gelebt hatte, lernte ich zum ersten Mal »Lefse« kennen, eine Art norwegischen Crêpe. Vorher war mir Lefse noch nie aufgefallen – nun sehe ich sie überall: im Supermarkt, in der Kantine, am Kiosk. Nur weil ich sie nicht kannte, bin ich jahrelang blind an den Lefse vorbeigegangen.

Auch unsere innere Einstellung bestimmt, was wir unterbewusst als relevant empfinden. Wenn eine Person, die oft Furcht vor sozialer Begegnung mit anderen Menschen hat, in einem Experiment ein Foto mit einem ärgerlichen Gesicht sieht, wird ihr Unterbewusstes (gemeinsam mit anderen Hirnstrukturen) besonders aktiv. Es stuft diese Bilder als höchst bedeutsam ein und stellt sicher, dass die ärgerlichen Gesichter auf jeden Fall alle Filter passieren – zum Nachteil dieser Person, da sie dadurch ärgerlichen Gesichtern besonders viel Aufmerksamkeit widmet.[14]

Zum Glück können wir unseren unterbewussten Relevanz-Filter bewusst beeinflussen: Wenn wir etwa für mehrere Minuten unsere Umgebung auf alle roten Dinge hin absuchen, werden wir bald rote Dinge viel schneller entdecken, und sie fallen uns sogar auch dann noch ins Auge, wenn wir uns wieder auf anderes konzentrieren. Wenn wir dann nur auf grüne und gelbe Dinge achtgeben, fallen uns rote Dinge kaum noch auf. Wenn wir unsere Aufmerksamkeit also bewusst lenken und unsere Sinneskanäle bewusst öffnen, nehmen wir unserem Unterbewussten das Steuer aus der Hand und machen unser Bewusstsein zum Kapitän unserer Wahrnehmung.

Wir können uns dies zunutze machen, um negative Stimmungen zu beeinflussen: Sind wir missmutig und schlecht gelaunt, lässt unser Unterbewusstes nur noch negative Dinge in unser Bewusstsein. In so einem Fall hilft es, die Aufmerksamkeit und die Sinne bewusst auf etwas Positives zu lenken, zum Beispiel etwas Schönes genau anzuschauen oder positiv klingende Musik anzuhören. Sogar bei einer Angststörung hilft es, bewusst diejenigen Dinge wahrzunehmen, die einem *keine* Angst machen. Wem dies schwerfällt: Ein Trick ist, etwas bei sich zu haben, von dem man weiß, dass es ungefährlich ist, etwa einen wohlschmeckenden Kaugummi oder ein ermutigendes Musikstück. Beim

Kauen oder Hören ist es dann leichter, behutsam auch weitere Dinge der Situation zu entdecken, die einem keine Angst machen – also beherzt das Aufmerksamkeits-Steuer selbst in die Hand zu nehmen.

Die meisten unbewussten Vorgänge sind gar nicht unterbewusst

Ähnlich wie das Gehirn neben dem Unterbewussten noch weitere Filter besitzt, steuert nicht nur das Unterbewusste unsere Aufmerksamkeit. Bereits im Hirnstamm und im Thalamus befinden sich Nervenzellen, die auf plötzliche oder ungewohnte Reize reagieren, etwa auf einen Knall, Schmerzsignale, Schulterklopfen, Klingeln. Diese Zellen können das Gehirn alarmieren und aktivieren, sodass es Aufmerksamkeit auf diese Reize lenkt – wir schauen dann hin und spitzen die Ohren. Kognitionspsychologen nennen diese unbewussten Prozesse *automatisch*. Die Vorgänge aus dem *Unterbewussten* machen also nur einen Teil der vielen *unbewussten* Vorgänge im Gehirn aus.

Die Welt dieser unbewussten Vorgänge, die nicht dem Unterbewussten entspringen, ist genauso faszinierend wie die Welt des Unterbewussten. Diese Vorgänge fallen uns meist nicht weiter auf, jedoch würde sich unser Leben ohne sie dramatisch ändern. Zum Beispiel wird Sinnesinformation automatisch (also unbewusst) in etlichen Gebieten des Gehirns verarbeitet, etwa im Hirnstamm und im Neokortex. Beim Hören erfasst das Gehirn automatisch Richtung, Lautstärke, Tonhöhe und trennt automatisch unterschiedliche Klänge oder Geräusche voneinander, etwa eine Stimme vom Hintergrundrauschen in einer Bar. Wenn wir unsere Augen öffnen, verbindet unser Sehkortex Ecken und Kanten zu Objekten (beispielsweise zu einem Buch, einem Gesicht, einem Haus). Unser Sehkortex erkennt Helligkeit und Farben oder nimmt Objekte und deren Bewegungen im Raum wahr. Bei Sinnestäuschungen sehen wir Dinge sogar dann »falsch«, wenn wir *wissen*, dass es eine Täu-

Abbildung 3: *Unbewusste Vorgänge der Sinneswahrnehmung können zu Täuschungen führen, selbst dann, wenn wir uns darüber bewusst sind, dass sich zum Beispiel keine grauen Flecke auf den Kreuzungen im »Hermann-Gitter« befinden (links), dass die langen Linien in der »Zöllner-Täuschung« tatsächlich parallel zueinander verlaufen (Mitte) und dass die Linien um das Dreieck in der Kanizsa-Figur nur eingebildet sind (rechts).*

schung ist – unbewusste Vorgänge der *Wahr*nehmung können also ironischerweise resistent sein gegenüber bewusster Kenntnis der Wahrheit (siehe auch Abbildung 3).

Über die Wahrnehmung hinaus können wir auch unbewusst lernen und haben unbewusste Gedächtnisse. Unser Hörsystem etwa hat einen kurzen Gedächtnisspeicher, der fortwährend akustische Information für einen Augenblick speichert. So können wir ein kurzes Geräusch innerlich noch »hören«, wenn es schon vorbei ist. Oder ein Wort eines Satzes ist sogar noch einige Wörter später präsent – das erleichtert es uns, den Sinn eines Satzes zu erkennen. Dieses Gedächtnis funktioniert unbewusst, das heißt es ist selbst dann aktiv, wenn wir uns auf etwas anderes konzentrieren als auf das Lesen eines Buches. Beispielsweise kommt jemand ins Zimmer und sagt etwas – wir brauchen einen Moment, um aufzuhorchen, und hören quasi erst im *Nachhinein,* was die Person überhaupt gesagt hat.

Natürlich können wir auch Informationen über lange Zeiträume speichern, dafür hat das Gehirn mehrere »Langzeitgedächtnisse«. Etliche der Inhalte dieser Gedächtnisse sind uns nicht bewusst. Zum Beispiel lernt ein Kind seine Muttersprache auch ohne Schule und Hausaufgaben. Es weiß dann, ob ein Satz grammatisch richtig oder falsch ist, obwohl es diesen speziellen Satz vorher noch nie gehört hat und noch keine Grammatikregeln kennt. In der Psychologie heißt dieses unbewusste Wissen *implizites* Wissen. In Experimenten dazu können sich Testpersonen sogar im Unklaren darüber sein, wie die richtige oder falsche Antwort lautet, trotzdem drücken die im Dunkeln tappenden Probanden meist die richtige Taste – unbewusst wissen sie also mehr, als ihnen bewusst ist.

Unsere Sensomotorik funktioniert ebenfalls überwiegend automatisch. Wir gehen, laufen, springen automatisch. Wiederholen wir bestimmte Bewegungsabläufe immer wieder, werden sie zur Routine. Die Routine kann dazu führen, dass wir automatisch einen Weg wie üblich fahren, obwohl wir diesmal eigentlich hätten abbiegen müssen. Beim Sprechen reicht es aus, wenn wir uns bewusst einen Satz überlegen, die genaue Ausführung durch den Sprechapparat erledigt unser Gehirn automatisch – zum Glück: Wer wüsste schon für jeden Laut, welche Bewegungen Kehlkopf, Zunge und Lippen dafür ausführen müssen … Unser Unterbewusstes kann unsere Motorik stark beeinflussen. Es kann uns etwa dazu motivieren, bestimmte Handlungen auszuführen oder zu unterlassen. Das Unterbewusste ist selbst jedoch nicht Teil der Motorik im Gehirn: Bei Patienten mit Schädigung des Orbitofrontalhirns sind die sensomotorischen Funktionen unbeeinträchtigt.

Unser Gehirn denkt auch unbewusst voraus. Wenn wir einen Lichtschalter bestätigen, erwartet unser Gehirn automatisch, dass daraufhin das Licht angeht (und dann brennt die Birne durch …). Wenn wir anderen Personen zuhören, trifft das Gehirn automatisch Vorhersagen darüber, welche Worte wohl als Nächstes gesagt werden, und so sagen wir oft unbewusst das Ende eines Satzes schon in der Mitte des Satzes voraus. Wenn wir uns in einer lauten Bar mit jemandem unterhalten, füllt unser Gehirn mit solchen

Vorhersagen automatisch die Lücken, die der Umgebungslärm in die Sätze reißt.

Die unbewussten Vorhersagen unseres Gehirns beeinflussen sogar unsere Wahrnehmung – oft nehmen wir das wahr, was wir *unbewusst vorhergesagt* haben, und nicht das, was unsere Sinnesorgane *tatsächlich* an Information aufnehmen. An solchen »Korrekturen« von Sinnesinformationen ist auch das Unterbewusste beteiligt. Es ändert eifrig (und ungebeten) Sinnesinformationen anhand seiner eigenen Vorhersagen. So wird das Unterbewusste zu einer unerschöpflich sprudelnden Quelle von Missverständnissen. Eines Morgens beim Frühstück zum Beispiel saß meine Frau mit unseren zwei Kleinen am Tisch, während ich die Spülmaschine ausräumte und den Tisch deckte. Normalerweise trinken unsere Kinder Milch, trotzdem steht auf dem Tisch immer auch ein Krug Leitungswasser. Diesmal war es jedoch anders: Ausnahmsweise stand eine Flasche Mineralwasser darauf. Der Kleinste wollte das Mineralwasser, der andere wie gewohnt Milch. Meine Frau bat mich daher, zwei Gläser und die Flasche Milch mitzubringen. Ohne weiter nachzudenken, brachte ich zwei Gläser Milch. Da bat mich meine Frau erneut, ein weiteres Glas zu bringen, weil der Kleinste Wasser wolle. Emsig brachte ich ein Glas Leitungswasser …

Wo im Gehirn befindet sich das Unterbewusste?

Das Unterbewusste hat eine konkrete, klar beschreibbare und genau lokalisierbare Entsprechung im Gehirn: Es befindet sich hinter der Stirn, über den Augen (den »Orbita«) – daher wird dieser Teil des Gehirns auch Orbitofrontalhirn genannt. Manchmal ist das Orbitofrontalhirn also tatsächlich das sprichwörtliche Brett vorm Kopf.

Das Orbitofrontalhirn beherbergt den Orbitofrontalkortex – das ist ein kleiner Teil der Hirnrinde, der *nicht* aus Neokortex besteht. Der Neokortex macht den größten Teil des kortikalen Mantels um das Gehirn aus. Er besteht aus sechs Schichten von Nervenzellen. Dies ermöglicht besonders feine Sinneswahrnehmungen, anspruchsvolles Lernen von Sinnesinformationen, ausgeklügelte Feinmotorik, Erzeugung komplexer Handlungsabfolgen – und bei uns Menschen bewusstes, logisches Denken. Auch Sprache ist im Neokortex beheimatet, nicht im Orbitofrontalkortex – deshalb kann uns das Unterbewusste auch nicht grüßen oder etwa in Sätzen mitteilen, was es will oder was es bedrückt.

Der Orbitofrontalkortex besteht aus lediglich fünf Schichten von Nervenzellen. Er ist sozusagen ein alter Casio-Taschenrechner, der Neokortex im Vergleich dazu ein moderner Quantum-Computer. (Das Vitalisierungs-System besteht übrigens nicht aus Kortex, ebenso wenig wie das Spaß-, Schmerz- und Schmacht-System. Das Glücks-System besteht aus Hirnrinde mit bis zu drei Schichten von Nervenzellen.)

Das Unterbewusste hat sich in der Evolution bei den Säugetieren aus dem Riechkolben entwickelt und dabei noch viel mehr

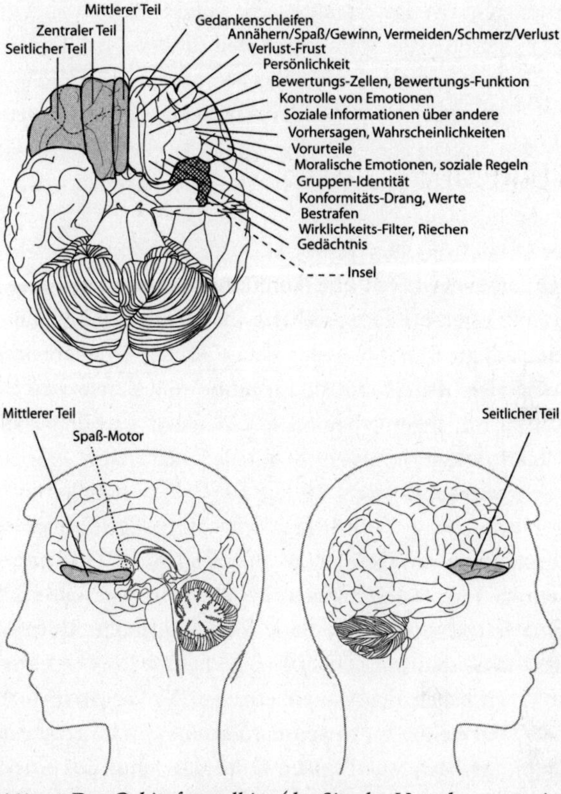

Abbildung 4: *Das Orbitofrontalhirn (der Sitz des Unterbewusstseins). Das obere Bild zeigt das Gehirn von unten. Links sind der seitliche, zentrale und mittlere Teil des Orbitofrontalkortex dargestellt, die wiederum in kleinere Felder unterteilt werden (gestrichelte Linien). Der rechte Teil illustriert die Lokalisation einiger unterbewusster Funktionen (viele dieser Funktionen erstrecken sich jedoch auf mehrere Felder). Der schraffierte Teil ist die angrenzende »Insel« (gestrichelte Linie). Unten links ist der mittlere Teil des Orbitofrontalhirns dargestellt. In der Nähe, jedoch weiter innen im Gehirn, befindet sich der Spaßmotor (gepunktete Linie). Unten rechts ist der seitliche Teil des Orbitofrontalhirns dargestellt.*

Funktionen übernommen, als Riechen und Gefahren zu wittern. Einige Funktionen des Unterbewussten können wir sprachlich an Ausdrücken erkennen, die mit Riechen zu tun haben: »Eigenlob stinkt«, etwas ist »anrüchig« oder »stinkt zum Himmel«, jemand »riecht den Braten« oder hat »einen guten Riecher« für etwas, man kann »jemanden nicht riechen«, es »stinkt« einem, oder etwas geht nicht »nach jemandes Nase«.

Der Orbitofrontalkortex des Menschen besteht aus mehreren Feldern, die unterschiedliche Funktionen erfüllen (Abbildung 4). Anatomisch unterscheiden sich diese Felder zum Beispiel dahingehend, wie groß ihre Nervenzellen sind, wie diese angeordnet sind, wie viele Rezeptoren sie für bestimmte Botenstoffe haben und wie sie mit anderen Regionen des Gehirns verbunden sind.[15] Das Unterbewusste ist also nicht nur ein Rädchen im Gehirn, sondern ein ganzes Räderwerk.

Die revolutionäre These dieses Buches lautet: Das Orbitofrontalhirn erzeugt sowohl Gefühle als auch Gedanken. Dies bedeutet, dass wir die bisherige Denkweise über Bord werfen müssen, dass einzelne Teile des Gehirns *entweder* Gedanken *oder* Gefühle erzeugen. Das Orbitofrontalhirn erzeugt beides. Dies bedeutet außerdem: Wir haben nicht nur ein einziges Denkorgan im Gehirn, sondern zwei – eines für bewusstes und eines für unterbewusstes Denken. Unterbewusstes Denken ist spontan, intuitiv – es braucht weder bewusste Absicht noch bewusste Aufmerksamkeit und kann sogar leicht vom bewussten Denken ablenken. Bewusstes Denken hingegen braucht Konzentration. Es ist in der Lage, logische Schlussfolgerungen zu ziehen, komplizierte Pläne zu entwerfen und knifflige Probleme zu lösen. Bewusstes Denken wird jedoch oft als anstrengend und langsam empfunden. Viele haben die Erfahrung im Mathematikunterricht gemacht: Ein mathematisches Problem zu lösen kann viel Zeit und geistigen Aufwand bedeuten.

Der Psychologe und Nobelpreisträger Daniel Kahneman nennt das System, das intuitive, unbewusste Gedanken produziert, »System 1«. Im Gegensatz dazu ist das »System 2« zu rationalem, logischem Denken fähig. Hier ein (an Kahneman angelehntes) Beispiel: Ein Apfel und eine Kirsche kosten zusammen 1,10 €, der Apfel kostet 1 Euro mehr als die Kirsche. Wie viel kostet der Apfel, wie viel die Kirsche? Unser »System 1« erzeugt blitzschnell eine Antwort auf diese Frage, hakt das Rätsel als gelöst ab und rückt ungern von dieser Antwort ab. Der Vorteil dieser Antwort ist, dass sie bequem ist (»Der Apfel kostet 1 Euro, die Kirsche 10 Cent«). Leider hat diese Antwort auch einen Nachteil: Sie ist falsch ... Wenn wir die Lösung logisch überprüfen und unsere Antwort korrigieren wollen, müssen wir unser »System 2« bemühen, was Arbeit bedeutet und länger dauert als die intuitive Antwort (etwa angefangen damit, dass wir feststellen, dass 1 Euro ja nur 90 Cents mehr als 10 Cent sind und die Kirsche daher lediglich 5 Cents kostet). Ich werde in diesem Buch zeigen, dass die typischen »System 1«-Gedanken im Orbitofrontalhirn erzeugt werden. Zudem werde ich zeigen, dass die Funktionen des Unterbewussten weit über die Erzeugung von »System 1«-Gedanken hinausgehen und dass *Gedanken* des Unterbewussten typischerweise auch mit *Emotionen* einhergehen.

Die Tatsache, dass das Unterbewusste sowohl ein Denk- als auch ein Gefühls-System ist, ist wichtig für unsere Gesundheit. Das Orbitofrontalhirn hat direkte Nervenverbindungen ins hormonelle System und ins vegetative Nervensystem. Diese Systeme regeln die Aktivität aller Organe im Körper und führen dazu, dass wir Gefühle auch körperlich empfinden. Über diese Verbindungen kann uns das Unterbewusste jedoch auch krank machen, weil es die hormonelle Aktivität und die Aktivität von Organen aus der Balance bringen kann.

Bei einer Depression zum Beispiel erzeugt das Unterbewusste hormonelle Änderungen, die Effekte auf das Immunsystem haben. Solche Effekte wirken wiederum zurück auf das Gehirn: Der Hirnstamm registriert Botenstoffe des Immunsystems und beeinflusst daraufhin Verhalten und Aufmerksamkeit. Wie bei einer tatsächlichen Infektionskrankheit fällt es dann schwer, aktiv zu werden oder sich zu konzentrieren. Daher ist es bei einer Depression besonders schwierig – jedoch nicht unmöglich –, die unterbewusst erzeugten Gedankenschleifen auszuschalten. Weil sich die vom Orbitofrontalhirn initiierten Änderungen des hormonellen Systems, des vegetativen Systems und des Immunsystems auf Organe auswirken, haben Personen mit Depression ein circa doppelt so hohes Risiko für Herz-Kreislauf-Erkrankungen.

Auch beim Ärgern oder bei Feindseligkeit erzeugt das Unterbewusste hormonelle und vegetative Prozesse, die koronare Herzkrankheit und Herzinfarkt fördern. Zudem bringt das Unterbewusste dabei das Immunsystem aus der Balance, sodass es sich in einem Zustand wie bei einer Entzündung befindet.[16] Die Herzen von Männern sind dabei stärker gefährdet als die von Frauen (daher achtgeben und sich beim Fußballgucken nicht zu doll aufregen …). Ähnlich ist es für das Herz ungesund, wenn das Unterbewusste unter starkem Stress steht, etwa bei zu hohen Arbeitsanforderungen, Konflikten, Sorgen oder Problemen. Unter Stress hemmt das Unterbewusste die Aktivität im Glücks-System, deswegen fühlen wir uns bei Stress auch nie glücklich.

Für unsere Gesundheit ist es daher wichtig, »Bad Vibrations« aus dem Unterbewussten bewusst zu erkennen und zu beeinflussen – und dies nicht nur bei Depression (siehe dazu auch Kapitel 7 *Konkrete Empfehlungen für den Alltag,* Seite 317).

»Nur heute im Angebot« – Impulskäufe und warum unser Unterbewusstes einem Schnäppchen nicht widerstehen kann

Warum ist es so schwierig, einem Sonderangebot zu widerstehen? Obwohl uns die teure Jacke vorher kaum interessierte, müssen wir sie nun, da der Preis um die Hälfte reduziert ist, unbedingt haben. Allein aufgrund der Preisreduktion schreibt unser Unterbewusstes der Jacke nun einen sehr hohen Wert zu. Es verkündet dem Rest des Gehirns mit Pauken und Trompeten: Wir *müssen* diese Jacke erjagen, dieses Schnäppchen zu erbeuten ist ein *Gewinn*, und wenn wir es verpassen, wäre dies ein *Verlust*. Wenn wir das jetzt nicht erbeuten, tut es jemand anderes, und wir verlieren etwas, was wir haben könnten. Unser Unterbewusstes hat bereits unsere Finger unter Strom gesetzt und sendet ihnen aufgeregt Signale, die Jacke zu ergreifen und nach Hause in die Höhle zu tragen. Dass wir schon genug Jacken in der Höhle haben und gar keinen Platz mehr für eine neue, blendet es aus. Und erst recht, dass wir unser Geld eigentlich für etwas ganz anderes ausgeben wollten … Deswegen hat jeder von uns schon mal bei Einkäufen mehr Geld verbraten als geplant oder Dinge gekauft, die er bzw. sie gar nicht auf der Liste hatte. Die traurige Folge: Im Stich gelassene Kleidungsstücke und vernachlässigte Sportgeräte fristen ein mitleiderregendes Dasein in unseren vier Wänden …

Verkäufer wissen das und sprechen die dunkle Seite unseres Gehirns mit den idealen Strategien an. Sie bringen unser Unterbewusstes auf Touren mit Punkten für Bonusprogramme, geben uns beim Kauf eines Artikels einen weiteren »gratis« hinzu, ermahnen uns, dass das Angebot »nur kurze Zeit« gilt und »nur solange der Vorrat reicht« (als ob es sich lohnen würde, kostspielige Werbung für Artikel zu machen, die sowieso nahezu vergriffen sind …). Manchmal wird das Preisschild gleich so produziert, dass ein »Originalpreis« durchgestrichen ist und mit Rot bereits ein neuer »Sonderpreis« aufgedruckt ist. Es braucht also nicht gerade besondere Finesse, um unser Unterbewusstes auszutricksen.

So großherzig all diese Angebote auch scheinen mögen: Keine Geschäftsperson schneidet sich mit Bonusprogrammen ins eigene Fleisch oder verkauft Waren unter ihrem eigentlichen Wert. Der Preis eines Produkts *ist* der Wert der Ware. Am Ende einer Saison ist die Ware der vergangenen Saison weniger wert. Die Jacke ist nur deswegen preisreduziert, weil sie sich schlechter verkauft hat als erhofft. Niemand wollte sie offenbar mit dieser Farbe, diesem Muster oder in dieser Größe kaufen.

Manchmal wird unser Unterbewusstes damit verlockt, dass auf der Verpackung steht, dass das Produkt 25 Prozent mehr enthält – in Wahrheit bedeutet dies, dass die Verpackung bisher viel zu groß war, um uns mehr Inhalt vorzugaukeln. Und wenn auf die Verpackung gedruckt ist, dass das Produkt jetzt 30 Prozent weniger Zucker enthält, bedeutet dies, dass immer noch ganze 70 Prozent des früheren ungesunden Zuckeranteils enthalten sind. Bei der Fußballweltmeisterschaft haben auf einmal alle möglichen Produkte die Nationalflagge auf der Verpackung – im Nationaltaumel soll selbst die Käsepackung Emblem meiner totalen Begeisterung sein. In der Lebensmittelabteilung bekommen wir ein Häppchen gratis angeboten – und kaufen dann das ganze Produkt. Es ist auch kein Zufall, dass sich direkt vor der Kasse viele kleine bunte Attraktionen befinden, aber keine Waschmaschinen oder Schuhlöffel. Bei Süßigkeiten, Illustrierten oder Elektro-Nippes sagen wir leicht: »Ach, das nehme ich jetzt auch noch mit«, oder wir haben so kurz vor der Zielgeraden keine Widerstandskraft mehr, wenn die Kinder jetzt anfangen, nach Süßigkeiten zu quengeln.

Tückisch ist auch das Angebot »Jetzt kaufen, später zahlen«. Das Unterbewusste sieht hier nur die unmittelbare Belohnung und will *jetzt* das Bedürfnis befriedigen, welches es selbst gerade eben erst erzeugt hat. Das Unterbewusste ist nicht in der Lage, die Konsequenzen zu durchdenken und logisch zu überlegen, was ein Kauf für später bedeutet.

Je stärker also die Impulse sind, die Verkäufer im Unterbewussten zünden können, desto stärker müssen wir bewusst daran arbeiten, das unterbewusste Verlangen zu kontrollieren. Und oft zieht leider unsere bewusste Kontrolle gegenüber dem unterbewussten Verlangen den Kürzeren.

Der Psychologe Brian Knutson zeigte, dass das Orbitofrontalhirn Objekte bewertet und dann Kaufentscheidungen beeinflusst. Er gab Testpersonen zunächst ein Guthaben von 20 Dollar, dann zeigte er ihnen im Hirnscanner Produkte wie etwa eine Schachtel edle Pralinen. Wenige Sekunden darauf sahen die Testpersonen das Preisschild und konnten sich entscheiden, dieses Produkt zu kaufen oder nicht. Ihre Kaufentscheidung signalisierten sie anhand eines Schalters. Die Forscher manipulierten alle Preise, sodass einige Produkte viel zu teuer waren und andere sehr billig. Sahen die Versuchspersonen ein verlockendes Produkt (ohne Preisschild), wurde zunächst der Spaßmotor im Gehirn aktiv – dieser erzeugte die Motivation, sofort zuzugreifen. Als dann das Preisschild eingeblendet wurde, stieg die Aktivität im (mittleren) Orbitofrontalkortex bei billigen Produkten an, bei teuren nahm sie ab.[17] Unser Unterbewusstes signalisiert also »Schnäppchenalarm« und kitzelt mit entsprechenden Handlungsimpulsen unsere Finger, damit wir sofort zugreifen bzw. den »Kaufen!«-Schalter betätigen. Oder es signalisiert »Viiiel zu teuer!« und zieht die Finger zurück, selbst wenn der Spaßmotor signalisiert, dass er bei einem verlockenden Produkt zugreifen möchte. Die unterbewusste Spaßbremse überstimmt somit den Spaßmotor. Die Ergebnisse dieser Studie zeigen uns auch, dass das Unterbewusste blitzschnell seine eigenen Entscheidungen trifft, etwa dahingehend, ob ein Produkt die Ausgabe wert ist oder nicht. Bevor wir bewusst abgewogen haben, ob wir das Produkt überhaupt brauchen, sendet das Unterbewusste bereits Signale zum Zugreifen.

Als beim ersten Corona-Lockdown ein Gerücht umlief, dass es zu einem Engpass an Toilettenpapier käme, war das Risiko, dass Toilettenpapier knapp würde, verschwindend gering. Angesichts der Möglichkeit, sich im Supermarkt aber *mit Sicherheit* haufenweise mit Toilettenpapier und Nudeln versorgen zu können, motivierte das Unterbewusste die Menschen dazu, Toilettenpapier und Nudeln zu hamstern. Viele gaben dieser unterbewussten Motivation nach und kauften so viel Toilettenpapier, dass es dann tatsächlich im Geschäft knapp wurde – einige haben heute immer noch vor lauter Klopapier kaum Platz im Haus.

Bei einem schicken Sportangebot verwandelt uns der Kauf in eine Person, welche die Motivation hat, ihren Bauch mit dem neuen »Bauchtrainer 9000« in Stahl zu verwandeln. Unser Unterbewusstes findet an diesem Gedanken großen Gefallen – und blendet geflissentlich aus, dass wir unsere Sit-ups der letzten fünf Jahre an einer Hand abzählen können. Das arme Sportgerät muss dann später ein kümmerliches Dasein als Spinnwebenhalter oder Wäscheständer fristen.

Tipps: Umgang mit Impulskäufen

Manche gehen absichtlich ohne Plan einkaufen, um sich überraschen zu lassen und Spaß am Kaufen zu haben. Einige tun dies, weil es ihnen gerade schlecht geht und sie hoffen, sich durch Einkaufen einen Spaß-Kick zu verschaffen (Motto: »It's not the having, it's the getting.«). Nach dem kurzen Kick fühlen sie sich jedoch bald leer und nicht besser als vorher. Insbesondere Personen, die impulsiv kaufen, haben oft wenig Selbstschätzung, einen Hang zu Depression, negativer Stimmung oder Angststörungen und eine Tendenz, zwanghafte Störungen zu entwickeln.

Wie können wir das Unterbewusste überlisten und Impulskäufe reduzieren? Hier einige Tipps dazu.

- Erstellen Sie eine Einkaufsliste, und kaufen Sie dann nur dasjenige, was auf der Liste steht. Gehen Sie zielgerichtet einkaufen, also nur in die Geschäfte und Abteilungen, in die Sie gehen müssen, um das zu kaufen, was auf Ihrer Liste steht. Wenn Sie Schuhe kaufen möchten, gehen Sie direkt zum Schuhgeschäft, schlendern Sie nicht noch durch Geschäfte mit Handtaschen, Elektronik oder Schmuck … Wenn Sie online einkaufen, besuchen Sie nur Webseiten für Schuhe; meiden Sie solche, die Handtaschen etc. anbieten.
- Wenn Sie etwas sehen, das zwar nicht auf der Liste steht, jedoch derart verlockend ist, dass Sie nicht widerstehen können: Finden Sie einen *negativen* Aspekt am Produkt. Finden Sie ausnahmsweise mal das Haar in der Suppe, etwa »hat der Umwelt geschadet«, »hat Kinder ausgebeutet«, »würde mich eine Menge Arbeitsstunden kosten«.
- Vergegenwärtigen Sie sich, dass Sie das Geld erst einmal für ein anderes wichtiges Ziel sparen möchten, etwa für den nächsten Urlaub.
- Sagen Sie sich, dass Sie zu Hause erst noch mal überlegen werden. Wenn wir dann erst mal wieder zu Hause sind, ist es oft erstaunlich, wie schwach wir motiviert sind, extra aus dem Haus zu gehen, um besagtes Produkt doch noch zu kaufen. Sagen Sie sich: »Das ist sehr verlockend, aber leider kann ich das heute nicht kaufen.« Schlafen Sie eine Nacht drüber. Falls das Produkt am nächsten Tag tatsächlich nicht mehr verfügbar sein sollte, wird dies nicht das Ende der Welt bedeuten. Sie können es zum Trost für die nächste Liste erwägen. Und halten Sie sich fern von Produkten, die nicht umgetauscht werden können (vergewissern Sie sich gegebenenfalls, dass umgetauscht werden kann), sonst nehmen Sie sich die Möglichkeit, Ihr Geld wiederzubekommen, falls Sie den Kauf bereuen.

- Überlegen Sie sich, ob Sie überhaupt einen geeigneten Platz für das Produkt haben. (»Habe ich noch genug Platz im Kleiderschrank?«, »Wo genau soll das neue Sportgerät stehen?«, »Wo wird das Gerät aufbewahrt?«) Wenn Sie Dinge kaufen wollen, von denen Sie eigentlich bereits genug haben, misten Sie *vor dem Kauf* alte Dinge dafür aus. Überlegen Sie, ob die Dinge, die sich bereits in Ihrem Besitz befinden, nicht vielleicht gut genug sind.
- Falls die vorigen Schritte nicht wirken, verabschieden Sie sich von ihren Kreditkarten. Sorgen Sie dafür, dass Sie keine Überziehung auf Ihrer Karte haben; verwenden Sie eine Debitkarte. Stellen Sie gegebenenfalls ganz auf Bargeld um und nehmen Sie nur so viel Geld mit, wie Sie für Ihren Einkauf brauchen. Gehen Sie nicht mit Personen einkaufen, die selbst Probleme mit Impulskäufen haben.
- Installieren Sie in Ihrem Internet-Browser einen Ad-Blocker, damit Sie nicht beim Internet-Surfen in Versuchung geraten. Halten Sie sich möglichst fern von Social Media, da diese ihr Geld damit verdienen, Sie mit gezielter Werbung zu bombardieren. Richten Sie einen Spamfilter für E-Mails mit Sonderangeboten ein.
- Auch wenn diese Schritte schwerfallen mögen: Jedes Mal, wenn Sie einem Impulseinkauf widerstehen, lernt Ihr Gehirn dies, und dadurch wird es nächstes Mal leichterfallen, standhaft zu bleiben.

Impulskäufe, Höllenspiralen, Gedankenschleifen – bisher ist unser armes Unterbewusstes leider oft in recht unvorteilhaftem Licht erschienen. Das liegt jedoch daran, dass sich das Unterbewusste für ein Leben im Urwald entwickelt hat – dafür ist es perfekt. In einem modernen Leben mit Smartphone, Kühlschrank und Büro legt es uns hingegen andauernd Fallstricke. Das Unterbewusste hat sich vor vielen Millionen von Jahren bei Säugetieren entwickelt und dabei Funktionen herausgebildet, die evolutionär besonders vorteilhaft waren. Diese Funktionen sind immer noch im Unterbewussten von uns Menschen installiert und beeinflussen unsere Entscheidungen, Emotionen und Handlungen. Darum geht es im nächsten Kapitel.

2

Die unterbewusste Verzerrung der Wirklichkeit

Wie hat sich das Unterbewusste bei den ersten Säugetieren entwickelt?

Vor 200 Millionen Jahren, an einem warmen, sonnigen Sommertag in der Mitte des heutigen Europas. In der Nähe eines Waldes gräbt sich ein Tier, ähnlich einer kleinen Spitzmaus, aus einem unterirdischen Gang durch eine Grasnarbe an die Oberfläche. Es streckt sein rüsselartiges Näschen heraus und schnuppert die frische Luft.

Aus dieser Spitzmaus haben sich im Laufe der Evolution die Säugetiere entwickelt. Anders als Reptilien, die ihre Beute nur verschlingen können, kann sie ihr Essen kauen, was ihr mehr Energie verschafft. Dadurch hat sie hinreichend Treibstoff für ihr Gehirn, in dem sich eine verhältnismäßig riesige, dicke Hirnrinde entwickelt hat. Diese Hirnrinde besteht überwiegend aus »Neokortex«, der so heißt, weil er *neu* in der Evolution ist. Er ermöglicht unserer Spitzmaus besonders feine Sinneswahrnehmungen, ausgeklügelte Feinmotorik sowie das Erkennen und Lernen komplexer Sinnesinformationen. Außerdem besitzt die Hirnrinde unserer Spitzmaus ein Gebiet mit einem etwas einfacher gestrickten Orbitofrontalkortex. Dieser Orbitofrontalkortex beherbergt ein System, das bei unserer schnuppernden Spitzmaus weiter entwickelt ist als bei irgendeiner anderen Spezies. Im Laufe der Evolution wird es sich zu demjenigen Hirnsystem entwickeln, das ich bei uns Menschen das *Unterbewusste* nenne. (Auch wenn die Spitzmaus erst einen Vorläufer des Unterbewussten im Gehirn hat, spreche ich im Folgenden der Einfachheit halber auch bei der Spitzmaus vom »Unterbewussten«.)

Unsere Spitzmaus lebt meist unter der Erde, weil außerhalb ihres Baus gefährliche Dinosaurier leben. Allerdings zieht es die

Spitzmaus hinaus aus ihrem Bau, nach oben auf die Erdoberfläche, denn dort gibt es leckere und reichhaltige Nahrung. Während die Spitzmaus auf der Suche nach Futter mit ihren großen Augen rundherum aus ihrem Bau blickt, identifiziert ihr Neokortex mit hoher Präzision unterschiedliche Futteralternativen. Zunächst entdeckt sie einen Käfer. Er ist mittelgroß und krabbelt relativ langsam – eine bescheidene, aber sichere Beute. In einer anderen Richtung befindet sich ein dicker Grashüpfer. Er ist fast dreimal so groß wie der Käfer und befindet sich sogar etwas näher an ihrem Bau als der Käfer. Allerdings hat sie gelernt, dass ein Grashüpfer wegspringen kann und sie nur eine geringe Chance hat, den Grashüpfer zu fangen. Schließlich sieht sie noch einen morschen Baumstamm. Aus Erfahrung weiß die Spitzmaus, dass sich hinter der Rinde solcher Baumstämme meist eine leckere fette Schabe befindet (eine Schabe ist fast doppelt so groß wie ein Käfer), vielleicht sogar mehrere. Bei ihrem Rundumblick hat die Spitzmaus auch gesehen, dass sich zwar kein Dinosaurier in unmittelbarer Nähe befindet, allerdings zieht eine Herde am Horizont heran, daher hat sie nicht viel Zeit.

Welche Alternative wird die Spitzmaus jetzt wählen? Wenn sie lange hin- und herüberlegt, wird sie nicht Vorfahr einer Spezies, denn dann ist der Käfer weggekrabbelt, der Grashüpfer weggesprungen und sie muss eine veränderte Situation erneut einschätzen, während die Dinosaurierherde immer näher kommt.

Die Spitzmaus muss sich also augenblicklich entscheiden, welche Futter-Alternative sie verfolgt. Genau dies leistet ihr Unterbewusstes: Es *schätzt* blitzschnell für jede Alternative ein, wie hoch deren Gewinn wäre, wie hoch die Wahrscheinlichkeit für Erfolg bzw. Misserfolg ist, wie gefährlich sie ist, wie kostspielig sie wäre. Außerdem verrechnet ihr Unterbewusstes die Wahrscheinlichkeiten sowie mögliche Gewinne und Kosten nach Prinzipien, die sich in der Evolution als optimal erwiesen haben. In der Fachsprache sagen wir, dass für jede Alternative ein *subjektiver Wert* bestimmt wird: Das Unterbewusste wandelt sozusagen zahlreiche Alternativen in Geldstücke um und wählt dann das wertvollste Geldstück aus. »Auswählen« bedeutet hier, dass die Motivation erzeugt wird, diese Handlungsalternative auszuführen – es werden Handlungsimpulse, Lust, Verlangen erzeugt; für die schlechteste Alternative hingegen wird Unlust oder Furcht erzeugt.

Die Berechnung der subjektiv wertvollsten Alternative ist eine enorme kognitive Leistung, denn die Spitzmaus wandelt gewissermaßen eine *Tabelle* mit Alternativen (Käfer, Grashüpfer, Schabe) und deren unterschiedlichen Dimensionen (Größe des möglichen Gewinns bzw. Verlusts, Wahrscheinlichkeit bzw. Risiko, Entfernung, Geschmack, eigener Hunger, Hunger des Nachwuchses, vorige Gewinne bzw. Verluste) um in eine einfache *Rangliste,* um dann die wertvollste Alternative auswählen zu können. So bringt das Unterbewusste unterschiedliche Alternativen und deren Dimensionen blitzschnell in ein einziges neuronales Format. Welche Alternative wird die Spitzmaus wählen – Käfer, Grashüpfer oder Schabe?

Sieben Prinzipien bestimmten die unterbewusste Auswahl von Handlungs-Alternativen

Um für jede Alternative den subjektiven Wert zu bestimmen, *gewichtet* das Unterbewusste im Gehirn der Spitzmaus die verfügbaren Informationen nach sieben einfachen Prinzipien, die sich in der Evolution bewährt haben. Auch bei uns Menschen beeinflussen diese Prinzipien noch unterbewusst unsere Entscheidungen:

Prinzip 1: Sichere Gewinne werden stark bevorzugt gegenüber riskanten Alternativen (selbst wenn für eine riskante Alternative das Risiko gering und der mögliche Gewinn höher ist).

Deswegen wählt die Spitzmaus den sicheren Käfer – sie bevorzugt ihn gegenüber dem riskanten Grashüpfer und auch gegenüber der wahrscheinlichen Aussicht auf eine Schabe. Obwohl der Grashüpfer dreimal so groß ist wie der Käfer und sich sogar näher an ihrem Bau befindet, ist er eine sehr gewagte Alternative, weil er meist wegspringt. Die Spitzmaus bevorzugt den sicheren Käfer auch gegenüber einer möglichen fetten Schabe (die fast doppelt so groß wäre wie ein Käfer), denn obwohl die Wahrscheinlichkeit recht hoch ist, hinter der Baumrinde eine solche zu finden, ist diese Alternative unsicher. Sich an den Grashüpfer anzuschleichen oder den Baumstamm nach einer Schabe zu untersuchen kostet Zeit, und falls sie den Grashüpfer verpasst oder keine Schabe vorfindet, hat sie unnütz Energie aufgewendet und sich unnütz der Gefahr ausgesetzt, außerhalb des Baus umherzulaufen. Der Käfer ist dann wahrscheinlich auch weg – also hätte sie letztlich weniger, als zuvor sicher in Aussicht war. Evolutionär hat sich im Unterbewussten also der Spatz in der Hand gegenüber der Taube auf dem Dach bewährt. Den Käfer hat sie sicher, daher wählt sie die sichere kleine Beute statt einer größeren, jedoch riskanten Beute. Die Chance, den großen Grashüpfer oder eine fette Schabe zu erbeuten, fällt kaum ins Gewicht gegenüber der sicheren Alternative.

Außer dem Unterbewussten hat die Spitzmaus auch einen »Spaßmotor« im Gehirn. (Seine neuroanatomische Bezeichnung ist *Nucleus accumbens*, er ist auch im Gehirn von uns Menschen vorhanden). Der Spaßmotor ist stammesgeschichtlich älter als das Unterbewusste, seine Entstehung reicht mindestens bis zur Entwicklung der Amphibien zurück. Der Spaßmotor motiviert dazu, nach einer Beute zu greifen, und je größer eine Beute ist, desto stärker springt er an. Der Spaßmotor der Spitzmaus motiviert sie daher stärker zum *Grashüpfer* als zum Käfer. Ein Reptil, bei dem sich das Unterbewusste noch nicht ausdifferenziert hat, hätte nach dem Grashüpfer geschnappt. Das Unterbewusste im Gehirn der Spitzmaus kann jedoch unterscheiden zwischen sicherer Alternative und riskanter Alternative und *überstimmt* den Spaßmotor dahingehend, dass in dieser Situation die sichere Alternative gewählt wird. Ihr Unterbewusstes kann zwar keine genauen Wahrscheinlichkeiten berechnen, es kann jedoch unterscheiden zwischen »sicher« und »riskant« und lenkt ihre Motivation und Entscheidung entsprechend (in diesem Fall zum Käfer). Selbst die weniger riskante Alternative der Schabe *fühlt* sich so nach erheblich weniger an als eine sichere Alternative.

In der Evolution hat sich also ein Entscheidungssystem bewährt, das eine Abneigung gegenüber Unsicherheit bzw. Risiko angesichts sicherer Alternativen erzeugt – sozusagen eine evolutionär entwickelte *Risiko-Vertigo* (der akademische Fachausdruck ist *Risikoaversion*). Nehmen wir jetzt einmal an, dass sich unsere Spitzmaus für eine Prüfung in der Spitzmäuse-Hochschule vorbereitet. Sie hat dafür einige schwierige Aufgaben zu lernen, die sie noch nicht kennt und bei denen sie sich *unsicher* ist, wie sie zu lösen sind. Sie hat sich an ihren Schreibtisch gesetzt, und plötzlich fallen ihrem Unterbewussten siedend heiß unendlich viele kleine Tätigkeiten ein, die sie genau kennt und die sie *mit Sicherheit* auszuführen weiß (die vergessene Rechnung bezahlen, die Wäsche in den Trockner füllen, Kollege Spitzmäuserich benachrichtigen, auf dem Sofa liegen und getrocknete Grashüpfer knabbern …). Ihr Unterbewusstes bevorzugt diese kleinen *sicheren* Dinge deutlich gegenüber den großen unbekannten Prüfungsthemen, über die sie sich *unsicher* ist. Hätte sie doch nur ein Bewusstsein, mit dem sie ihre unterbewussten Motivationen erkennen und ihr Verhalten bewusst steuern könnte …

Prinzip 2: Große riskante Gewinne werden stark bevorzugt gegenüber kleinen sicheren Gewinnen.

Was sich zunächst wie ein Widerspruch zum ersten Prinzip anhört, wird leicht verständlich, wenn wir uns vorstellen, was geschieht, wenn der sichere Käfer immer kleiner wird: Je kleiner der Käfer, desto attraktiver wird die riskante Alternative des großen Grashüpfers. Stellen wir uns vor, die Spitzmaus hätte statt des Käfers nur einen winzigen Ohrenkneifer zur Auswahl, der circa fünfmal kleiner ist als der Grashüpfer. Nun erscheint der Grashüpfer plötzlich trotz des mit ihm verbundenen Risikos viel attraktiver als der popelige Ohrenkneifer. Aus Risiko-Vertigo wird *Risiko-Bereitschaft*. Die kleine Chance, den dicken Grashüpfer zu erbeuten, fällt jetzt stark ins Gewicht und *fühlt* sich größer an, als sie tatsächlich ist. Angesichts eines kleinen bitteren Ohrenkneifers wirkt der Grashüpfer wie ein »Jackpot«, und für diesen Jackpot geht die Spitzmaus das Risiko ein. Der Spaßmotor im Gehirn der Spitzmaus erzeugt ja sowieso eine stärkere Motivation für den Grashüpfer als für den Ohrenkneifer (da der Grashüpfer einen größeren Gewinn darstellt). Weil das Unterbewusste der Spitzmaus unterscheiden kann zwischen sicherer, jedoch unattraktiver Alternative und riskanter, jedoch attraktiver Alternative, nimmt es den Fuß komplett vom Bremspedal des Spaßmotors, und so wird die Motivation des Spaß-Motors zur ungehemmten Risiko-Bereitschaft. Die hoch riskante Alternative des Grashüpfers *fühlt* sich nun nach erheblich mehr Gewinn an als ein armseliger Ohrenkneifer.

Außer dem Grashüpfer gibt es allerdings ja noch den morschen Baumstamm. Wenn die Wahrscheinlichkeit, dort eine Schabe zu finden, relativ hoch ist, entscheidet sich die Spitzmaus für den Baumstamm, obwohl Schaben kleiner sind als Grashüpfer. Risiko-Vertigo wiegt bei unterbewussten Entscheidungen also etwas schwerer als Risiko-Bereitschaft. Nur wenn die Wahrscheinlichkeit, eine Schabe beim Baumstamm zu finden, relativ gering wäre, würde sich die Spitzmaus für den Grashüpfer entscheiden, denn wenn die Chancen sowieso niedrig sind, werden potenziell größere Gewinne stark bevorzugt (selbst wenn kleinere Gewinne ein etwas geringeres Risiko und geringere Kosten haben). Die Spitzmaus kauft sozusagen eher ein Los für den Super-Mega-Jackpot als für eine bescheidene Lotterie – obwohl die Gewinnchance bei der bescheidenen Lotterie erheblich größer ist und deren Los daher mehr Wert hat.

Prinzip 3: Wenn Verlust unausweichlich scheint, wird eine riskante Chance stark bevorzugt.

Die kleine Spitzmaus hat alle ihre Vorräte nach einer harten Dürreperiode aufgebraucht. Ohne Nahrung verhungert sie bereits nach wenigen Stunden. Je hungriger sie ist, desto höher ist also die Wahrscheinlichkeit, alsbald zu sterben, und mit steigendem Hunger steigt daher die Bereitschaft der Spitzmaus, mehr Risiko einzugehen. Selbst Alternativen, die wenig Aussicht auf Erfolg haben oder gar gefährlich sind, bevorzugt die Spitzmaus nun gegenüber einem sicheren Verlust, nämlich dem des Lebens. Nehmen wir an, die Spitzmaus hebt den Kopf aus ihrem Bau und sieht gefährliche Dinosaurier in der Nähe – wenn sie ihren Bau verlässt, riskiert sie, erbeutet oder zertrampelt zu werden. Da sie jetzt jedoch dringend Nahrung braucht, nimmt sie gegenüber dem sicheren Verlust ihres Lebens durch Verhungern ein großes Risiko in Kauf und springt wagemutig aus dem Bau.

Stammesgeschichtlich ältere Systeme im Gehirn sind hier im Konflikt: Eines will aus Angst vor den Dinosauriern im Bau bleiben, ein anderes wirft den Spaßmotor an, wenn Beute in Sicht ist. Ihr Unterbewusstes übernimmt nun die Führung und motiviert die Spitzmaus dazu, den Bau zu verlassen. Die hohe Wahrscheinlichkeit, das Leben zu verlieren, fällt weniger ins Gewicht angesichts eines nahezu sicheren Hungertods – jetzt *fühlt* sich auch ein sehr hohes Risiko besser an als gar keine Chance.

Diese Berechnungen im Unterbewussten befinden sich übrigens »auf der sicheren Seite«: Selbst wenn die Spitzmaus beispielsweise noch eine Stunde aushält, bevor sie verhungert, geht sie Risiken ein, die so hoch sind, als hätte sie nur noch eine halbe Stunde. Das heißt, selbst wenn das Risiko zu verhungern erst bei 90 Prozent liegt, geht sie 95 Prozent Risiko ein. Das Unterbewusste schätzt also eine akute Gefahr (hier: die Gefahr des Verhungerns) vorsichtshalber als bedrohlicher ein, als sie tatsächlich ist. Heutzutage überschätzt unser Unterbewusstes auch die Gefahr von Situationen, die weit weniger dramatisch sind – und stresst uns dadurch auch schon mal mehr als nötig …

Prinzip 4: Um die Unsicherheit eines großen Verlusts zu reduzieren, werden Kosten in Kauf genommen, selbst wenn dieser Verlust unwahrscheinlich ist.

Die Spitzmaus ist satt, ihre Jungen ebenfalls. Es sind auch keine gefährlichen Tiere in der Nähe, daher kann sie den Bau unbeschwert verlassen. Nun motiviert ihr Unterbewusstes sie dazu, zusätzliche Vorräte anzulegen (an diesem Instinkt sind auch noch weitere Hirnstrukturen beteiligt). Obwohl es Energie kostet, Beute einzulagern, bevorzugt ihr Unterbewusstes diese Alternative, weil dies die Unsicherheit reduziert, später möglicherweise das Leben durch Verhungern zu verlieren. Die Spitzmaus zeigt also Risiko-Vertigo gegenüber einem unwahrscheinlichen, aber großen Verlust, nämlich zu verhungern. Die Kosten des Einlagerns fallen für die Spitzmaus nun kaum ins Gewicht – sie *fühlen* sich nach weniger an als die geringe Wahrscheinlichkeit eines großen Verlusts. Mit dem Anlegen der Vorräte kauft die Spitzmaus sozusagen eine Versicherung gegen Verhungern, und zwar auf der sicheren Seite: Ihr Unterbewusstes lässt die Wahrscheinlichkeit des Verhungerns bedrohlicher erscheinen, als sie ist, daher ist sie bereit, höhere Kosten für die »Versicherung« – das Einlagern – in Kauf zu nehmen.

Prinzip 5: Verluste lösen verhältnismäßig mehr Minuspunkte im Gehirn aus, als Gewinne Pluspunkte auslösen.

Die Spitzmaus bringt ein Insekt in den Bau als Vorrat (oder ins Nest für die Jungen). Wenn sie das Insekt auf dem Weg verliert, erzeugt ihr Unterbewusstes Minuspunkte, und zwar *mehr* Minuspunkte, als es Pluspunkte beim Erbeuten des Insekts erzeugt hat. Einen Käfer zu verlieren tut deswegen mehr weh, als es Spaß macht, ihn zu erbeuten. Ich nenne dieses Phänomen *Verlust-Frust* (in der englischsprachigen Fachliteratur heißt es *Loss Aversion*).

Aufgrund des Verlust-Frusts hält die Spitzmaus den Käfer fest, wenn sie ihn erst einmal im Maul hat. Gäbe es mehr Pluspunkte beim Erbeuten, als es Minuspunkte beim Verlieren gibt, würde sie den Käfer sofort fallen lassen, sobald sie einen anderen Käfer sieht. Einen Käfer zu erbeuten würde nämlich mehr Spaß machen, als es unangenehm wäre, den bereits gefangenen Käfer zu verlieren. Auch wenn es gleich viele Plus- wie Minuspunkte gäbe, würde sie den Käfer fallen lassen, sobald sie einen etwas größeren Käfer sähe, denn einen etwas größeren Käfer zu erbeuten würde immer noch mehr Spaß machen, als es unangenehm wäre, den etwas kleineren zu verlieren. Ein neuer Käfer müsste schon mehr als doppelt so groß sein, bevor die Spitzmaus ihren bereits erbeuteten Käfer fallen lässt, denn ihr Unterbewusstes erzeugt bei einem Verlust doppelt so viele Minuspunkte wie bei einem Gewinn Pluspunkte (sie hat ja auch schon Gefahr in Kauf genommen und Energie investiert, diesen Käfer zu erbeuten).

Prinzip 6: Doppelte Gewinne lösen nicht doppelt viele Pluspunkte im Gehirn aus.

Im Gehirn der Spitzmaus rufen zwei Käfer deutlich mehr Pluspunkte hervor als nur ein Käfer. Wenn sie die Wahl hat zwischen zwei Käfern in einer Richtung oder nur einem Käfer in einer anderen Richtung, wählt sie daher logischerweise die zwei Käfer, selbst wenn diese etwas weiter entfernt sind. Allerdings kann die Spitzmaus kaum mehr als fünf Käfer essen. Daher bewirken sechs Käfer nicht doppelt so viele Pluspunkte wie drei Käfer, sondern nur noch wenig mehr Pluspunkte. Sie würde auch nicht doppelt so weit für sechs Käfer laufen, wie sie für drei Käfer laufen würde. Und ob es zehn oder 20 Käfer sind, macht dann kaum noch einen Unterschied. Außerdem sorgt ihr Unterbewusstes dafür, dass der

Unterschied der Pluspunkte im Gehirn zwischen zwei Käfern und einem Käfer viel größer ist als zwischen sechs und fünf Käfern – obwohl die Differenz in beiden Fällen genau ein Käfer ist. Während die Differenz zwischen zwei vs. einem Käfer für die Spitzmaus relevant ist und sich unterbewusst für sie nach einem großen Unterschied *anfühlt*, ist die Differenz zwischen sechs und fünf Käfern für ihr Unterbewusstes irrelevant.

Prinzip 7: Abhängig von der Situation wird der gleiche Gewinn mehr oder weniger positiv bewertet.

In den vorigen Beispielen war ein einziger Käfer eine attraktive Futteralternative für die Spitzmaus. Nehmen wir nun jedoch an, dass die Spitzmaus normalerweise *reichlich* Käfer vor ihrem Bau vorfindet. Wenn sie nun mit ihrer Nase durch die Grasnarbe an die Oberfläche stößt und lediglich einen einzigen Käfer vorfindet, löst dieser Umstand auf einmal Minuspunkte aus. Ihr Unterbewusstes behandelt diesen kärglichen Gewinn nun als *Verlust*. Wenn sie jedoch eine ganze Zeit lang nur noch kleine bittere Ohrenkneifer außerhalb ihres Baus vorfindet und Käfer seltene Beute geworden sind, löst selbst ein einzelner Käfer wieder kräftig Pluspunkte aus. Das heißt, in dieser Situation schreibt ihr Unterbewusstes dem Käfer wieder einen hohen subjektiven Wert zu. Ebenso ruft ein Käfer mehr Pluspunkte im Gehirn hervor, wenn die Spitzmaus hungrig ist, als wenn sie satt ist. Und wenn die Spitzmaus sehr hungrig ist, jedoch keine Käfer in Sichtweite sind, ruft selbst ein kleiner bitterer Ohrenkneifer viele Pluspunkte hervor.

Wie bei der Spitzmaus sind diese sieben Prinzipien auch im Unterbewussten von uns Menschen beheimatet und beeinflussen unsere Entscheidungen. Die Geschichte mit der Spitzmaus soll illustrieren, wie weit sie in der Evolution zurückliegen und wie tief sie daher in unseren Gehirnen verankert sind. Über die Eigenschaften von Tieren, die vor 200 Millionen Jahren gelebt haben, können wir natürlich nur spekulieren. Allerdings können diese Prinzipien auch heute bei Tieren experimentell beobachtet werden, zum Beispiel bei Ratten.[1] Mit diesen teilen wir einen gemeinsamen Vorfahren, der wahrscheinlich vor mehr als 100 Millionen Jahren gelebt hat. Da diese Prinzipien sowohl bei Ratten als auch bei uns Menschen beobachtet werden können, geht die Evolutionsbiologie davon aus, dass sie auch bei den gemeinsamen Vorfahren von Ratten und Menschen existierten, also mindestens 100 Millionen Jahre alt sind. (Zum Vergleich: Der Mensch existiert erst seit circa einer halben bis einer Million Jahre – die geschilderten sieben unterbewussten Prinzipien zur Entscheidungsfindung sind also mindestens hundertmal älter als unsere Spezies).

Verzerrung der Wirklichkeit beim Menschen

Die unterbewussten Prinzipien der Entscheidungsfindung haben sich vor vielen Millionen Jahren bei den ersten Säugetieren entwickelt. Sie sind auch im Unterbewussten von uns Menschen installiert, beeinflussen unsere Entscheidungen und erzeugen Emotionen wie Sorge oder Leichtsinn. Entdeckt wurden diese Prinzipien in den 1980er- und 1990er-Jahren. Die Psychologen Amos Tversky und Daniel Kahneman haben sie in der sogenannten *Prospect Theory* zusammengefasst, für die Kahneman 2002 einen Nobelpreis erhielt. Erkundschaften wir diese Prinzipien nun bei uns Menschen.

Prinzip 1: Angesichts sicherer Gewinne scheuen wir unterbewusst riskante Alternativen.

Betrachten Sie die zwei Kreise in Abbildung 5. Sie stellen Lotterien dar, wobei die Größe der Felder im Kreis der Wahrscheinlichkeit entspricht, mit der man den jeweiligen Betrag im Feld gewinnen kann. Im linken Kreis werden also mit hoher Wahrscheinlichkeit 10 Euro gewonnen (und mit geringer Wahrscheinlichkeit 30 Euro), im rechten Kreis werden mit hoher Wahrscheinlichkeit 20 Euro gewonnen (und mit geringer Wahrscheinlichkeit 10 Euro). Welche Lotterie würden Sie wählen?

Die meisten Personen wählen hier intuitiv den rechten Kreis, da es sich weniger riskant *anfühlt*, mit hoher Wahrscheinlichkeit 20 Euro zu gewinnen. Der linke Kreis scheint uns riskanter, da hier das Feld mit dem größeren Gewinn klein ist. Aufgrund unserer *Risiko-Vertigo* tendieren wir dazu, den linken Kreis zu mei-

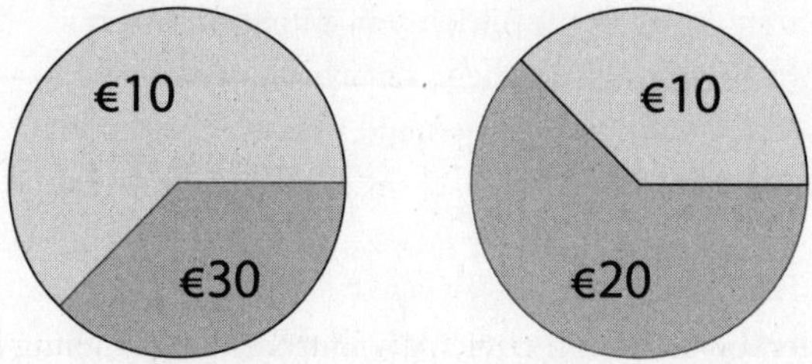

Abbildung 5: *Jeder Kreis zeigt eine Lotterie. In der linken Lotterie werden 10 Euro mit einer Wahrscheinlichkeit gewonnen, die der Größe der 10-Euro-Fläche entspricht, und 30 Euro mit einer Wahrscheinlichkeit, die der 30-Euro-Fläche entspricht. Im rechten Kreis entsprechend für 10 Euro und 20 Euro. Welche der beiden Lotterien würden sie wählen?*

den – genau wie die Spitzmaus die unsichere Schabe und den riskanten Grashüpfer meidet.

Möchten Sie gerne wissen, welche Alternative *tatsächlich* besser ist? Dann müssten wir die Strapaze auf uns nehmen, die Aussichten der Lotterien genau zu berechnen: Im linken Kreis bilden die geraden Linien einen Sektor von 135 Grad (die Linien zeigen auf drei Uhr und halb acht Uhr). Die Wahrscheinlichkeit, 30 Euro zu gewinnen, entspricht daher umgerechnet 37,5 Prozent, die Wahrscheinlichkeit, 10 Euro zu gewinnen, beträgt 62,5 Prozent. 30 Euro × 0,375 = 11,25 Euro, 10 Euro × 0,625 = 6,25 Euro – macht zusammen 17,50 Euro. Die linke Lotterie ist also 17,50 Euro wert.

Im rechten Kreis sind die Felder gleich groß wie im linken, also rechnen wir hier mit 10 Euro × 0,375 = 3,75 Euro und 20 Euro × 0,625 = 12,50 Euro, das macht zusammen 16,25 Euro. Die *linke* Lotterie ist also tatsächlich mehr wert als die rechte und daher die vorteilhaftere Wahl. Aber wie viel Zeit und Anstrengung hat uns das Ausrechnen gekostet? Die intuitive, unterbewusste Wahl hingegen war blitzschnell und einfach. Dieses Beispiel zeigt, dass unsere unterbewusste Intuition uns entgegen unserem tatsächlichen Interesse zu nachteiligen Entscheidungen führen kann.

Stellen Sie sich nun vor, jemand würde Ihnen folgende zwei Alternativen anbieten:

(1) *Sie bekommen 45 Euro geschenkt.*
(2) *Es wird eine Münze geworfen; bei Zahl bekommen Sie 100 Euro geschenkt, bei Kopf gehen Sie leer aus.*

Viele wählen hier Alternative 1, obwohl der erwartete Wert für die riskante Alternative 2 höher ist (100 Euro multipliziert mit einer Wahrscheinlichkeit von 50 Prozent ergibt 50 Euro). Die rationale Entscheidung wäre hier daher Alternative 2. Unser Unterbewusstes ist angesichts eines sicheren Gewinns jedoch pessimistisch hinsichtlich des Ergebnisses einer unsicheren Möglichkeit. Daher zeigen viele Menschen bei dieser Lotterie *Risiko-Vertigo.* Ein *möglicher* Gewinn von 100 Euro bei einem Münzwurf fällt kaum ins Gewicht gegenüber der sicheren Alternative von 45 Euro, genau wie für die Spitzmaus angesichts eines sicheren Käfers die *Möglichkeit,* eine fette Schabe zu finden oder einen Grashüpfer zu erbeuten, kaum ins Gewicht fällt. Unser Unterbewusstes signalisiert uns (zu unserem Nachteil), dass die riskante Alternative weniger wert sei als die sichere Alternative, und so *fühlt sich die riskante Alternative nach weniger an, als sie tatsächlich ist.* Erst wenn nur noch circa 35 Euro oder weniger mit Sicherheit geboten werden, schwenken die meisten um und wählen den riskanten Münzwurf.

Untersuchen wir als Nächstes zwei andere Alternativen:

(1) *Mit einer Wahrscheinlichkeit von 33 Prozent gewinnen Sie 2500 Euro, ansonsten gewinnen Sie nichts.*
(2) *Mit einer Wahrscheinlichkeit von 34 Prozent gewinnen Sie 2400 Euro, ansonsten gewinnen Sie nichts.*

Die meisten Menschen wählen hier korrekterweise Alternative 1 – diese Alternative fühlt sich besser an, weil sie bei sehr ähnlichen Wahrscheinlichkeiten deutlich mehr Gewinn bietet. Auch objektiv gesehen ist Alternative 1 vorteilhafter: Ihr Wert beträgt 2500 Euro × 0,33 = 825 Euro, der Wert von Alternative 2 ist lediglich 2400 Euro × 0,34 = 816 Euro.

Hier nun jedoch zwei ähnliche Alternativen:

(3) *Mit einer Wahrscheinlichkeit von 33 Prozent gewinnen Sie 2500 Euro, mit 66 Prozent Wahrscheinlichkeit gewinnen Sie 2400 Euro und mit einem Prozent Wahrscheinlichkeit gehen Sie leer aus.*
(4) *Sie gewinnen mit Sicherheit 2400 Euro.*

Hier wählen die meisten nun Alternative 4, obwohl bei rationaler Betrachtung Alternative 3 mehr wert ist (nämlich 2409 Euro). Bei den Alternativen 1 und 2 interessiert es uns kaum, dass die Alternative, bei der es deutlich mehr zu gewinnen gibt, eine leicht *geringere* Wahrscheinlichkeit hat – der Unterschied von lediglich einem Prozent (34 Prozent statt 33 Prozent) fühlt sich kaum ausschlaggebend an. Wenn dieses eine Prozent jedoch im Vergleich zu einer *sicheren* Alternative auftaucht, gibt es einen viel größeren Ausschlag – es *fühlt* sich plötzlich sehr riskant an, und wir lehnen diese Alternative aufgrund unserer unterbewussten *Risiko-Vertigo* ab – irrationalerweise und zu unserem Nachteil.

Der hellgraue Teil von Abbildung 6 illustriert diese unterbewusste Verzerrung von Wahrscheinlichkeiten. Das Unterbewusste schätzt die *Wahrscheinlichkeit* eines riskanten Gewinns als erheblich niedriger ein, als sie tatsächlich ist. Dies können wir daran erkennen, dass die Kurve im hellgrauen Teil der Abbildung *unter* der Diagonalen verläuft. Zum Beispiel: Die meisten Personen bevorzugen sichere 80 Euro gegenüber einer riskanten Lotterie, in der 100 Euro mit 95-prozentiger Wahrscheinlichkeit gewonnen werden können und man also mit fünfprozentiger Wahrschein-

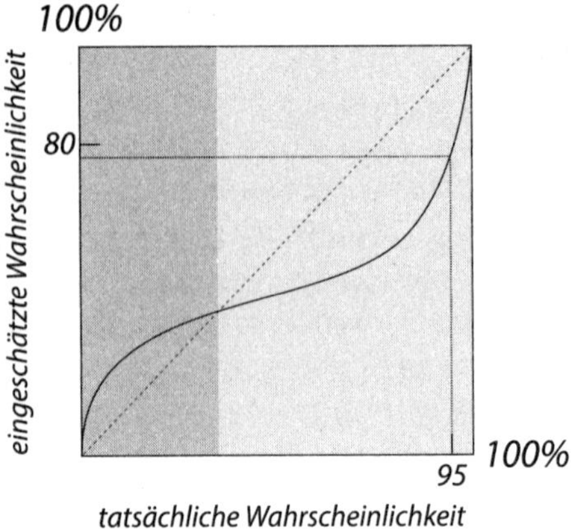

Abbildung 6: *Die Kurve illustriert im Vergleich zur gestrichelten Diagonalen, wie das Unterbewusste Wahrscheinlichkeiten verzerrt.*

lichkeit auch leer ausgehen kann. Tatsächlich ist diese riskante Lotterie jedoch 95 Euro wert. Das Unterbewusste verzerrt die Wahrscheinlichkeit hier also dahingehend, dass sich die 95 Prozent nach viel weniger anfühlen. Sie fühlen sich nach weniger an als 80 Prozent Wahrscheinlichkeit, deswegen beträgt der *subjektive Wert* der riskanten Lotterie weniger als 80 Euro. Unser Unterbewusstes unterschätzt hier also den Wert der riskanten Alternative, und deswegen wählen wir die sichere Alternative – wir haben *Risiko-Vertigo* angesichts sicherer Gewinne.[2]

Zum Abschluss noch zwei Alltagsbeispiele: Wenn wir etwas auf die lange Bank schieben, zum Beispiel die Lösung eines schwierigen Problems, flüchten wir uns gern in kleine, unwichtige Dinge, bei denen wir uns sicher sind. Wir wissen, dass es für uns angenehm ist, sich auf Facebook zu tummeln. Bei der großen Problemlösung hingegen herrschen Unsicherheiten, angefangen damit, dass wir die Lösung nicht genau kennen und sie also möglicherweise auch nach einer Stunde Arbeit daran noch nicht gefunden haben werden. Wir wissen auch nicht, ob unsere Lösung die beste aller möglichen Lösungen sein wird. Nehmen wir an, die Wahrscheinlichkeit für das Finden einer guten Lösung ist recht hoch, etwa 95 Prozent, dann verzerrt unser Unterbewusstes diese Wahrscheinlichkeit pessimistisch dahingehend, dass sie sich anfühlt wie magere 80 Prozent. Wir haben eine Erfolgsaussicht von 95 Prozent, aber die dunkle Seite unseres Gehirns verzerrt diese Wahrscheinlichkeit, deswegen *fühlt* sie sich nach weniger an als 80 Prozent – und wer schaltet schon für jämmerliche 80 Prozent Erfolgsaussicht Facebook aus …?

Wenn wir uns auf eine Prüfung, eine Präsentation oder einen Auftritt vorbereiten, mag die Wahrscheinlichkeit für einen Erfolg sehr hoch sein, sagen wir 95 Prozent. Angesichts der Alternative, auf dem Sofa liegen zu bleiben und ein Filmchen anzusehen, schrumpft unser Unterbewusstes diese 95 Prozent jedoch auf weniger als 80 Prozent. Nun verlieren wir nicht nur die Lust, uns vorzubereiten, sondern machen uns auch unnötig große Sorgen.

Wir können also an der grafischen Darstellung in Abbildung 6 auch erkennen, wie unser hinreißendes Unterbewusstes uns mit seinem Pessimismus bei Tätigkeiten mit unsicherem Ausgang hemmt und entmutigt – irrational und zu unserem Nachteil.

Prinzip 2: Gegenüber kleinen sicheren Gewinnen bevorzugen wir unterbewusst große riskante Gewinne.

Ich hatte bereits beschrieben, dass die meisten lieber 45 sichere Euro mitnehmen als einen Münzwurf riskieren, bei dem sie entweder 100 Euro gewinnen oder gar nichts erhalten. Je kleiner jedoch der sichere Gewinn wird, desto attraktiver wird die riskante Option. Ab einem bestimmten Punkt springt die Risiko-Vertigo um in *Risiko-Bereitschaft*, das Spiel um 100 Euro scheint nun klar attraktiver als ein winziger sicherer Betrag – genau wie die Spitzmaus angesichts eines sicheren, jedoch winzigen Ohrenkneifers die riskante Option des fetten Grashüpfers bevorzugt. Dabei überschätzt unser Unterbewusstes unwahrscheinliche Gewinne – selbst wenn die Chance auf einen fetten Gewinn sehr gering ist, scheint diese Option attraktiver, als sie tatsächlich wert ist (und attraktiver als ein jämmerlicher sicherer Gewinn).

Nehmen wir als Beispiel diese zwei Alternativen:

(1) 10 Euro mit Sicherheit erhalten.
(2) 100 Euro mit 5 Prozent Wahrscheinlichkeit gewinnen.

Viele wählen hier die *riskante* Alternative 2 – obwohl sie weniger wert ist als die sichere Alternative 1 (100 Euro mal eine Wahrscheinlichkeit von 5 Prozent ergibt lediglich 5 Euro). Unterbewusst fällt hier die kleine Chance auf den lukrativen Gewinn von 100 Euro stark ins Gewicht – das Unterbewusste signalisiert, dass die riskante Alternative mehr wert sei als der kleine sichere Gewinn, und so *fühlt sich die riskante Alternative wertvoller an* als die sichere Alternative. Daher neigen wir hier dazu, eine nachteilige Alternative zu wählen. Wir suchen nun das Risiko, ähnlich wie beim Setzen auf eine Zahl am Roulette-Tisch oder beim Kauf eines Lotterie-Loses. Wenn wir die Möglichkeit für einen großen Gewinn sehen, sind wir bereit, mehr für ein Glücksspiel zu bezahlen, als es eigentlich wert ist. Aus dem gleichen Grunde ist es verlockend, am Spielautomaten zahllose billige Spiele mit der Aussicht auf den seltenen Jackpot zu spielen. Auf Dauer rentiert sich dies natürlich nur für die Aufsteller der Spielautomaten.

Beim Glücksspiel kann die unterbewusste Faszination für große, aber riskante Gewinne sehr leicht zur Sucht werden, insbesondere wenn die Einsätze relativ klein sind. (Deswegen stets die Hände weg vom Glücksspiel – es gibt weniger gefährliche Möglichkeiten, sich einen Spaß-Kick zu verschaffen.)

Die unterbewusste Risiko-Bereitschaft für hohe Gewinne ist auf der dunkelgrauen Seite von Abbildung 6 dargestellt. Dort verläuft die Kurve *über* der Diagonalen. Dies bedeutet, dass das Unterbewusste Wahrscheinlichkeiten *höher* einschätzt, als sie tatsächlich sind. Zum Beispiel verzerrt das Unterbewusste die 5 Prozent Wahrscheinlichkeit für den Gewinn von 100 Euro dahingehend, dass sie sich *anfühlt* wie gut 10 Prozent. Deswegen fühlt sich auch der *Wert* der riskanten Alternative trügerischerweise höher an. Wir lehnen 10 sichere Euro leichtsinnig ab, weil die Aussicht auf 100 Euro für unser Unterbewusstes höchst verlockend ist.

Angesichts eines kräftigen Adrenalin-Kicks – etwa beim Freiklettern, waghalsigen Motorradfahren, Rasen auf der Autobahn usw. – überschätzt das Unterbewusste die Chance auf einen guten Ausgang. Zum Beispiel überschätzt es eine 20-prozentige Wahrscheinlichkeit, dass es zu keiner gefährlichen Situation kommt, dahingehend, dass sie sich nach 25 Prozent anfühlt. Der Graph der Abbildung 6 illustriert also auch, wie uns das Unterbewusste angesichts eines möglichen emotionalen Jackpots zur Leichtsinnigkeit verführt. (Ähnlich wie beim Glücksspiel macht der Adrenalin-Kick, den das Spaß-System erzeugt, wenn eine gefährliche Situation überlebt wird, ebenfalls schnell süchtig, und diese Sucht veranlasst wiederum höhere unterbewusste Risiko-Bereitschaft und Leichtsinnigkeit.)

Prinzip 3: Wenn Verlust unausweichlich ist, neigen wir unterbewusst zur Risiko-Bereitschaft.

Neulich beim Bergwandern merkte ich, dass ich von der geplanten Route abgekommen war. In einer solchen Situation gibt es zwei Möglichkeiten: Entweder umkehren, also den bereits gegangenen Weg zurückgehen – dies wäre ein sicherer Verlust, weil man dieses Stück Weg dann auf jeden Fall umsonst gelaufen wäre. Oder man probiert, einen Weg zu finden, der früher oder später hoffentlich wieder zurück auf die Route führt – dies ist riskant, wenn man nicht weiß, ob es überhaupt einen solchen Weg gibt. Wer schon einmal in einer ähnlichen Situation war, weiß, wie schwierig (und schmerzhaft) es ist, umzukehren – und wie leichtsinnig es meist ist, dies nicht zu tun.

Das Unterbewusste will sichere Verluste vermeiden. Es überschätzt daher den Wert von Alternativen, die noch eine Chance bieten, ohne Verlust davonzukommen. Nehmen wir die Wahl zwischen diesen zwei Alternativen:

(1) *Sie müssen 85 Euro abgeben.*
(2) *Mit 95-prozentiger Wahrscheinlichkeit geben Sie 100 Euro ab, mit 5-prozentiger Wahrscheinlichkeit müssen Sie gar nichts abgeben.*

Die meisten wählen hier die riskante Alternative 2, zeigen also *Risiko-Bereitschaft.* Sie tun dies irrational und zu ihrem Nachteil, denn 100 Euro Verlust mal eine Wahrscheinlichkeit von 95 Prozent ergibt 95 Euro Verlust. Alternative 2 ist also tatsächlich kostspieliger als Alternative 1. Das Risiko, 100 Euro zu verlieren, fällt bei dieser Lotterie jedoch unterbewusst weniger ins Gewicht als ein sicherer Verlust von 85 Euro – genau wie für die Spitzmaus das Risiko, von Dinosauriern zertrampelt zu werden, weniger ins Gewicht fällt angesichts eines Verlusts des Lebens durch Verhungern. Angesichts eines sicheren Verlusts fühlt sich selbst ein hohes Risiko besser an als gar keine Chance.

In Abbildung 6 können wir die Risiko-Bereitschaft angesichts sicherer Verluste ebenfalls im hellgrauen Teil erkennen. Die Kurve verläuft unterhalb der Diagonalen, was in diesem Fall bedeutet, dass das Unterbewusste die Wahrscheinlichkeit zu *verlieren* niedriger einschätzt, als sie tatsächlich ist. Die Abbildung illustriert, dass das Unterbewusste die 95-prozentige Wahrscheinlichkeit eines Verlusts von 100 Euro dahingehend verzerrt, dass diese sich eher wie eine 80-prozentige Wahrscheinlichkeit anfühlt. Die Wahrscheinlichkeit für einen Verlust wird hier also unterschätzt, beziehungsweise wird die Chance, doch noch ohne Verlust zu entkommen, optimistisch überschätzt.

An dem Graph in der Abbildung 6 können wir auch erkennen, wie uns unser Unterbewusstes angesichts sicherer Verluste zum Leichtsinn verführt. Zum Beispiel entstehen die meisten Unfälle im Straßenverkehr aufgrund fahrlässigen Handelns. Wenn man bei einer gelben Ampel schnell kräftig aufs Gaspedal tritt, um gerade noch über die Kreuzung zu kommen, hat man die Chance, dem sicheren Verlust von Zeit beim Warten vor der roten Ampel zu entgehen. Ähnlich kann man sicherem Zeitverlust entrinnen, wenn man riskant überholt, die Geschwindigkeitsbegrenzungen übertritt usw. Angesichts solch sicherer Verluste wird das Unterbewusste risikofreudig und unterschätzt das Risiko, einen Unfall zu verursachen. Dadurch *fühlt* sich dieses Risiko erheblich geringer an, als es tatsächlich ist.

Dieses Prinzip lässt sich auf viele Situationen übertragen, in denen wir Vorschriften außer Acht lassen, um schneller oder leichter ans Ziel zu gelangen. Die Spitzmaus wurde durch die unterbewusste Risikobereitschaft dazu motiviert, um ihr Überleben zu kämpfen (etwa trotz trampelnder Dinosaurier aus dem Bau zu springen, um nicht zu verhungern). Heutzutage befinden wir uns nur selten in existenzieller Gefahr – trotzdem verursachen wir viele Unfälle nur dadurch, dass wir angesichts sicherer Verluste Risiken unterbewusst unterschätzen.

Populisten malen oft das Schreckgespenst eines unausweichlichen Verlusts an die Wand, typischerweise jenes, dass die eigene Kultur untergehen wird. Verantwortlich dafür machen sie Sündenböcke – Asylsuchende, Berufspolitiker, die Europäische Union. Demgegenüber bieten sie eine Chance der Rettung an, etwa die Grenze mit einer Mauer zu versehen oder aus der Europäischen Union auszutreten. Es ist unerheblich, dass die feierlich in Aussicht gestellten Rettungsaktionen bei nüchterner Betrachtung haarsträubend und absurd sind, denn das Unterbewusste bewertet sie positiver, als sie tatsächlich sind, und unterschätzt die Nachteile, welche sie mit sich bringen. Ein aktuelles Beispiel: Der russische Präsident Putin beschwor den Untergang Russlands durch ukrainische Neonazis. Als Rettung versprach er eine »militärische Sonderaktion«, deren Nachteile seine Gefolgsleute massiv unterschätzten.

Prinzip 4: Wir bevorzugen unterbewusst Kosten, um unwahrscheinliche, jedoch große Verluste abwenden zu können.

Je kleiner ein sicherer Verlust wird, desto unattraktiver wird eine riskante Alternative, bei der viel verloren werden kann. Ab einem bestimmten Punkt springt die Risiko-Bereitschaft um in Risiko-Vertigo: Die meisten bezahlen lieber 7 Euro, als das Risiko einzugehen, mit fünfprozentiger Wahrscheinlichkeit 100 Euro zu verlieren; sie zeigen also Risiko-Vertigo gegenüber einem unwahrscheinlichen, aber großen Verlust, etwa 100 Euro zu bezahlen. Die 7 Euro fallen nun in Anbetracht eines möglichen Verlusts von 100 Euro kaum ins Gewicht – genau wie bei der Spitzmaus die Kosten des Einlagerns von Vorräten in Anbetracht möglichen späteren Verhungerns kaum ins Gewicht fallen. Das Unterbewusste gewichtet das fünfprozentige Risiko, 100 Euro zu verlieren, stärker, als es ist, daher *fühlt* sich dieses Risiko nach *mehr* an als im Schnitt 5 Euro Verlust. Deswegen sind wir zum Beispiel bereit, Versicherungsbeträge zu zahlen, die uns vor großen, wenn auch ziemlich unwahrscheinlichen Verlusten schützen. Unsere unterbewusste Neigung, große unwahrscheinliche Verluste durch einen relativ geringen Kostenaufwand abwenden zu können, nutzen Versicherungen zu einem sehr einträglichen Geschäft: Die Versicherungsgesellschaften können uns aufgrund unserer unterbewussten Risiko-Vertigo Versicherungen für mehr Geld verkaufen, als sie eigentlich wert sind, oder sogar richtig sinnlose Versicherungen andrehen. Berüchtigte Beispiele sind die »Sterbegeldversicherung«, welche die Kosten für die Beerdigung decken soll, sich jedoch wegen der hohen Abschluss- und Verwaltungskosten noch weniger rentiert als jedes Sparbuch, oder die »Insassenunfallversicherung«, die im Falle eines Unfalls Kosten übernehmen soll, die sowieso durch die Kfz-Haftpflichtversicherung abgedeckt sind.

Der dunkelgraue Teil von Abbildung 6 illustriert die Risiko-Vertigo für unwahrscheinliche große Verluste: Das Unterbewusste verzerrt die Wahrscheinlichkeit für einen Verlust in die Höhe, wodurch er sich bedrohlicher anfühlt, als er ist. Wenn das tatsächliche Risiko für einen Verlust lediglich 5 Prozent beträgt, fühlt es sich für das Unterbewusste wie 10 Prozent an.

Die bisher dargestellten Prinzipien zeigen, dass das Unterbewusste bei uns Menschen im Falle von Risiko-Vertigo oft unnötig große Sorgen und im Falle von Risiko-Bereitschaft oft trügerischen Leichtsinn erzeugt – zum Nachteil unseres Wohlbefindens und unserer Gesundheit. Außerdem erkennen wir deutlich, dass bei wichtigen Entscheidungen unseres Lebens die beste Alternative durch rationales Denken ermittelt werden sollte, statt sich einfach auf unterbewusste Intuitionen zu verlassen. Wenn ein junger Mensch vor der Berufswahl steht, wird seine *unterbewusste* Intuition die sichere Alternative bevorzugen, obwohl eine Alternative, die vielleicht ein gewisses Risiko birgt, langfristig erheblich vorteilhafter sein kann. Durch intelligente Denkarbeit können wir diejenigen Entscheidungen treffen, die langfristig die besten Aussichten auf Vorteile haben, etwa bei ökonomischen Entscheidungen (für Tipps zum Treffen von Entscheidungen siehe auch Kapitel *Wer ist der Chef im Gehirn?*, Seite 39, und *Tabelle zum Abwägen von Entscheidungen*, Seite 335).

Durch unterbewusste Verzerrungen werden wir leicht manipulierbar

Die bisher dargestellten Prinzipien werden erstaunlich effektiv genutzt, um gezielt Fehlinformationen zu verbreiten. Zum Beispiel wetterte im zweiten Jahr der Covid-19-Pandemie ein Boulevardblatt, dass sich auf den Intensivstationen fast genauso viele Geimpfte wie Ungeimpfte befänden (was stimmte), und zog daraus den irrigen Schluss, dass eine Impfung also gar nichts bringe. Etliche rechtspopulistische Politiker schlossen sich diesem Fehlschluss an. Was bei dieser Meldung jedoch nicht bedacht wurde: Zu der Zeit waren fast 75 Prozent der Erwachsenen geimpft – wenn von zehn Covid-Kranken auf einer Intensivstation vier geimpft waren und sechs ungeimpft, lagen also nur vier Personen der überwiegenden Masse von Geimpften auf der Station, aber sechs Personen des kleinen Bevölkerungsanteils von Ungeimpften. Obwohl sich also fast gleich viele Geimpfte wie Ungeimpfte auf den Intensivstationen befanden, war unter den Ungeimpften der *Anteil* von Personen, die auf der Intensivstation lagen, nahezu fünfmal höher als unter den Geimpften. Wer dies nicht berücksichtigte, saß leicht dem Fehlschluss auf, die Impfung sei nutzlos. Deshalb ließen sich einige nicht impfen und nahmen damit ein fünfmal höheres Risiko auf sich, so gefährlich zu erkranken, dass sie auf einer Intensivstation behandelt werden müssen.

Wenn Fehlinformationen so formuliert sind, dass sie unser Unterbewusstes ansprechen, lassen wir rasch jede Logik außer Acht, denn das Unterbewusste kann Informationen nicht auf ihre Logik hin überprüfen. Und je weniger kompliziert diese Informationen sind, desto leichter und bequemer kann das Unterbewusste sie verdauen. Die Fehlinformationen verbreiten sich dann auch schneller, besonders, wenn zusätzlich noch unterbewusste Emotionen geschürt werden – Furcht und Ärger sind stets ideale Kandidaten dafür.

Prinzip 5: Bei Verlusten erzeugt unser Unterbewusstes mehr Minuspunkte, als es bei gleich großen Gewinnen Pluspunkte erzeugt (Verlust-Frust).

Stellen Sie sich vor, eine gute Fee würde Ihnen heute ein schickes Haus, einen Lamborghini und eine Million Euro bescheren. Wenn die Fee Ihnen in einem Monat unverhofft alles wieder wegnähme, ginge es Ihnen viel schlechter, als wenn die Fee gar nicht erst aufgetaucht wäre – obwohl Sie dann ebenso viel besäßen wie vorher und dazu noch einen Monat viel Spaß gehabt hätten. Die dunkle Seite unseres Gehirns findet es viel besser, etwas nie zu haben, als dasselbe zu verlieren. Dies liegt daran, dass das Unterbewusste einen Verlust doppelt so negativ bewertet, wie es einen gleich großen Gewinn positiv bewertet, und bei Verlust doppelt so viel Missvergnügen erzeugt, wie es bei Gewinn Vergnügen hervorruft.

Wenn wir uns ein Vanilleeis kaufen, ruft dies Spaß hervor. Wenn die Eiskugel von der Waffel rutscht und auf den Boden fällt, erzeugt es doppelt so viel Schmerz. Unseren Kleiderschrank auszumisten fällt uns maßlos schwer, denn unser Unterbewusstes erzeugt beim Verlust der Kleidungsstücke viel mehr Missvergnügen, als es Spaß hervorruft, wenn wir Kleidungsstücke erlangen.

Evolutionär bedeutet Beute zu verlieren, neue Beute besorgen zu müssen. Das kostet erneut Energie, möglicherweise muss man sich auch erneut Gefahren aussetzen. Wenn es im Urwald nicht schmerzen würde, eine Beute zu verlieren, würden wir sie sofort fallen lassen, sobald wir eine etwas größere Beute sähen, denn unser Spaßmotor erzeugt eine größere Motivation für das Erlangen einer größeren Beute – damit liefen wir jedoch leicht Gefahr, am Ende gar nichts zu haben. Das Unterbewusste kann den Spaßmotor bremsen. Es hat sich im Laufe der Evolution bei Säugetieren so entwickelt, dass das Herunterfallen einer Beute *doppelt so stark schmerzt,* wie es *Spaß macht,* die Beute zu erlangen. Deswegen lässt die Spitzmaus ihren Käfer nur dann für einen anderen Käfer fallen, wenn der doppelt so groß ist.

Abbildung 7 illustriert die *unterbewusste Bewertungs-Funktion* für Gewinne und Verluste. Gewinne haben positive Werte (rufen also Vergnügen hervor), Verluste haben negative Werte (rufen also Missvergnügen hervor). Dabei fällt die Kurve für Missvergnügen bei Verlusten etwa doppelt so stark ab, wie die Kurve für Vergnügen bei Gewinnen ansteigt.

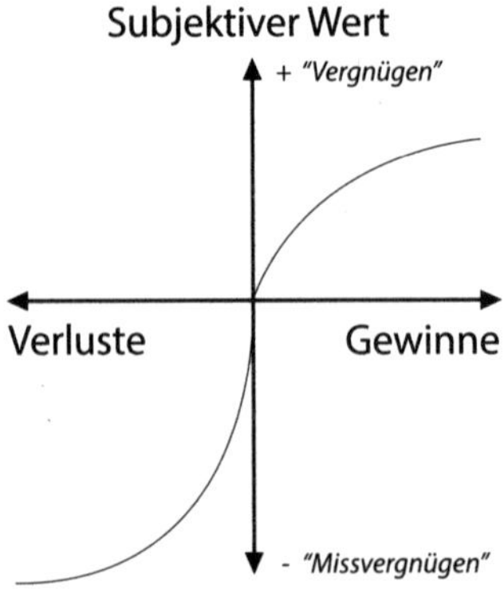

Abbildung 7: *Die unterbewusste Bewertungs-Funktion für Gewinne und Verluste. Verluste bewirken mehr Minuspunkte (»Missvergnügen«), als gleich große Gewinne Pluspunkte (»Vergnügen«) bewirken. Wenn man im Supermarkt in der Schlange vor der Kasse steht und sieht, dass man in der anderen Schlange viel schneller drangekommen wäre, schmerzt dies doppelt so viel, als es Spaß macht, wenn man in der schnelleren Schlange steht. Außerdem erzeugen doppelt große Gewinne nicht doppelt so viel Vergnügen (die Kurve flacht nach rechts hin ab), und doppelt große Verluste erzeugen nicht doppelt so viel Missvergnügen (die Kurve flacht nach links hin ab). Die Werte der x-Achse entsprechen der Größe von Verlusten im negativen Bereich bzw. von Gewinnen im positiven; die Werte der y-Achse entsprechen dem subjektiven Wert, dies entspricht Vergnügen im positiven Bereich und Missvergnügen im negativen.*

Anhand dieser Kurve können wir auch erkennen, dass das geflügelte »halb so schlimm« tatsächlich wahr ist: Unterbewusste negative Emotionen sind viel intensiver, als es einer Situation entspricht, denn das Unterbewusste macht die Situation aufgrund des Verlust-Frusts schlimmer, als sie ist. Tatsächlich ist die Situation stets nur halb so schlimm – und halb so wichtig –, wie es uns unterbewusst scheint. Diese Erkenntnis kann uns bei unseren unterbewussten negativen Gefühlen trösten und sogar über kleine Lebenskrisen hinweghelfen.

Die unterbewusste Macht des Unglücks

Aufgrund des evolutionär tief im Gehirn verwurzelten Verlust-Frusts wiegen die negativen unterbewussten Emotionen – etwa Ärger, Sorgen, Ängste – doppelt so schwer wie positive. Denn alle negativen Emotionen, die unser Unterbewusstes erzeugt, haben mit irgendeiner Art von Verlust oder drohendem Verlust zu tun. Unser Unterbewusstes erzeugt daher doppelt so starke negative Emotionen für unerfreuliche Dinge, wie es positive Emotionen für erfreuliche Dinge auslöst. Wird einem der Lamborghini weggenommen, erzeugt das Unterbewusste doppelt so starke negative Emotionen, wie es positive Emotionen hervorruft, wenn man ihn bekommt. Das sprichwörtliche Haar in der Suppe wird unterbewusst als doppelt so schlimm empfunden, wie die Suppe eigentlich schmeckt. Zudem zieht das Unterbewusste durch Sogwirkungen unsere Aufmerksamkeit und unser Gedächtnis unverhältnismäßig stark in den Bann. Wir sehen nur noch das Haar (statt der eigentlich leckeren Suppe), und wir erinnern uns später nur noch an das Haar. So macht das Unterbewusste Verluste auch *wichtiger,* als es verhältnismäßig wäre – etwa doppelt so wichtig.

Das Unterbewusste reagiert also übertrieben stark auf Negatives, überschätzt dessen Wichtigkeit und richtet übermäßig viel Aufmerksamkeit darauf. Mit dem Verlust-Frust hat uns die Evolution sozusagen eine unterbewusste *Macht des Unglücks* auf der dunklen Seite unseres Gehirns eingepflanzt. (Der psychologische Fachbegriff für diese Macht des Unglücks lautet *Negativity Bias*). In Norwegen bekam ich einst eine Steuerbenachrichtigung, in der eine beträchtliche Rückzahlung angekündigt wurde. Einige Stunden später begriff ich jedoch, dass dies ein Missverständnis war und ich nichts zurückbekommen würde. Der Tag war ruiniert, obwohl ich abends genauso viel hatte wie vorher. Wir können viermal hintereinander pünktlich mit der Bahn ankommen, aber der eine verspätete Zug ärgert uns stärker als das Behagen aller rechtzeitigen Ankünfte zusammen. Wir können hundert Dinge richtig machen, aber für den einen Fehler zerfleischen wir uns. Ein Ehepartner mag zehn positive Eigenschaften haben, aber die eine Eigenschaft, die uns nicht passt, führt zur Scheidung. Aufgrund des Verlust-Frusts überschätzt unser Unterbewusstes negative Kleinigkeiten, versteift sich geradezu darauf, und so verlieren wir das große Ganze aus den Augen.

Kunst, Politik und Medien machen vollen Gebrauch von der unterbewussten »Macht des Unglücks«. Tragödien haben es leichter, uns tief zu berühren, als Komödien, deswegen wurzeln die besten Komödien in Tragödien. (Charlie Chaplin etwa bringt uns zum Lachen und rührt uns zu Tränen, weil wir Mitleid mit dem mittellosen Landstreicher haben, der um sein Überleben kämpft und verzweifelt darum bemüht ist, wie ein Gentleman aufzutreten.) Medien können mit negativen Nachrichten leichter emotional aufheizen als mit positiven. Nachrichtensprecher wünschen uns zwar zunächst einen »Guten Abend!«, erklären uns jedoch gleich darauf, warum dies keiner ist. Auch politische Reden, Propaganda und Desinformation sprechen uns mit negativen Botschaften unterbewusst doppelt so effektiv an wie mit positiven. Unser Unterbewusstes reagiert auf negative Botschaften mit überzogen starken Emotionen, hält sie für wichtiger und stuft sie sogar als glaubwürdiger ein. Der Psychologe Benjamin Hilbig legte Testpersonen in etlichen Experimenten Aussagen vor, die inhaltlich gleich, jedoch entweder negativ oder positiv formuliert waren. Zum Beispiel lasen

Testpersonen die Aussagen »In der Dominikanischen Republik werden 30 Prozent der Bevölkerung nicht durch Impfmaßnahmen erreicht« und »In der Dominikanischen Republik werden 70 Prozent der Bevölkerung durch Impfmaßnahmen erreicht«. Die Testpersonen stuften die negativ formulierten Botschaften als nahezu doppelt so glaubwürdig ein wie die positiven.[3] Dieser Befund ist alarmierend, weil er zeigt, dass wir alle *unterbewusst* leichter durch negative als durch positive Informationen beeinflussbar sind. Nur wenn wir dies bewusst erkennen, können wir negative Informationen angemessen sachlich bewerten.

Prinzip 6: Für doppelte Gewinne erzeugt das Unterbewusste nicht doppelt viele Pluspunkte (und für doppelte Verluste nicht doppelt viele Minuspunkte).

Stellen wir uns vor, wir sind auf einer Wanderung und werden hungrig. Da entdecken wir einen Strauch mit vielen Himbeeren, an denen wir uns satt essen können. Wenn wir statt nur einem Strauch zwei Sträuche aufgefunden hätten, wäre unsere Wonne deswegen nicht doppelt so groß. Es müssten schon mehrere Beerenstauden sein, um doppelt so viel Begeisterung wie beim Entdecken eines einzigen Buschs hervorzurufen. Und ob wir mehrere Stauden oder ein ganzes Feld mit Himbeerbüschen entdecken, macht dann kaum noch einen Unterschied. Ähnlich haben wir auch viel mehr Spaß, wenn wir zunächst 1000 Euro in einer Lotterie gewinnen und dann später noch mal 10 000 Euro, als wenn wir ein einziges Mal 12 000 Euro gewinnen. Und ob wir zehn oder elf Millionen gewinnen, macht für unser Spaßgefühl keinen Unterschied.

Das Gleiche gilt für Verluste: Stellen wir uns nun vor, wir wollen die erste Himbeere pflücken, da sehen wir einen Braunbären am Waldrand und müssen uns sicherheitshalber zurückziehen. Dies bedeutet den schmerzvollen Abschied von unserer Himbeer-

Mahlzeit. Hätten wir uns von zwei statt nur einem Busch verabschieden müssen, wäre der Schmerz nur unwesentlich größer gewesen (und nicht etwa doppelt so groß). Nur bei einem kargen Büschlein mit lediglich einer Handvoll Beeren wäre der Schmerz des Verlusts deutlich geringer gewesen.

Dieses Prinzip bedeutet auch, dass ein Gericht mit frischem Gemüse aus dem eigenen Garten bereits ähnlich viele Pluspunkte im Gehirn hervorruft wie das teuerste Gericht in einem Sternerestaurant. Umgekehrt erzeugt die dunkle Seite unseres Gehirns bei einem negativen Erlebnis bzw. Verlust rasch ähnliche viele Minuspunkte wie bei einem Weltuntergang (dies ist in den abgeflachten Kurven von Abbildung 7 zu erkennen). Wir können uns dieses Prinzip zunutze machen, etwa indem wir Rechnungen gesammelt bezahlen oder ein Bußgeld am gleichen Tag bezahlen, an dem wir die Steuernachzahlung vornehmen – doppelte Geld-Verluste schmerzen dann nicht doppelt.

Prinzip 7: Erwartungen und die momentane Situation beeinflussen die unterbewusste Bewertungs-Funktion.

Vor einer Weile las ich zufällig, der Gemeinderat des schweizerischen Binningen stelle für die Beerdigungen verstorbener Gemeindemitglieder keine Gratis-Särge mehr zur Verfügung. Für die Bewohner Binningens wurde dies als schmerzlicher Verlust empfunden, mir hingegen war neu, dass es in etlichen Gemeinden der Schweiz Särge umsonst gibt. Für die Bewohner solcher Gemeinden ist dies normal. Wenn in einer deutschen Gemeinde die Angehörigen eines Verstorbenen plötzlich einen Gratis-Sarg bekämen, wären sie fröhlich überrascht. Ein Gewinn bzw. Verlust kann also *abhängig von der Erwartung* mehr oder weniger Plus- bzw. Minuspunkte auslösen. Studenten sind ebenso glücklich wie Berufstätige, obwohl ihnen weniger Geld zur Verfügung steht und sie nur einen relativ kleinen Wohnraum haben. Dies liegt auch daran, dass es normal (also erwartbar) ist, als Student weniger Geld und Wohnraum zu haben. Solange Menschen finanziell in der Lage sind, ihren Lebensunterhalt adäquat zu bestreiten, trägt materieller Reichtum tatsächlich nicht weiter zum empfundenen Lebensglück bei. Der erste Kontoauszug nach einer Gehaltserhöhung ist zwar noch ein Grund zum Feiern, nach wenigen Monaten ist das höhere Gehalt jedoch zur Normalität geworden und das empfundene Lebensglück auf dem gleichen Niveau wie vorher. Muss man nun auf einen Arbeitsplatz mit niedrigerem Gehalt wechseln, fühlt sich dies zunächst elend an, obwohl man früher mit dem gleichen Gehalt ebenfalls glücklich war. Glücklicherweise dauert es auch bei einem Gehaltsverlust nicht allzu lange, und man ist wieder so glücklich und zufrieden wie vorher. Das Gleiche gilt für andere Verluste, etwa Trennung oder Tod eines nahen Angehörigen; die meisten trauern nicht für den Rest ihres Lebens, sondern haben das Unglück nach etwa einem Jahr verarbeitet.[4]

Auch die momentane *Situation* beeinflusst unsere Reaktion auf Gewinne und Verluste. Wenn wir Hunger haben, ruft selbst eine Handvoll Himbeeren Entzücken hervor, und wenn wir uns gerade eben an Himbeeren satt gegessen haben, ruft selbst ein ganzes Feld mit Himbeeren kaum noch Begeisterung hervor. Das Unterbewusste erzeugt also für den gleichen Gewinn bzw. Verlust abhängig von der Situation mehr oder weniger Plus- bzw. Minuspunkte. Sättigung staucht die Bewertungs-Funktion, Hunger streckt sie.

Tipps: Ziele richtig setzen

Wir können von der unterbewussten Bewertungs-Funktion profitieren, wenn wir unsere Ziele richtig setzen. Hier einige Tipps dazu:

- Wir ersparen uns unterbewusste Unglücksgefühle, wenn wir unsere unterbewussten Erwartungen mit realistischen Zielen konfrontieren. Wenn ich zum Beispiel nach längerer Zeit wieder anfange, Sit-ups zu machen, setze ich mir lieber erst einmal fünf als Ziel, selbst wenn ich zu früheren Zeiten 50 geschafft habe. Wenn ich dann sogar sechs schaffe, kann ich das als besonderen Erfolg verbuchen.

- Wir können geschickt gesetzte Ziele dafür nutzen, größere Erfolge zu erlangen. Wenn man gut trainiert ist und sich 40 Sit-ups zum Ziel setzt, ist man nach 41 Sit-ups eher gewillt, noch einen letzten Sit-up zu machen, als wenn man sich 30 zum Ziel gesetzt hat. Wenn das Fitness-Level etwas geringer ist, setzt man sich besser nur 30 als Ziel, denn wenn man nach 29 Sit-ups nicht mehr kann, ist man eher bereit zu einem letzten Sit-up, da man sein Ziel dann erreicht hat.
- Achtung bei zu hoch gesteckten Zielen, denn die können leicht zu Enttäuschungen führen. Wenn man sich 31 Sit-ups als Ziel setzt und sogar 35 schafft, erlebt man dies als positiv; wenn man sich jedoch 39 als Ziel gesetzt hat und »nur« 35 schafft, erlebt man dies als negativ. Aufgrund des Verlust-Frusts ist die unterbewusste negative emotionale Reaktion auf den »Verlust« von vier Sit-ups *stärker* als jene auf den »Gewinn« von vier Sit-ups. Realistische Ziele sollten daher nicht mehr als ca. 5–10 Prozent über dem Erwartungswert liegen. Wenn man seine sozialen Kontakte verstärkt pflegen möchte, setze man sich als Ziel, statt zehn Freunden im Monat elf anzurufen; wenn man einer Sache statt zehn Stunden pro Woche mehr Zeit widmen möchte, setze man sich elf Stunden als Ziel. Andersherum gilt dies ebenfalls: Wer etwa weniger Zeit im Internet verbringen möchte, setze sich zunächst neun statt zehn Stunden pro Woche als Ziel. Unsere Zielsetzungen bestimmen unsere unterbewussten Erwartungen, und diese Erwartungen wiederum beeinflussen, wie stark wir motiviert sind, noch den einen oder anderen Extraschritt zu gehen. Sie bestimmen zudem, ob das, was wir schaffen, als Erfolg oder Misserfolg gewertet wird. Wenn wir uns unrealistische Zielen setzen, setzt unser bezauberndes Unter-

bewusstes seine Erwartungen zu hoch und erzeugt dann selbst bei einem Erfolg das Gefühl des Scheiterns.

- Wir brauchen uns herausfordernde Ziele nur dort zu setzen, wo wir mit unserer normalen Leistung unzufrieden sind (und wir können uns vorher fragen, ob diese Leistung wirklich Grund zur Unzufriedenheit ist). Durch Zielsetzungen können wir unsere Leistung meist steigern, jedoch auch leicht frustriert werden, wenn wir die Ziele dann nicht erreichen. In letzterem Fall hilft es, wenn wir uns blitzschnell vergegenwärtigen, dass wir schon Situationen erlebt haben, in denen die gleiche Leistung ein großer Erfolg gewesen wäre.
- Wichtig ist auch, sich nicht unrealistisch *viele* Ziele gleichzeitig zu setzen (etwa Ziele im Beruf, außerdem einen Urlaub, Gewichtsabnahme, mehr Sport, jeden Monat ein Buch lesen, mehr Musik machen, eine neue Sprache lernen – und dabei natürlich jeden Tag acht Stunden Schlaf …). Ein bis zwei Bereiche auf einmal, in denen man durch Ziele etwas *ändern* möchte (etwa *mehr* Sit-ups schaffen als bisher) sind genug.

Besitz-Aberwitz: Warum wir selbst Einkaufstüten behalten wollen

Verlust-Frust bedeutet ja, dass wir erbeutete Dinge nicht verlieren mögen, weil das Unterbewusste bei Verlusten mehr Minuspunkte erzeugt als bei Gewinnen Pluspunkte. Nun teilen wir in unseren modernen Kulturen unsere »Beute« oft nicht mit anderen, sondern behalten sie als unseren *Besitz*. Damit entsteht aus Verlust-Frust ein weiteres Phänomen: Wir hängen nun zudem unterbewusst unverhältnismäßig stark an dem, was wir *besitzen*. Als ich nach Norwegen umzog, musste ich meinen staubigen Dachboden ausräumen – er war vollgestopft mit Dingen, die sich über mehr als zehn Jahre angesammelt hatten. Ich nahm dies als Anlass, endlich alles auszusortieren, was ich wahrscheinlich nie mehr brauchen würde. Die dunkle Seite meines Gehirns wollte alles mitnehmen, aber ich hatte nur einen einzigen Umzugslastwagen gebucht. Da hatte ich die Idee, mir den Abschied von meinen Habseligkeiten durch lukrative Verkäufe auf eBay zu versüßen. Merkwürdigerweise war jedoch niemand bereit, Geld für meinen Trödel zu bezahlen – ich hatte den Wert meiner Besitztümer unterbewusst deutlich überschätzt …

Der nordamerikanische Wirtschaftswissenschaftler Jack Knetsch führte dazu ein Experiment durch: Studenten seines Seminars konnten zwischen einem Kaffeebecher und einer Maxi-Tafel Schokolade wählen.[5] Beide waren ähnlich viel wert. Wie zu erwarten, wählte daher die Hälfte der Personen den Becher, die andere Hälfte die Schokolade. Dann bekamen die Mitglieder einer anderen Gruppe je eine Maxi-Tafel Schokolade und wurden anschließend gefragt, ob sie ihre Tafel gegen einen Becher tauschen möchten – neun von zehn Studenten wollten ihre Schokolade behalten. An eine dritte Gruppe wurden Becher verteilt und anschließend wurde gefragt, wer seinen Becher gegen eine Maxi-Tafel Schokolade tauschen möchte – nun wollten neun von zehn Studenten ihren Becher behalten.

Die Testpersonen wollten mehrheitlich nicht tauschen, obwohl sie mit einem Tausch keinen Verlust gemacht hätten. Ihr Widerstreben kann also nicht einfach durch Verlust-Frust erklärt werden. Die Erklärung liegt vielmehr darin, dass die Testpersonen nun ein unterbewusstes *Besitz-Gefühl* für ihre Schokolade bzw. ihren Becher hatten. Dieses führte dazu, dass sie ihren Besitz nun nicht wieder hergeben wollten – entgegen rationalen Nützlichkeitserwägungen, ansonsten wären in den Gruppen etwa gleich viele Personen mit einem Becher bzw. einer Schokolade nach Hause gegangen. Das Unterbewusste erzeugt sozusagen *Besitz-Aberwitz* (in der Fachsprache wird dieser als *Endowment Effect* bezeichnet).

Beim Besitz-Aberwitz überschätzt das Unterbewusste den Wert von Objekten etwa im Verhältnis 2:1, ähnlich wie es beim Verlust-Frust Verluste im Verhältnis von 2:1 überschätzt. Daniel Kahneman fragte Studenten seines Seminars, für wie viel Geld sie »jetzt gerade« einen Kaffeebecher mit dem Logo ihrer Universität kaufen würden. Dabei boten die Personen im Mittel weniger als zweieinhalb Dollar. Als Studenten eines anderen Seminars jedoch einen Becher geschenkt bekamen und gefragt wurden, für welchen Preis sie diesen wieder verkaufen würden, akzeptierten sie nur Preise, die im Mittel mehr als fünfeinhalb Dollar betrugen.[6] Nach rationalen Marktgesetzen sollten Preise für Kauf und Verkauf gleich sein. Sobald unser Unterbewusstes jedoch ein Besitz-Gefühl erzeugt, möchte es für einen Verlust des Besitzes kompensiert werden. Diese Kompensation betrug für die Testpersonen etwa doppelt so viel wie der Wert des Bechers.

Marketing-Strategen nutzen unseren Besitz-Aberwitz trickreich aus. Mir wurde neulich freundlichst angeboten, einen schicken Staubsauger-Roboter einen Monat lang kostenlos zu testen, was ich dann auch tat. Mit jedem Mal, wenn ich den Staubsauger nun zu Hause in den Händen hielt, erzeugte mein Unterbewusstes ein stärkeres Besitz-Gefühl. Der Besitz-Aberwitz griff: Ich wollte »meinen« schicken Staubsauger nicht wieder hergeben. Ihn zu verlieren hätte jetzt doppelt so stark geschmerzt, wie es Spaß gemacht hatte, ihn nach Erhalt auszupacken. Ganz ähnlich verhält es sich im Supermarkt: Wenn das Kind den Schokoriegel erst einmal in der Hand hat, ist es zu spät. Dann ist es nahezu unmöglich, ihm diesen wieder aus der Hand zu nehmen – es sei denn, man gibt ihm dafür zwei andere …

Wir verwenden oft viel kostbare Lebenszeit und Energie darauf, enorme Mengen an Besitztümern anzuhäufen – viel mehr, als wir jemals wirklich nutzen könnten. Etliche Kleidungsstücke im Schrank werden wir nie wieder anziehen, viele Dinge in unseren Schränken nie wieder anfassen. Selbst wertlose Einkaufstüten verstopfen unsere Küchenschränke. Aber sie fortzugeben widerstrebt unserem Unterbewussten. So beschweren wir uns immer mehr, anstatt uns von unnützen Dingen zu befreien.

Beim Ausmisten meines Dachbodens half es mir, das meiste an Kollegen zu verschenken, die mit den Sachen noch etwas anfangen konnten, oder wohltätigen Vereinen zu spenden. Die erfreuliche Aussicht auf einen schön leeren Dachboden half ebenfalls. Jeder Pluspunkt im Gehirn hilft, die Minuspunkte des unterbewussten Besitz-Aberwitzes zu kompensieren …

Wo im Gehirn wird Wirklichkeit verzerrt?

In den vorigen Abschnitten habe ich behauptet, dass Verlust-Frust, Risiko-Vertigo, Risiko-Bereitschaft und Besitz-Aberwitz vom Unterbewussten erzeugt werden. Nun lade ich Sie auf eine Entdeckungsreise ein: Ich zeige Ihnen, dass diese Phänomene tatsächlich aus dem Orbitofrontalhirn stammen, also aus dem Teil des Gehirns, den ich das Unterbewusste nenne.

In einem faszinierenden Experiment untersuchte der kanadische Neuropsychologe Jenkin Mok die Risiko-Vertigo bei Personen mit einer Schädigung des Orbitofrontalhirns (etwa aufgrund von Hirninfarkt oder Schlaganfall) sowie bei gesunden Kontrollpersonen.[7] Die Testpersonen wählten zwischen jeweils zwei Alternativen. Die eine Alternative bot einen sicheren Betrag, die andere einen höheren, aber auch mit höherem Risiko behafteten Betrag. Welche der zwei folgenden Alternativen würden Sie bevorzugen?

(1) *Sie erhalten mit Sicherheit 165 Dollar.*
(2) *Mit einer Wahrscheinlichkeit von 90 Prozent erhalten Sie 250 Dollar (und mit 10 Prozent Wahrscheinlichkeit gehen Sie leer aus).*

Die meisten gesunden Testpersonen wählten aufgrund der Risiko-Vertigo Alternative 1 – zu ihrem Nachteil, denn Alternative 2 ist mehr wert (0,9 × 250 Dollar = 225 Dollar, also deutlich mehr als 165 Dollar). Die Patienten hingegen waren erst bei sicheren 180 Dollar bereit, auf die riskante Alternative 2 zu verzichten. Sie hatten also deutlich *weniger* Risiko-Vertigo – zu ihrem Vorteil.

Manchmal bot die riskante Alternative auch einen viel höheren Betrag als die sichere Alternative, allerdings mit sehr *niedriger* Wahrscheinlichkeit (erinnern wir uns hier an die Spitzmaus, welche die Wahl hatte zwischen einem sicheren kleinen Ohrenkneifer und einem riskanten fetten Grashüpfer). Welche der folgenden Alternativen würden Sie wählen?

(1) *Mit Sicherheit ein Gewinn von 20 Dollar.*
(2) *Mit einer Wahrscheinlichkeit von 5 Prozent ein Gewinn von 250 Dollar.*

Hier wählten die meisten gesunden Testpersonen die riskante Alternative 2, zeigten also Risiko-Bereitschaft – ebenfalls zu ihrem Nachteil, denn diese Alternative ist weniger Wert als die sichere Alternative 1 (0,05 × 250 Dollar = 12,50 Dollar). Die Gesunden verlangten typischerweise mehr als sichere 30 Dollar, um auf die riskante Lotterie zu verzichten. Die Patienten hingegen waren erst bei sicheren 75 Dollar bereit, auf die Lotterie zu verzichten, sie zeigten somit besonders *hohe* Risiko-Bereitschaft – und handelten sich mithin auch besonders hohe Verluste ein.

Bei Patienten mit Schädigung des Orbitofrontalhirns verschwindet also die Risiko-Vertigo, wohingegen die Risiko-Bereitschaft zunimmt. Dies kommt daher, dass das Zusammenspiel zwischen Orbitofrontalhirn und dem Spaßmotor im Gehirn gestört ist. Sowohl bei Gesunden als auch bei Patienten motiviert der Spaßmotor dazu, diejenigen Alternativen zu wählen, die den größten Gewinn versprechen, unabhängig davon, wie riskant sie sind – der Spaßmotor ist stets auf den maximalen Spaß aus. Bei der Risiko-Vertigo kontrolliert das Unterbewusste den Spaßmotor und bewegt die Gesunden dazu, den sicheren Gewinn gegenüber einem unsicheren Gewinn zu bevorzugen, selbst wenn der unsichere Gewinn etwas größer wäre – der Orbitofrontalkortex wird hier zur unterbewussten Spaßbremse im Gehirn. Weil diese unterbewusste Spaßbremse bei den Patienten lädiert war, gingen sie viel höhere Risiken ein. Bei der Risiko-Bereitschaft verhält es sich umgekehrt: Hier drosselt selbst bei den Gesunden das Unterbewusste den Spaßmotor kaum noch, weil es einen großen riskanten Gewinn gegenüber einem kleinen sicheren Gewinn bevorzugt. Bei den Patienten fehlte diese Drosselung gänzlich – und so gingen sie übermäßig hohe Risiken ein.

Man kann *Risiko-Vertigo* und *Risiko-Bereitschaft* sogar im Hirnscanner messen. Der Psychologe Philippe Tobler ließ Testpersonen im Magnetresonanztomografen (MRT) zwischen zwei Lotterien wählen. Die eine versprach einen sehr wahrscheinlichen Gewinn, jedoch war dieser klein (etwa »mit 90 Prozent Wahrscheinlichkeit 5 Euro gewinnen«). Die andere Lotterie bot einen hohen Gewinn, allerdings mit hohem Risiko behaftet (etwa »mit 5 Prozent Wahrscheinlichkeit 90 Euro gewinnen«). Beim Abwägen der Alternativen war der seitliche Orbitofrontalkortex mit den Wahrscheinlichkeiten beschäftigt – das Unterbewusste verzerrte die Wahrscheinlichkeiten entsprechend der Prinzipien von Risiko-Vertigo und Risiko-Bereitschaft. Zudem war eine andere Region des Orbitofrontalkortex besonders aktiv bei Personen mit sehr starker Risiko-Vertigo, und bei Personen mit sehr hoher Risiko-Bereitschaft war eine dritte Region besonders aktiv. Diese Ergebnisse zeigen, dass unterschiedliche Bereiche des Orbitofrontalkortex (dem Sitz des Unterbewussten) unsere Risiko-Vertigo und Risiko-Bereitschaft steuern.[8]

Unterbewussten *Verlust-Frust* kann man ebenfalls im Orbitofrontalhirn messen. Das Team des Psychologen Russell Poldrack bot Testpersonen im Hirnscanner Münzwürfe an. Bei Kopf konnte man Geld gewinnen, bei Zahl verlor man. Wie viel Geld gewonnen oder verloren werden konnte, änderte sich bei jedem Münzwurf. Einige Münzwürfe waren attraktiv: Bei Kopf konnte man viel gewinnen und bei Zahl nur wenig verlieren (etwa konnte man bei Kopf 40 Dollar gewinnen und bei Zahl 5 Dollar verlieren). Es gab jedoch auch unattraktive Münzwürfe: Bei Kopf konnte man dann nur wenig gewinnen und bei Zahl viel verlieren (etwa bei Kopf

10 Dollar gewinnen und bei Zahl 20 Dollar verlieren). Den Testpersonen stand es frei, den jeweiligen Münzwurf zu spielen oder abzulehnen. Logischerweise wurden eher die attraktiven Münzwürfe gespielt und die unattraktiven abgelehnt.[9]

Allerdings zeigten die Testpersonen bei ihrer Wahl deutliche Risiko-Vertigo, denn sie nahmen nur Münzwürfe an, bei denen sie wenigstens doppelt so viel Gewinn wie Verlust erzielen konnten (zu ihrem Nachteil, denn die erfolgreichste Strategie ist, jeden Münzwurf zu spielen, der mehr Gewinn als Verlust bietet). Bei attraktiven Lotterien stieg die Aktivität im Orbitofrontalkortex an, bei unattraktiven nahm sie ab. Dabei nahm die Aktivität im Orbitofrontalkortex *stärker* bei unattraktiven Lotterien ab, als sie bei attraktiven Lotterien anstieg – unser Unterbewusstes reagiert also *stärker* auf drohende Verluste als auf potenzielle Gewinne und erzeugt dadurch Verlust-Frust. Wenn wir daher in der langsamen Supermarktschlange stecken bleiben und sehen, dass wir in den anderen Schlangen viel schneller gewesen wären, fängt unser Unterbewusstes früher oder später an zu köcheln (obwohl wir ja nur etwas Zeit verlieren und nicht etwa unseren Einkauf).

Auch am *Besitz-Aberwitz* ist das Orbitofrontalhirn beteiligt. Testpersonen sahen im Hirnscanner Bilder von Alltagsgegenständen (etwa eine Thermoskanne, eine Pfanne, einen Rucksack). In einigen Versuchsdurchgängen gaben sie an, für welchen Betrag sie bereit wären, solch ein Produkt zu kaufen. In anderen Versuchsdurchgängen stellten sie sich vor, dass das Produkt ihnen gehöre, und überlegten sich dann, für wie viel Geld sie bereit wären, es zu verkaufen. Das Ergebnis: Für »ihre eigenen« Produkte forderten die Testpersonen deutlich höhere Preise, als sie bereit waren, selber dafür zu zahlen. Wenn die Testpersonen diese höheren Preise forderten, ging dies mit einer Aktivierung im (seitlichen) Orbitofrontalkortex einher – das Unterbewusste erzeugte also Besitz-Aberwitz.[10]

Bei Personen, die professionell Handel betreiben, zum Beispiel Personen mit Berufen im Verkaufsbereich, ist der Unterschied zwischen gefordertem Preis bei Verkauf und akzeptiertem Preis bei Kauf übrigens geringer. Dementsprechend fand ein anderes Forschungsteam heraus, dass bei diesen Personen auch die Aktivierung im zentralen Teil des Orbitofrontalkortex bei Preisforderungen geringer ist.[11]

Das Orbitofrontalhirn trifft ungefragt seine eigenen Bewertungen

Im ersten Teil des Buches hatte ich beschrieben, dass das Orbitofrontalhirn Objekte und Handlungen *bewertet* und dadurch Entscheidungen beeinflusst, zum Beispiel wenn es bei besonders preiswerten Angeboten »Schnäppchenalarm« auslöst (Seite 73: Knutson-Experiment). Aufschlussreiche Experimente erforschten dies genauer. In einem davon sahen durstige Rhesusaffen jeweils eines von drei Bildern. Auf das eine Bild folgte meist eine große Wasserportion, auf das andere eine kleine Wasserportion; das dritte Bild kündigte einen unangenehmen Luftstoß ins Auge an. Die Affen lernten dies schnell: Nach wenigen Durchgängen begannen sie bei den Bildern, auf welche Wasser folgte, mit der Zunge zu lecken, und bei dem Bild, das den Luftstoß ankündigte, mit den Augen zu blinzeln. Im Gehirn der Affen wurden Nervenzellen im mittleren Orbitofrontalkortex je nach Bild unterschiedlich aktiv: Einige Zellen reagierten am stärksten auf das Bild, auf welches viel Wasser folgte, weniger auf das Bild, auf das weniger Wasser folgte, und am schwächsten auf das Bild, das einen Luftstoß ankündigte. Andere Zellen antworteten umgekehrt: Sie reagierten am stärksten auf das Bild, das einen Luftstoß ankündigte, und am schwächsten auf das Bild, auf welches viel Wasser folgte. Zellen im Orbitofrontalkortex spiegelten also den Wert wider, den das jeweilige Bild repräsentierte – nennen wir diese Nervenzellen hier *Bewertungs-Zellen*.

Nun wurde das Zusammentreffen der Bilder mit den Belohnungen bzw. dem Luftstoß getauscht: Auf das Bild, das vorher einen

Luftstoß angekündigt hatte, folgte jetzt eine Wasser-Belohnung, und auf eines der Bilder, welche vorher eine Wasser-Belohnung angekündigt hatten, folgte nun ein unangenehmer Luftstoß. Entsprechend dieser neuen Situation kehrte sich nun bald die Aktivität der Bewertungs-Zellen um (und das Lecken sowie Blinzeln änderte sich ebenfalls).[12] Auf die gleiche Weise bringt auch bei uns Menschen das Unterbewusste seine Bewertungen flexibel und zu unserem Vorteil mit neuen Gegebenheiten in Einklang.

Außerdem ändert das Unterbewusste seine subjektiven Bewertungen je nachdem, wie es uns gerade geht. Wenn wir hungrig sind, sind wir bereit, einen überhöhten Preis für einen Snack zu bezahlen; wenn wir gesättigt sind, lockt uns selbst ein spottbilliger Imbiss nicht hinter dem Ofen hervor. Supermärkte servieren gerne Appetithäppchen zum Verkosten, weil sie unseren Appetit anregen und wir dann unterbewusst eher dazu bereit sind, mehr Geld auszugeben. Der Psychologe Thorsten Kahnt untersuchte dies bei hungrigen Testpersonen, die etliche Stunden gefastet hatten. Zunächst führte er einen Hirnscan durch, bei dem die Testpersonen sich leckere Gerüche aussuchen konnten. Diese waren entweder süß (Erdbeeren, Karamell, Keks) oder herzhaft (Schmorbraten, gedünstete Zwiebeln, Knoblauch). Dann bekamen die Testpersonen eine Mahlzeit, die entweder süß oder herzhaft war, anschließend nahmen sie an einem weiteren Hirnscan teil. Nun bevorzugten sie – wie zu erwarten – den Geruch von Dingen, die sie *nicht* gegessen hatten: Wenn sie etwas Herzhaftes gegessen hatten, mochten sie nun lieber etwas Süßes riechen. Entsprechend der Situation änderte das Unterbewusste die Bewertungen der Speisen und damit auch die Präferenzen für die Gerüche. In den Hirndaten entdeckte Kahnt: Genau diese Änderung der Präferenzen ging auf Hirnsignale aus dem (mittleren) Orbitofrontalkortex zurück.[13]

Es gibt also Bewertungs-Zellen im (mittleren) Orbitofrontalhirn, deren Aktivität sich schnell und flexibel an eine Situation anpasst. Diese Bewertungs-Zellen kodieren den *subjektiven* Wert von Objekten, Handlungen usw. und stellen das neuronale Substrat der *Bewertungs-Funktion* dar. (Erinnern wir uns: Die Bewertungs-Funktion ist eine s-förmige Kurve, die für Verluste stärker abfällt, als sie für Gewinne ansteigt, und nach links und rechts hin abflacht; siehe auch Abbildung 7). Bewertungs-Zellen, die besonders stark auf Positives reagieren, erzeugen sozusagen Pluspunkte, und Bewertungs-Zellen, die besonders stark auf Negatives reagieren, erzeugen Minuspunkte.

Natürlich hat die Aktivität von Nervenzellen ein Limit – deswegen ist die Bewertungs-Funktion für Gewinne und Verluste abgeflacht. Unsere Bewertungs-Zellen sind bei zwei Keksen doppelt so aktiv wie bei einem Keks, sie können jedoch bei 200 Keksen nicht zweihundertmal so aktiv sein. Fünf Kekse sind nötig, um erheblich deutlicher als auf zwei Kekse zu antworten, und der Unterschied zwischen 20 und 200 Keksen ist in der Aktivität nicht mehr messbar. Wenn sich jedoch die *Rahmenbedingungen* ändern, ändert sich auch die Aktivität der Bewertungs-Zellen. Hunger etwa streckt (erhöht) die Bewertungs-Funktion für Kekse: Jetzt antworten die Bewertungs-Zellen bereits auf einen Keks so deutlich wie vorher auf fünf Kekse. Und wenn jemand normalerweise zwei Kekse als Belohnung bekommt, diesmal jedoch nur einen Keks, sind die Bewertungs-Zellen des Orbitofrontalhirns wie bei einem *Verlust* aktiv, denn es gibt ja »bloß einen Keks« statt, wie gewohnt, zwei.

Die Spitzmaus traf ihre Entscheidungen aufgrund der Aktivität von Bewertungs-Zellen in ihrem Orbitofrontalhirn. Diese Aktivität wird von Risiko, Unsicherheit und Wahrscheinlichkeiten beeinflusst, außerdem von Kosten für das Erlangen von Gewinnen (bzw. für das Vermeiden von Verlusten), etwa Zeit und Aufwand für das Erbeuten von Käfern oder Grashüpfern. All diese Faktoren werden vom Orbitofrontalhirn entsprechend der unterbewussten Bewertungs-Funktion miteinander verrechnet, um aus unterschiedlichen Alternativen blitzschnell diejenige auszuwählen, welche den größten subjektiven Wert für den Entscheidenden hat. Für das Erlangen der auserwählten Alternative – sei es Käfer, Grashüpfer oder Pralinen – werden Lust, Verlangen und Handlungsimpulse erzeugt. Für schlechtere Alternativen hingegen wird Unlust erzeugt.

Ein klassisches Experiment der amerikanischen Neurobiologen Camillo Padoa-Schioppa und John Assad illustriert diese Verrechnung unterschiedlicher Faktoren durch die Bewertungs-Funktion im Orbitofrontalhirn: Sie boten Rhesusaffen entweder süßen Apfelsaft oder ungesüßten Tee zur Auswahl an, tropfenweise in jeweils unterschiedlichen Mengen. Die Affen mögen beides, ziehen jedoch den Apfelsaft vor – Apfelsaft hat also einen höheren Wert für sie als Tee. Wenn sie die Wahl hatten zwischen der gleichen Menge Apfelsaft oder Tee (oder gar mehr Apfelsaft als Tee), war die Entscheidung leicht: Sie wählten den Apfelsaft. Schwierig wurde die Wahl, wenn sie Durst hatten und ihnen erheblich mehr Tee als süßer Apfelsaft angeboten wurde. Nun mussten sie *mehrere* Faktoren auf einer *einzigen* Wert-Skala integrieren: ihren Durst, den Geschmack der Getränke, deren absolute Menge und das Verhältnis der Mengen beider Getränke. Sie mussten diese Faktoren miteinander verrechnen, um die *optimale* Option zu identifizieren. Die Forscher entdeckten, dass eben diese Verrechnung im Orbitofrontalkortex geschieht: Dort signalisierten die Bewertungs-Zellen, welche Alternative den jeweils größten subjektiven Wert hatte. Anhand der Aktivität dieser Zellen konnten die Forscher ablesen, welche Entscheidung ein Affe treffen wird – ob er also weniger Apfelsaft oder mehr Tee wählen wird.[14] Das Orbitofrontalhirn sendet dann Nervenimpulse in das motorische System und motiviert so das Zugreifen und Trinken. (Der *subjektive* Wert entspricht also nicht einfach dem materiellen Wert, denn bei großem Durst hat mehr Tee einen höheren subjektiven Wert als weniger Apfelsaft; bei weniger Durst hingegen hat weniger Apfelsaft einen höheren subjektiven Wert als mehr Tee.)

Die Tatsache, dass Bewertungs-Zellen bereits im Orbitofrontalhirn von Rhesusaffen existieren, ebenso wie Zellen für Verlust-Frust und Risiko-Vertigo, zeigt abermals, wie tief diese unterbewussten Phänomene in unseren Gehirnen verwurzelt sind. Wir können nämlich evolutionsbiologisch davon ausgehen, dass ein gemeinsamer Vorfahr von Menschen und Rhesusaffen ebenfalls schon Bewertungs-Zellen hatte. Solche Vorfahren haben vor mindestens 20 Millionen Jahren gelebt, das ist in der Evolution mehr als zwanzig- bis vierzigmal so lang, wie es den Homo sapiens überhaupt gibt.

Augenblicklich ist vorzüglich

Für das Unterbewusste ist es wichtig, dass ein Gewinn sofort erlangt werden kann. Ansonsten sinkt der Wert dieses Gewinns sogleich drastisch – augenblicklich ist sozusagen vorzüglich. (In der Fachsprache wird dieses Prinzip der unterbewussten Abwertung als *Delayed Discounting* bezeichnet.) Die meisten Testpersonen bevorzugen es zum Beispiel, zehn Euro sofort zu erhalten als zwölf Euro in einem Monat. Optionen, die sofortigen Gewinn bringen, werden also stark bevorzugt gegenüber Optionen, die erst späteren Gewinn bringen, selbst wenn der spätere Gewinn höher ist. Das Phänomen des *augenblicklich ist vorzüglich* hängt mit Verlust-Frust zusammen. Denn falls der spätere Gewinn *nicht* eintreffen sollte, würde dies mehr Schmerzen bereiten, als es Spaß macht, einen Gewinn nun unmittelbar zu erlangen. Der zukünftige Gewinn müsste folglich schon bedeutend größer sein und das mit ihm verbundene Risiko zugleich sehr klein, um für das Unterbewusste immer noch verlockend zu sein.

Zahlreiche Studien haben gezeigt, dass das Orbitofrontalhirn das Prinzip des *augenblicklich ist vorzüglich* in die Bewertung von Handlungsalternativen einbezieht.[15] Auch unsere anderen Gefühls-Systeme reagieren stark auf unmittelbare Gewinne, also die unmittelbare Zukunft – sie können nicht längerfristig kalkulieren. Daher tendieren wir dazu, bei kurzfristigen Vorteilen langfristige Risiken zu übersehen, und je verführerischer ein kurzfristiger

Gewinn ist, desto rascher erblinden wir gegenüber längerfristigen Nachteilen.

Süßigkeiten und andere Suchtmittel, Facebook, sexuelle Versuchungen – insbesondere der Spaßmotor im Gehirn springt sehr stark auf alles Verlockende an, was sich in erreichbarer Nähe befindet. Daher ist die simpelste Strategie, Versuchungen zu widerstehen, diese aus der unmittelbaren Umgebung zu entfernen. Es kann auch helfen, sich im Vorhinein bewusst zu überlegen (und bildhaft vorzustellen), wie man einer Verlockung widerstehen wird, etwa die verführerischen Kekse vom Konferenztisch zu entfernen oder sich einen Platz auszuwählen, der weit genug von den Keksen entfernt ist. Außerdem wirkt es Wunder, sich kurz bewusst zu sagen, was die Konsequenzen wären und was man bewusst will, zum Beispiel: »Dieses Bier reizt mich sehr. Morgen werde ich es jedoch bereuen, wenn ich einen Kater habe. Deswegen gehe ich nun dorthin, wo sich kein Bier in meinem Blickfeld befindet.« (Für weitere Tipps siehe auch Kapitel *Wer ist der Chef im Gehirn?*, Seite 39, und *»Nur heute im Angebot«*, Seite 71).

Können wir die Verzerrung der Wirklichkeit beeinflussen?

Sind wir der dunklen Seite unseres Gehirns machtlos ausgeliefert, wenn es uns das Leben mit Verlust-Frust und Besitz-Aberwitz verbittert? Oder können wir es bewusst beeinflussen? Verlust-Frust gibt es bei der Spitzmaus wie beim Menschen, er ist tief im Unterbewussten unseres Gehirns verwurzelt. Deswegen kann er auch in den unterschiedlichsten Kulturen beobachtet werden (in unterschiedlichen Ausprägungen). Jedoch kann der Neokortex des Menschen das Orbitofrontalhirn kontrollieren – wir können Impulse aus dem Unterbewussten also bewusst beeinflussen. Daher sind wir trotz des evolutionär tief verwurzelten Verlust-Frusts nicht etwa dazu verdammt, emotional auf ihn so zu reagieren wie die Spitzmaus, sondern wir können glücklicherweise unabhängig von Verlust-Frust denken und handeln. Wie wir mit unterbewussten Phänomenen *umgehen*, kommt also auf unsere *bewusste* Entscheidung an.

Ein interessanter Beweis dafür ist, dass sich der durchschnittliche Verlust-Frust zwischen Personen unterschiedlicher Länder, Kulturen und Religionen unterscheidet. Beispielsweise gibt es in den Lotterien, die ich beschrieben habe, Unterschiede zwischen individualistischen und kollektivistischen Kulturen. (Individualistische Kulturen sind zum Beispiel europäische und nordamerikanische Kulturen, kollektivistische Kulturen sind zum Beispiel ostasiatische Kulturen.) Aus diesen Präferenzen kann der Verlust-Frust berechnet werden, und dieser ist im Durchschnitt stärker bei Angehörigen individualistischer Kulturen.[16] Der Grund dafür ist vielleicht, dass in individualistischen Kulturen tendenziell eher

Ehrgeiz, persönlicher Erfolg und individuelle Gewinne wichtig sind, wie sie sich beispielsweise in persönlichem Reichtum und Karriere zeigen. Dagegen sind in kollektivistischen Kulturen Bescheidenheit und gegenseitige Hilfe wichtiger, daher wird persönlicher Verlust in kollektivistischen Gesellschaften als weniger tragisch aufgefasst.

Wie sieht es mit dem Besitz-Aberwitz aus? Hier sind kulturelle Unterschiede besonders deutlich. Besitz-Aberwitz hat sich evolutionär erst beim Menschen herausgebildet, da erst der Mensch Besitz kennt und anhäuft. (Etliche Tiere zeigen zwar Revierverhalten, jedoch ist nur der Mensch in der Lage, Handel zu betreiben und beträchtliche Besitztümer anzuhäufen). Selbst beim Menschen ist der Besitz-Aberwitz noch sehr jung, da er erst mit der Sesshaftwerdung des Menschen zum Tragen kam, insbesondere in Zivilisationen, die das Nomadentum vollständig aufgaben und stattdessen Ackerbau, Viehzucht und Handel betrieben. Die ersten solcher Sesshaften-Zivilisationen haben sich vor circa 11 000 Jahren in Vorderasien entwickelt und dann zunehmend nomadische Kulturen verdrängt. Noch vor 500 Jahren wurde rund ein Drittel der Erde von Jäger- und Sammlerinnen bewohnt (heute gibt es nur noch wenige Nomadenstämme).

Die Sesshaftwerdung bescherte dem Menschen Eigentum und Reichtümer, allerdings musste er dafür erheblich mehr Arbeit und Zeit aufwenden. Zudem explodierte mit der Sesshaftwerdung soziale Ungleichheit. Seither besitzen Menschen unterschiedlich viele Reichtümer, sozialen Status sowie Macht – und halten unterbewusst daran fest wie die Spitzmaus am erbeuteten Grashüpfer. Mit der Sesshaftwerdung und dem damit verbundenen Besitz-Aberwitz begann der Mensch, den unterbewussten Mechanismus des Verlust-Frusts, der in der Evolution vorteilhaft war, gegen sich selbst und gegen die Natur zu richten. Ein reicher Mächtiger gilt jetzt als wertvoller als ein armer Schwacher, der Mensch trachtet danach, seinen Wert anhand von Besitztümern zu beweisen, und will diese um nichts in der Welt verlieren. Dafür brennt er Wälder nieder, rottet Spezies aus und führt Kriege. Unsere Körper (einschließlich unserer Gehirne) haben sich im Lauf der Evolution allerdings für ein nomadisches Leben ohne Reichtümer und Kleiderschränke entwickelt. Wenn wir annehmen, dass der Homo sapiens seit etwa einer halben bis einer Million Jahren existiert, machen die elftausend Jahre der Sesshaftigkeit nur einen winzigen Bruchteil seiner Geschichte aus – etwa die letzte Minute eines gesamten Spielfilms.

Wie hat der Mensch die meiste Zeit in diesem Spielfilm gelebt, also vor der Sesshaftwerdung? Diese Frage können wir durch Beobachtungen nomadisch lebender Jäger- und Sammlerinnen-Stämme beantworten. Solche Beobachtungen über etliche Stämme aus mehreren Kontinenten sind erstaunlich deckungsgleich, sodass wir davon ausgehen können, dass sie sich auf die nomadische Lebensweise des Menschen in den Hunderttausenden von Jahren bis zur Sesshaftwerdung übertragen lassen. Mit einem dieser Stämme führte die Psychologin Coren Apicella Experimente durch, die den Experimenten von Jack Knetsch mit Schokoladetafeln und Kaffeebechern glichen, nur dass sie ihren Testpersonen Feuerzeuge und Kekse gab. Ihre Ergebnisse waren höchst eindrucksvoll: Anders als die westlichen Studenten, die ihren Kaffeebecher meist nicht mehr gegen ein gleichwertiges Produkt eintauschen wollten, tauschten viele nomadisch lebende Testpersonen ihr Geschenk gegen ein anderes ein – sie zeigten keinerlei Besitz-Aberwitz.[17]

Die Testpersonen dieses Experiments waren Angehörige der Hadza, einem Jäger- und Sammlerinnenvolk in Nordtansania, die in recht isolierten Regionen mit minimalem Kontakt zu Angehörigen westlicher Kulturen leben. Coren Apicella untersuchte auch andere Angehörige der Hadza, welche in einer angrenzenden Region lebten und häufigen Kontakt zu Touristen oder anderen Angehörigen moderner Gesellschaften hatten, ihre Märkte besuchten oder mit ihnen Handel trieben. Diese Hadza wollten ihre Kekse oder ihr Feuerzeug meist nicht mehr tauschen – sie zeigten Besitz-Aberwitz.

Die Gemeinschaft der nomadisch lebenden Hadza (die keinen Besitz-Aberwitz zeigen) ist hoch egalitär organisiert, das heißt, auf soziale Gleichheit gerichtet – eine typische Eigenschaft nomadisch lebender Gemeinschaften. Sie besitzen keine Häuser, schlafen unter freiem Himmel und betreiben weder Viehzucht noch Ackerbau. Sie leben in relativ kleinen Gruppen von etwa 30 Menschen. Die Frauen sammeln Früchte und Knollen, die Männer jagen Tiere und sammeln Honig. Gesammelte bzw. erbeutete Nahrung wird zum Camp gebracht und gerecht unter allen geteilt. Die Nahrung wird zeitnah verspeist und weder aufbewahrt noch gelagert. Wenn die Ressourcen in der unmittelbaren Umgebung aufgebraucht sind, ziehen die Hadza weiter. Entscheidungen werden in der Gruppe getroffen, es gibt keine Anführer. Unsere »moderne« Lebensweise mit Nahrungsversorgung aus Supermärkten scheint den Hadza übermäßig kompliziert, aufreibend und arbeitsintensiv (sie verbringen nur wenige Stunden des Tages mit Nahrungssuche, den Rest haben sie »frei«).

Die Hadza besitzen zwar Dinge wie Messer, Felle, Pfeile und Bögen, jedoch ist die Menge des persönlichen Besitztums auf das beschränkt, was man selber tragen kann. Besitzt jemand mehr als andere, ist es üblich, dass davon etwas abgegeben wird. Wenn beispielsweise jemand zwei Messer besitzt, wird erwartet, dass eines davon jemandem abgegeben wird, der keines hat.

Diese Hadza zeigen keinen Besitz-Aberwitz. In modernen Gesellschaften hingegen offenbaren ihn bereits Vorschulkinder. Besitz-Aberwitz ist also ein kulturelles Phänomen. Der Sozialpsychologe William Maddux entdeckte zudem, wie stark unsere innere Einstellung den Besitz-Aberwitz beeinflusst. Auch Maddux gab seinen Studenten entweder einen Kaffeebecher oder Schokolade und fragte sie dann, ob sie tauschen möchten. Vorher ließ er die Studenten jedoch einen Aufsatz schreiben, und zwar entweder über ihre Freundschaften (und wie sie diese Freundschaften pflegen) oder über ihre besonderen persönlichen Charaktereigenschaften und Fertigkeiten und wie sie sich dadurch von anderen positiv unterscheiden. Die Studenten, die über ihre individuellen Eigenschaften schrieben, wollten dann weniger gerne tauschen; sie zeigten also stärkeren Besitz-Aberwitz als die Studenten, welche über ihre Freundschaften schrieben.[18] Lediglich das Vergegenwärtigen gemeinschaftlicher Werte reicht also bereits aus, um den unterbewussten Besitz-Aberwitz zu reduzieren.

Verlust-Frust für Gedanken: Der Bestätigungsfehler

Das Unterbewusste erzeugt Verlust-Frust, wenn wir Vanilleeis oder Lamborghinis verlieren, und sogar dann, wenn wir Status oder Macht einbüßen. Haarsträubenderweise greift das jedoch noch viel weiter: Die dunkle Seite unseres Gehirns erzeugt Verlust-Frust sogar bei unseren Gedanken, Erklärungen, Meinungen und Überzeugungen. Ein erbeutetes Paar Schuhe wieder herzugeben schmerzt unser Unterbewusstes genauso, wie eine gefundene Erklärung über Bord zu werfen. Das Phänomen, dass wir irrational stark an unseren Gedanken hängen – selbst, wenn sie falsch sind –, heißt in der Fachsprache *Bestätigungsfehler* (*Confirmation Bias*). Wenn wir uns erst einmal eine Meinung über etwas gebildet haben oder eine Erklärung für etwas gefunden haben, nehmen wir unterbewusst vorzugsweise Dinge wahr, welche diese Meinung oder diese Erklärung *bestätigen*. Aufgrund des Verlust-Frusts erzeugt das Unterbewusste Unlust für das Aufgeben bereits gefundener Erklärungen. Anzeichen oder gar Beweise, welche sie widerlegen, ignoriert es oder lehnt sie ab.

Im Jahre 2001 wechselten Techniker bei einem Airbus ein defektes Triebwerk aus, wobei sie nicht das genau passende Modell einbauten, sondern ein sehr ähnliches, bei dem jedoch die Treibstoffleitung nicht optimal passte. Bald nach dem Start zum Transatlantik-Flug von Kanada nach Portugal rieb sich diese Treibstoffleitung auf, und das Kerosin begann, aus einem der Flügel auszulaufen, ohne dass jemand es bemerkte. Das eiskalte Kerosin rann über die Ölleitungen des Triebwerks und verdunstete, wodurch das Öl abkühlte. Es wurde zähflüssiger, wodurch der Öldruck anstieg. Die Piloten merkten nach einer Weile, dass die Öltemperatur eines Triebwerks merkwürdig niedrig war und der Öldruck sehr hoch. Nun warnte zusätzlich eine Anzeige, dass die Treibstoffmenge in den Tanks nicht korrekt austariert sei. Die Piloten waren ratlos, was dies alles zu bedeuten hatte. Sie schalteten die Treibstoffpumpen an, um die Imbalance auszugleichen, pumpten damit jedoch nur noch mehr Treibstoff in das Leck. An den Anzeigen ihrer Instrumente änderte dies nichts.

Nun der entscheidende Moment: Die Piloten kamen auf die Idee, dass der Bord-Computer fehlerhaft arbeitete – nur so war für sie zu erklären, dass die Angaben ihrer Instrumente keinerlei Sinn ergaben. Sie baten das Kabinenpersonal, nach den Flügeln zu sehen, allerdings schien alles normal. Deswegen *fühlten* sich die Piloten in ihrer Erklärung bestätigt, dass sie es mit einem Computerfehler zu tun hätten. Fortan suchten sie unterbewusst nur noch nach Informationen, welche diese Erklärung bestätigten, und passten unterbewusst alle neuen Informationen in ihre Erklärung ein, anstatt bewusst nach *alternativen* Erklärungen zu suchen (etwa ein Treibstoffleck in einem Triebwerk). Statt sich zu sagen: »Hm, war wohl zu dunkel, um draußen etwas zu sehen«, sagten sie sich: »Aha, das passt ja zum Computerfehler.«

Glücklicherweise änderten die Piloten sicherheitshalber den Kurs, um einen Flughafen anzufliegen (immer noch im festen Glauben, dass bis auf einen ärgerlichen Computerfehler alles in Ordnung sei). Nun fiel das rechte Triebwerk aus, wenige Minuten später auch das linke, etwa 100 Kilometer vom nächsten Flughafen entfernt. Bald darauf fielen die Sauerstoff-Masken aus den Decken, da die Triebwerke keinen Druck mehr in die Kabine pumpten. Nach fast 20 Minuten und dem wohl längsten Gleitflug eines Passagierflugzeugs in der Geschichte der Luftfahrt konnten die Piloten die Maschine erfolgreich notlanden. Alle Passagiere überlebten. Die einzigen Verletzten kamen lediglich dadurch zustande, dass bei der Notevakuierung des Flugzeugs einige Passagiere ihr Handgepäck partout mit auf die Notrutsche nehmen wollten – Verlust-Frust …

Der Bestätigungsfehler kann dazu führen, dass wir unterbewusst an einer Erklärung oder Meinung selbst dann festhalten, wenn die Beweise für das Gegenteil überwältigend sind. In Extremfällen wird dann an solchen Meinungen festgehalten: Die Erde ist flach, eine Impfung stört das Immunsystem, Menschen sind nie auf dem Mond gelandet, 5G-Funktürme verursachen Covid-19 oder Krebs. (Zum Bestätigungsfehler kommt noch dazu, dass man durch seine Meinung zu einer Gruppe gehören möchte; mehr dazu im Kapitel zum *Konformitäts-Drang, Werte,* Seite 189)

Wer sich erst einmal eine Erklärung oder Überzeugung *zu eigen* gemacht hat, möchte sie unterbewusst ebenso ungern hergeben wie den Trödel auf dem Dachboden. Sie ist dann wie ein Teil von uns, und bei einem drohenden Verlust fängt das Herz an zu pochen, und Schweiß bricht aus. Je länger wir einer falschen Ansicht oder Theorie anhängen und je mehr Zeit und Aufwand wir darin investieren, an sie zu glauben und sie zu vertreten, desto schwerer wird es uns aufgrund des unterbewussten Verlust-Frusts fallen, sie aufzugeben. Dabei beurteilen die Bewertungs-Zellen in unserem Unterbewussten Informationen, die zu unseren Ansichten passen, als *wertvoller,* und unser Unterbewusstes macht sie *angenehmer* als Informationen, die unseren Ansichten oder unserem Weltbild widersprechen. Unpassende Informationen werden unterbewusst herausgefiltert, in das eigene Weltbild eingepasst, oder als unangenehm und bedrohlich eingefärbt – sie wirken dann wie Strafen und erwecken Angst bzw. Furcht.

Das Orbitofrontalhirn erzeugt Verlust-Frust für Einstellungen

Eine besonders geistreiche neurowissenschaftliche Studie zeigte, dass das Orbitofrontalhirn am Verlust-Frust von Einstellungen beteiligt ist. Vor den US-Wahlen 2004 untersuchte ein Forschungsteam Testpersonen, die sich entweder als überzeugte Republikaner oder als überzeugte Demokraten bezeichneten. Die Testpersonen lasen im Hirnscanner Aussagen von George W. Bush (dem Kandidaten der Republikaner) und John Kelly (Kandidat der Demokraten). Zum Beispiel lasen sie eine ältere Aussage von Bush darüber, wie groß seine Bewunderung für den Enron-Chef Kenneth Lay sei – der, wie sich später herausstellte, in eine gigantische Bilanzfälschung involviert war. Oder die Testpersonen lasen eine ältere Aussage von John Kelly darüber, dass das Rentenalter erhöht und Sozialleistungen gekürzt werden müssten. Danach lasen sie eine Verlautbarung von Bush bzw. Kelly, welche der jeweiligen älteren Aussage *widersprach*, etwa dass Bush nun kritisch gegenüber Enron sei oder dass Kelly nie die Altersgrenze für Sozialleistungen an Senioren erhöhen werde. Daraufhin hatten die Testpersonen einen Moment Zeit, über die Aussagen nachzudenken, und dann anzugeben, ob es sich hier um einen Widerspruch handle.

Die Republikaner hielten die Aussagen des Demokraten Kelly für skandalös widersprüchlich, konnten hingegen in den Aussagen Bushs kaum Widersprüche erkennen. Für die Demokraten verhielt es sich umgekehrt. Nun wurde den Testpersonen eine dritte Aussage präsentiert, welche die widersprüchlichen Aussagen rechtfertigte, zum Beispiel eine Aussage Bushs darüber, dass er schockiert gewesen sei über die korrupte Führung Enrons, oder eine Aussage Kellys, dass das Sozialsystem nun über erheblich mehr Geld verfüge als in den 90er-Jahren. Erneut hatten die Testpersonen einen Moment Zeit, über die Aussagen nachzudenken und die Widersprüche im Lichte der neuen Information zu bewerten. Auch hier fanden die Testpersonen stets, dass die Rechtfertigung ihres eigenen Kandidaten plausibel sei – »ein ehrlicher Fehler, der jedem passieren kann«. Die Rechtfertigung des gegnerischen Kandidaten hingegen wurde als völlig unakzeptabel angesehen – »ein hinterhältiger Politiker will sich mal wieder mit einer Lüge rausreden«.

Das Forscherteam entdeckte, dass während der widersprüchlichen Aussage des *eigenen* Kandidaten die Aktivität im (mittleren) Orbitofrontalkortex deutlich anstieg und bei dessen Rechtfertigung wieder zurückging.[19] Das Unterbewusste erzeugte Minuspunkte, als das Weltbild der Testpersonen durch die widersprüchliche Aussage bedroht wurde – und zwar erzeugte es *mehr* Minuspunkte, als es Pluspunkte erzeugte, wenn das Weltbild durch die rechtfertigende Aussage wieder geradegerückt wurde (Verlust-Frust). Unterbewusst beurteilten die Testpersonen zudem aufgrund ihres festgelegten Weltbildes die Aussagen des eigenen Kandidaten als weniger widersprüchlich, und fassten dessen Rechtfertigung als Beweis dafür auf, dass die Aussagen letztendlich die eigene Position untermauerten. Unterbewusst interpretieren wir Informationen also derart, dass sie in unser Weltbild passen, und werten sie dann als Bestätigung unseres Weltbilds.

Die Studienergebnisse zeigen auch die Neigung unseres Unterbewussten, die Aussagen von denjenigen zu ignorieren, die nicht zu »unserer Gruppe« gehören – nicht gerade die optimale Strategie, um mit Personen, die andere Meinungen vertreten, zu sprechen oder sie gar zu verstehen. Gespräche mit Andersdenkenden verlaufen friedlicher und konstruktiver, wenn wir bedenken, dass wir unterbewusst genauso an unserem Weltbild hängen wie unser Gegenüber an seinem. Sowohl unser Unterbewusstes als auch das Unterbewusste unseres Gegenübers erzeugt ordentlich Minuspunkte, sobald das eigene Weltbild in Gefahr gerät, und diese Minuspunkte empfindet man oft als Angst, Furcht oder Ärger. Auch hier hilft es zu bedenken, dass es tatsächlich nur halb so schlimm wäre, seine Ansicht zu ändern – denn Verlust-Frust bedeutet ja, dass das Unterbewusste mit der Erzeugung von Minuspunkten stark übertreibt.

Viele soziale Medien (insbesondere Facebook, Twitter und ähnliche Dienste) sind wenig am friedlichen, konstruktiven Austausch zwischen Andersdenkenden interessiert, sondern bedienen sich des Bestätigungsfehlers für ihre Zwecke: Sie schaffen Habitate für Nutzer, in denen alle Informationen angenehmerweise die eigenen Ansichten bestätigen und man über gemeinsame Feindbilder die Stirn in Zornesfalten ziehen kann. So halten sich die Nutzer länger in diesen Habitaten auf und können mit mehr Werbung bombardiert werden. Wer dem unterbewussten Bestätigungsfehler folgt, wird jedoch früher oder später unweigerlich falschen Hypothesen aufsitzen.

Übrigens ist aufgrund des unterbewussten Bestätigungsfehlers auch der erste Eindruck so wichtig: Wenn sich andere erst einmal auf die Schnelle eine Meinung gebildet haben, mögen sie diese unterbewusst ungern wieder aufgeben.

Der »Status-quo-Fehler«

Der Verlust-Frust von Ansichten und Einstellungen trägt auch zum »Status-quo-Fehler« bei. 1985 entwickelte die Coca-Cola Company eine neue Rezeptur ihres bekannten Softdrinks, deren Geschmack in Blindtests von den meisten Personen, einschließlich eingeschworenen Coke-Trinkern, als deutlich besser eingestuft wurde. Das Unternehmen brachte das Getränk als »New Coke« auf den Markt – aber kaum einer wollte es trinken. Die Käufer wollten weiterhin ihre gewohnte Coke haben, und zwar einfach deswegen, weil sie diese so gewohnt waren.

Das Unterbewusste hat eine wegweisende Kraft, den *gegenwärtigen Zustand* aufrechtzuerhalten, selbst wenn ein neuer Zustand längerfristig Vorteile mit sich brächte. Die Dinge sollen einfach deswegen so bleiben, wie sie sind, weil sie »bisher immer so« waren. Man wählt dasselbe Hotel für den Urlaub, kauft die gleichen Brötchen beim Bäcker, bestellt die gleiche Speise im Restaurant, lässt seine Geldanlagen lieber unverändert, behält statt eines neuen Medikaments vorzugsweise das alte bei.[20] Menschen bevorzugen unterbewusst Gewohnheiten gegenüber Änderungen und treffen deswegen oft Entscheidungen, die ihren eigentlichen, vernünftigen Interessen widersprechen.

Der unterbewusste Drang vieler einzelner Personen, Gewohnheiten zu bewahren, selbst wenn eine Veränderung Vorteile brächte, wirkt sich aus auf Gesellschaft, Wirtschaft und Politik.

Bei Wahlen hat ein Amtsinhaber deutliche Vorteile allein aufgrund der Tatsache, dass er bzw. sie bereits im Amt ist. Bei den deutschen Bundestagswahlen spricht man vom »Kanzlerbonus«, und 1957 suchte Konrad Adenauer mit dem Wahlspruch »Keine Experimente!« von diesem Bonus besonders zu profitieren. (Mit Erfolg: Er erreichte eine einzigartige absolute Mehrheit.)

Auch Sitten, Traditionen, Rituale, Bräuche usw. werden innerhalb einer Gesellschaft durch die unterbewusste Macht der Gewohnheit aufrechterhalten, und zwar auch dann, wenn sie in einer geänderten Situation keinen Sinn mehr ergeben oder sich sogar eher nachteilig auswirken. Obwohl es zum Beispiel für Homosexuelle entwürdigend ist, nicht die gleichen Rechte wie Heterosexuelle zu haben, hat es lange gedauert, bis die ersten Länder die Gleichstellung für Homosexuelle eingeführt haben. Wenn der Verlust des Status quo oder gar des bisherigen Weltbilds droht, erzeugt das Unterbewusste aufgrund des Verlust-Frusts kräftig Minuspunkte, einschließlich negativer Emotionen, etwa Lustlosigkeit oder Furcht. Geschieht dies bei vielen einzelnen Angehörigen einer Gesellschaft, dann werden auf unterbewusste Weise ganze Gesellschaften widerspenstig gegenüber politischen Reformen, selbst wenn diese mehr Vor- als Nachteile brächten. In Deutschland lässt etwa die Digitalisierung der Verwaltung auf sich warten, weil in den Behörden der Blutdruck angesichts einer solchen Änderung des Status quo ansteigt …

Allerdings ändert sich die Lebenswelt ständig, mal zu unserem Vorteil, mal zu unserem Nachteil. Dies ist eine unumstößliche Tatsache. Daher erleichtern wir uns unser Leben ungemein, wenn wir uns mit Änderungen abfinden und uns für deren Bewältigung öffnen, anstatt unterbewusst der Vergangenheit nachzuhängen. Dies gilt umso mehr, als der unterbewusste Status-quo-Fehler auch zu massiven ökonomischen Nachteilen führen kann. Anfang des 19. Jahrhunderts wollten Segelschiffbauer nicht wahrhaben, dass motorbetriebene Dampfschiffe drauf und dran waren, ihnen das Wasser abzugraben – die meisten Segelschiffbauer gingen daraufhin Pleite. Anfang des 20. Jahrhunderts hielten die Pferdezüchter es für ausgeschlossen, dass das Auto sie jemals vom Markt drängen würde. Und ein Jahrhundert später verschlief die auf ihre Verbrennungsmotoren so stolze deutsche Autoindustrie den Umstieg auf Elektroautos – bald darauf war der amerikanische Elektroauto-Hersteller Tesla mehr wert als alle deutschen Autofirmen zusammen. Wenn wir in etwas viel Zeit, Arbeit und Hingabe investiert haben und es deswegen außergewöhnlich gut können, schmerzt es unterbewusst ungemein, uns davon zu verabschieden.

Wenn uns das Wissen fehlt, Neuerungen sachkundig einzuschätzen, sind wir unterbewusst oft besonders widerspenstig gegenüber Änderungen des gegenwärtigen Zustands. Während der Covid-19-Pandemie fehlte vielen das Wissen um die Zusammenhänge des neuen mRNA-Impfstoffs. Diejenigen unter ihnen, die Misstrauen in Wissenschaftler und Politiker hatten, lehnten die Impfung aufgrund des Status-quo-Fehlers ab. Medien trugen mit »false balance« zu diesem Fehler bei: Außer hundert Wissenschaftlern, die alle einer Meinung sind, gibt es immer auch diese zwei Wissenschaftler, die eine gegenteilige These vertreten. Medien bedienen den Status-quo-Fehler dadurch, dass sie diese zwei derart gegen die hundert anderen zu Wort kommen lassen, dass es aussieht, als handele es sich um einen Meinungskonflikt zwischen zwei gleichermaßen ernst zu nehmenden Parteien. Dies reicht denjenigen mit unterbewusstem Bestätigungsfehler völlig aus, um ihre falsche Meinung und damit den Status quo aufrechtzuerhalten. Wenn man selbst kein Wissenschaftsprofi ist, hat man kaum eine Chance, dies zu entdecken. Tausende Mediziner und Biochemiker sind sich zum Beispiel einig, dass die Impfung mit dem mRNA-Covid-19-Impfstoff unproblematisch ist (von ganz speziellen Ausnahmen abgesehen), aber eine große Masse sieht den Bestseller eines einzigen Biologen (der nie biochemisch gearbeitet hat) und hält die Sache damit für »noch längst nicht entschieden«.

Natürlich können auch Wissenschaftler dem Bestätigungsfehler aufsitzen, und die Geschichte hat immer wieder Fälle gezeigt, bei denen die Mehrzahl von Forschern einer kleinen Minderheit von Forschern erst mal nicht geglaubt hat, obwohl die wenigen am Ende recht hatten. Ein junger Medizinstudent namens Ernest Duchesne beispielsweise hatte lange vor Fleming das Penicillin entdeckt, jedoch nahmen seine Professoren ihm diese Neuerung nicht ab. Man könnte daher annehmen, dass auch die besagten zwei Wissenschaftler, die die eigene Meinung bestätigen, solch eine kleine Gruppe ausmachen, die dann letztlich recht haben wird. Allerdings waren diejenigen, die in solchen historischen Beispielen zu den wenigen gehörten, die von der vorherrschenden Meinung abwichen, immer die *Progressiven*, also diejenigen, die Neues gebracht hatten und gerade nicht am Alten hingen. Bei den Covid-Impfgegnern war es genau umgekehrt: Die sehr wenigen Ärzte oder Wissenschaftler, die ihnen angehörten, waren nicht fortschrittlich zugange und gehörten überdies keinesfalls zu denen, über die etliche andere im Feld gesagt hätten, sie hätten zwar merkwürdige Ideen, seien jedoch sehr kompetente und respektable Wissenschaftler …

Der Bestätigungsfehler und der Status-quo-Fehler machen uns alle leicht manipulierbar. Abgebrühte Meister der Medienmanipulation wissen: Wenn Propaganda und Kampagnen so formuliert sind, dass wir weiterhin an das glauben können, woran wir bisher geglaubt haben, sind wir unterbewusst empfänglich für Fehlinformationen. Sie haben dann leichtes Spiel, Ignoranz zu schaffen und Zweifel zu säen (wissenschaftlich beschäftigt sich damit die *Agnotologie*). In den 1960er-Jahren begannen amerikanische Tabakkonzerne, gezielt Zweifel an den gesundheitsschädlichen Effekten des Rauchens zu säen. Und als um die Jahrtausendwende die ersten wissenschaftlichen Studien herauskamen, die zeigten, wie schädlich Produkte mit freiem Zucker sind, reagierte der amerikanische Verband der Zucker- und Süßigkeiten-Produzenten mit Pressekampagnen, die gezielt Zweifel an den neuen wissenschaftlichen Erkenntnissen säten. Typischerweise geschieht das durch negierende Formulierungen wie »Es gibt keinen Beweis für …«, oder relativierende Aussagen wie »Es ist noch unsicher, ob …« Erkenntnisse werden infrage gestellt mit Sätzen wie »Es gibt auch Leute, die etwas anderes sagen …«. Gegengutachten werden erstellt, Studien in Auftrag gegeben und dann falsch interpretiert oder absichtlich mit ungeeigneten Methoden durchgeführt. In der Kampagne oder in der Presse wird dann nur verlautbart, dass eine neue Studie infrage stelle, dass der zuvor behauptete Effekt existiere.

Als Ausweg sollten wir bereits Kinder und Jugendliche über die unterbewussten Denkfehler, etwa den Bestätigungsfehler, informieren und sie entdecken lassen, mit welchen Tricks diese Denkfehler von anderen zur Manipulation ausgenutzt werden. Außerdem sollten wir Schülern die Möglichkeit geben, hochqualitativen Journalismus schätzen zu lernen, also Medien, die sich besonders darum bemühen, wahrheitsgetreu und sachlich zu informieren – selbst wenn Informationen dieser Medien der eigenen Meinung mitunter unangenehm widersprechen …

Die unterbewusste Glaskugel

Nun ist das Puzzle fast fertig, welches uns die Bedeutung des Unterbewussten für die Verzerrung der Wirklichkeit zeigt. Es fehlt nur noch ein Teil: unterbewusste *Vermutungen.* Beginnen wir mit Vorhersagen, also unterbewussten Vermutungen über die Zukunft.

Um Vorhersagen zu treffen, lernt das Unterbewusste Regelmäßigkeiten. Die Spitzmaus *lernt,* dass ein Grashüpfer meist wegspringt und dass die Wahrscheinlichkeit, ihn zu fangen, deswegen gering ist. Anhand gelernter Wahrscheinlichkeiten Vorhersagen zu treffen ist eine überlebenswichtige Fähigkeit. Wer treffsicher voraussagen kann, kann auch erfolgreicher die Alternativen wählen, die Gewinne bringen und Verluste vermeiden. Im Urwald entscheiden treffsichere Vorhersagen oft über Leben und Tod. Deswegen ist das Unterbewusste geradezu versessen auf Sicherheit und lässt uns bei Unsicherheit die Haare zu Berge stehen.

Natürlich treffen eine Reihe weiterer Hirnstrukturen ebenfalls Vorhersagen und speichern Lernerfahrungen. Das Unterbewusste kann jedoch besser als alle anderen Systeme im Gehirn Gefahren erkennen und Wahrscheinlichkeiten lernen. Zum Beispiel lernt das Unterbewusste Wahrscheinlichkeiten schneller, als wir sie bewusst erkennen. Mit meinem Forschungsteam führte ich Experimente durch, in denen wir Testpersonen Töne vorspielten, die nach bestimmten Regeln aufeinander folgten. Diese Regeln waren den Testpersonen jedoch unbekannt. Sie waren auch nur schwer zu erkennen, und für die Testpersonen hörten sich die Tonfolgen rein zufällig an. Nachdem die Testpersonen diese Tonfolgen minutenlang gehört hatten, spielten wir ihnen auch Tonfolgen vor, die den vorigen Regeln widersprachen. Keine der Testpersonen konnte dies bewusst erkennen. Im Hirnscanner beobachteten wir jedoch, dass das (zentrale) Orbitofrontalhirn auf solch unregelmäßige Tonfolgen reagierte (sowie weitere Hirnstrukturen).[21] Noch bevor es den Personen überhaupt bewusst wurde, hatten deren Gehirne bereits eine vage Kenntnis der Wahrscheinlichkeiten, mit der die Töne aufeinander folgten. Der wissenschaftliche Begriff für solche Kenntnis ist *implizites Wissen*: Wir haben unbewusst Wissen von etwas, ohne dass uns dieses Wissen überhaupt bewusst ist. Anhand solch impliziten Wissens kann das Unterbewusste Vorhersagen treffen und damit die Unsicherheit darüber reduzieren, was als Nächstes geschehen wird. Wir haben dann eine *Intuition*, »so ein Gefühl«, was sich wohl anbahnt, obwohl wir nicht bewusst sagen können, wieso eigentlich. Bei einer Schädigung des Orbitofrontalhirns geht die Fähigkeit für solche Intuitionen verloren.[22]

Trotz der erstaunlichen Leistungen, die das Unterbewusste beim raschen Lernen von Wahrscheinlichkeiten und dem Erzeugen von Intuitionen vollbringt, kann es nur relativ einfache Vorhersagen treffen. Es ist überfordert mit komplizierteren Vorhersagen wie etwa jene, die sich aus logischem Schlussfolgern ergeben, oder Vorhersagen exponentiellen Wachstums, wie etwa bei der Ausbreitung einer Viruskrankheit, dem Wachstum von Zahnbelag oder dem Zinseszinseffekt. Daher übersehen wir intuitiv Lösungen, die logisches Denken erfordern, oder unterschätzen unterbewusst exponentielles Wachstum. (Viele kennen die indische Legende, in der ein Weiser den Maharadscha im Schachspiel unterrichtet und ihm folgende Entlohnung vorschlägt: ein Reiskorn auf dem ersten Schachfeld, zwei auf dem zweiten, vier auf dem dritten und immer so weiter, auf jedem Schachfeld stets doppelt so viele wie auf dem vorigen. Der Maharadscha sagt: »Ach, nur so wenig?« und akzeptiert fröhlich. Intuitiv unterschätzt er das exponentielle Wachstum, welches bei 64 Schachfeldern zu einer Reismenge führt, welche die gesamte Erdoberfläche zentimeterdick bedecken würde.)

Mit Vorhersagen erzeugt das Unterbewusste auch Gefühle

Die unterbewussten Vermutungen und die mit ihnen verbundenen Intuitionen gehen einher mit körperlichen Reaktionen: Den Vorhersagen entsprechend kann das Gehirn den Körper auf die Zukunft vorbereiten. Das ist der zweite Grund, warum Vorhersagen überlebenswichtig sind. Wenn der Körper im Urwald erst dann auf Dinge reagieren würde, *nachdem* sie tatsächlich geschehen sind, wäre das gefährlich – dann könnte es nämlich bereits zu spät sein. Stattdessen haben sich im Gehirn Systeme entwickelt, die den Körper schon bei der Ankündigung einer Bedrohung in Alarmbereitschaft versetzen. Die Pupillen werden weiter, der Herzschlag ändert sich, Schweiß bricht aus. Eines dieser Systeme ist das Unterbewusste. Vor einer großen Reise sind viele bereits in der Nacht davor aufgeregt und schlafen weniger tief. Das Unterbewusste stellt den Körper längst vor Reiseantritt auf den vorhergesagten Reisestress ein. Noch bevor die Reise tatsächlich beginnt, steigt der Blutdruck, und man hat ein flaues Gefühl im Magen.

Wenn die unterbewussten Vermutungen nun irrtümlich sind, wirkt sich das natürlich auch auf die dann erzeugten Emotionen aus. Wenn etwa das Unterbewusste davon ausgeht, dass ein Verpassen des Flugzeugs das Ende der Welt bedeute, schlafen wir in der Nacht davor gar nicht erst ein … Ähnliches kann bei Sorgen geschehen, etwa finanzieller Art, Sorgen um die Zukunft, Prüfungsangst, Sorgen um die Gesundheit (zum Umgang mit Sorgen siehe auch Kapitel *Der unterbewusste Autopilot,* Seite 17 und *Medi-Working,* Seite 319). Zum Glück können wir an unseren körperlichen Reaktionen erkennen, wenn das Unterbewusste mit seinen Warnrufen mal wieder über die Stränge schlägt, und dann bewusst Ruhe bewahren: durchatmen, entspannen, fließen lassen.

Weitere Emotionen, die das Unterbewusste in Verbindung mit seinen Vorhersagen erzeugt, sind Überraschung, Spannung bei Unsicherheit und Entspannung, wenn Unsicherheit aufgelöst wird.

Wird ein vorhergesagter Gewinn nicht erzielt, erzeugt das Unterbewusste Enttäuschung; wenn ein befürchteter Verlust ausbleibt, erzeugt es Erleichterung. Wenn Spannung beim Spiel und in der Kunst, etwa in Filmen, Romanen oder Musik, unser Unterbewusstes kitzelt, bereitet uns das Vergnügen. Und wenn die Spannung wächst, steigt auch die Aktivität im (zentralen) Orbitofrontalhirn.[23] Im »richtigen Leben« möchten wir solche Spannung meist vermeiden – wir genießen es nicht, gespannt auf das Ergebnis einer Vorsorgeuntersuchung oder einer Prüfung zu warten.

Auch unsere Wahrnehmung wird von unterbewussten Vorhersagen beeinflusst: Wenn ein Wein sündhaft teuer ist und das Unterbewusste daher die Erwartung hat, dass er besonders edel sei, schmeckt er uns tatsächlich gleich viel besser.[24]

Das Unterbewusste füllt Informationslücken entsprechend seiner Vermutungen

Das Unterbewusste hat eine höchst hinterlistige Eigenheit, mit der es uns immer wieder aufs Glatteis führt: Wenn ihm Informationen für Vorhersagen fehlen, reimt es sich diese einfach entsprechend seinen Erfahrungen und Gewohnheiten zusammen. Meist wissen wir nicht, was andere über uns denken, wie sympathisch wir anderen sein werden, wie eine Prüfung wohl ausgehen wird oder ob wir etwas schaffen können. In solchen Situationen schaut die dunkle Seite unseres Gehirns in seine Glaskugel und trifft diejenigen Vermutungen, die unseren unterbewussten Denkgewohnheiten am ehesten entsprechen. Wenn unser Unterbewusstes dabei Informationslücken mit irrtümlichen Annahmen füllt, führt dies zu irrtümlichen Schlussfolgerungen und sogar zu irrtümlichen Gefühlen. Bei einem Streit mit meiner Frau »sehe« ich diejenigen Motive ihres Handelns, welche die dunkle Seite meines Gehirns *vermutet*. Ich bin dann von meinen unterbewussten (!) Vermutungen überzeugt, selbst wenn sie nichts mit der Wahrheit zu tun haben: Der Kaffee ist eben doch nicht deswegen alle, weil meine Frau absichtlich keinen eingekauft hat, nur um mich zu ärgern … (Besonders hitzig wird es in Partnerschaften, wenn das Abstreiten solcher vermuteter Motive vom Vorwerfenden dann als Beweis für deren Richtigkeit gewertet wird.)

Auch die unterbewusste Selbstsicht bestimmt, wie das Unterbewusste Informationslücken füllt. Das kann Entscheidungen beeinflussen, die langfristige Konsequenzen haben. Wer zum Beispiel eine falsche Vorstellung seines eigenen Potenzials hat, wird stets auch falsche Annahmen darüber machen, welche Aufgaben er meistern kann oder eben nicht. Neulich wies ich eine frischgebackene Doktorandin von mir auf eine Stellenausschreibung hin. Sie wollte sich jedoch nicht auf die Stelle bewerben, weil sie es sich nicht zutraute, als Postdoktorandin zu arbeiten. Diese Frau hatte geringes Selbstvertrauen, anders gesagt: Ihr Unterbewusstes füllte die Informationslücke darüber, wie sie sich in solch einem Beruf wohl bewähren würde, mit der Annahme, dass sie den Anforderungen nicht gewachsen sei. Durch ihre unterbewusste Voraussage fühlte sie sich (unnötig) entmutigt und blieb stets deutlich unter ihren Möglichkeiten – zu ihrem eigenen Nachteil und entgegen ihrem eigentlichen Interesse, denn sie hatte ihre Doktorarbeit mit dem Ziel angefertigt, eine Wissenschaftlerin zu werden. Anstatt ihre Zeit in das Schreiben einer Bewerbung zu investieren, vergeudete sie ihre Zeit mit Zweifeln. Überhaupt vergiftet kaum etwas unser Engagement für eine Sache derart unmittelbar wie das Zweifeln an unseren Stärken. Deshalb habe ich stets einen Zettel bei mir, auf dem ich mir meine persönlichen Stärken zur Erinnerung notiert habe – nun müsste ich nur noch gelegentlich auch mal draufschauen …

Das unterbewusste Hellsehen beeinflusst auch, wie wir andere Menschen einschätzen und beurteilen. Wenn wir auf eine attraktiv aussehende Person treffen und zudem erfahren, dass sie erfolgreich ist, versieht unser Unterbewusstes diese Person mit einem Heiligenschein und vermutet, dass dementsprechend auch alle anderen Eigenschaften dieser Person positiv sind, etwa dass sie intelligent, moralisch integer und vertrauenswürdig sei. Bei einer Person, die für ein schweres Verbrechen verurteilt wurde, setzt unser Unterbewusstes dieser Person quasi Teufelshörner auf und erwartet, alle Eigenschaften dieser Person seien negativ. Je beeindruckter unser Unterbewusstes von einer positiven Eigenschaft ist, desto imposanter wird der Heiligenschein; je abscheulicher eine Eigenschaft ist, desto ausladender werden die Teufelshörner. In der Psychologie werden diese Phänomene *Halo-Effekt* für positive Eigenschaften bzw. *Horn-Effekt* für negative Eigenschaften genannt. (»Halo« ist das englische Wort für Heiligenschein, »Horn« bezieht sich auf die Teufelshörner.) Natürlich möchten wir selbst von anderen stets mit leuchtendem Heiligenschein gesehen werden statt mit Hörnern auf der Stirn.

Auch mit *Vorurteilen* setzen wir einer Person unterbewusst entweder einen Heiligenschein oder Hörner auf, je nach der Gruppe, der wir diese Person zuordnen (z. B. je nach Hautfarbe, Religion, Nationalität usw.). Vorurteile beruhen oft auf Stereotypen, also Eigenschaften, die den Angehörigen einer Gruppe zugeschrieben werden. Ausländer sind dann kriminell, Frauen wenig belastbar, Männer gucken Fußball und trinken Bier, und Bankkaufleute gieren nur nach dem Geld der Kunden.

Durch Vorurteile und Stereotype vereinfachen wir routiniert die vielschichtige Identität eines Menschen und treffen dann auf der Grundlage dieser Vereinfachung unterbewusst Vermutungen über weitere Eigenschaften dieser Person. Leider liegt das Unterbewusste mit solchen Annahmen oft falsch, da Menschen komplexer als Grashüpfer sind. Wir haben zum Beispiel unterbewusst Schwierigkeiten mit der Vorstellung, dass Personen, die Gräueltaten begangen haben, auch menschliche Seiten haben, etwa Kinder mögen oder sich für ihre Familie einsetzen. Mit mehrdeutigen Gedanken und komplizierten Vorhersagen ist unser Unterbewusstes überfordert – daher bevorzugt es einfache und eindeutige Annahmen gegenüber komplizierten und mehrdeutigen. Wenn wir *andere Personen* durch unsere Vorurteile bewerten, gibt uns das meist keinen weiteren Anlass zur Selbstkritik. Wir reagieren erst dann empört, wenn andere vermuten, dass wir Nazis seien, nur weil wir Deutsche sind …

Das Orbitofrontalhirn erzeugt Vorurteile

Der amerikanische Psychologe David Amadio zeigte, dass das Orbitofrontalhirn an der Erzeugung von Vorurteilen beteiligt ist. Er präsentierte jungen hellhäutigen Männern Fotos von Personen mit dunkler Haut (»Schwarze«) oder mit heller Haut (»Weiße«), wobei die Testpersonen eine Taste drücken sollten, wenn das Foto eines Schwarzen zu sehen war, und eine andere Taste bei einem Foto von einem Weißen. Außerdem wurden Worte dargeboten, die eher positive Bedeutung hatten (etwa »Ehre«, »Freiheit«, »Diamant«, »Friede«) oder eher negative Bedeutung (etwa »Bosheit«, »Krankheit«, »Bombe«). Wenn für die positiven Wörter dieselbe Taste gedrückt werden sollte wie für die Fotos der Weißen, reagierten die Testpersonen erheblich schneller, als wenn für die positiven Wörter dieselbe Taste gedrückt werden sollte wie für die Fotos der Personen mit dunkler Haut. Den Testpersonen fiel es also leichter, dieselbe Taste für »gut« und »Weißer« zu drücken als für »gut« und »Schwarzer«. Dies ist ein typischer Befund für Personen mit weißer Hautfarbe in den USA und deutet auf eine unterbewusste rassistische Einstellung der jeweiligen Person hin – Menschen mit dunkler Haut werden negativer bewertet als Menschen mit weißer Hautfarbe und werden unterbewusst daher eher mit negativen Dingen in Verbindung gebracht. (In der Psychologie wird dieser Test *Impliziter Assoziationstest* genannt.)

Dann zeigte das Forscherteam den Testpersonen im Hirnscanner Bilderpaare von je zwei Personen, die beide entweder dunkle oder helle Hautfarbe hatten. Die Testpersonen sollten angeben, mit welcher der beiden Personen auf den Bildern sie sich eher anfreunden würden. An der Aktivität im (zentralen) Orbitofrontalkortex konnte abgelesen werden, ob die Testpersonen auf den Bildern Schwarze oder Weiße sahen.[25] Die Testpersonen bewerteten die Personen auf den Bildern unterbewusst entsprechend ihrer Hautfarbe, und zwar – entsprechend dem impliziten Assoziationstest – die Farbigen weniger positiv als Weiße.

Lieber »Selbstwürdegefühl« als Menschen bewerten

Bei Vorurteilen treffen wir Bewertungen über andere Menschen. Eine solche Bewertung ist jedoch stets eine Verzerrung der Wirklichkeit, da die unzähligen Eigenschaften eines Menschen unmöglich korrekt erfasst und miteinander verrechnet werden können. Menschen zu bewerten heißt, Menschen über oder unter uns zu stellen, und das wird leicht zur unterbewussten Angewohnheit. Diese Angewohnheit ist jedoch besonders gefährlich: Bei allen Genoziden der Menschheit haben die Mörder sich über die Opfer gestellt, sich selbst als wertvoller und die Opfer als minderwertig eingestuft. Schockierenderweise schalten wir alle unterbewusst die routinierte Bewertung von Menschen an. Wir meinen dann, bestimmte Menschen seien besser als andere, beispielsweise Menschen, die sich so verhalten, wie es unseren Werten und Sitten entspricht, verglichen mit Menschen, die dies nicht tun.

Viele neigen etwa dazu, Ärzte für besonders wertvolle Menschen zu halten und Verbrecher für Monster. Eine Person mit ihrem Verhalten, ihrem Besitz oder ihren Fähigkeiten gleichzusetzen ist jedoch eine irrtümliche Vereinfachung – und unser Unterbewusstes arbeitet dieser Vereinfachung zu. Die klare Trennung zwischen *Person* und *Verhalten* beugt diesem Irrtum vor, zum Beispiel mit der Aussage »Er hat sich wie eine Bestie *verhalten*« statt »Er *ist* eine Bestie«.

In die Bewertungsfalle tappen wir dank unseres Unterbewussten gerne auch in eigener Sache. Die meisten meinen nämlich auch, sie müssten erst bestimmte Dinge erreichen, bevor sie sich als Mensch wirklich vollwertig fühlen können, etwa eine Idealfigur erreichen, eine Familie bzw. Partnerschaft haben, einen gewissen Status usw. Eine solche Meinung bedeutet, dass wir Schwierigkeiten haben, unsere Würde als Mensch *ohne Bedingungen* anzunehmen, also unabhängig von Fehlern, die wir begangen haben, unabhängig von Problemen, die uns plagen, unabhängig davon, was andere von uns halten, und unabhängig davon, was wir erreicht haben oder nicht.

Die *Allgemeine Erklärung der Menschenrechte* der Vereinten Nationen besagt, dass wir alle die gleiche Würde und die gleichen Rechte haben. Die dunkle Seite unseres Gehirns funkt uns jedoch routiniert dazwischen beim Unterfangen, unsere Würde bedingungslos zu respektieren und uns als unseren eigenen Freund wertzuschätzen. Wir können es uns bewusst zur Gewohnheit machen, unsere innere Einstellung einfach an der *Menschenwürde* zu orientieren – ohne Heiligenschein, ohne Teufelshörner und ohne Preisschild. Wir fühlen dann, eine Heimat in uns selbst zu haben. Wenn wir bemerken, dass unser Unterbewusstes unsere Würde anzweifelt, können wir uns augenzwinkernd wieder an diesem Kompass orientieren. Das Geschenk der eigenen Würde anzunehmen, ohne Wenn und Aber – mit »Selbstwürdegefühl« –, entspannt den Geist, entkrampft das Unterbewusste und schafft inneren Frieden.

Vorhersagen in Partnerschaften

Auch im Zusammenleben mit anderen stellen wir uns mit unseren unterbewussten Vorhersagen oft ein Bein. Wir sind in unserer Lebenswelt ja nicht allein, daher nimmt das Unterbewusste einfach an, dass unsere Mitmenschen die gleichen Vorhersagemodelle haben wie wir. Damit nimmt es an, dass andere das Gleiche denken wie wir, das Gleiche fühlen und alle Dinge, die uns wichtig sind, genauso wichtig nehmen wie wir. Das Unterbewusste geht also blauäugig davon aus, dass unsere Mitmenschen in derselben Wirklichkeit leben wie wir. Wahrscheinlich hat jeder schon einmal unterbewusst (!) erwartet, dass der Partner bzw. die Partnerin weiß, was man denkt und fühlt, und zwar tunlichst auch ohne, dass man es ihm bzw. ihr extra zu sagen bräuchte (bitte sagen Sie mir, dass jeder das schon mal erwartet hat …). Mein Unterbewusstes (!) erwartet dann, dass meine Frau genau weiß, was gerade mit mir los ist, was ich will und brauche, und mich dann, bitte schön, auch gleich entsprechend verwöhnt. Es meint, dass ich ihr vielleicht mit einer unauffälligen Andeutung auf die Sprünge helfen könnte, das sollte dann aber auch wirklich reichen. Wenn sie mich dann immer noch nicht versteht und sich nicht entsprechend verhält, habe ich selbstverständlich das Recht, ungehalten zu sein, und zwar so deutlich, dass meine Frau es dann auch ja mitbekommt, obwohl sie gerade offensichtlich total auf der Leitung steht …

Besonders kritisch wird es, wenn beide Partner gleichzeitig unterbewusst so denken, also jeder vom anderen gleichzeitig verstanden werden will und beide sich gleichzeitig denken: »Ich werde hier nicht verstanden (schon wieder!), das ist wirklich furchtbar ärgerlich, und es ist ihre/seine Schuld …«

Oft machen wir in solchen Situationen Aussagen, über die wir treffsicher vorhersagen könnten, dass sie beim anderen auf Abwehr stoßen – und werten diese Abwehr dann als Beweis für die Richtigkeit der eigenen Aussage. Keine Scheidung fand ohne solche Situationen statt. Genau solcher Beziehungsstress ist Gift für unsere Gesundheit.

Ein Trick zur Abhilfe ist, sich eines bewusst zu machen: Es ist gar nicht die Aufgabe anderer, uns zu verstehen, sondern jeder ist herausgefordert, *sich selbst* zu verstehen und *sich selbständig* zu verhalten. Genauso wichtig ist es, bewusst *andere* verstehen zu wollen, statt unterbewusst *von anderen* verstanden werden zu wollen. Glücklich sind diejenigen Partner, die beide *gleichzeitig* den anderen hinhörend und mitfühlend verstehen wollen. Wir können andere dafür fragen, was sie denken, wollen und fühlen. Und wir machen anderen das Leben leichter, wenn wir auf solche Fragen dann auch antworten. Die Antwort muss ja nicht immerzu episch ausfallen.

Es ist in einer Ehe normal, dass etwas, was dem einen wahnsinnig wichtig ist, für den anderen kaum belangloser sein könnte. Viele wissen jedoch gar nicht, welche Dinge dem Partner bzw. der Partnerin wichtig sind, nicht jedoch einem selbst. Dies herauszufinden kann Wunder bewirken, ebenso wie dem anderen einfach mit Respekt zu sagen: »Ich verstehe, dass dir dies wichtig ist,« »Ich höre, was du sagst und wie viel dir dies bedeutet,« oder »Ich mag dich und möchte wissen, was dich beschäftigt – erzählst du mir mehr?«

Die Routine-Maschine

Warum hängt unser Unterbewusstes so stark an seinen eingefahrenen Vorhersagen, Denkmustern und Gewohnheiten? In der freien Wildbahn ermöglichen möglichst genaue Vorhersagen das Überleben. Falsche Vorhersagen hingegen können fatale Folgen haben. Das Gehirn der Spitzmaus erstellt ein Vorhersagemodell, in dem die Wahrscheinlichkeiten für das Fangen von Käfern, Grashüpfern und Schaben gespeichert werden. Je öfter die Spitzmaus Bestätigung für ihr Vorhersagemodell findet, desto tiefer wird es im Gehirn verankert und desto widerspenstiger wird das Unterbewusste, dieses Modell zu ändern. Dadurch wird ein über längere Zeit erarbeitetes Vorhersagemodell bei einer Abweichung nicht gleich über Bord geworfen. Selbst wenn die Spitzmaus mal einen Grashüpfer erbeutet, nimmt ihr Unterbewusstes nicht gleich an, dass sie in Zukunft jeden Grashüpfer erbeuten wird.

Falls sich die Lebenswelt nun aber ändert, werden Vorhersagemodelle zwangsläufig unpräziser. Das Unterbewusste hat daher ein starkes Interesse daran, dass die Lebenswelt so bleibt, wie sie ist. Im Laufe der Evolution brachte es Vorteile, den Status quo aufrechtzuerhalten und das Vorhersagemodell durch Bestätigungen zu erhärten; heutzutage jedoch führt uns das Unterbewusste durch Bestätigungsfehler und Status-quo-Fehler leicht aufs Glatteis. Das Unterbewusste mag äußere Routinen und schafft innere Routinen – es ist eine Routine-Maschine. Oft macht es unseren Tagesablauf viel routinierter, als uns bewusst ist. Wenn ich morgens meine Kinder zum Kindergarten bringe, sehe ich auf dem Weg zur Universität oft denselben Fahrradfahrer auf der Straße – vielleicht putzen wir uns genau zur gleichen Zeit die Zähne und nippen zur gleichen Zeit an unserer Kaffeetasse … Ohne dass man es genau geplant hätte, sind Teile des Tagesablaufs hoch routiniert. Wir führen zig kleine Handlungen jeden Tag in genau derselben Reihenfolge und oft zur selben Zeit aus. Wenn man eine große Angewohnheit ändern will, hilft es daher, auch mehrere kleine Angewohnheiten drumherum zu ändern. Wenn man zum Beispiel seine Schlafgewohnheiten dahingehend ändern möchte, dass man früher ins Bett geht, fängt man am besten mit etlichen Routinen in den Stunden davor an, etwa keinen Kaffee oder Alkohol mehr zu trinken, nicht mehr fernzusehen usw.

Gedankenschleifen, Höllenspiralen, auf die lange Bank schieben – all dies sind unterbewusste Routinen, also unterbewusste Angewohnheiten, ebenso wie das Bewerten von Menschen, Egoismus, Ungeduld und überhaupt die meisten unterbewussten Denkfehler und irrationalen Vorstellungen. Sie werden uns schnell zur Gewohnheit, und unser betörendes Unterbewusstes kann sie blitzschnell aktivieren und ausführen. Wie stark die dunkle Seite unseres Gehirns an seinen Denkgewohnheiten festhält, erkennen wir daran, wie schwer es ist, sie zu ändern. Jedoch sind wir stets in der Lage, unsere Gewohnheiten zu ändern. Dafür müssen wir gegenüber den unterbewussten Angewohnheiten *bewusste Gewohnheiten* schaffen, zum Beispiel bewusst unsere Gefühle und Stimmungen regulieren, bewusst Entscheidungen treffen und Probleme lösen, bewusst andere zu verstehen suchen, bewusst anderen mit Menschlichkeit und Mitgefühl begegnen. Dies selbstbewusst – also in der Tat selbst und bewusst – zu tun gehört zu den größten persönlichen Erfolgen, die wir im Leben erreichen können. Unsere bewussten Gewohnheiten machen im Laufe der Zeit unseren Charakter aus und tragen ausschlaggebend dazu bei, wie sich unser Leben langfristig fügt – durch sie lenken wir also auch unser Schicksal. Diese innere Haltung wird in der Psychologie *Innere Kontrollüberzeugung* genannt. Sie trägt maßgeblich zur psychischen Stabilität, zu Selbstvertrauen und Gesundheit bei. (Siehe auch Kapitel *Wer ist der Chef im Gehirn?*, Seite 39, *Medi-Working*, Seite 319 und *Problem-Lösen*, Seite 330).

»Der nächste Abschnitt gibt einige Tipps, wie wir unsere innere Kontrollüberzeugung stärken können, indem wir unterbewusste Gedanken und Motivationen bewusst für unsere Ziele einsetzen.«

Das Unterbewusste als Motivator für unsere bewussten Ziele nutzen

Wir können uns das Wissen über die unterbewusste Verzerrung der Wirklichkeit zunutze machen, um uns zu motivieren, persönliche Ziele zu erreichen. Hier einige Tipps dazu.

Vorsicht: Diese Tipps sind nicht dafür da, sich zu überfordern oder zu überarbeiten, sondern zur rechten Zeit und in der rechten Dosierung auf seine Ziele hinzuarbeiten. Manchmal ist es sinnvoller, eine Pause zu machen, sich auszuruhen oder zu schlafen, statt noch mehr zu lernen, noch mehr Sport zu treiben oder noch mehr zu arbeiten (siehe auch Kapitel *Zeitmanagement*, Seite 323, und *Problem-Lösen*, Seite 330).

- Wenn das Erreichen Ihres Ziels eher wahrscheinlich ist, können Sie sich für Tätigkeiten motivieren, indem Sie sich sagen: »Wenn ich dies jetzt tue, wird es *mit Sicherheit* zum Erfolg beitragen – wenn ich dies jedoch jetzt *nicht* tue, wird der Erfolg unsicher.« Beispiel: »Wenn ich jetzt Hausaufgaben mache, wird die Prüfung *mit Sicherheit* ein größerer Erfolg – wenn ich dies jetzt nicht tue, wird das *unsicher.*« Oder: »Wenn ich jetzt für mein Ziel arbeite, wird mein Projekt mit Sicherheit ein größerer Erfolg – wenn ich dies jetzt nicht tue, ist das unsicher.« (Das Unterbewusste meidet Risiken angesichts sicherer Gewinne.)
- Das Gleiche gilt für Gedanken. Wenn Sie sich zu positiven Gedanken motivieren möchten, sagen Sie: »Wenn ich jetzt an etwas Positives denke, wird es mir mit Sicherheit bald besser gehen – wenn ich dies jetzt nicht tue, ist das unsicher.« Positive Gedanken sind beispielsweise Gedanken über Dinge in Ihrem Leben,

über die Sie sich freuen, Gedanken über Ihre Stärken, Gedanken über Ihre persönlichen Werte.

- Wenn Sie meinen, die Chance, Ihr Ziel zu erreichen, sei eher gering, können Sie es probieren mit: »Wenn ich dies jetzt tue, habe ich noch eine Chance – wenn ich dies jetzt jedoch nicht tue, verliere ich diese Chance.«
- Wenn es schwierig ist, Tätigkeiten zu *unterlassen,* sagen Sie sich: »Wenn ich dies jetzt tue, ergibt sich daraus *mit Sicherheit* ein großer Verlust – wenn ich dies jedoch jetzt *nicht* tue, bleibt noch eine Chance bestehen.« Zum Beispiel bei Substanzabhängigkeit: »Wenn ich jetzt ein Bier trinke, werde ich mit Sicherheit einen Rückfall bekommen – wenn ich dies jedoch unterlasse, habe ich eine gute Chance, dass dies nicht geschieht.« (Das Unterbewusste sucht das Risiko angesichts sicherer Verluste.)
- Das Gleiche gilt für Gedanken. Wenn Sie negative Gedanken bzw. Gedankenspiralen abschalten möchten, sagen Sie sich: »Wenn ich jetzt weiter daran denke, wird es mir mit Sicherheit noch schlechter gehen – wenn ich dies jetzt beende, habe ich eine gute Chance, dass dies nicht geschieht.«
- Wenn Sie Schwierigkeiten haben, überhaupt mit etwas Notwendigem anzufangen, machen Sie sich bewusst, was der *allerkleinste* allererste Schritt dafür ist, und sagen Sie sich: »Auch der kleinste Schritt wird mich *mit Sicherheit* dem Ziel näher bringen – wenn ich diesen Schritt jetzt jedoch nicht tue, erreiche ich mein Ziel möglicherweise nicht.« Sie können es auch probieren mit »Lieber jetzt etwas arbeiten, als riskieren durchzufallen«. (Das Unterbewusste bevorzugt einen kleinen sicheren Verlust, um einen möglichen großen Verlust zu vermeiden.)
- Oft meint man, es nütze alles nichts (etwa »Selbst wenn ich jetzt lerne, kann ich nachher immer noch ganz viel des Stoffes nicht«). Sagen Sie sich in solch einer Situation: »Wenn ich jetzt lerne, kann ich nachher etwas, was ich jetzt noch nicht kann.« (Dies ist ein sicherer Gewinn.)
- Beruhigen Sie Ihr Unterbewusstes damit, dass Sie die beste

Methode wählen, um Ihrem Ziel näher zu kommen. Sagen Sie sich etwa »Wenn ich jetzt meine Hausaufgaben mache, mache ich mir die beste Methode zunutze, um die Klassenarbeit zu bestehen.« Oder: »Wenn ich mich jetzt gesund ernähre, mache ich mir die beste Methode zunutze, um abzunehmen.« Oder »Wenn ich jetzt zur Vorsorgeuntersuchung gehe, mache ich mir die beste Methode zunutze, um diese Krankheit im frühestmöglichen Stadium zu erkennen.«

- Statt die hier vorgeschlagenen Formulierungen in der Ich-Form zu sagen, können Sie auch probieren, sich vorzustellen, wie Ihr »innerer Mentor« Ihnen die Sätze in der Du-Form sagt.
- Seien Sie auf der Hut, wenn andere versuchen, Sie mit diesen Tricks gegen Ihre Interessen zu manipulieren, etwa mit sicheren Versprechen bei Unsicherheit locken. Typische Formulierungen dafür sind sinngemäß etwa: »Wenn Sie dies jetzt (sofort) unterschreiben, werden Sie mit Sicherheit einen großen Gewinn erzielen – wenn nicht, ist das ungewiss.« Oder: »Nehmen Sie die einzigartige Chance jetzt wahr, ansonsten verschwindet sie.« Oder: »Die Situation ist furchterregend und unsicher, aber wenn Sie mir folgen, wird mit Sicherheit etwas dagegen unternommen werden.«

3

Das Unterbewusste der Primaten

Wie hat sich das Unterbewusste bei Primaten entwickelt?

Aus der Zeit, in der das Unterbewusste unserer drolligen Spitzmaus ihr Futter ausgewählt hat, springen wir nun etliche Millionen Jahre vorwärts, in die Zeit vor circa 66 Millionen Jahren. Die Dinosaurier sind ausgestorben. Für die Säugetierarten, die bisher überwiegend in ihren unterirdischen Behausungen gelebt haben, ist nun der Weg an die Oberfläche frei, wo sie sich explosionsartig ausbreiten. Aus denjenigen Säugetieren, welche die Bäume zu ihrem Lebensraum machen, entwickeln sich die sogenannten Primaten. Aus den ersten Primaten entwickeln sich nach einigen Millionen Jahren die Affen, später dann Menschenaffen und schließlich die Menschenarten (biologisch gesehen ist der Mensch ebenfalls ein Primat).

Welche Funktionen haben sich wohl im Unterbewussten der Primaten entwickelt, zusätzlich zu Verlust-Frust, Risiko-Vertigo und der Bewertungs-Funktion? Und was bedeutet dies für das Unterbewusste von uns Menschen? Um diese Fragen zu beantworten, lassen Sie uns auskundschaften, wie sich das Gehirn, insbesondere das Orbitofrontalhirn (der Sitz des Unterbewussten), bei den Primaten entwickelt hat.

Mit dem Leben auf den Bäumen und dem Schwingen von Ast zu Ast entfalteten sich etliche praktische Funktionen im Gehirn, etwa die visuelle Wahrnehmung (das Seh-System) sowie die Koordination von visueller Wahrnehmung und Bewegungsapparat. Bei Primaten zeigen beide Augen nach vorn, was zwar das Sehfeld einschränkt, dafür jedoch besonders gutes *räumliches* Sehen inklusive besonders guter Entfernungseinschätzung ermöglicht.

Primaten entwickelten sich dahingehend, dass sie besonders gut Zweige, Äste und Stämme erkennen können, außerordentlich gut greifen können und einen bemerkenswerten Tastsinn haben. (Beim Menschen gipfelt diese Entwicklung zum Beispiel in Konzertpianisten und Konzertgeigern.) In den Gehirnen der Primaten ging diese Entwicklung einher mit der Herausbildung zahlreicher visueller und sensomotorischer Regionen. Zusätzlich bildeten Primaten dabei die Fähigkeit aus, komplizierte Folgen von Bewegungen zu planen, auszuwählen und auszuführen – sie können *vorausplanen*, wie sie sich über zahlreiche unterschiedliche Äste von Baum zu Baum fortbewegen. Damit bildete sich bei Primaten die Grundlage für besonders komplexes Denken. Dies ging einher mit der Herausbildung von Gehirnregionen für Aufmerksamkeit, Verhaltenssteuerung und für das Arbeitsgedächtnis (ein Teil des intelligenten Denkapparates des Gehirns). All diese Regionen haben sich allerdings im Neokortex entwickelt, gehören also nicht zum Orbitofrontalhirn bzw. zum Unterbewussten. Wir müssen daher woanders danach suchen, welche Funktionen sich im Unterbewussten der Primaten entwickelt haben.

Durch die Entwicklung des Neokortex schwillt das Hirnvolumen der Primaten im Verhältnis zu ihrer Körpergröße mächtig an. Im Vergleich zu anderen Säugetieren sind die Nervenzellen im Neokortex der Primaten größer, außerdem sind sie dichter gepackt. Somit haben die Primaten mehr Nervenzellen pro Hirnvolumen. In ihrem Neokortex befinden sich auch erheblich mehr funktionell unterschiedliche Regionen. Frühe Säugetiere wie unsere Spitzmaus hatten circa 20 solcher Hirnregionen, Primaten haben erheblich mehr, und der Neokortex des Menschen hat die meisten Hirnregionen: circa 200. Wir können uns solche Unterschiede vorstellen wie die zwischen einem Smartphone, das nur 20 Apps ausführen kann, und einem, das 200 installiert hat.

Die größeren und komplexeren Gehirne der Primaten brauchen eine längere Hirnentwicklung und damit eine längere *elterliche Fürsorge.* Elterliche Fürsorge bedeutet übrigens bei allen Primaten außer dem Menschen in allererster Linie mütterliche Fürsorge. Nur beim Menschen ist es den Vätern von Natur aus sehr wichtig, intensiv zur emotionalen, physischen und intellektuellen Entwicklung der Kinder beizutragen – die väterliche Fürsorge ist ein sehr augenfälliger, höchst interessanter Unterschied zwischen dem Menschen und allen Menschenaffen.[1] (Dies gilt für alle Völker; freilich gibt es in dieser Hinsicht große kulturelle Unterschiede – und natürlich gibt es auch Väter, auf die dies schlicht nicht zutrifft.)

Die Fürsorge für den Nachwuchs ist bei den Primaten bemerkenswert hoch entwickelt und beinhaltet ausnehmend komplexes *Sozialverhalten*, also Verhalten, das von Gegebenheiten innerhalb einer Gruppe beeinflusst ist. Dieses Sozialverhalten geht weit über die Beziehungen zwischen Müttern bzw. Eltern und Kindern hinaus: Die Mehrzahl der Primatenarten lebt in sozialen Gruppen, und diese haben reich gegliederte Gruppenstrukturen. Die Individuen nehmen zueinander bestimmte Rollen ein. Diese werden mitbestimmt durch Alter, Geschlecht, Verwandtschaft, individuelle Eigenschaften, körperliche Stärke, die Zeitdauer des Einander-Kennens, gemeinsame Erlebnisse und gegenseitige Zusammenarbeit. Zum Beispiel jagen Schimpansen und Bonobos Tiere in Gruppen, die alleine nicht gejagt werden können – Primaten (wie viele andere Säugerarten) kooperieren miteinander, um besser an Ressourcen wie Nahrung zu gelangen. Aus solchen Kooperationen entstehen bei Primaten oft lange währende Bündnisse unter den Mitgliedern einer Gruppe. Sie pflegen diese sozialen Beziehungen, etwa durch Fellpflege bzw. Lausen oder gelegentlich gar Teilen von Nahrung. Solch vielschichtiges Sozialverhalten erfordert anspruchsvolle mentale Funktionen wie beispielsweise das Erkennen einzelner Individuen der Gruppe, das Wissen um deren Rolle in der Gruppe oder das Erinnern der gemeinsamen Vorgeschichte.

Das Leben in sozialen Gruppen bringt eine Reihe von Vorteilen: Unterstützung bei der Aufzucht der Jungen, Verteidigung gegen gefährliche Raubtiere oder gegen Nachbargruppen, leichter Zugang zu Paarungspartnern, Zugang zu und Verteidigung von Ressourcen. Natürlich leben auch etliche andere Tierarten in Herden, Rudeln, Schwärmen usw., jedoch sind die komplexesten Formen des sozialen Zusammenlebens unter den Primaten zu finden – bei Affen, den Menschenaffen und natürlich bei den Menschen. Wenn sich zum Beispiel zwei Gruppenmitglieder streiten, kommt es bei etlichen Affenarten vor, dass ein drittes Mitglied diesen Streit auf friedfertige Weise schlichtet, etwa mit einem friedfertigen Gesichtsausdruck wie Lippenschmatzen, Umklammern oder Schnabulieren.

Die größeren sozialen Fähigkeiten der Primaten gehen einher mit neuen Regionen im Gehirn, insbesondere für Empathie, Selbstbewusstheit (der Unterscheidung von »ich« und »du«) und Gruppenbewusstheit (der Unterscheidung von »wir« und »ihr«). Damit kommen wir dem Unterbewussten der Primaten allmählich näher, allerdings gehören weder diese neuen sozialen Kompetenzen noch diese neuen Regionen im Gehirn zum Unterbewussten. Wir müssen also immer noch weiter nach den neuen Funktionen des Unterbewussten suchen …

Mit den vielschichtigen Sozialstrukturen und dem vielfältigen Sozialverhalten hat sich auch die Kommunikation der Primaten exorbitant entwickelt. Beispielsweise haben Schimpansen etliche emotionale Gesichtsausdrücke. Mit diesen kommunizieren sie Emotionen wie Angst, Schrecken, Ärger, Abscheu, Erstaunen, Erregung, Aufmerksamkeit. Dank einer komplizierten Anatomie der Gesichtsmuskeln können sie lachen, feixen, lächeln, die Zähne fletschen oder mit den Lippen schmatzen. Zudem hat sich bei den Primaten eine außerordentlich vielfältige vokale Kommunikation herausgebildet. Etliche Arten haben eine große Bandbreite von Lauten, die zur Markierung des Territoriums, zur Suche nach Gruppenmitgliedern, zur Drohung oder zur Warnung vor Fressfeinden dienen. Allerdings sind auch diese neuen Fähigkeiten zur emotionalen Kommunikation nicht im Unterbewussten beheimatet. Was sind also die neuen Funktionen im Unterbewussten der Primaten?

Die Gehirne der Primaten haben übrigens auch Funktionen eingebüßt: Rhesusaffen, Schimpansen und Menschen haben zunehmend an Riechvermögen verloren. (Trotzdem ist das Riechen beim Menschen natürlich immer noch stark ausgeprägt – unsere Nase verarbeitet unzählige Gerüche, etwa im Zusammenhang mit Nahrung, Sexualverhalten oder sozialer und emotionaler Kommunikation). Der Riechkortex befindet sich zum Teil auch im Orbitofrontalkortex, also im Unterbewussten. Welchen Funktionen im Unterbewussten hat das Riechen wohl Platz machen müssen? Vorausplanendes Denken, Tastsinn, Seh- und Hörfähigkeiten sind ja alles Funktionen, die *nicht* zum Unterbewussten gehören, ebenso wenig wie Mitgefühl, Empathie, Gruppen- und Selbstbewusstheit oder Kommunikation. Wo und wie kommt nun das Unterbewusste ins Spiel?

Für die Auflösung dieses Rätsels reisen wir in die Zeit vor circa 20 Millionen Jahren, in den südasiatischen Dschungel. Wir befinden uns inmitten unzähliger Baumarten, Palmen, Lianen, bunter Blüten und farbenprächtiger Vögel. Auf einem Baum sitzt ein junges Makaken-Männchen, nennen wir es Abu. (Abu hat zwar erst einen Vorläufer des menschlichen Unterbewussten im Gehirn, der Einfachheit halber spreche ich im Folgenden jedoch auch bei Abu vom »Unterbewussten«). Der possierliche Abu schaut umher, in Sichtweite befinden sich etliche andere Affen seiner Gruppe. Abu ist neu in dieser Gruppe, er hat erst kürzlich die Gruppe verlassen, in der er aufgewachsen ist. Nachdem er eine Weile allein im Dschungel umhergestreift ist, ist er zu dieser Gruppe gestoßen. Sie hat einige Dutzend Mitglieder: erwachsene Männchen, Weibchen und Kinder.

Die Gruppe hat eine komplizierte Rangordnung: Das Alpha-Männchen, King Louie, steht an der Spitze der Hierarchie, gefolgt von seinen zwei Stellvertretern, die ihm helfen, darauf aufzupassen, dass sich die höherrangigen Weibchen mit keinem anderen Affen paaren. Die drei werden in der Hierarchie gefolgt vom »Alpha-Weibchen« und den anderen Weibchen. Jedes Kind hat denselben Rang wie seine bzw. ihre Mutter, wobei die Jüngeren über ihren älteren Geschwistern stehen. Unter den Weibchen und ihren Kindern stehen in der Rangfolge dann die anderen Männchen, unter ihnen Abu. Noch hat Abu also einen niederen Rang in der Gruppe, jedoch wird er in den nächsten Jahren mittels der Koalitionen und sozialen Bindungen, die er aufbaut, stetig aufsteigen. Mit einem der Stellvertreter von King Louie hat er sich bereits angefreundet. Der andere Stellvertreter betrachtet Abu und seine jugendliche Anziehungskraft auf die Weibchen der Gruppe eher argwöhnisch.

Seit Abu zu der Gruppe gestoßen ist, hat das Alpha-Weibchen, nennen wir es Rosy, ein Auge auf ihn geworfen. Sie findet eingewanderte junge Männchen attraktiv, besonders den neuen Abu mit seinem unwiderstehlichen roten Teint im Gesicht. Abus *Unterbewusstes* kennt jedoch die *Rangfolge* der Gruppe. Wenn sich Abu im Beisein von King Louie oder einem seiner Stellvertreter Rosy nähert, registriert Abus Unterbewusstes die Drohgesten von King Louie oder seinen Stellvertretern. Es signalisiert ihm dann, die Finger von Rosy zu lassen und sich King Louie unterzuordnen.

Bisher passten King Louie und seine zwei Feldwebel gut auf, dass Rosy immer in Sichtweite ist. Heute jedoch zieht die Gruppe weiter. King Louie und ein großer Teil der Gruppe ist bereits aufgebrochen. Einige Männchen und Weibchen sind noch zurückgeblieben, unter ihnen Abu. Auch Rosy hat sich stillschweigend zu den Zurückgebliebenen gesellt. Sie ist paarungsbereit und wirft Abu eindeutige einladende Blicke zu. In Sichtweite sind jetzt nur noch ein paar Weibchen und ihre Jungen, einige niederrangige Männchen und ein Stellvertreter von King Louie. Allerdings ist dieser auch schon im Aufbruch. Zu Abus Vorteil hat er ein gutes Verhältnis zu ihm, außerdem hat der Stellvertreter heute gute Laune, denn er hat vorhin frische Avocados ergattert. Nun interessiert er sich mehr dafür, weiterzuziehen. Abu erkennt im Gesicht des Stellvertreters, dass dieser sich nicht weiter darum kümmern wird, wenn sich Abu Rosy nähert. Abus *Unterbewusstes* hat jetzt Informationen über Geschlecht und Rang der Affen in Sichtweite, den Gesichtsausdruck von Rosy und den Gesichtsausdruck des Stellvertreters. Blitzschnell bewertet es diese Situation und entscheidet, grünes Licht für die Annäherung an Rosy zu geben. Abu läuft freundlich schmunzelnd auf Rosy zu, sie antwortet mit Lippenschmatzen, und endlich können sich Abu und Rosy ihrem Verlangen hingeben … In den nächsten Wochen wird Abu auch noch die Herzen einiger weiterer Weibchen erobern und so, obwohl er in der Hierarchie der Gruppe noch weit unten steht, zum Vater der meisten Kinder der Gruppe werden.

Die Geschichte von Abu illustriert, dass das Unterbewusste der Primaten bei der blitzschnellen Bewertung von Handlungsalternativen *soziale Informationen* berücksichtigt. Wichtige soziale Informationen für Primaten sind Rang, Alter, Geschlecht, außerdem die soziale Beziehung zu einem Artgenossen sowie Emotionen und Verhalten von Artgenossen. Wenn das Kind einer ranghöheren Mutter eine leckere Avocado verspeist, wird sich Abu hüten, diese dem Kind wegzunehmen. Wenn nur wenige Avocados verfügbar sind und diese von ranghöheren Gruppenmitgliedern verspeist werden, muss er sich mit Blüten und Baumrinde begnügen.

Bei Primaten ist die Rangfolge besonders wichtig, denn die soziale Nähe bringt auch mehr direkte Rivalitäten mit sich – die Rangfolge gibt vor, wer Vorrang bei Nahrung oder Paarung hat. So werden Kämpfe, die Kräfte rauben und gefährlich sind, vermieden. Bei Affen führen Interessenkonflikte zwar oft zu Zankereien mit Geschrei, jedoch sind Verletzungen durch Kämpfe die Ausnahme. In nahezu allen Primatengruppen bilden sich mehr oder minder stark ausgeprägte Rangordnungen aus, die durch Alter, Verwandtschaft, Bündnisse, Kämpfe und andere Faktoren bestimmt sind. Diese Dominanzhierarchien sind in vielen Gruppen derart kompliziert, dass selbst Forscher lange Zeit brauchen, um diese auszutüfteln. Das Unterbewusste der Primaten lernt die Dominanzhierarchie der eigenen Gruppe, und weiß daher Bescheid über den sozialen Status jedes Gruppenmitgliedes und über die Beziehungen untereinander. Im Beisein eines Artgenossen motiviert das Unterbewusste dasjenige Verhalten, das der Hierarchie entspricht, etwa Unterordnung zeigen, andere zur richtigen Zeit lausen, Prügel von jemandem vermeiden, der bzw. die sich höher in der sozialen Hierarchie befindet. Das Unterbewusste motiviert also entsprechend der Rangordnung anderen Artgenossen gegenüber Dominanz oder Unterwerfung. Da sich die sozialen Beziehungen ständig ändern, muss das Unterbewusste diese Änderungen flexibel bei der Auswahl und Einpassung des eigenen Verhaltens berücksichtigen.

Dies bedeutet: Anders als bei der Spitzmaus bezieht das Unterbewusste von Primaten vielschichtige *soziale Informationen* in die blitzschnelle Bewertung von Handlungsalternativen ein und erzeugt dann blitzschnell die Motivation, also den Willen, bestimmte Handlungen auszuführen bzw. nicht auszuführen, etwa sich zu paaren oder das Futter einem ranghöheren Individuum zu überlassen. (Das Orbitofrontalhirn leistet wahrscheinlich auch bei anderen Säugetierarten mit Rangordnungen ähnliche Funktionen, dazu ist jedoch bisher noch nichts bekannt.)

Das Orbitofrontalhirn von Primaten interessiert sich für soziale Informationen

Wie bei der Spitzmaus hat das Unterbewusste der Primaten seinen Sitz im Orbitofrontalhirn. Das Orbitofrontalhirn von Affen besitzt Nervenzellen, die stärker auf ranghöhere als rangniedere Artgenossen reagieren.[2] Es entschlüsselt den sozialen Rang und motiviert entsprechendes Verhalten wie Annähern, Lausen, Nahrung wegnehmen, etc. Außerdem reagieren Nervenzellen im Orbitofrontalhirn von Affen auf sozial bedeutsame Informationen wie emotionalen Ausdruck, Geschlecht, Alter, soziale Beziehung.[3] Sie sind zum Beispiel bei bedrohlichen oder einladenden Gesichtsausdrücken in unterschiedlicher Stärke aktiv. Für das soziale Zusammenleben ist es wichtig, solche Informationen zu berücksichtigen, um das eigene Verhalten entsprechend anzupassen – dies leistet das Unterbewusste der Primaten.

Zur Illustration ein besonders originelles Experiment des französischen Neuropsychologen Jean-René Duhamel: Drei durstige Makakenweibchen befanden sich in einem Raum. Jede Äffin saß auf einem Stuhl, an dem sich ein Wasserspender befand.[4] In der Mitte befand sich für alle sichtbar ein Bildschirm als Tisch. Eine der Äffinnen (und nur diese) konnte in dieser Sitzung Wasser verdienen, was sie jedoch einige Arbeit kostete: Wenn ein Symbol auf dem Bildschirm erschien, musste sie dieses Symbol erst eine Weile lang anschauen und dann, wenn das Symbol zu verblassen begann, rasch einen Hebel ziehen. Wenn der Hebel nicht ganz durchgezogen wurde oder wenn er zu früh oder zu spät gezogen wurde, gab es keine Trinkbelohnung. Auch wenn die Äffin das Symbol nicht die ganze Zeit anschaute, gab es nichts zu trinken. Die beiden anderen Äffinnen konnten nur zusehen, eine von ihnen war die ranghöchste Äffin im Raum. Das Symbol am Bildschirm gab an, ob es einen kleinen, mittelgroßen oder großen Schluck Wasser zur Belohnung für die arbeitende Äffin gab.

Die Forscher fanden zunächst etliche Nervenzellen im Orbitofrontalkortex, welche umso aktiver wurden, je größer die Wasserbelohnung war, die verdient werden konnte. Diese *Bewertungs-Zellen* kodierten den Wert der möglichen Belohnung und motivierten dementsprechend stark dazu, die Belohnung zu erarbeiten. Dies war noch nichts Neues, dieser Teil des Experiments sollte lediglich der Identifikation der Bewertungs-Zellen dienen.

Nun kam der entscheidende Teil, in dem die Forscher das Experiment auf geniale Weise variierten: Forthin gab es immer nur gleich große Wasserportionen. Neue Symbole auf dem Bildschirm gaben jetzt statt der Wassermenge an, ob *nur* die arbeitende Äffin belohnt würde oder ob eine der beiden anderen Äffinnen *ebenfalls* einen Schluck Wasser bekommen würde. Im letzteren Fall zeigte außerdem ein Licht an, welche der beiden anderen Äffinnen den zusätzlichen Schluck Wasser bekäme (die ranghöhere oder die rangniedere Äffin). Für die Arbeit gab es nun also entweder einen Schluck Wasser nur für die arbeitende Äffin, oder es gab je einen Schluck Wasser für sie als auch zusätzlich für eine der beiden anderen Äffinnen. Wenn das Symbol anzeigte, dass *nur die Äffin selber* Wasser bekommen würde, reagierten die Bewertungs-Zellen in ihrem Orbitofrontalkortex *stärker*, als wenn das Symbol anzeigte, dass eine andere Äffin ebenfalls belohnt würde. Entsprechend arbeitete die Äffin viel eifriger, wenn das Symbol anzeigte, dass nur sie Wasser bekäme. Wurde jedoch angezeigt, dass sie und noch eine der beiden anderen Äffinnen Wasser bekämen, blickte sie zwar die entsprechende andere Äffin an, zog dabei jedoch oft den Hebel entweder gar nicht erst oder ließ ihn lustlos zu früh los (woraufhin die jeweils andere Äffin aufgeregt gestikulierte, schrie oder entnervt stöhnte). Wenn das Experiment so durchgeführt wurde, dass die zusätzliche Portion Wasser keiner anderen Äffin zugutekam, sondern einfach auf den Boden tropfte, arbeitete die Äffin genauso sorgfältig, als wenn nur sie selber Wasser bekam.

Die soziale Information darüber, ob sie etwas nur für sich selbst verdienen würde oder auch für andere, hatte also deutliche Auswirkung auf das Verhalten der Äffin und auf die Aktivität von Bewertungs-Zellen in ihrem Orbitofrontalhirn. Die Information, dass eine andere Äffin ebenfalls eine »kostenlose« Belohnung bekäme, *reduzierte* für die arbeitende Äffin den Wert der Arbeit. Wenn die arbeitende Äffin ein besonders gutes Verhältnis zu der *rangniedrigeren* Äffin hatte und diese dann ebenfalls eine Trinkbelohnung bekommen konnte, waren die Bewertungs-Zellen übrigens aktiver, und die Äffin arbeitete mehr.

Andere Nervenzellen im Orbitofrontalkortex reagierten auf den Rang und die Identität der Partnerin, oder darauf, ob eine Belohnung nur für die Äffin selbst oder gemeinsam mit der einen oder der anderen Partnerin erlangt werden würde. Diese Zellen kodierten also Rang, Identität und die soziale Situation, und all dies beeinflusste den subjektiven Wert der Belohnung. Hier können wir erkennen, wie Nervenzellen im Orbitofrontalkortex soziale

Information im Zusammenhang mit Nahrung integrieren: Diese Zellen berücksichtigen Menge der Nahrung, Identität anderer Individuen, deren sozialen Rang und die soziale Beziehung zu ihnen. Dementsprechend bestimmen diese Zellen das Verhalten dahingehend, ob es ausgeführt oder gehemmt wird.

Was bedeuten die Studienergebnisse zum Unterbewussten der Affen für uns Menschen? Auch das menschliche Unterbewusste ist sehr empfänglich für soziale Information. Zum Beispiel gibt es auch beim Menschen Felder im (mittleren) Orbitofrontalkortex, die spezialisiert auf Gesichtsinformationen sind: Sie reagieren auf Fotos von Gesichtern, jedoch nicht auf Fotos von Dingen, die ebenfalls schön oder rund sind, etwa Essen oder Uhren.[5] Zudem reagiert der (seitliche) Orbitofrontalkortex auf Gesichter und Stimmen, die eine spezielle Emotion ausdrücken, etwa Freude oder Ärger.[6] Auch bei uns Menschen berücksichtigt das Unterbewusste solch soziale Informationen, wenn es Entscheidungen trifft und Verhalten motiviert. Beispielsweise können Patienten mit Schädigung des Orbitofrontalhirns zwar sagen, welche Emotion ein Gesicht ausdrückt, sie können jedoch nicht mehr sagen, ob sie sich einer Person mit einem fröhlichen Gesichtsausdruck eher annähern würden als einer Person mit angeschwollenen Zornesadern.[7]

Im vorigen Kapitel habe ich berichtet, dass der Mensch – im Gegensatz zu Affen – für die ersten Hunderttausende von Jahren nach seiner Entstehung in egalitären Gesellschaften lebte, ohne Dominanzhierarchien. In solchen Gesellschaften braucht das Unterbewusste deswegen auch keine Dominanzhierarchien bei der Auswahl von Verhalten zu berücksichtigen. Als sich jedoch Sesshaften-Kulturen mit solchen Dominanzhierarchien ausbildeten, kam wieder das Unterbewusste ins Spiel. Leider gibt es noch nicht viel Forschung zur Verarbeitung sozialer Hierarchie im Gehirn des Menschen. Jedoch wurde ein aufschlussreicher Fall berichtet, in dem ein Patient mit Schädigung des Orbitofrontalhirns sich nicht mehr entsprechend der sozialen Hierarchie verhielt. Zum Beispiel unterbrach er den Professor genauso oft wie einen Studenten oder witzelte gegenüber dem Professor ähnlich wie mit einem Doktoranden.[8]

Wenn eine Gesellschaft hierachisch organisiert ist, bringt dies auch etliche Verhaltenskonventionen mit sich, und das Unterbewusste von uns Menschen beeinflusst unser Verhalten automatisch entsprechend dieser Konventionen. Davon wird noch ein gesamtes Kapitel handeln. Zuvor beschreibe ich jedoch erst noch eine weitere wichtige Funktion, die sich im Unterbewussten der Primaten entwickelt hat.

Der unterbewusste Drang zum Abgucken

Außer der Berücksichtigung sozialer Informationen bei der Auswahl von Verhalten drängt das Unterbewusste der Primaten auch dazu, von Artgenossen durch Abgucken zu lernen. Diese Art des Lernens wird in der Psychologie *soziales Lernen* genannt. Wahrscheinlich sind alle Wirbeltierarten zu sozialem Lernen fähig, jedoch können Primaten besonders gut von Artgenossen lernen. Zum Beispiel lernen Kapuzineraffen voneinander, Nüsse mit Steinen zu knacken, und Schimpansen lernen den Gebrauch von Werkzeugen voneinander.

Nützliche Informationen von Artgenossen beeinflussen also das eigene Verhalten. Anstatt alles selbst ausprobieren zu müssen, kann man allein durch Abgucken lernen, ob ein Verhalten positive oder negative Konsequenzen hat. Der Drang zu dieser Art sozialen Lernens wird in der Fachsprache *informationeller sozialer Einfluss* genannt.

Hier ein einfaches Beispiel für diesen Einfluss bei Menschenaffen: Das ehemalige Forscherteam Michael Tomasellos vom Max-Planck-Institut für evolutionäre Anthropologie in Leipzig zeigte Schimpansen eine Apparatur aus drei Kästen. Jeder der Kästen hatte eine andere Farbe und oben ein Loch, durch das man einen Ball hineinwerfen konnte. Dann sahen die Schimpansen, wie mehrere Artgenossen jeweils einen Ball in den roten oder blauen Kasten warfen. Dabei kam jedes Mal, wenn ein Ball in einen dieser beiden Kästen geworfen wurde, eine Erdnuss aus dem Kasten heraus, welche der jeweilige Affe verspeiste. Wenn die Schimpansen dann selber probieren durften, warfen sie den Ball meist ebenfalls entweder in den roten oder den blauen Kasten.[9]

Besonders aufsehenerregend war ein Experiment zum informationellen sozialen Einfluss, das die Biologin Erica van de Waal im Urwald Südafrikas durchführte. Sie versorgte eine Gruppe Grüner Meerkatzen mit Mais. Der Mais war entweder blau oder pink eingefärbt. Dem pinkfarbenen Mais war ein unangenehmer Bitterstoff zugesetzt. Die Affen lernten dies schnell und aßen bald nur den schmackhaften blauen Mais. Nach einer Unterbrechung von einigen Monaten bekamen die Affen wieder Mais. Diesmal wurde jedoch kein Bitterstoff zugegeben, sondern der Mais war lediglich pink oder blau eingefärbt – der Mais beider Farben schmeckte nun also gleich. Trotzdem wurde nur der »gute« blaue Mais gegessen, also derjenige Mais, der sich Monate zuvor als schmackhaft erwiesen hatte. Lediglich die rangniederen Tiere aßen gelegentlich den »schlechten« pinkfarbenen Mais, und auch nur dann, wenn sie nicht an den »guten« blauen Mais kamen (obwohl sich der Geschmack nicht mehr unterschied). Alle Affen wollten nur noch den »guten« Mais verspeisen. Außerdem beobachtete van de Waal, dass auch etliche in der Zwischenzeit geborene Affenbabys ausschließlich den »guten« blauen Mais aßen – sie hatten dies durch Abgucken von ihren Müttern gelernt. Nur das Junge einer rangniederen Mutter, die selbst gelegentlich den pinkfarbenen Mais verspeiste, aß den »schlechten« Mais, wenn es keinen »guten« abbekam.

Alle Jungen übernahmen also die Nahrungsvorlieben ihrer Mütter und blieben dann auch dabei, unabhängig davon, ob ihre Mutter gerade anwesend war oder nicht. Auch neue erwachsene Männchen, die aus anderen Gruppen zugewandert waren, guckten sich ab, welchen Mais die anderen Affen aßen und übernahmen die Nahrungspräferenz der Gruppe. Einige Männchen waren aus Gruppen zugewandert, bei denen das Experiment ebenfalls durchgeführt wurde, jedoch mit *umgekehrter* Farbzuweisung. Sogar diese Affen übernahmen die Nahrungspräferenz, das heißt, sie nahmen das Verhalten, das sie bei den anderen Affen beobachtet hatten, als Beleg dafür, welcher Mais genießbar war und welcher nicht.[10]

Der Drang zum Abgucken wird im Orbitofrontalhirn erzeugt

Das Unterbewusste der Affen drängte sie dazu, dem Beispiel der Artgenossen zu folgen, also den Mais mit der »guten« Farbe zu essen. Ebenso drängte das Unterbewusste der Schimpansen sie dazu, den Ball in einen »guten« Kasten zu werfen. Dieser unterbewusste Drang zu *informationellem sozialem Einfluss* stammt aus dem Orbitofrontalhirn. Auch wir Menschen werden von unserem Orbitofrontalhirn dazu gedrängt, uns an anderen zu orientieren, besonders dann, wenn wir uns unsicher sind oder nicht genau Bescheid wissen. Stellen Sie sich ein Spiel vor, in dem Dutzende kleiner Männchen auf einem Bildschirm durcheinanderlaufen. Auf ein Trompetensignal hin laufen fast alle Männchen nach links, nur wenige laufen nach rechts. Sie sollen nun einschätzen, ob sich mehr Männchen nach links oder nach rechts bewegten. Eine leichte Aufgabe. Schwieriger wird es, wenn fast die Hälfte der Männchen in eine Richtung läuft und die restlichen Männchen in die andere Richtung. Wenn Testpersonen dies im Hirnscanner einschätzen sollen und ihnen vorher gezeigt wird, was eine *andere* Person geantwortet hat, orientieren sich die Testpersonen an der Aussage dieser anderen Person. Stellen Sie sich zum Beispiel vor, dass Sie fast gleich viele Männchen nach links wie nach rechts laufen sehen. Dazu sehen Sie, dass eine andere Person auf »links« getippt hat. Zudem wird Ihnen gesagt, dass diese andere Person solche Aufgaben besonders gut lösen könne. Worauf würden Sie nun tippen? Wahrscheinlich passen Sie Ihre Einschätzung an diejenige der anderen Person an. Die Daten des Experiments zeigten, dass bei dieser Anpassung der Orbitofrontalkortex aktiv wird.[11] Unser Unterbewusstes motiviert uns dazu, unsere eigenen Vermutungen an die von anderen anzugleichen, insbesondere wenn wir uns selbst unsicher sind und meinen, dass andere gut Bescheid wissen.

Der Drang zum Abgucken macht das Unterbewusste zum erweiterten Genom

Der unterbewusste Drang, Informationen von anderen zu berücksichtigen und zu lernen, hilft einer Spezies bei ihrer Anpassung an unterschiedliche Lebensräume, denn Lernen durch Abgucken macht sie anpassungsfähig *über ihr Genom hinaus*. So können Tiere in unterschiedlichen Habitaten voneinander lernen, welche Pflanzen essbar sind, welche giftig, welche Tiere gefährlich sind und wie Steine oder Stöcke als Werkzeuge gebraucht werden können. Durch soziales Lernen können sich Spezies also erfolgreich in unterschiedlichen Regionen ausbreiten, ohne dass Werkzeuge oder Gefahren dieser Regionen in ihren Genen kodiert sein müssten. Nussknacken mit Steinen bei Kapuzineraffen im Genom zu kodieren wäre nutzlos in Regionen ohne Nüsse. Eine Kodierung von »Lernen durch Abgucken« jedoch erleichtert es Affen in Regionen mit vielen Nüssen, diese mit Steinen zu knacken, und in Regionen mit vielen Insekten, diese mit Steinen aus Holzstämmen zu hämmern. Das Unterbewusste mit seinem Erfahrungsspeicher fungiert sozusagen als erweitertes Genom.

Durch die unterbewusste Empfänglichkeit für sozialen Einfluss und die unterbewusste Motivation sozialen Lernens konnte sich der Mensch extrem gut an unterschiedliche Lebensverhältnisse anpassen. Vor circa 60 000 Jahren hat der Mensch begonnen, sich über nahezu den gesamten Globus auszubreiten, und er bewohnt heute größere Gebiete der Erde als jede andere landbewohnende Spezies.

Wir haben die Fähigkeit, von anderen zu lernen und dieses Wissen an unsere Kinder weiterzugeben. Somit können wir Wissen von Generation zu Generation wachsen lassen. Unser Unterbewusstes motiviert uns dazu, die Herstellung und den Gebrauch von Werkzeugen, von Kleidung, von Behausungen zu lernen. Dadurch konnte der Mensch sich an unterschiedlichste Klimazonen anpassen, ob Tropen oder Steppe, ob heiß oder kalt, mit unterschiedlichsten Nahrungsquellen und unterschiedlichsten Gefahren. Über das Genom hinaus hat der Mensch mit seinem Unterbewussten einen wertvollen zusätzlichen Speicher für überlebenswichtige Informationen, der nach der Geburt je nach Habitat gefüllt werden kann.

Weil das Unterbewusste zum einen lernen kann und zum anderen auch ein Emotions- und Überlebenssystem ist, passt sich jeder Mensch in seinen ersten Lebensjahren derart in die jeweilige Lebenswelt ein, *als wäre diese Anpassung* in den Genen kodiert: Die Inhalte unseres Unterbewussten scheinen uns ebenso wenig fragwürdig wie die Inhalte unseres Genoms. Ein wichtiger Teil der Lebenswelt, in die wir uns als Kinder einpassen, ist die soziale Welt mit ihren Regeln, Bräuchen und Werten. Ob ein Mensch unter Jägern und Sammlerinnen geboren wird oder in New York, vor Hunderttausenden von Jahren lebte oder in tausend Jahren leben wird – er findet sich in seiner Kultur zurecht und kann sich kaum vorstellen, überhaupt in einer anderen zu leben. Die nomadisch lebenden Hadza wollen ebenso wenig in unserer Gesellschaft leben, wie wir bei den Hadza leben wollen, und Menschen in der fernen Zukunft wollen wahrscheinlich ebenso wenig in unserer Zeit leben wie wir in einer Gesellschaft der fernen Zukunft.

Die unterbewusste Motivation, von anderen zu lernen und von ihnen beeinflusst zu werden, ist eine Grundlage dafür, dass unser Unterbewusstes im Laufe unserer Kindheit die natürlichen Gefahren unseres Lebensraums ebenso in unser unterbewusstes Überlebenssystem einwebt wie die sozialen Regeln, die Belohnung oder Strafe bedeuten. Um die Regeln, Sitten und Werte dieser sozialen Lebenswelt zu bewahren und zu verteidigen, hat sich im Unterbewussten des Menschen noch eine weitere Funktion entwickelt. Sie ist unentbehrlich für die Entstehung menschlicher Kultur. Darum geht es im nächsten Kapitel.

4

Was ist das Besondere am Unterbewussten des Menschen?

Menschen haben Regeln – aber wieso halten sie sich daran?

Vor 300 000 Jahren im afrikanischen Regenwald. Drei Kinder der Art Homo sapiens spielen und albern gemeinsam in Hörweite ihres Stammes: zwei Jungen und ein Mädchen. Die Jungen, Adan und Bokeh, sind drei und zehn Jahre alt, das Mädchen Eba ist sieben. In einigen Jahren werden sie selbst Kinder und später Enkelkinder haben und damit zu den Vorfahren des heutigen Menschen werden – wir alle tragen noch ihre Erbinformation in jeder unserer Zellen. Adan, der Älteste, sieht eine dicke saftige Mango von einem Baum hängen, springt kraftvoll hoch und pflückt sie. Er zieht die Schale ab und beginnt, sie zu essen. Die beiden anderen Kinder laufen zu ihm und wollen ebenfalls von der Mango essen, jedoch möchte Adan nicht teilen.

Da sagt der kleine Bokeh aufgeregt zu ihm: »Du musst teilen! Wenn du Essen hast, musst du das Essen teilen.«

Eba neckt den Ältesten: Sie äfft einen Schimpansen nach, der nicht teilt. Daraufhin teilt Adan sogleich, und die Kinder essen die Frucht gemeinsam.

Dieses unscheinbare Ereignis illustriert einige fundamentale Unterschiede zwischen Menschen und Menschenaffen, die für unser Verständnis des Unterbewussten entscheidend sind: Menschen haben *Regeln* für das gemeinschaftliche Zusammenleben, das heißt, für den Umgang miteinander (in der Soziologie auch *soziale Normen* genannt). Anders als bei Affen und Menschaffen gelten diese Regeln gleichermaßen für alle Mitglieder des Stammes, und jedes Mitglied darf erwarten und fordern, dass andere sich entsprechend dieser Regeln verhalten. (Natürlich gibt es besonders in moderneren Gesellschaften auch Regeln, die nicht für alle Mitglieder gleichermaßen gelten, etwa dürfen im heutigen Europa Erwachsene wählen, Kinder nicht.) Bereits Dreijährige erkennen, wenn andere gegen die Regeln verstoßen; sie reagieren emotional darauf, protestieren, weisen andere auf die Regeln hin und fordern, dass sie den Regeln folgen.

Bei Affen und Menschenaffen legt die *Rangfolge* fest, wer die Mango verspeist, bei Menschen wird dies durch *Regeln* vorgegeben. Natürlich gibt es auch bei Affen *deckungsgleiches* Verhalten, dies geht allerdings nicht auf Regeln zurück. Zum Beispiel können sich Schimpansen voneinander abgucken, Stöckchen als Werkzeuge zu benutzen, um Termiten aus einem Bau zu fischen. Im Gegensatz zu Affen jedoch *fordern* Menschen, dass andere den Regeln folgen, und sie ahnden es, wenn andere gegen die Regeln verstoßen. Menschen verweisen auf solche Regeln, wenn sie Konflikte meiden oder lösen wollen, und nur der Mensch tut oder unterlässt Dinge, weil es andere *erwarten*. Halten wir uns dann nicht an die Regeln, ruft dies allseits »Bad Vibrations« hervor, etwa Peinlichkeit oder Entrüstung.

Im letzten Kapitel habe ich beschrieben, dass das Unterbewusste bei Affen und Menschen *informationellen sozialen Einfluss* motiviert – das Unterbewusste motiviert dazu, voneinander zu lernen. Als Effekt passen Artgenossen ihr Verhalten aus *praktischen Gründen* aneinander an. In diesem Kapitel gehen wir in der Evolution einen Schritt weiter: Nur wir Menschen sind unterbewusst motiviert, uns an *Regeln* zu halten, und wir neigen oft dazu, uns allein deswegen so zu verhalten wie die anderen, damit wir nicht unangenehm auffallen. Wir Menschen haben einen unterbewussten Drang, unser Verhalten aus *normativen Gründen* aneinander anzupassen. Dieser Drang zu konformem Verhalten wird in der Sozialpsychologie *normativer sozialer Einfluss* genannt. Affen passen ihr Verhalten nicht aus einem Drang zur Konformität an; sie halten sich nicht etwa deswegen an die Rangfolge, weil es ansonsten peinlich wäre oder sie ein schlechtes Gewissen bekämen, sondern weil ihr Orbitofrontalhirn sie auf Linie bringt, um ständige Kämpfe zu vermeiden. Affen haben keine sozialen Normen – zu ihrem Segen oder ihrem Fluch. Sie würden sich nie für Facebook-Likes interessieren, vielen Menschen hingegen sind sie oft viel zu wichtig.

Adan, der ältere Junge im Urwald, hielt sich schließlich an die Regel des Teilens von Nahrung, obwohl ihn sein Spaßmotor im Gehirn dazu motivierte, die Mango allein zu verspeisen. Warum halten sich Menschen an die sozialen Regeln, insbesondere dann, wenn Regelverstöße attraktiv erscheinen? Zum einen verhalten wir uns konform mit den Regeln, weil unser *Unterbewusstes* uns dazu drängt. Den unterbewusst erzeugten Drang zu konformem Verhalten bezeichne ich als *Konformitäts-Drang*. In unserem Beispiel der Kinder im Urwald verweisen die jüngeren Kinder Adan auf die Regel (»Essen wird geteilt«) und fordern ihn auf, sich daran zu halten. Adan kennt die Regel, es bestehen also von allen geteilte gemeinsame Erwartungen an regelkonformes Verhalten, und sein unterbewusster Konformitäts-Drang bewegt ihn dazu, die Mango zu teilen. In einer Gruppe Affen hätte der ranghöhere Affe die Mango unbeeindruckt allein verspeist.

Der unterbewusste Konformitäts-Drang ist natürlich nur ein Teil der Erklärung regelkonformen Verhaltens, denn wir halten uns ja oft auch aus rein rationalen Gesichtspunkten an die Regeln: Menschen befolgen Regeln auch deshalb, weil sie ansonsten mit negativen Konsequenzen wie etwa Strafen rechnen müssen. (Solche Strafen werden in der Soziologie *Sanktionen* genannt.) In dem Beispiel der Kinder mit der Mango wird das Verhalten von Adan gerügt, und er wird geneckt. In Jäger- und Sammlerinnen-Kulturen wird darüber hinaus vielleicht noch mit einem Blick getadelt oder gar gestikuliert, damit erschöpft sich in solchen Kulturen gewöhnlich allerdings das Arsenal akzeptabler Sanktionen. Man stelle sich vor, wie idyllisch der deutsche Straßenverkehr mit einer solchen Richtschnur wäre – ohne Hupen, Schneiden und Geschrei …

Abbildung 8: *Wir Menschen haben einen eigenen Gesichtsausdruck für das Tadeln anderer, der rund um den Globus verstanden wird. Wir brauchen ihn nicht extra zu lernen – er ist biologisch in uns veranlagt.*

Für das Tadeln regelwidrigen Verhaltens hat der Mensch sogar einen eigenen, biologisch herausgebildeten Gesichtsausdruck: mit geschlossenen Lippen wird einer der Mundwinkel etwas zusammengepresst und zur Seite gezogen (siehe Abbildung 8). Dieser Gesichtsausdruck ist wahrscheinlich universal, das heißt, Menschen verstehen und praktizieren diesen Gesichtsausdruck unabhängig davon, in welcher Kultur sie leben. Der Gesichtsausdruck hat deswegen beim Adressaten Wirkung, weil wir Menschen uns darum kümmern, wie andere unser Verhalten bewerten.

Zusätzlich zu den Sanktionen anderer züchtigt uns auch unser entzückendes Unterbewusstes, und zwar emotional, etwa mit Gewissensbissen und Schuldgefühlen oder – wenn andere den Regelbruch entdecken – mit Peinlichkeit und Scham. Gemeinsam ist allen Strafaktionen, dass sie unbehaglich sind oder gar wehtun: Eine Schuldzuweisung ist unangenehm, schlechtes Gewissen martert einen, und soziale Ausgrenzung aktiviert das Schmerz-System im Gehirn.

Der Konformitäts-Drang wird im Orbitofrontalhirn erzeugt

Der Konformitäts-Drang, also die unterbewusste Triebfeder zur Konformität, hat seinen Sitz im (seitlichen) Orbitofrontalhirn. Patienten mit Schädigung des Orbitofrontalkortex können Übertretungen sozialer Regeln oft nicht mehr erkennen und sich auch nicht mehr an diese Regeln halten. Zum Beispiel wissen Demenz-Patienten mit Schädigung des Orbitofrontalkortex nicht mehr, dass es sich nicht gehört, sich das größte Kuchenstück zu nehmen, auf den Fußboden zu spucken oder zu einem Fremden weniger als einen Meter Abstand zu halten.[1] Metaanalysen mit Gesunden zur Verletzung sozialer Regeln zeigen: Der Orbitofrontalkortex (und der Kortex der angrenzenden Insel) wird aktiv, wenn Personen urteilen, dass eine Handlung den allgemeinen Regeln und Sitten widerspricht.[2] Er wird auch aktiv, wenn Personen lediglich beobachten, dass sich andere entgegen der Regeln und Sitten verhalten, zum Beispiel nach einem Unfall Fahrerflucht begehen.[3] Nun kann man sich leicht vorstellen, was im Orbitofrontalhirn geschieht, wenn sich zwei Menschen begegnen, die sich an *widersprechende* Regeln halten, etwa Gott oder Allah anzubeten: Das System im Gehirn, welches evolutionär vorteilhaft war, weil es Konflikte innerhalb einer Gemeinschaft *reduzieren* half, wird nun zum Konfliktmotor, da es in zwei Personen gleichermaßen aktiv wird, um einander widersprechende Regeln aufrechtzuerhalten.

Warum ist der Konformitäts-Drang nun ausgerechnet im Orbitofrontalhirn (das heißt, dem Sitz des Unterbewussten) beheimatet? Eine wichtige Funktion des Orbitofrontalhirns ist ja, Handlungsalternativen blitzschnell zu *bewerten,* also sozusagen eine Reihe von Alternativen in Geldstücke umzuwandeln und dann das wertvollste Geldstück auszuwählen. Da wir Menschen soziale

Normen und Sanktionen haben, müssen wir die *Regeln des sozialen Umgangs* berücksichtigen, wenn wir eine Verhaltensalternative auswählen bzw. eine Entscheidung treffen, etwa jene, eine Mango zu teilen oder nicht. Unser Orbitofrontalhirn berücksichtigt diese Regeln automatisch bei der blitzschnellen Bewertung von Handlungsalternativen. Im Unterschied zu Spitzmäusen und Affen ist es also eine besondere Stärke des menschlichen Orbitofrontalhirns, unterschiedliche Modalitäten wie Hunger, Mango, soziale Regeln und mögliche Strafen bei der Bewertung von Handlungsalternativen zu berücksichtigen.

Korruption auf der dunklen Seite des Gehirns

Was geschieht nun, wenn der Wert eines Regelbruchs unterbewusst als *höher* eingestuft wird als der Wert einer regelkonformen Handlung – wenn zum Beispiel ein Gewinn verlockend hoch ist? Dann können die Impulse der *Bewertungs-Funktion* die Impulse des Konformitäts-Drangs überstimmen. Wenn genug Geld geboten wird, gibt das Orbitofrontalhirn den Konformitäts-Drang auf – die Folgen sind Korruption, Versicherungsbetrug oder falsche Steuererklärungen.

Im Urwald stellt sich die Frage nach Bestechung oder Steuerbetrug natürlich nicht. In modernen Zivilisationen mit Geld und Besitz jedoch wird unser Unterbewusstes korrumpierbar und damit zur dunklen Seite unseres Gehirns. So gesehen können wir feststellen, dass der Mensch nicht von Natur aus korrupt ist – erst wenn das Unterbewusste mit Geld und Besitz konfrontiert wird, verdunkelt es sich und erzeugt Habgier. Wenn die Bewertungs-Funktion den Konformitäts-Drang überstimmt und einen zu unrechtem Handeln motiviert, braucht es *bewusste* Abwägung und Verhaltenskontrolle, um ethisch zu handeln. Integrität bedeutet hier, unterbewusste Motive zu erkennen und durch bewusste zu ersetzen.

Das Forschungsteam des amerikanischen Psychiaters Gregory Berns zeigte, dass der Konformitäts-Drang und die Bewertungs-Funktion aus unterschiedlichen Teilen des Orbitofrontalhirns stammen. Testpersonen beurteilten Aussagen, die besonders wichtige Normen und Werte repräsentierten, beispielsweise »Ich würde nie Geheiminformationen über die USA einer feindlichen ausländischen Regierung übergeben«, »Ich würde nie meinen Ehepartner betrügen, selbst wenn ich sicher nicht entdeckt würde«, »Ich glaube an Gott«, »Homosexuelle sollten dieselben Rechte haben wie Heterosexuelle«. Außerdem gab es Aussagen über Dinge, die einer Person normalerweise weniger heilig sind, etwa »Ich bevorzuge Android statt iPhone«, »Canon ist besser als Nikon«, »Ich mag Hunde lieber als Katzen«. Die Testpersonen gaben im Hirnscanner an, ob die jeweilige Aussage auf sie zutraf oder nicht. Beim Beurteilen der Aussagen über besonders wichtige Werte war der *seitliche* Orbitofrontalkortex aktiv – das Unterbewusste hielt mit seinem Konformitäts-Drang die unverhandelbaren Werte beharrlich aufrecht, etwa den Glauben an Gott oder die Beurteilung von Homosexualität.[4]

Zudem wurden die Testpersonen gefragt, ob sie eine Aussage gewählt hatten, weil sie ethisch richtig war, oder ob sie bei der Auswahl eher Kosten-Nutzen-Überlegungen gefolgt waren. Zum Beispiel wurden sie gefragt, ob sie ihren Ehepartner deswegen nicht betrügen würden, weil dies falsch sei, oder etwa, weil das Risiko, überführt zu werden, den Lustgewinn nicht wert sei. In den Hirndaten wurde entdeckt: Wenn die Testpersonen Aussagen auf Basis von Kosten-Nutzen Überlegungen auswählten, wurde der *mittlere* Orbitofrontalkortex aktiv – das Unterbewusste bewertete die Alternativen unter Berücksichtigung sozialer Regeln sowie von Werten, Nutzen und möglicher Kosten. Diese unterbewusste Bewertung der Alternativen (das heißt, die *Bewertungs-Funktion*) ist also in einer anderen Region des Orbitofrontalhirns beheimatet, nämlich im mittleren und zentralen Teil, während der *Konformitäts-Drang* seinen Sitz im seitlichen Orbitofrontalhirn hat. Auf diese Weise kann unser Unterbewusstes mit sich selbst in Konflikt geraten: Die Bewertungs-Funktion wählt eine andere Handlungsalternative aus, als der Konformitäts-Drang vorgibt. Dies erklärt den scheinbar widersprüchlichen Umstand, dass einerseits der Konformitäts-Drang im Unterbewussten zu regelkonformem Verhalten auffordert, andererseits die Bewertungs-Funktion im Unterbewussten gleichzeitig die Motivation zum *Verstoß* gegen Regeln motivieren kann. Bei einem unmoralischen Angebot kann unser ansonsten blitzschnelles Unterbewusstes ausnahmsweise in schleppendem Hin- und Herüberlegen hängen bleiben. Genau diesen Moment können wir praktischerweise nutzen, um bewusst rasch diejenige Entscheidung zu treffen, die mit unseren ureigenen Werten übereinstimmt und zum Ausdruck bringt, wer wir wirklich sind.

Selbstverständlich sind wir auch *bewusst* dazu motiviert, uns an Regeln zu halten, zum Beispiel weil es uns wichtig ist, dass wir uns integer verhalten, also in Übereinstimmung mit unseren persönlichen Werten. Wir Menschen haben die einmalige Fähigkeit, bewusst zu reflektieren, inwieweit unterschiedliche Handlungsalternativen mit den sozialen Regeln sowie unserer persönlichen Integrität kompatibel sind und inwieweit der Wert unterschiedlicher Handlungsalternativen durch die Befolgung bzw. den Bruch sozialer Normen beeinflusst würde. Eine solche *bewusste* Abwägung wäre jedoch für die allermeisten Situationen viel zu langsam und umständlich – daher tun wir dies auch nur sehr selten und überlassen diese Abwägung unserem Unterbewussten. Oft ergibt diese unterbewusste Abwägung ja durchaus Sinn, was kein Wunder ist, denn sie hat sich evolutionär als vorteilhaft erwiesen. Wenn in der Savanne ein Löwe heranspringt und ich erst anfange, genau abzuwägen, ob ich lieber auf den nächsten Baum springe oder meinen Jagdgefährten dem Löwen zum Fraß hinschubse, werde ich kein Vorfahr einer Spezies …

Konformitäts-Drang für Bewertungen, Emotionen, Werte

Das Unterbewusste bewegt uns mit dem Konformitäts-Drang dazu, uns an Regeln zu halten. Der Konformitäts-Drang geht jedoch noch viel weiter: Die dunkle Seite unseres Gehirns zwingt uns sogar dazu, unsere Bewertungen, Meinungen, Äußerungen, Werte, gar unsere Emotionen und unseren Glauben an unsere Gruppe anzupassen. Wenn die anderen Familienmitglieder Impfgegner sind, ist man wahrscheinlich auch einer, die Zugehörigen einer Jugendclique finden alle eine bestimmte Art von Musik gut, die Angehörigen einer Religionsgemeinschaft glauben alle an ähnliche Dinge. Das Unterbewusste bewertet Konformität als positiv und erzeugt bei Konformität positive Empfindungen, etwa Belohnungsgefühle.

Unser Unterbewusstes macht es *angenehm*, mit unserer Gruppe übereinzustimmen und dadurch ein Teil unserer Gruppe zu sein. Wenn man mit der Gruppe übereinstimmt, wird man von der Gruppe akzeptiert, wenn man hingegen abweichende Meinungen oder Werte vertritt, wird man schnell zum Außenseiter. Der Ausschluss von einer Gruppe (in der Psychologie *Ostrazismus* genannt), wie etwa beim Mobbing, ist emotional belastend – Ausgrenzung führt zu sozialem Schmerz, und dieser wird in erster Linie im Orbitofrontalhirn erzeugt.[5] Bereits bei Kleinkindern ist das Vermeiden solcher sozialen Schmerzen eine mächtige Motivation, sich anzupassen und regelkonform zu verhalten. Wenn wir »unnormal« sind bzw. in unserer Gruppe unangenehm auffallen, weil wir anders denken oder fühlen als die anderen Mitglieder, erzeugt unser Unterbewusstes rasch Unbehagen und motiviert uns dazu, uns anzupassen.

Meist geht der unterbewusst erzeugte Anpassungsdruck so weit, dass wir uns selbst wider besseres Wissen falschen Gruppenüberzeugungen anschließen. Anfang der 1950er-Jahre führte der Psychologe Solomon Asch Experimente zur Konformität bzw. zu »normativem sozialen Einfluss« durch (diese gehören heute zu den klassischen Experimenten der Psychologie). In seinem sogenannten Linien-Experiment präsentierte er einer Gruppe von Personen eine »Standardlinie« zusammen mit drei unterschiedlich langen Linien zum Vergleich (Abbildung 9). Nacheinander sollte jede Person der Gruppe laut sagen, welche der Vergleichslinien dieselbe Länge hatte wie die Standardlinie. Was die jeweilige Testperson nicht wusste: Alle anderen Gruppenmitglieder waren in Wirklichkeit Kollegen von Asch. Gelegentlich riefen all diese anderen Personen einstimmig eine falsche Linie aus. Wenn die Testperson dann an die Reihe kam, war sie höchst verunsichert und konnte sich kaum einen Reim darauf machen, was geschah. Die meisten Testpersonen nannten anfangs zwar zunächst einmal die korrekte Linie, wurden jedoch nach wenigen Versuchsdurchgängen mürbe und gingen dazu über, sich den Antworten der anderen anzuschließen. Sie taten dies, obwohl sie wussten, dass ihre Antwort nicht stimmte – doch wer in seinem Verhalten von der Gruppe abweicht, fällt eben unangenehm auf, und um das damit zusammenhängende Unbehagen zu meiden, sagten die meisten lieber laut die konforme Antwort, selbst wenn sie offensichtlich falsch war.[6]

Es kommt sogar noch dicker: Personen antworten in solchen Situationen nicht nur deswegen falsch, weil es ihnen peinlich ist, anders als alle anderen zu antworten. Andere Forscherteams führten das gleiche Experiment in der Form durch, dass die jeweilige Testperson ihre Antworten nicht laut zu sagen brauchte, sondern geheim auf einen Zettel schrieb (nachdem die angeblichen Gruppenmitglieder ihre falsche Antwort laut gesagt hatten). Trotzdem antworteten die Testpersonen oft auch schriftlich falsch – der unterbewusste Drang, uns der Gruppe anzupassen, ist so stark, dass

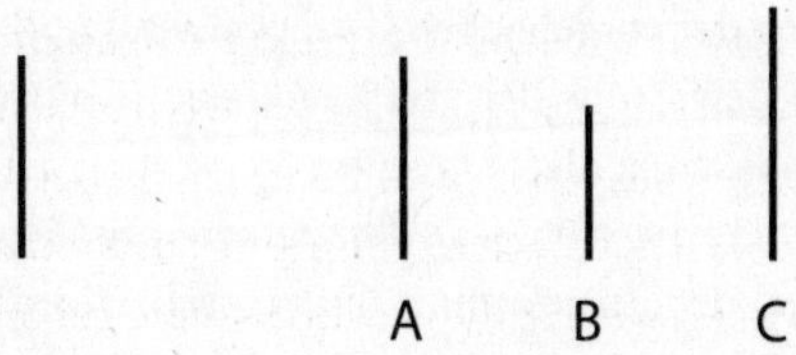

Abbildung 9: *Linien-Experiment von Asch. Links eine »Standardlinie«, rechts drei Vergleichslinien. Die Testperson sollte laut sagen, welche der Vergleichslinien dieselbe Länge hatte wie die Standardlinie (»A«, »B« oder »C«). Wenn alle anderen Gruppenmitglieder »B« sagen, sagen die meisten Testpersonen ebenfalls »B«, obwohl »A« die objektiv richtige Antwort war.*

wir unserer eigenen Wahrnehmung weniger trauen und die Wirklichkeit buchstäblich anders sehen, als sie ist.[7]

Vielleicht denken Sie nun, dass die Unterschiede der Linien im Experiment von Asch doch glasklar waren und Sie sich daher nicht so leicht geirrt hätten. Tatsächlich tappen wir jedoch alle sehr leicht in die unterbewusste Konformitäts-Falle. In einem brillanten Experiment bat der Psychologe Jamil Zaki von der Yale University junge Männer, an einer Studie zur Attraktivität der Gesichter von Frauen teilzunehmen.[8] Er zeigte den jungen Männern dafür etliche Fotos von Frauengesichtern und sagte ihnen dazu, dass bereits Hunderte junger Männer vor ihnen diese Fotos beurteilt hätten. Die Teilnehmer bewerteten nun sorgfältig die Attraktivität jedes dieser Gesichter auf einer Skala von »unattraktiv« bis »attraktiv«. Daraufhin wurde für jedes Foto die durchschnittliche Beurteilung der anderen jungen Männer gezeigt. So konnte also jeder seine eigene Bewertung mit der »normalen« Bewertung junger Männer vergleichen. Was den arglosen Testpersonen verheimlicht wurde: Die Vergleichsgruppe junger Männer und deren Bewertungen waren frei erfunden. In etwa der Hälfte der Versuchsdurchgänge stimmte die Bewertung der Testperson angeblich mit der (fingierten) Bewertung der vorgeblichen Gruppe überein, in der anderen Hälfte lag die Bewertung der Testperson deutlich ober- oder unterhalb der Bewertung dieser Gruppe.

Anschließend bewertete jede Testperson dieselben Frauengesichter nochmals im Hirn-Scanner. Das Forscherteam fand heraus: Die erneuten Bewertungen waren deutlich von den vorigen Bewertungen der Gruppe beeinflusst – die Testpersonen bewerteten Gesichter, welche die Gruppe als attraktiver bewertet hatte, nun ebenfalls als attraktiver, und sie bewerteten Gesichter, welche die Gruppe als weniger attraktiv bewertet hatte, nun ebenfalls als weniger attraktiv. Bei den Gesichtern, die jetzt als attraktiver bewertet wurden, wurden der Orbitofrontalkortex (der Sitz des Unterbewussten) sowie der Spaßmotor aktiv. Genau diese Hirnregionen wurden interessanterweise in einem Vergleichsexperiment aktiv, wenn Geld gewonnen wurde.

Dies bedeutet: Allein weil die Testpersonen im Glauben waren, dass andere Personen ein Gesicht als attraktiv beurteilt hatten, bewertete deren Orbitofrontalkortex dieses Gesicht nun ebenfalls als attraktiv und verarbeitete es als Gewinn, es zu sehen – selbst wenn die Testperson dieses Gesicht zuvor als wenig attraktiv bewertet hatte. Umgekehrt bewertete das Orbitofrontalhirn es nun als Verlust, ein Gesicht zu sehen, welches andere als unattraktiv bewertet hatten. Unser Unterbewusstes passt also unsere subjektiven Bewertungen denen der Gruppe an. Ohne dass wir es überhaupt merken, verleiht die dunkle Seite unseres Gehirns sozialer Information einen mächtigen Einfluss und bringt unsere eigenen Bewertungen auf die gleiche Linie wie die der Gruppe.

Stellen wir uns nun zwei Personen vor; die eine folgt einem Instagram-Feed zu süßen Nachspeisen, in dem Tausende Personen ihre Fotos und Videos mit der Gemeinde der Schleckermäulchen teilen; die andere Person folgt einem Instagram-Feed zu gesunder Ernährung mit vegetarischen Mahlzeiten, Früchten und Salaten. Was geht dabei im Unterbewussten dieser Personen vor? Das Orbitofrontalhirn jeder Person passt ihre Nahrungsvorlieben an die Vorlieben der Gemeinde des Feeds an. Jamil Zaki führte auch hierzu ein Experiment durch. Hier zeigte er den Testpersonen Fotos von mehr oder weniger gesunden Snacks, etwa Chips und Süßigkeiten oder Früchte und Gemüse. Wieder passten die Testpersonen ihre Bewertungen der Speisen an die Bewertungen von anderen (angeblichen) Gruppenmitgliedern an, interessanterweise unabhängig davon, ob die Snacks nun gesund waren oder nicht. In den Hirnmessungen zeigte sich, dass das Orbitofrontalhirn die Bewertung einer Speise an die Bewertung der Gruppe anpasste.[9] Nach der Untersuchung durften sich die Testpersonen Speisen auswählen, die sie anschließend zu essen bekamen. Sogar diese Auswahl wurde deutlich dadurch beeinflusst, wie die anderen der vorgeblichen Gruppe die Speisen bewertet hatten.

Was wir essen mögen oder nicht, wird also unterbewusst stark durch unsere Gruppe beeinflusst. Wenn wir uns gesund ernähren möchten, hilft es daher durchaus, Freunde und Bekannte zu haben, die sich ebenfalls gesund ernähren.

Dies lässt sich natürlich über Gesichter und Nahrung hinaus auf viele Bereiche übertragen: Lebensgewohnheiten, Modegeschmack, Schönheitsideale, Sport, unsere Meinungen zu Kultur, Wirtschaft, Politik – überall passt unser unterbewusster Konformitäts-Drang unsere Ansichten an die der Gruppe an. Wir mögen zwar meinen, dass unsere persönlichen Meinungen das gusseiserne Produkt vernünftiger Überlegungen seien, jedoch wird unsere Meinung stets unterbewusst von den Meinungen anderer beeinflusst. Dies geschieht leider selbst dann, wenn diese Ansichten negative Folgen für uns haben, wie bei ungesunder Ernährung, zu wenig Sport oder Gefolgschaft gegenüber populistischen Führern. Jeder Tyrann macht Konformität zu einem seiner Hauptziele – und der unterbewusste Konformitäts-Drang der Anhänger macht es dem Tyrannen schockierend leicht, Konformität als Einigkeit auszugeben.

Wir wollen unterbewusst mit Entscheidungen und Emotionen der Gruppe übereinstimmen

Der Konformitäts-Drang bewegt uns auch dazu, uns Gruppenentscheidungen anzuschließen. In einem Experiment der Forschergruppe von Yong Zheng spielten Testpersonen das sogenannte Ultimatumspiel.[10] Viele Forscher untersuchen mit diesem genial einfachen Spiel das Verhalten von Menschen. Es wird normalerweise von zwei Personen gespielt: Eine Person ist der Anbieter, dieser bekommt in jedem Durchgang einen Geldbetrag und bietet der zweiten Person eine Aufteilung dieses Betrags an. Beispielsweise bekommt der Anbieter 2 Euro und bietet der zweiten Person an, ihr davon 50 Cent abzugeben. Wenn die zweite Person akzeptiert, bekommt sie die 50 Cent und der Anbieter behält die 1,50 Euro. Allerdings kann die zweite Person das Angebot auch ablehnen, und dann bekommt keiner der beiden etwas. Wenn der Anbieter zum Beispiel nur 30 Cent abgeben will, empfindet man das typischerweise als unfair und lehnt das Angebot ab. Wenn also die Richtschnur für faires Handeln verletzt wird, verzichten wir lieber auf 30 Cent und genießen die Genugtuung, dass der ungerechte andere nun ebenfalls leer ausgeht.

Im Experiment von Yong Zheng wurde nun eine Variation des Spiels gespielt: Hier gab es außer dem Anbieter eine fünfköpfige *Gruppe* von Personen, von denen jede einzelne das Angebot annehmen oder ablehnen konnte. Eine dieser fünf Personen war eine Testperson im Hirnscanner. Was diese Testperson nicht wusste: Die vier anderen Personen außerhalb des Hirnscanners waren lediglich vorgetäuscht. Bei jedem Angebot sollte die Testperson zunächst für sich selbst entscheiden, dieses zu akzeptieren oder abzulehnen. Dann sah sie die Entscheidungen der anderen vier Personen. Dabei stimmten die Entscheidungen dieser vier Personen entweder mit der Entscheidung der Testperson überein, oder die vier Personen hatten übereinstimmend eine andere Entscheidung als die Testperson getroffen. Zum Beispiel hatte die Testperson ein Angebot abgelehnt und sah dann, dass die anderen Personen das Angebot allesamt angenommen hatten. Daraufhin konnte sich die Testperson es sich noch mal überlegen. Dabei passten die Testpersonen ihre Wahl oft an die der Gruppe an. Insbesondere wenn eine Testperson ein unfaires Angebot abgelehnt hatte, das die anderen jedoch einstimmig akzeptierten, entschied sich die Testperson anschließend meist, dieses dann doch anzunehmen. In Situationen, in denen eine Testperson ihre Wahl an die Wahl der Gruppe anglich, war der (seitliche) Orbitofrontalkortex aktiv (und weitere Hirnstrukturen) – unser Unterbewusstes drängt uns also dazu, sich einer Gruppenentscheidung anzuschließen.

Unser Unterbewusstes passt sogar unsere Emotionen an die der Gruppe an. In einem Experiment der Psychologin Eva Telzer waren Testpersonen Chinesen und Amerikaner (die Amerikaner waren Weiße, die Chinesen waren in China geboren und lebten erst wenige Monate in den USA.). Den Testpersonen wurden zunächst etliche Fotos von Personen in widrigen Umständen gezeigt (etwa im Krankenhaus oder bei einem Begräbnis). Die Personen auf den Fotos waren – wie die Testpersonen – entweder Chinesen oder hellhäutige Amerikaner. Die Testpersonen stellten sich dabei vor, dass sie die Person im Foto seien, und gaben dann an, wie schlecht sie sich fühlten. Wenige Tage später nahmen die Testpersonen an einer ähnlichen Prozedur im Hirnscanner teil, jedoch sahen sie diesmal bei jedem Foto zusätzlich, wie sich eine repräsentative Gruppe von Chinesen oder Amerikanern im Durchschnitt gefühlt hatte. Sie sahen also, was für ihre eigene Ethnie die »normale« Intensität einer Emotion beim Betrachten jedes Fotos war. Hinterlistigerweise war diese Information auch hier von den Experimentatoren rein erfunden. Dennoch beeinflusste diese Information die Emotionen der Testpersonen deutlich, und dieser Einfluss war stärker in Bezug auf die eigene Ethnie bzw. Gruppe als auf die Fremdgruppe: Die Amerikaner wurden stärker dadurch beeinflusst, wie sich andere Amerikaner fühlten, und die Chinesen wurden stärker durch andere Chinesen beeinflusst. In dieser

Situation des Angleichens der eigenen Emotionen an die der Gruppe war der Orbitofrontalkortex aktiv – das Unterbewusste beeinflusst unsere eigenen Emotionen entsprechend denen unserer Gruppe.[11]

Wir empfinden Emotionen häufig zusammen mit anderen unserer Gruppe. Unser Unterbewusstes unterstützt und verstärkt solch kollektive Emotionen, und dadurch empfinden wir diese oft als besonders intensiv. Dies ist ein Grund dafür, warum es viel mehr Spaß macht, die Fußballweltmeisterschaft im Rudel zu gucken als allein. Es ist jedoch auch ein Grund dafür, warum die Nürnberger Reichsparteitage für die Teilnehmenden emotional überwältigend waren. Kollektive unterbewusste Emotionen sind also zwar »geil«, jedoch auch oft genug an den großen Verfehlungen der Menschheit beteiligt. Mit dem Wissen, das wir heute über die katastrophalen Folgen totalitärer Regime haben, können wir unseren kollektiven Emotionen bewusst auch kritisch gegenüberstehen und uns gegebenenfalls von ihnen distanzieren.

Wenn die Orbitofrontalhirne der anderen unserer Gruppe nun *negative* Gefühle erzeugen, erzeugt auch unser eigenes Orbitofrontalhirn »Bad Vibrations«. Allein weil sich andere in unserer Gruppe aufregen, regt sich auch unser eigenes Unterbewusstes auf. Deswegen reagiert es auch auf emotional formulierte Nachrichten, sobald wir uns mit der Zeitung, dem Magazin, dem Kanal oder digitalen sozialen Netzwerken (Facebook-Gruppen etc.) identifizieren, also uns zugehörig zur Gruppe derjenigen fühlen, welche diese Nachrichten produzieren oder lesen. Hinzu kommt, dass wir unterbewusst stärker auf negative als auf positive Nachrichten reagieren und sie unterbewusst für glaubwürdiger halten (siehe Kapitel *Verzerrung der Wirklichkeit beim Menschen*, Seite 92). Daher gehört es zum Geschäftsmodell etlicher Medien, emotional aufgeheizte negative Nachrichten zu produzieren, und wir sitzen diesen unterbewusst auf – ironischerweise fühlen wir uns dadurch letztlich negativer, entgegen unserem eigenen Interesse an Lebensqualität und Gesundheit. Nach dem Beginn des Kriegs in der

Ukraine sank der Zukunftsoptimismus der Deutschen auf einen Tiefstwert, jeder Dritte hielt einen Weltkrieg für ein realistisches Szenario (dies erbrachte eine Umfrage des renommierten Instituts für Demoskopie Allensbach). Für viele wurde es zur Gewohnheit, von morgens bis abends immer wieder die schrecklichen Neuigkeiten im Internet-Browser oder auf dem Smartphone zu lesen. Daher empfiehlt es sich für die meisten, sich zum Beispiel nur einmal am Tag für eine bestimmte Dauer über ein solch besonders stressendes Thema zu informieren, um sich eine eigene Meinung zu bilden. Ansonsten nähren wir den Stress und die Sorgen rund um die Uhr, was unserer Gesundheit auf Dauer schadet.

Der unterbewusste moralische Zeigefinger

Zusätzlich zum Konformitäts-Drang versüßt unser liebreizendes Unterbewusstes uns das Leben mit moralischen Bewertungen und moralischen Emotionen. Kein Wunder, denn Konformität und Moral hängen miteinander zusammen: Moral bedeutet im alltäglichen Leben meist, sich entsprechend des *Konsensus* der sozialen Regeln, Sitten und Bräuche zu verhalten und, abstrahiert davon, sich allgemein so zu verhalten, wie es »sich gehört«. Wir wissen, was wir uns in einer Gesellschaft erlauben können und was nicht, obwohl uns dies vorher gar nicht für jede erdenkliche Situation erklärt wurde. Auch wer nicht Kant studiert hat, kann auf die Frage antworten, welches Verhalten seines bzw. ihres Erachtens richtig oder falsch sei. Dies ist eine hohe Kompetenz, denn diese Regeln unterscheiden sich meist zwischen unterschiedlichen Gruppen oder Gesellschaften. In Deutschland darf man einer anderen Person offen sagen, wenn sie etwas falsch gemacht hat, in England wäre dies höchst barbarisch, denn dort kritisiert man andere nur mit den größtmöglichen Untertreibungen. In meiner Zeit als Professor an der Lancaster University hatte der Student eines Kollegen nachlässigerweise eine komplette Studie ruiniert, und so machte mein englischer Kollege seinem gesammelten Zorn Luft mit der denkbar schärfsten Kritik: »I am not entirely happy with this result.«

Unser Unterbewusstes fühlt sich gegenüber den sozialen Spielregeln verpflichtet – der Konformitäts-Drang motiviert uns dazu, sich an die Regeln zu halten, also das Gute zu tun und das Böse zu lassen. Das Unterbewusste fungiert daher als *unterbewusstes Gewissen.* Natürlich ist unser moralisches Gewissen außer von *Normen* der Gesellschaft auch von unserer individuellen *ethischen* Einstellung abhängig, und natürlich können wir auch rational über Moral nachdenken und rational alle unsere Handlungsalternativen entsprechend moralisch-ethischer philosophischer Überlegungen abwägen. Wir können zum Beispiel dem kategorischen Imperativ Immanuel Kants folgen und uns fragen, welche unserer Handlungsalternativen am ehesten einer Maxime entspricht, die auch als Grundlage eines allgemeinen Gesetzes tauglich sei. (In einer etwas alltagstauglicheren Version können wir abwägen anhand des Mottos »Behandle andere so, wie du von ihnen behandelt werden willst« bzw. »Was du nicht willst, das man dir tu', das füg auch keinem andern zu.«)

Die ethischen Leitlinien helfen bei bewussten Entscheidungen. Jedoch ist es selbst Moralphilosophen im Alltagsleben viel zu langsam und mühselig, bei jeder kleinen Entscheidung bewusst über die Ethik des eigenen Handelns nachzudenken. Stattdessen verlassen wir uns auf unser Unterbewusstes, das geht einfacher und schneller, denn obwohl unser Unterbewusstes nicht in der Lage ist, Handeln auf seine Ethik hin zu *überprüfen*, kann es Handlungsalternativen blitzschnell und automatisch unter *Berücksichtigung der sozialen Regeln* abwägen. So haben wir stets eine *unterbewusste Intuition* von Gut und Böse.

Gewissen ist also nicht einfach nur das *Bewusstsein* von Gut und Böse des eigenen Tuns, sondern auch die *unterbewusste* Bewertung einer Handlung als »gut« oder »böse«. Wir haben sowohl ein bewusstes als auch ein unterbewusstes Gewissen, ähnlich wie wir einen bewussten und einen unterbewussten Willen haben. Mit unserem Orbitofrontalhirn (dem Sitz des Unterbewussten) haben wir einen moralischen Zeigefinger im Kopf, der durch unsere Erziehung gewachsen ist und unser Verhalten stets zu beeinflussen sucht.

Allerdings ist unser unterbewusstes Gewissen oft trügerisch: Wenn wir uns entsprechend der Weltsicht der Gruppe verhalten, signalisiert unser Unterbewusstes, dass wir richtig handeln, *selbst wenn* sich dies bei genauer Untersuchung als unethisch herausstellt. Deswegen besagt auch keine der Maximen ethischen Handelns, man solle sich einfach so verhalten, wie es der Weltsicht der Gruppe entspricht, oder so, dass man sich konform mit der Gruppe verhält. Zum Beispiel sehen und behandeln rassistisch eingestellte Personen Menschen mit dunkler Hautfarbe so, wie es ihrer rassistischen Weltsicht entspricht, und nicht etwa so, wie sie selbst von dunkelhäutigen Personen gesehen und behandelt werden wollen. Sie fragen sich auch nicht, wie es ihnen gehen würde, wenn jemand so mit ihnen umginge, geschweige denn wie sie dem Dunkelhäutigen eine Wohltat erweisen können. Dies wäre jedoch durchaus mal einen Versuch wert, denn wenn wir uns *bewusst*, entgegen den Impulsen aus unserem Orbitofrontalhirn, menschlich verhalten, hat das stets überraschend angenehme Effekte.

Wenn wir ethisch und fair mit uns und anderen umgehen wollen, ist es also wichtig, dass wir unsere Entscheidungen immer wieder auch bewusst entsprechend ethischer Grundsätze abwägen, anstatt einfach, ohne weiter nachzudenken, entsprechend der eigenen Weltsicht bzw. der Weltsicht der Gruppe zu handeln. Dies gilt insbesondere für das Verhalten gegenüber Menschen, mit denen wir in Konflikt stehen oder die wir gar als unsere Feinde betrachten. Sobald unser Handeln darauf zielt, eine Person anders zu behandeln, als wir selbst behandelt werden wollen, ist es an der Zeit, die Ethik des eigenen Handelns zu überprüfen. Für eine solche Überprüfung ist es wichtig, in vollständigen Sätzen zu denken (statt in irrationalen Gedankenfetzen), um dem Unterbewussten das Gedanken-Steuer aus der Hand zu nehmen. Als erster Schritt eignet sich stets die Frage: »Wie würdest *du dich* fühlen, wenn die andere Person in dieser Weise mit dir umginge?«

Gewissen im Orbitofrontalhirn

Als Nächstes möchte ich Sie davon überzeugen, dass das Orbitofrontalhirn tatsächlich Handlungen moralisch bewertet, also dahingehend, ob sie »gut« sind und den sozialen Regeln entsprechen oder »böse« und den Regeln widersprechen. Ich habe bereits beschrieben, dass Patienten mit Schädigung des Orbitofrontalhirns Regelübertretungen oft nicht erkennen.[12] Wenn man solchen Patienten Wortpaare wie »morden, backen« oder »stehlen, schreiben« vorlegt und sie fragt, welches der beiden Wörter ein moralisch falsches Verhalten bezeichnet, können sie dies nicht mehr recht beurteilen.[13]

Etliche Studien mit Gesunden haben außerdem gezeigt, dass der Orbitofrontalkortex aktiv wird, wenn Personen beurteilen, ob ein Verhalten moralisch anrüchig ist bzw. den allgemeinen Regeln und Sitten entspricht.[14] Das *bewusste* Nachdenken über ein moralisches Dilemma hingegen aktiviert das Orbitofrontalhirn nicht.[15] Ein klassisches Dilemma, das gerne in Studien zum bewussten moralischen Urteilen präsentiert wird, ist das »Trolley-Problem«: Ein Zug rast auf mehrere Menschen zu. Man kann den Zug auf ein anderes Gleis lenken, indem man eine Weiche umstellt. Allerdings würde durch das Umlenken dann ein anderer Mensch überfahren. Sollte man die Weiche stellen? Mit dem Lösen eines moralischen Dilemmas wie dem »Trolley-Problem« ist das Orbitofrontalhirn hoffnungslos überfordert.

Diese Ergebnisse zeigen uns: Das Unterbewusste fällt spontan und intuitiv moralische Urteile, stellt jedoch keine rationalen, moralisch-ethischen Überlegungen an. Wenn besonders weise Personen moralische Entscheidungen treffen, folgen sie nicht spontanen unterbewussten Intuitionen, sondern denken bewusst über Moral und Ethik nach – deswegen kommt bei weisen Personen der Orbitofrontalkortex auch weniger stark ins Spiel, wenn sie moralische Entscheidungen treffen.[16] Die Forschung zu Weisheit hat übrigens die folgenden typischen Merkmale »weiser Personen« identifiziert: Sie können ihre Emotionen gut regulieren, sehen einen Sinn im Leben, tolerieren unterschiedliche Wert- und Glaubensvorstellungen, sind entscheidungsfreudig, verhalten sich prosozial und geben anderen Menschen oft Rat. Der Weise erkennt die Beweggründe des Unterbewussten eher als der Narr und lässt sich weniger von ihnen leiten.

Der Sitz des *unterbewussten* Gewissens im Orbitofrontalhirn wurde im folgenden Experiment besonders deutlich: Patienten mit Schädigung des Orbitofrontalkortex (aufgrund frontotemporaler Demenz) stellten sich Szenarios mit moralischen Dilemmata vor, so wie das bereits erwähnte »Trolley-Problem«. Genau wie gesunde Kontrollpersonen auch wählten die Patienten meist die Alternative, in der die meisten Menschenleben gerettet würden, selbst wenn man dafür Unschuldige töten müsste. Allerdings fühlten sich die gesunden Kontrollpersonen mit solch haarsträubenden Entscheidungen sehr unwohl, da sie einen anderen Menschen »töten« müssten, um mehrere Menschen zu retten. Im Gegensatz dazu hatten die Patienten keinerlei Gewissensbisse, und je stärker der Orbitofrontalkortex geschädigt war, desto unbeschwerter ließen sie Unschuldige über die Klinge springen.[17]

Unsere peinigenden Gewissensbisse verdanken wir also unserem Unterbewussten. Gleichzeitig verdanken wir unserem Unterbewussten jedoch auch, dass es etliche emotionale Impulse aus den anderen Gefühls-Systemen sehr schnell kontrollieren kann – oft schneller, als wir es bewusst könnten. In einer Welt ohne das Unterbewusste wäre das Gesundheitssystem rasch überlastet durch Patienten mit zerkratzten Gesichtern und gebrochenen Nasen.

Schuld, Scham und Schande im Gehirn

Unser Unterbewusstes drängt uns dazu, die Regeln einzuhalten und von anderen normkonformes Verhalten einzufordern. Was geschieht jedoch in unserem Gehirn, wenn nun *gegen* soziale Regeln oder Werte verstoßen wird, also »moralisch falsch« gehandelt wird? Dann erzeugt die dunkle Seite des Gehirns äußerst unangenehme Gefühle, sogenannte *moralische Emotionen*. Wenn man selbst die Regeln bricht, erzeugt das Unterbewusste Schuld, Scham oder Peinlichkeit; wenn andere die Regeln brechen, erzeugt es Empörung, Verachtung, Ärger oder Rachsucht.

Die australische Psychologin Coralie Bastin zeigte anhand einer Metaanalyse etlicher Hirnstudien, dass Aktivität des (seitlichen) Orbitofrontalkortex mit Empfindungen von Schuld, Peinlichkeit und Scham zusammenhängt (wie auch Aktivität in weiteren Gehirnstrukturen).[18] Eine dieser Studien untersuchte Testpersonen weißer Hautfarbe aus Südafrika, deren Werte stark an Gleichwertigkeit und Gleichberechtigung orientiert waren. Den Testpersonen war es zum Beispiel wichtig, dass sie eine vorurteilsfreie Einstellung gegenüber Schwarzen, Juden und Homosexuellen hatten, und es war ihnen auch wichtig, von anderen so wahrgenommen zu werden.[19] Die Testpersonen wurden im Hirnscanner einem fingierten Test unterzogen. Es wurde ihnen gesagt, der Test erfasse ihre »unbewusste Einstellung« zu Homosexualität, Hautfarbe usw. (Dieser fingierte Test war ein *Impliziter Assoziationstest*, siehe auch *S. 148*). Bei einigen dieser Tests wurde ihnen eine vorurteilsfreie Einstellung bescheinigt; etwa wurde ihnen mitgeteilt: »Der Test zeigt, dass Sie keinerlei unbewusste Präferenz für Heterosexuelle gegenüber Homosexuellen haben. Dies bedeutet Vorurteilsfreiheit gegenüber Homosexuellen.« Nach anderen Tests wurde den Testpersonen jedoch hinterlistigerweise mitgeteilt, sie hätten unbewusste Vorurteile, etwa: »Der Test zeigt, dass Sie eine unbewusste Präferenz für Weiße gegenüber Dunkelhäutigen haben. Personen mit einer solchen voreingenommenen Einstellung haben typischerweise stereotypische Einstellungen gegenüber Dunkelhäutigen und verhalten sich ihnen gegenüber distanzierter als gegenüber Weißen.« Den bestürzten Testpersonen war solches Vorurteils-Feedback höchst peinlich, und sie schämten sich dafür. Auf solches Feedback hin war der (seitliche) Orbitofrontalkortex aktiv.

Eine andere Studie zeigte, dass dieser Teil des Gehirns auch aktiv wird, wenn Testpersonen lediglich einen Satz mit einer peinlichen Begebenheit lesen und diese auf ihre Peinlichkeit hin beurteilen (»Ich stellte fest, dass mein Hosenschlitz offen stand.«, »Ich war für den Anlass nicht angemessen gekleidet.«, »Ich hielt einen Fremden für einen Freund.«).[20] Außerdem ist das (seitliche) Orbitofrontalhirn umso aktiver, je peinlicher man sich fühlt. Testpersonen stellten sich etwa vor, wie sie betrunken eine Party verlassen, von einem Freund mit dem Auto nach Hause gefahren werden und sich während der Fahrt auf den Sitz übergeben. Oder sie stellten sich vor, selbst betrunken nach Hause zu fahren und dabei einen Unfall zu verursachen. So etwas rief Empfindungen von Peinlichkeit hervor, und diese Empfindungen waren besonders stark, wenn sich die Testpersonen vorgestellt hatten, dass andere sie bei ihrem Fehltritt beobachtet hätten. Während die Testpersonen diese Szenarien imaginierten, wurde ihr (seitlicher) Orbitofrontalkortex aktiv, und je mehr Peinlichkeit sie empfanden, desto größer war die Aktivität in dieser Region.[21]

Patientenstudien zeigen, dass solche Aktivität tatsächlich die *Ursache* der moralischen Emotionen ist. Beispielsweise wurden Patienten mit Schädigung des Orbitofrontalkortex aufgrund (frontotemporaler) Demenz beim Karaoke-Singen gefilmt. Danach wurden ihnen besonders verunglückte Ausschnitte ihrer Aufnahmen vorgespielt. Gesunden Kontrollpersonen war dies oft sehr peinlich, und beim Sehen der Ausschnitte zeigten sie deutliche

Reaktionen: Sie schlugen sich die Hände vors Gesicht, fingen an zu schwitzen, ihr Herz schlug schneller, ihr Blutdruck stieg an. Die Patienten hingegen ließen solche Videos völlig kalt. Sie zeigten keinerlei körperliche Reaktionen und empfanden keine Peinlichkeit.[22]

Die Unterschiede zwischen Schuld, Scham und Peinlichkeit

Schuld, Scham und Peinlichkeit fühlen sich zwar recht ähnlich an, es gibt jedoch Unterschiede zwischen diesen Empfindungen. Als der Schauspieler Alec Baldwin mit einer Requisitenwaffe ohne böse Absicht eine Kamerafrau erschossen hatte, fühlte er sich elend – er fühlte vor allem *Schuld,* jedoch wird er sich kaum geschämt haben. Wir fühlen uns schuldig für eine *Handlung:* Unser Unterbewusstes erzeugt Schuldgefühle, wenn es ein eigenes Verhalten als Ursache für das Unglück anderer Menschen sieht. Man bereut dann sein Verhalten, wünscht sich, man hätte anders gehandelt, möchte gestehen, wiedergutmachen, erhofft »Ent-schuldigung«. (Falls Schuldgefühle zu negativen Gedankenschleifen werden, siehe die Tipps aus dem Kapitel *Der unterbewusste Autopilot,* Seite 17)

Wenn wir uns schuldig fühlen, geht dies stets auf eine Fehleinschätzung des Unterbewussten zurück, denn jedem Ereignis liegen komplizierte Verhaltensketten zugrunde, die das Unterbewusste dahingehend vereinfacht, dass es *eine* bestimmte Handlung (in dem Fall von uns) als eindeutige Ursache ansieht. Zum Beispiel leiden Überlebende von Katastrophen oft an schweren Schuldgefühlen, weil sie die Katastrophe *überlebt* haben und weil sie möglicherweise den Tod anderer irgendwie hätten verhindern können.

Wenn man ein Fehlverhalten gar als Nachweis eines moralischen Defizits oder einer andersartigen Minderwertigkeit seiner Person wertet, wird Schuld zu *Scham.* (»Scham« im Sinne von

»sich schämen« meint hier also etwas anderes als das natürliche Schamgefühl, welches die persönliche Intimität respektiert und schützt.) Scham empfinden wir, wenn unser Unterbewusstes einen persönlichen *Makel* wähnt. Das Unterbewusste mutmaßt eine persönliche Unzulänglichkeit, eigene Wertlosigkeit oder Unfähigkeit und erzeugt Scham darüber. Man möchte sich dann sozial weitestmöglich zurückziehen – etwa am liebsten buchstäblich im Boden versinken …

Daher ist Scham meist schmerzhafter als Schuld. Wenn wir uns schuldig fühlen, haben wir etwas falsch *gemacht;* wenn wir uns schämen, *sind* wir für unser Unterbewusstes falsch. Die Aufforderung »Schäm dich!« (meist gegenüber einem Kind geäußert) zielt darauf ab, dass die andere Person sich *minderwertig fühlt,* sich also sozusagen als Mensch falsch fühlt. Äußerungen wie »wie dumm/unfähig muss man denn sein, um …« zielen auf eine ähnliche Wirkung.

Wir können uns auch für unsere Familie, Gruppe, Sippe, Nation etc. schämen, dies wird dann *Schande* genannt. So ist etwa der Nationalsozialismus eine Schande der Deutschen: Ich schäme mich zwar nicht *bewusst* dafür, denn ich hatte damit selber ja gar nichts zu tun, auch meine Eltern sind erst nach dem Krieg geboren, jedoch gehört diese Schande *unterbewusst* zu meiner Identität als Deutscher. Ich schäme mich unterbewusst für die Gräueltaten von Deutschen zurzeit des Nationalsozialismus und empfinde diese Verbrechen daher unterbewusst aufgrund meiner Zugehörigkeit zur Gruppe der Deutschen als persönlichen Makel. Solche Empfindungen von Schande sind mit Aktivität im Orbitofrontalkortex verbunden.[23]

Peinlichkeit wiederum können wir auch ohne Schuld oder Scham empfinden, oft aufgrund einer unabsichtlichen (meist plötzlichen) und harmlosen Regelübertretung, etwa wenn man versehentlich im Beisein anderer laut furzt. Peinlichkeit geht schneller vorüber und ist weniger intensiv als Scham, denn es »hätte jedem passieren können«. Auch wenn Personen, für die wir Sympathie empfinden, sich peinlicherweise in die Nesseln setzen, leiden wir oft mit. Wir empfinden sozusagen stellvertretende Peinlichkeit, und diese entsteht ebenfalls durch Aktivität im Orbitofrontalhirn. Zum Beispiel zeigte ein Experiment, dass die Aktivität in dieser Region stärker ist, wenn Freunden etwas Peinliches geschieht, als wenn das Gleiche einem Fremden passiert.[24] (Wie in einigen weiteren Studien zu diesem Thema umfasste die gemessene Aktivierung außer dem Orbitofrontalkortex auch die daran angrenzende Insel.) Ähnlich wird der Orbitofrontalkortex aktiv, wenn sympathischen Personen aus einer Realityshow etwas Peinliches passiert und man dabei selber »mitleidet«.[25]

Zudem kann es uns bereits peinlich sein, wenn sich andere unserer Gruppe peinlich verhalten. Eltern ist es peinlich, wenn ihre Kinder in der Öffentlichkeit unangenehm auffallen, und Jugendlichen kann kaum etwas peinlicher sein, als wenn ihre Eltern sie blamieren ... Kein Wunder, denn ihr Orbitofrontalhirn ist dabei besonders aktiv. In einer Studie zu Schuld und Peinlichkeit lasen Jugendliche und Erwachsene Szenarien, etwa »Dein Vater fängt im Supermarkt an, Rock 'n' Roll zu tanzen«. Dabei wurde das (seitliche) Orbitofrontalhirn bei Jugendlichen stärker aktiv als bei Erwachsenen. Übrigens wurde diese Region bei Jugendlichen auch bei Schuld-Szenarien stärker aktiv als bei Erwachsenen (etwa angesichts des Vorwurfs: »Du willst mit Freunden ausgehen und lügst dafür deinen Vater an.«).[26]

Das Unterbewusste von Jugendlichen ist also besonders empfindlich für moralische Emotionen. Obwohl man Jugendlichen oft nachsagt, sie würden gegen die Regeln verstoßen, sind sie tatsächlich unterbewusst *besonders* motiviert, die in ihrem Unterbewussten gespeicherten Regeln und Werte aufrechtzuerhalten – nur probieren Jugendliche halt, ihren eigenen Weg dafür zu finden. In den 1970er- Jahren wurden die »Punks« als extrem provozierend empfunden, mittlerweile sind die meisten von ihnen angepasste Großeltern.

Wenn wir uns schuldig fühlen und uns wünschen, wir hätten

anders gehandelt, erzeugt das Unterbewusste *Reue* und *Bedauern*. Testpersonen sollten sich im Hirnscanner an ein Erlebnis erinnern, bei dem sie einer anderen Person geschadet hatten und negative Folgen hätten verhindern können, wenn sie sich damals zu einem anderen Verhalten entschlossen hätten. Bei solchen Erinnerungen wurde, verglichen mit emotionalen Erinnerungen ohne Reue oder Bedauern, das (seitliche) Orbitofrontalhirn aktiv.[27]

Schuld, Scham und Peinlichkeit sind höchst komplexe Emotionen, denn bei ihnen muss das Unterbewusste soziale Regeln, die soziale Situation und die Folgen für andere berücksichtigen. Für das Unterbewusste von Tieren sind sie zu kompliziert. Hunde schauen uns zwar mit großen Augen an, wenn sie etwas falsch gemacht haben, dies können wir jedoch dadurch erklären, dass sich solches Verhalten evolutionär herausgebildet hat, um Strafen zu meiden. Sie können keinesfalls verstehen, warum ihnen ein lauter Hundefurz peinlich sein sollte.

Das Unterbewusste erzeugt Empörung und Entrüstung

Die dunkle Seite unseres Gehirns erzeugt auch Emotionen, wenn *andere* gegen soziale Regeln oder Werte verstoßen. Zu solchen Emotionen gehört *Empörung*. Wenn Testpersonen sich beispielsweise vorstellen, dass ihr bester Freund sich ihnen gegenüber geizig verhält, wird ihr (seitlicher) Orbitofrontalkortex aktiv.[28]

Ein anderes Experiment brachte Testpersonen dazu, sich während des »Vertrauens-Spiels« zu entrüsten. Bei diesem Spiel kann ein Spieler einem zweiten Spieler Geld senden oder auch alles für sich behalten. Das gesendete Geld wird verdreifacht, und von dem erhaltenen Geld kann der zweite Spieler entweder alles für sich behalten oder einen frei gewählten Anteil dem ersten Spieler wieder zurücksenden. (Zum Beispiel hat der erste Spieler 10 Euro, entscheidet sich dazu, dem zweiten Spieler 2 Euro zu senden, der Betrag wird verdreifacht, also landen beim zweiten

Spieler 6 Euro, und der zweite Spieler entscheidet sich dazu, davon wiederum 2 Euro dem ersten Spieler zurückzusenden; damit ist das Spiel beendet und einer der beiden Spieler spielt mit einer anderen Person erneut.) Die Regeln sind beiden Spielern vollständig bekannt.

Wenn der erste Spieler nun dem zweiten Geld sendet, erwartet er, dass sein Vertrauen nicht verraten wird und er wenigstens den gesendeten Betrag auch wieder zurückerhält – man hätte den zweiten Spieler ja auch leer ausgehen lassen und alles Geld für sich behalten können. Geschieht dies nicht, empfindet man dies unterbewusst als Betrug, denn das Angebot zur Kooperation wird abgelehnt und das eigene Vertrauen verraten. In dieser Situation der Empörung wird der (seitliche) Orbitofrontalkortex aktiv. Wenn Kooperationsangebote im Experiment wiederholt abgelehnt werden, stellen Testpersonen übrigens rasch ihre Erwartungen entsprechend um, und dann wird das Orbitofrontalhirn kaum noch aktiv, wenn andere nicht kooperieren.[29] Da wir unsere Erwartungen bewusst beeinflussen können, können wir also auch unsere eigene Empörung beeinflussen: Traue jedem, aber erwarte, dass jemand, der dich einmal betrogen hat, dies wieder tun wird.

Dieselbe Region im Orbitofrontalhirn wird auch aktiv, wenn Personen in Spielen wie dem Ultimatum-Spiel Angebote erhalten, die sie als unfair empfinden (solche »Angebote« werden von den Experimentatoren natürlich oft fingiert). Unfaires Verhalten ruft unterbewusst Empörung hervor, weil es als Regelverletzung empfunden wird – es widerspricht dem grundlegenden menschlichen Wert der Fairness. Interessanterweise wird diese Region auch aktiv, wenn wir uns *selbst* nicht kooperativ verhalten, also selbst gegen die Regel verstoßen, uns kooperativ zu verhalten – unser Unterbewusstes straft uns bei Regelbruch oft ebenso, wie es andere bestraft sehen möchte.[30]

Die unterbewusste Lust auf Bestrafung bei Regelbruch

Moralische Emotionen dienen der Aufrechterhaltung der eigenen sozialen Regeln und Werte – es sind Instrumente des Unterbewussten zur sozialen Kontrolle. Ein weiteres Instrument ist Bestrafung. Wenn andere Regeln brechen, sich unfair verhalten, Kooperation mit uns ablehnen, uns verraten oder betrügen, erzeugt die dunkle Seite unseres Gehirns Lust auf Vergeltung (meist ist es gesünder für uns, diese Lust zu ignorieren). Eine Metaanalyse zeigt: Der zentrale Orbitofrontalkortex wird aktiv (übergehend in die daran angrenzende Insel), wenn Testpersonen die Möglichkeit bekommen, einen Spielpartner zu bestrafen, etwa durch finanzielle Einbußen, soziale Ausgrenzung oder Ablehnung von deren Angeboten.[31]

Genau dieselbe Hirnregion wird auch aktiv, wenn jemand zwar für einen Regelbruch bestraft werden soll, jedoch eine gute Entschuldigung für sein Verhalten hat. Testpersonen lasen Szenarien, in denen Personen eine Straftat begangen hatten, dabei jedoch einen Zweck verfolgt hatten, der für sich genommen ehrbar war, etwa Geld der eigenen Firma zu veruntreuen, um damit einem Baby eine teure Operation zu ermöglichen. Die Testpersonen fanden die Straftaten mit guten Absichten moralisch akzeptabler und waren der Meinung, dass sie milder bestraft werden sollten. Bei Szenarien, in denen eine Person aus niederen Motiven handelte, etwa Geld aus Habsucht zu veruntreuen, waren sie nur ungern bereit, Gnade walten zu lassen. Bei der Beurteilung der moralisch akzeptablen Szenarien wurde der (seitliche) Orbitofrontalkortex aktiv – das Unterbewusste entschuldigt Regelübertretungen aus hehren Motiven.[32]

Daher sympathisieren wir *unterbewusst* mit Personen, die Regeln aufgrund edler Gründe übertreten, etwa einen Vergewaltiger auf frischer Tat dingfest machen und ihn gehörig verdreschen. Wir sympathisieren unterbewusst mit dem Polizisten, der vor Jahren (mutmaßlich) einem Kindesentführer Gewalt angedroht hat, um den entführten Jakob von Metzler vor dem Tode zu retten. Auch die Richter waren sicherlich *unterbewusst* seinem Verhalten zugeneigt. Daher kann es nicht leicht für sie gewesen sein, rational zu entscheiden, dass – trotz der guten Absichten – ein strafbares Verhalten des Polizisten vorlag. Dies ist ein entscheidendes Merkmal eines Rechtsstaats: Recht auf der Basis rationaler Überlegungen anstatt unterbewusster Empfindungen zu sprechen. Unser Rechts-»Empfinden« ist leider oft trügerisch, weil unser Unterbewusstes dieses Empfinden durch irrationale Vorstellungen beeinflusst.

Gruppen-Identität und Reaktionen auf Fremdgruppen

Tagein, tagaus erzeugt die dunkle Seite unseres Gehirns gewissenhaft den Drang, mit der Gruppe harmonisch in Einklang zu stehen, Regeln gehorsam zu folgen und bloß nicht unangenehm aus dem Rahmen zu fallen (diesen Drang nenne ich den »Konformitäts-Drang«). Darüber hinaus *identifiziert* sich das Unterbewusste mit einer Gruppe. Konformität und Gruppenidentifikation bedeuten für das Unterbewusste, zum Stamm zu gehören – und Stammeszugehörigkeit ist dem Unterbewussten ein starkes Bedürfnis. Nehmen wir die unterbewusste Identifikation mit einer Gruppe etwas genauer unter die Lupe, denn daraus können sich interessante Probleme und Konflikte ergeben.

In den 1950er-Jahren teilte der Sozialpsychologe Muzafer Sherif die Jungen eines Sommercamps zufällig in zwei Gruppen auf. Bald entwickelte jede Gruppe eine Gruppenidentität, zum Beispiel gab sich jede Gruppe einen eigenen Namen, und die Jungen fühlten sich ihrer jeweiligen Gruppe zugehörig. Unterbewusst bewerteten die Jungen nun die Mitglieder der Eigengruppe besser als die Mitglieder der Fremdgruppe – obwohl die Gruppeneinteilung ja rein zufällig erfolgt war. Bei Wettkämpfen zwischen den beiden Gruppen kam es bald zu Beschimpfungen und Prügeleien. Das Einzige, was die Feindseligkeiten zwischen den Gruppen reduzierte, waren gemeinsame Projekte mit einem übergeordneten Ziel, von dem beide Gruppen profitierten, etwa gemeinsam die Wasserversorgung für das Camp zu reparieren. Bei solch einer Zusammenarbeit entstand ein Gemeinschaftsgefühl, das die Unterschiede zwischen den Gruppen sofort überbrückte.

Jahrzehnte später wurde eine ähnliche Studie mit einem Hirnscanner durchgeführt. Hier teilte das Forscherteam die Testpersonen ebenfalls zufällig in zwei Gruppen ein, die »Löwen« und die »Tiger«. Zunächst lernten die Testpersonen die Gesichter der Mitglieder ihrer eigenen und der anderen Gruppe. Im Hirnscanner sollten die Personen dann angeben, ob ein jeweils gezeigtes Gesicht zu ihrer eigenen oder der anderen Gruppe gehörte. Die Gesichter der Eigengruppe aktivierten den zentralen Orbitofrontalkortex (sowie noch weitere Hirnstrukturen) stärker als die Gesichter der Fremdgruppe – das Unterbewusste bewertete die Gesichter also unterschiedlich, und zwar entsprechend ihrer Gruppenzugehörigkeit. Diese unterschiedliche Bewertung ging auch daraus hervor, dass die Testpersonen nach dem Experiment angaben, dass sie die Gesichter der Eigengruppe sympathischer fanden.[33] Dass die eigene Gruppenzugehörigkeit rein zufällig war, schien das Orbitofrontalhirn dabei wenig zu stören.

Mit der unterbewussten Gruppenidentität entsteht also Abgrenzung gegenüber anderen Gruppen und damit ein Gegensatz von »Wir« und »Ihr«, das heißt zwischen Eigengruppe und Fremdgruppe. Dem Unterbewussten ist Gruppenzugehörigkeit und Gruppenidentität (und daher Loyalität zur Gruppe) so wichtig, dass es andere Dinge dafür opfert, etwa Gesundheit – denken wir an Prügeleien, Kämpfe oder gar Krieg. Auch die Wahrheit opfert das Unterbewusste der Gruppenzugehörigkeit: Einem Gedanken, welcher mit der Eigengruppe kompatibel ist, schreibt das Unterbewusste einen höheren Wert zu als einem Gedanken, der von der Eigengruppe abgelehnt wird. Das Unterbewusste wählt dann den wertvolleren Gedanken aus, wobei es zweitrangig ist, ob dieser Gedanke wahr oder falsch ist. Viele Menschen, die einer Religion anhängen, glauben an Wunderwerke, übernatürliche Kräfte, Wiedergeburt oder Auferstehung, obwohl dies den Grundsätzen der Biologie widerspricht. Unser Unterbewusstes neigt dazu, Wahrheiten abzulehnen, die der Position unserer Gruppe widersprechen.

Zudem ignoriert unser Unterbewusstes die Gedanken von denjenigen, die nicht zu unserer Gruppe gehören. Etwa ignorieren eingefleischte US-Demokraten unterbewusst die Erklärungen von US-Republikanern und umgekehrt (siehe Kapitel *Das Orbitofrontalhirn erzeugt Verlust-Frust für Einstellungen,* Seite 134). Die dunkle Seite unseres Gehirns beeinflusst unsere Wahrnehmung sogar derart, dass wir die Sichtweisen von Fremdgruppen *übersehen.* Zum Beispiel haben Untersuchungen gezeigt, dass Fußballfans tatsächlich weniger Fouls beim eigenen Team sehen und mehr Fouls beim gegnerischen, selbst wenn die Verteilung der Fouls gleich war. Die Fans beider Teams sehen also dasselbe Fußballspiel mit anderen Augen und leben somit in unterschiedlichen Wirklichkeiten. Jede Partei glaubt dann felsenfest daran, dass ihr Team fairer gespielt habe als das andere – sie haben es ja mit eigenen Augen »gesehen«.

Um unsere Gruppenidentität nicht zu gefährden, wehrt unser nettes Unterbewusstes jede offensichtliche Lösung für ein Problem ab, sobald diese Lösung der Weltsicht unserer Gruppe widerspricht. Während der Covid-19-Pandemie wurde es in den USA für Republikaner zu einem politischen Statement, keine Gesichtsmasken zu tragen und sich nicht impfen zu lassen. Bezahlt wurde dieses Statement mit mehr als doppelt so vielen Covid-bedingten Todesfällen unter Republikanern als unter Demokraten.[34] Wie hätten sie ihre Irrtümer und die offensichtlichen Lösungen erkennen können? Auf die gleiche Weise, die uns allen dabei helfen kann: Wir können bewusst neugierig und offen gegenüber Sichtweisen sein, die der Position der eigenen Gruppe *widersprechen,* und uns dabei zusätzlich an Genauigkeit und Wahrheit von Fakten orientieren. Zum Beispiel kann man Nachrichten der Gegenseite lesen und sich darüber informieren, was namhafte Faktenchecker über Nachrichten der eigenen Partei sowie der Gegenseite schreiben (beispielsweise Fact-Checker der *New York Times* oder der *Deutschen Welle*). Außerdem hilft es, wenn wir bewusst auf *Gemeinsamkeiten* mit der entgegengesetzten Gruppe bzw. Partei schauen.

Dabei ist es – um dem Bestätigungsfehler zu widerstehen – wichtig, bewusst abzuwägen, ob Äußerungen der Mitglieder einer Fremdgruppe vielleicht auch interessant oder gar überzeugend sein können.

Wie das Orbitofrontalhirn auf Fremdgruppen reagiert

Einige interessante neurowissenschaftliche Experimente zeigen, wie unser Unterbewusstes auf Fremde reagiert: Zunächst einmal reagiert unser Orbitofrontalhirn weniger mitfühlend auf Mitglieder einer Fremdgruppe. Ein australisches Forscherteam zeigte hellhäutigen australischen Testpersonen Videoclips, in denen man entweder einer weißen (vorgeblich australischen) Person oder einer asiatisch aussehenden Person mit einer Nadel in die Wange stach. Damit beabsichtigte das Forscherteam, dass die Weißen in den Videoclips für die Testpersonen wie Mitglieder der *Eigengruppe* aussahen, die Asiaten hingegen wie Mitglieder einer *Fremdgruppe*. Wenn die Testpersonen sahen, dass anderen weißen Australiern ins Gesicht gestochen wurde, stieg die Aktivität in ihrem (seitlichen) Orbitofrontalkortex deutlich an (wie auch im Kortex der daran angrenzenden Insel). Wurde jedoch einem Asiaten ins Gesicht gestochen, reagierte diese Hirnregion kaum.[35]

Noch drastischer war die Methode des folgenden Experiments: Hier wurde die latente Gewaltbereitschaft von Personen gegenüber Mitgliedern der Eigengruppe oder einer Fremdgruppe erforscht. Diese Studie wurde ebenfalls in Australien mit Studenten weißer Hautfarbe durchgeführt. Ihnen wurden im Hirnscanner entweder Fotos von jungen weißen Männern gezeigt, oder es wurden Fotos von jungen Männern gezeigt, die dem Stereotyp eines muslimischen Arabers entsprachen: mit dunklerem Teint, muslimischer Gebetskappe, muslimischem Namen, dazu Vollbart ohne Schnurrbart. Auch hier beabsichtigte das Forscherteam, dass die weißen Männer auf den Fotos für die weißen Testpersonen (von denen keine muslimischen Glaubens war) aussahen wie Mitglieder der Eigengruppe, die arabischen Muslime hingegen wie Mitglieder einer Fremdgruppe.

Nun hatten die Personen auf den Fotos entweder eine Waffe in der Hand oder einen ungefährlichen Gegenstand, was jedoch oft schwer zu erkennen war, weil die Fotos nur sehr kurz gezeigt wurden. Jede Testperson sollte sich vorstellen, sie sei ein Polizist und müsse eine blitzschnelle Entscheidung treffen, ob sie auf die Person schießt oder nicht. Die Testpersonen fühlten sich von den dunkelhäutigen Arabern mehr bedroht als von den Weißen und schossen öfter auf die Araber. Wenn eine Testperson auf einen Araber schoss und anschließend darüber informiert wurde, dass dieser tatsächlich eine Waffe getragen hatte, reagierte der (seitliche) Orbitofrontalkortex stärker, als wenn auf einen bewaffneten Weißen geschossen wurde.[36] Das Unterbewusste registrierte Gefahren eher bei Mitgliedern der Fremdgruppe und reagierte stärker, wenn man diese Gefahr beseitigt hatte.

Dieselbe Hirnregion wird aktiv, wenn ein Mitglied einer Fremdgruppe ein Mitglied der eigenen Gruppe angreift.[37] Solche Ergebnisse zeigen, dass das (seitliche) Orbitofrontalhirn stark damit beschäftigt ist, die eigene Gruppe zu erhalten und zu verteidigen. Wir erleben dies im Alltag oft, wenn wir zum Beispiel bei Sportveranstaltungen das eigene Team anfeuern oder das gegnerische Team auspfeifen. Wir leiden mit, wenn das eigene Team verliert oder das rivalisierende Team punktet, und auch bei solchen emotionalen Erlebnissen wird das seitliche Orbitofrontalhirn aktiv. Umgekehrt wird der Spaßmotor aktiv, wenn das eigene Team einen Punkt erzielt oder das rivalisierende Team einen Spielzug verpatzt.[38] Auch wenn Fußballfans sehen, wie Anhängern ihres eigenen Vereins Schmerzen zugefügt werden, wird der seitliche Orbitofrontalkortex aktiv – nicht jedoch, wenn dem Anhänger eines rivalisieren Teams Schmerzen zugefügt werden.[39] Anhand solcher Aktivierungen im Orbitofrontalhirn lässt sich sogar vorhersagen, ob eine Testperson bereit ist, selber Schmerzen in Kauf zu nehmen, um die Schmerzen eines Teammitglieds zu mindern. Wir sind unterbewusst dazu motiviert, für Mitglieder unseres eigenen Stammes Schmerzen auf uns zu nehmen, uns also für unseren Stamm aufzuopfern.

Das Unterbewusste hält unsere Gruppenidentität für unsere persönliche Identität

Unser *Unterbewusstes* identifiziert sich mit unserer Gruppe. Zum Beispiel beantworten wir die Frage nach unserer Identität (»Wer bin ich?«) oft mit denjenigen Eigenschaften, die unsere *Gruppe* definieren, etwa Nationalität, Religion, Dorfgemeinschaft, Familie, soziale Klasse oder Kaste – also hinsichtlich derjenigen Gruppen, zu denen wir uns zugehörig fühlen. »Identität« bezeichnet jedoch im ursprünglichen Wortsinn diejenigen Eigenschaften, die einen Menschen von allen anderen *unterscheidet,* also Eigenschaften, die einen Menschen einzigartig machen – und ironischerweise eben *nicht* welche, die er mit allen anderen seiner Gruppe teilt. Solch einzigartige Eigenschaften sind beispielsweise die persönliche Vergangenheit, die Kombination von Geburtsdatum und -ort, der Fingerabdruck, das Genom, das Gesicht.

Wie können wir jederzeit einen unmittelbaren Zugang zu unserem Selbst und damit zu unserer eigenen Identität erlangen? Indem wir unser Selbst feinfühlig wahrnehmen. Wie fühlt sich der eigene Körper gerade an? Wie fühlen sich die Muskeln, die inneren Organe, die Haut usw. an? Wie ist mein körperliches Befinden? Wie ist meine emotionale Stimmung? Was drückt meine Körperhaltung aus? Welche innere Einstellung drückt meine Miene oder meine Stimme aus? Orientiert sich meine innere Einstellung am Respekt vor meiner Würde – und jener der anderen?

Merkmale, mit denen man sich für andere deutlich sichtbar mit einer Gruppe identifiziert, sind beispielsweise Kleidungsstil, Haarschnitt, Benehmen, die Art zu gehen, zu sprechen, zu gucken. Der

Soziologe Pierre Bourdieu nannte die Gesamtheit dieser Merkmale den *Habitus*. Unser Habitus zeigt unsere Gruppen-Zugehörigkeit, und da wir uns unterbewusst mit unserer Gruppe identifizieren, ist unser Habitus auch Teil unserer *unterbewussten* Identität. Unser Habitus ist so tief in unserem Unterbewussten eingegraben, dass er extrem beständig erscheint – Bourdieu hielt den persönlichen Habitus sogar für nicht änderbar. Tatsächlich können wir selbst unseren Habitus ändern, wenn wir dies bewusst tatsächlich wollen. Auch wenn das Zeit und Übung braucht.

Unser Habitus ist Emblem unserer Gruppenidentität. Diese ist uns deshalb so wichtig, weil unser unterbewusster Konformitäts-Drang emotionale Komponenten hat (das Unterbewusste ist ja auch ein Emotionssystem). Das Unterbewusste erzeugt starke Belohnungsgefühle, wenn wir von der Gruppe akzeptiert werden und uns zugehörig fühlen. Oder es erzeugt das Gefühl von Dankbarkeit für die Zugehörigkeit zur Gruppe, Stolz für unsere Gruppe (oder Nation, Religionsgemeinschaft, Familie etc.), zugleich aber Aggression gegenüber denjenigen, welche die Gruppe bedrohen. Und wenn Mitglieder Schande über die eigene Gruppe gebracht haben, erzeugt das Unterbewusste kollektive Schmach.

Unterbewusst halten wir unsere Gruppenidentität bereits für unsere persönliche Identität. Diese Verwechslung ist jedoch oft nicht in unserem ureigenen Interesse, weil wir dann mit dem Verlust dieser sozialen Identität auch gleich den Verlust unserer persönlichen Identität befürchten müssen. Diese Furcht macht uns leicht kritiklos und blind – und dann stehen wir unterbewusst unserer Gruppe ebenso unkritisch gegenüber, wie es die Anhänger von Sekten, Verschwörungstherorien, extremen politischen Gruppierungen oder Populisten tun.

Aber woran können wir erkennen, ob wir unserer Gruppe unangemessen kritiklos gegenüberstehen? Wir können damit beginnen, bewusst zu bewerten, zu welchen Meinungen und Handlungen uns unsere Gruppenzugehörigkeit motiviert. Bewegt sie uns zu Mitgefühl und zur Wahrung der Menschenrechte? Oder dazu, anderen Menschen Freiheiten zu nehmen und Gewalt anzutun, möglicherweise gar Verbrechen zu begehen, Terrorist zu werden oder in den Krieg zu ziehen? Wenn man einer Gruppe den Rücken zukehrt, ist dies immer ein schwieriger Schritt. Er fällt jedoch leichter, wenn man erkennt, dass man damit zwar seine Gruppenidentität, jedoch noch längst nicht seine persönliche Identität verliert. Ich jedenfalls empfehle jedem Leser, die Gruppe zu wechseln, bevor man anderen Menschen im Namen seiner Gruppe Leid antut.

Evolution des Konformitäts-Drangs

In den letzten Abschnitten habe ich darüber geschrieben, wie die dunkle Seite des Gehirns Druck zu konformem Verhalten erzeugt; diesen Druck bezeichne ich als *Konformitäts-Drang*. Auch wenn uns dieser soziale Druck heutzutage oft Probleme bereitet, können wir davon ausgehen, dass der Mensch es ohne den Konformitäts-Drang gar nicht erst durch die Evolution geschafft hätte. Wie hat sich der Konformitäts-Drang wohl im Laufe der Evolution herausgebildet?

Vor etwa 15 bis 20 Millionen Jahren entwickelten sich die ersten Menschenaffen, dann vor zwei bis drei Millionen Jahren die ersten Menschenarten und vor einer halben bis einer Million Jahren der *Homo sapiens*. (Die genauen Daten sind unbekannt, vor mindestens 300 000 Jahren aber haben bereits Menschen existiert, die mit dem heutigen Menschen genetisch und anatomisch praktisch identisch waren.) Die enorme Ausdifferenzierung des *Neokortex* brachte dem Menschen viele einzigartige mentale Fähigkeiten, unter ihnen jene, von anderen zu lernen und mit anderen zu kooperieren. Die Produkte des kooperativen menschlichen Zusammenlebens waren evolutionär besonders vorteilhaft. Verlässliche Kooperation ist jedoch nur möglich, wenn die Teilhabenden *Regeln* befolgen, etwa die Regel, sich an Vereinbarungen zu halten oder sich den anderen gegenüber über den gesamten Lauf der Zusammenarbeit partnerschaftlich zu verhalten (und ihnen nicht etwa am Ende ihren Teil wegzuschnappen). Solche Vereinbarungen können explizit getroffen werden oder sie werden stillschweigend erwartet.

Natürlich können wir nur darüber spekulieren, was sich evolutionär vor Hunderttausenden von Jahren ereignete. Wenn sich jedoch in der Evolution Regeln des kooperativen gemeinschaftlichen Zusammenlebens entwickelt haben, war in der Evolution auch ein Gehirn von Vorteil, welches Menschen *automatisch* dazu drängt, sich an solche Regeln zu halten – ein Gehirn mit unterbewusstem *Konformitäts-Drang*. So hält sich jedes Mitglied bewusst *und* unterbewusst an die Regeln und kann bewusst *und* unterbewusst erwarten oder sogar fordern, dass sich alle anderen Mitglieder entsprechend dieser Regeln verhalten.

Wir können deshalb davon ausgehen, dass sozialer Druck in Form des Konformitäts-Drangs biologisch im Gehirn des Menschen angelegt ist. Diese Auffassung wurde durch eine aufsehenerregende Entdeckung von Michael Tomasellos Forscherteam gestützt: Bereits zweijährige Kinder halten sich an soziale Regeln und möchten, dass andere ihr Verhalten positiv bewerten. Menschenaffen hingegen zeigen keinen Konformitäts-Drang. Bei einem Experiment mit Schimpansen, Orang-Utans und zweijährigen Menschenkindern befanden sich drei Kästen nebeneinander in einem Raum.[40] Jeder der Kästen hatte eine andere Farbe und oben eine Öffnung, durch die man einen Ball werfen konnte. Durch eigenes Ausprobieren lernten alle Teilnehmer schnell, dass es bei dem *roten* Kasten – und zwar nur bei diesem – eine Belohnung gab, wenn man einen Ball hineinwarf: eine Nuss für die Affen und Schokolade für die Kinder. Nun wurde jeder Teilnehmer beiseitegenommen und sah, wie nacheinander drei Artgenossen in den Raum kamen (also entweder drei Schimpansen, drei Orang-Utans oder drei Kleinkinder). Jeder der Artgenossen hatte zwei Bälle und warf diese nacheinander – unter Beobachtung des Teilnehmers – in den *blauen* Kasten (der vorher keine Belohnung ausgab) und *erzielte* nun für jeden Ball jeweils eine Belohnung. Anschließend durfte jeder Teilnehmer erneut einen Ball in einen beliebigen Kasten werfen. Welchen Kasten würden sie nun wählen?

Beinahe alle Affen warfen ihren Ball wieder in den roten Kasten – in dieser Situation maßen sie dem Verhalten ihrer Artgenossen keinerlei Bedeutung bei. Die meisten Menschenkinder hingegen warfen den Ball nun in den *blauen* Kasten – die Kinder änderten ihr Verhalten also entsprechend des Verhaltens anderer Kinder. Und jetzt kommt die Entdeckung, die zeigt, dass bereits Zweijährige sozialen Druck empfinden: Wenn bei einem Kind die anderen Kinder (welche ihre Bälle in den blauen Kasten geworfen hatten) *zuguckten*, wechselte es häufiger zum blauen Kasten, als wenn die anderen Kinder nicht zuguckten. Dies zeigt auf eindrückliche Weise, dass bereits zweijährige Kinder ihr Verhalten an das Gruppenverhalten anpassen, weil sie der Beurteilung ihres Verhaltens durch andere Kinder Bedeutung beimessen. Wir Menschen verhalten uns ja oft konform, *obwohl* wir etwa ein »egoistisches« Interesse daran hätten, uns anders zu verhalten. Manchmal tun wir dies aufgrund *bewusster* Überlegungen, meist jedoch einfach deswegen, weil unser Unterbewusstes uns dazu drängt, uns so zu verhalten, wie die anderen es erwarten.

Zudem *fordern* bereits Kleinkinder von anderen Personen regelkonformes Verhalten. Auch dies erforschte die Arbeitsgruppe von Michael Tomasello in zahlreichen spannenden Experimenten. In einem dieser Experimente bekamen zwei Dreijährige bunte Figuren und spielten ein einfaches Sortierspiel: In einem Raum erklärten die Forscher dem einen Kind, alle *blauen* Figuren müssten in den großen blauen Kasten und alle *roten* in den kleinen roten Kasten. Dem Kind wurde auch gesagt, dass eine blaue Figur niemals in den roten Kasten darf und eine rote Figur niemals in den blauen. In einem anderen Raum erklärten die Forscher dem anderen Kind, alle *großen* Figuren müssten in den großen blauen Kasten und alle *kleinen* in den kleinen roten Kasten. Eine große Figur dürfe nie in den kleinen Kasten und umgekehrt. Allerdings waren einige große Figuren *rot* und einige kleine Figuren waren *blau*. Die Figuren konnten also gar nicht so sortiert werden, dass es den Regeln beider Kinder entsprach.

Nun ließen die »ruchlosen« Forscher die zwei Kinder an einem Tisch mit dem Spiel aufeinander los. Jedes der beiden Kinder sah rasch, dass das jeweils andere Kind einige Figuren in den »falschen« Kasten legte. Die Reaktion darauf war aufgeregter Protest: »So geht das gar nicht!«, »Neiiiin, das darf man nicht!«. Wenn jemand eine Regel bricht, gibt dies Anlass zu emotionaler Unruhe, und bereits das Unterbewusste von Kleinkindern erzeugt entsprechende Entrüstung und Empörung. Die Kinder wollten außerdem, dass das jeweils andere Kind das Spiel »richtig« spielte, also so, wie »man« das Spiel spielt: »Das muss *hier* rein!«, »Das muss man *so* machen!«[41] In der Welt von Dreijährigen gelten die gleichen Regeln für alle – Kleinkinder müssen erst noch verstehen lernen, dass es Menschen gibt, die *nicht* zu ihrer Gruppe gehören und ganz *andere* Regeln haben.

Selbst viele Erwachsene verstehen dies nicht – sie wollen unbedingt, dass ihr großer Gott auch im blauen Himmel der Andersgläubigen regiert. Leider. Sonst wäre die Welt toleranter und friedlicher.

Wenn das Unterbewusste anderen gegenüber Polizist spielt

Die soziale Kontrolle unseres Unterbewussten geht so weit, dass es sich sogar dann über Regelverstöße aufregt, wenn wir selbst gar nicht betroffen sind. Stellen Sie sich eine Fußgängerampel in Deutschland vor. Sie und eine fremde Person stehen an der Ampel, ansonsten ist weit und breit niemand zu sehen. Wenn Sie nun bei Rot über die Ampel gehen, müssen Sie damit rechnen, dass die andere Person kräht: »Sind Sie farbenblind?« Sie tut dies, obwohl sie keinerlei eigenen Nutzen davon hat, Sie zurechtzuweisen. Das Verhalten der anderen Person ist daher nicht rational zu erklären, und die klassische Soziologie hat sich einige Zähne daran ausgebissen, dies dennoch zu versuchen. Dabei ist die Erklärung einfach, wenn wir das Unterbewusste berücksichtigen: Unser Unterbewusstes fordert uns oft dazu auf, Polizist zu spielen und andere zu maßregeln, und sei es nur durch einen tadelnden Blick.

Bei welchen Gelegenheiten Menschen Dritte tadeln, ist abhängig von der Situation und der gesellschaftlichen Konvention. In meiner Zeit in England war ich erstaunt darüber, dass niemand etwas sagte, wenn ein Fußgänger bei Rot über die Ampel ging. Dafür habe ich lernen müssen, dass man in England besser genau in derjenigen Reihenfolge in den Bus steigt, in der man an der Haltestelle angekommen ist, sonst muss man mit der vereinten Entrüstung aller anderen rechnen.

Dritte zu maßregeln ist ein wichtiger Unterschied zwischen Menschen und Tieren. Wenn wir sehen, wie ein Gauner etwas von einer dritten Person stiehlt, werden wir kaum völlig tatenlos zusehen. Wenn hingegen ein Schimpanse beobachtet, wie ein Artgenosse das Futter eines dritten Schimpansen stiehlt, könnte ihm kaum etwas gleichgültiger sein. Nur wenn sein *eigenes* Futter von einem anderen gestohlen wird, schlägt er unmittelbar zurück.[42] Mit dem Menschen entwickelten sich außer sozialen Regeln auch ein unterbewusster Drang, diese aufrechtzuerhalten – selbst Dritten gegenüber.

Tatsächlich sind unsere modernen Gesellschaften nur möglich, weil Dritte Regelbrüche ahnden: Ohne Polizei würde zum Beispiel unsere Gesellschaft innerhalb weniger Tage zusammenbrechen, und selbst Polizisten müssen ihrerseits kontrolliert werden, denn ohne die »Abteilung für interne Ermittlungen« wäre auch die Polizei bald im kulturellen Verfall begriffen. Auch Polizisten haben eben ein Unterbewusstes – und geben dessen Verlockungen gelegentlich nach.

Ist also das Unterbewusste – und damit der Mensch überhaupt – im Grunde genommen schlecht? Ganz im Gegenteil! Erinnern wir uns: Das Unterbewusste hat sich für ein Leben im Urwald entwickelt. Dafür ist es perfekt. Mit der Sesshaftwerdung jedoch schuf der Mensch soziale Ungleichheit, etwa Unterschiede im Besitz von Reichtümern. Wird das Unterbewusste damit konfrontiert, verdüstert es sich zur dunklen Seite des Gehirns. Es erzeugt dann Habgier und verlockt zum Stehlen oder dazu, sich korrumpieren zu lassen. Erst unsere modernen Zivilisationen also, die ohne Unterbewusstes gar nicht erst möglich wären, verfinstern mit ihren Besitztümern das Unterbewusste – und dieses unterminiert dann ironischerweise fortwährend ebendiese Zivilisationen mit seinem Neid und seiner Habgier.

Das Unterbewusste will einfach nur »normal« sein

Konformitäts-Drang bedeutet: Wir Menschen wollen unterbewusst »normal« sein und zugleich wollen wir, dass sich andere ebenfalls »normal« verhalten, also entsprechend den Regeln bzw. den Sitten. Wir wollen das bereits als Kinder. Dies ist in modernen Gesellschaften jedoch gar nicht so einfach: Wir müssen uns in einem unüberschaubaren Gewirr von geschriebenen und ungeschriebenen Regeln und Bräuchen zurechtfinden, die sich oft zwischen unterschiedlichen sozialen Gruppen unterscheiden oder gar widersprechen. Dies schafft fortwährendes unterbewusstes Konfliktpotenzial. Wenn *mein* Unterbewusstes möchte, dass ich und meine Mitmenschen sich entsprechend *meiner* Norm verhalten, steht dies im Widerspruch zu allen Menschen und Gruppen, welche diese Richtschnur nicht haben, weil sie etwa andere Sitten haben oder an andere Werte glauben. Dabei will mein Unterbewusstes doch nur, dass alle Menschen »normal« sind – aber bitte schön *mein* »normal«, also entsprechend *meiner* Gruppe. Wenn andere nicht »normal« sind, erzeugt das Unterbewusste ihnen gegenüber rasch Zorn und Aggression. Dies kann zu Diskriminierung, Feindschaft, Terroranschlägen oder gar Kriegen führen – die dunkle Seite unseres Gehirns will, dass andere entweder »normal« sind oder aus der Welt verschwinden.

Dieses unterbewusste Konfliktpotenzial bestand überraschenderweise für die längste Zeit der Menschheitsgeschichte gar nicht, da es ursprünglich recht unkompliziert war, »normal« zu sein. Diese unglaubliche Behauptung lässt sich anhand von heutigen

Jäger- und Sammlerinnen-Kulturen belegen, denn an diesen können wir erkennen, wie der *Homo sapiens* in den ersten Hunderttausenden von Jahren nach seiner Entstehung gelebt hat. In diesen Kulturen leben Menschen in relativ unkompliziert strukturierten, egalitären Gemeinschaften. Bei ihnen gibt es nur wenige Regeln, eine davon lautet: Teilen. Dies führt dazu, dass alle ähnlich viel Besitz haben – in dieser Hinsicht besitzen also alle Mitglieder des Stammes »normal« viel.

Diese grundlegende Regel des Teilens wurde dem Menschen von der Evolution in die Wiege gelegt und ist somit biologisch »normal«: Bereits dreijährige Kinder teilen, sobald sie etwas durch Zusammenarbeit erworben haben. Sie tun dies selbst in Sesshaften-Kulturen, wie psychologische Studien gezeigt haben. Beispielsweise teilen Kinder moderner Gesellschaften von sich aus und selbstverständlich die Leckereien, welche sie durch gemeinsames, kooperatives Ziehen an zwei Schnüren erlangt haben.[43] Kinder verhalten sich also zunächst einmal – von Natur aus – kooperativ und egalitär, was in Jäger- und Sammlerinnen-Kulturen »normal« bedeutet. Dies unterscheidet den Menschen von allen anderen Primaten, bei denen die Rangfolge die Beuteaufteilung bestimmt und bei denen jeder darauf aus ist, dass er am meisten abbekommt.

Ebenfalls im Gegensatz zu Affen und Menschenaffen haben Jäger- und Sammlerinnen-Kulturen so gut wie *keine* Dominanzhierarchien. Es gilt die Gleichwertigkeit aller Mitglieder, daher gibt es auch gleiche Rechte sowie gleiches Mitspracherecht für alle (also selbstverständlich gleichermaßen für Männer und Frauen). Alle Mitglieder der Gruppe haben somit auch »normal« viel Macht. Bei nomadischen Stämmen gibt es also keine Unterschiede hinsichtlich Besitz und Macht, außerdem tragen alle ähnliche Kleidung, ähnliche Frisuren, glauben an dieselben Götter. Das Problem, aus dem Rahmen zu fallen, ist den Mitgliedern dieser Stämme unbekannt.

Die Gleichwertigkeit und die gleichen Rechte der Mitglieder stellen in Jäger- und Sammlerinnen-Kulturen interessanterweise keinen Widerspruch zu geschlechtsspezifischer Arbeitsaufteilung dar. Bei den Hadza zum Beispiel sammeln die Frauen Früchte und Knollen, die Männer jagen und erbeuten Honig. Im Gegensatz zu den Frauen gibt es übrigens nur bei den Männern Wettbewerb: Die besten Jäger gelten bei den Frauen als besonders attraktiv, und bereits Jungen wetteifern gegenseitig; Mädchen jedoch nicht.[44]

»Normal« bedeutet demnach nicht etwa, dass alle gleich seien: Jedes Mitglied ist einzigartig in seinem Aussehen und seiner Persönlichkeit, etliche Mitglieder haben besondere Fertigkeiten oder übernehmen spezielle Aufgaben. Jedoch stimmen alle mit der Gruppe überein. Die Tatsache, dass einige Mitglieder als unterschiedlich attraktiv eingeschätzt werden, unterschiedliche Aufgaben haben oder spezielle Fähigkeiten, widerspricht auch nicht der *Gleichwertigkeit* jedes Mitglieds. In unseren modernen Zivilisationen setzt das Unterbewusste das eine mit dem anderen gleich: Wer gebildet, attraktiv oder reich ist, ist auch »mehr wert«. Den Hadza wäre ein solcher Gedanke unverständlich, ebenso wie er den Menschen der Frühzeit unverständlich gewesen wäre.

Der friedliche Umgang miteinander erstreckt sich auch auf den Austausch zwischen benachbarten Stämmen. Man ist aufeinander angewiesen, weil die jungen Frauen ihren jeweiligen Stamm verlassen und von anderen Stämmen aufgenommen werden – auf diese Weise wird Inzucht vermieden. Wenn es einmal zu einem ernsthaften Streit zwischen Angehörigen unterschiedlicher Sippen oder Clans kommt, wird dieser allermeistens friedlich geschlichtet, etwa mit einem Gesangsduell.

Soziale Unterschiede sind Zündstoff für die dunkle Seite des Gehirns

So wie Menschen für Hunderttausende von Jahren gelebt haben, stellt sich der Konformitäts-Drang ausgesprochen unkompliziert dar. Dies änderte sich mit Beginn des Ackerbaus und der damit verbundenen Sesshaftwerdung zu Beginn der Jungsteinzeit, also des Neolithikums, wahrscheinlich vor 11 000 Jahren. Nun gab es Besitz, für den man arbeitete, man investierte Zeit und Mühe in den Ackerbau, die Erträge wurden nicht einfach mit jedem geteilt, der vorbeizog – dafür hätte sich die Arbeit nicht rentiert. Um den Besitz herum wurden bald Mauern gezogen, und so entstanden die ersten Städte. Es etablierten sich Besitz- und Machthierarchien, und damit bildeten sich etliche neue Regeln heraus, etwa jene, wie mit Besitz umzugehen sei.

Der Übergang von Jäger- und Sammlerinnen-Kulturen zu Sesshaften-Kulturen wirkt sich auch deutlich auf die Erziehung der Kinder aus: Weil die Regeln in Jäger- und Sammlerinnen-Kulturen überschaubar sind, müssen Kinder dort viel weniger Regeln lernen als in Sesshaften-Kulturen. Dies macht die Erziehung einfacher. Kinder werden kooperativ aufgezogen, und Sanktionen durch Erwachsene sind rar, weil persönliche Autonomie hoch respektiert wird und die Eltern aufgrund des Gleichwertigkeitsprinzips nur relativ begrenzte Autorität haben (und brauchen). Kinder werden ermutigt, die Welt selbst zu entdecken und das zu lernen, wozu sie selbst motiviert sind. Wenn ein Kind in den nomadisch lebenden Stämmen der Aka und Bofi in Afrika Nahrung nicht teilt, sprechen die anderen dies an, gestikulieren vielleicht, oder es mag von einem anderen Kind geneckt werden – darin erschöpfen sich die Sanktionen dann auch. Sobald sich Angehörige der Aka und Bofi jedoch niederlassen und Ackerbau betreiben, fangen sie an, ihre Kinder körperlich zu züchtigen – der Übergang von Naturvolk zu Zivilisation geht bereits für Kinder mit spürbar mehr Gewalt einher.[45] Dies zeigt uns, dass die Einpassung von Kindern in modernen Zivilisationen mit einem deutlich stärkeren Druck erzwungen wird.

Die unterschiedlichen Zivilisationen der Sesshaften häuften Besitztümer an und entwickelten ihre jeweils eigenen, immer komplexeren Systeme von Normen und Rollen sowie ihre eigenen Sitten und Religionen. Dies erzeugte reichlich Zündstoff für Konflikte, und Menschen zogen in den Krieg für ihre Stadt, ihr Reich oder ihren Glauben. Bei solchen Kriegen ging es also außer um Besitztümer auch um die jeweils eigene Kultur – in einem Glaubenskrieg der Orbitofrontalhirne möchte jede der beiden Parteien *ihre* Werte und Normen durchsetzen, mit blindem Eifer. Auch hier können wir erkennen: Im Laufe der Sesshaftwerdung verwandelt sich das Unterbewusste, das in der Evolution ursprünglich kooperatives Verhalten unterstützte und dadurch Konflikte *mindern* half, in die dunkle Seite des Gehirns, die Konflikte und Gewalt zuwege bringt …

Absurderweise vertreten wir unsere Sitten, Bräuche und Einstellungen nicht etwa deswegen, weil sie *richtig* oder *wahr* sind, sondern weil wir sie unterbewusst als *normal* empfinden – weil sie die Gruppe definieren, mit der wir uns identifizieren. Der Beweis dafür liegt darin, dass verschiedene Kulturen unterschiedliche, oft genau entgegensetzte Regeln und Bräuche haben. Praktisch überall in Asien wäre es unerhört, Homosexualität zu tolerieren, in einem Land wie Norwegen etwa wäre es indes unerhört, Homosexualität *nicht* zu tolerieren. Vor gut einhundert Jahren war es auch in Norwegen undenkbar, dass Frauen wählen dürfen, heute ist es in Norwegen undenkbar, dass Frauen *nicht* wählen dürften. Nehmen wir einmal an, dass Joseph Ratzinger zufällig in Mauretanien geboren worden wäre, also in eine islamische Familie und islamisch geprägte Kultur. Dann wäre er statt Kardinal und später Papst Benedikt XVI ein islamischer Mullah geworden. Wäre eine Frau, aus der eine strenggläubige Muslima wurde, zufällig in eine Hippie-Familie geboren worden, würde sie heute keine Schleier tragen. Wäre ein heute leidenschaftlicher Bayern-Fan in England geboren worden, wäre er leidenschaftlicher Anhänger eines englischen Clubs geworden. Und wenn ein deutscher Soldat, der im zweiten Weltkrieg gegen Russland gekämpft hat, in Russland geboren worden wäre, hätte er genauso tapfer (oder grausam) gegen die Deutschen gekämpft.

Insbesondere in modernen Gesellschaften widersprechen sich

soziale Normen sogar *innerhalb* einer Gesellschaft, etwa zwischen den dort ansässigen Religionen, politischen Lagern oder sozialen Schichten. Dabei kommt es jedem so vor, als sei ausgerechnet die eigene Gruppe die einzige, in der die Regeln und Bräuche logisch sind. Dies liegt jedoch nur daran, dass unser Unterbewusstes ebendiese Regeln verinnerlicht hat und nun als normal empfindet. Wenn sich soziale Regeln zwischen zwei Kulturen widersprechen und die Angehörigen beider Kulturen jeweils ihre Regeln für die besten halten, können logischerweise nicht beide gleichzeitig recht haben …

Gemeinsamkeiten statt Unterschiede sehen

Wenn wir Angehörigen anderer Gruppen begegnen, lenkt unser Unterbewusstes unsere Aufmerksamkeit eher auf Unterschiede statt auf Gemeinsamkeiten, weil das Unterbewusste Unterschiede als Regelbruch deutet – einschließlich Abweichungen von sozialen Spielregeln und von Gepflogenheiten der Leitkultur. Wenn wir sehen, wie ein dunkelhäutiger Asylant auf der Straße eine Verpackung auf den Boden wirft, wird dies von unserem Unterbewussten sofort wahrgenommen. Die dunkle Seite unseres Gehirns sieht in dieser Person augenblicklich nur noch einen Fußwegverschmutzer – und übersieht, dass es sich hier um einen Menschen handelt, mit dem wir viel mehr Eigenschaften *gemeinsam* haben als Eigenschaften, die uns *unterscheiden*. Menschen, die nicht zu unserer Gruppe gehören, die anders aussehen als wir, eine andere Religion haben bzw. andere Sitten und Bräuche, werden unterbewusst als Abweichungen von der Norm – als nicht konform – wahrgenommen und deswegen rasch als abgrundtiefe Gefahr gedeutet. Da unser Unterbewusstes auch ein Gefahren-System ist, registriert es mit ausgefahrenen Antennen drohende Gefahren oder Verluste und erzeugt dann Furcht, Sorgen oder Empörung.

Dabei registriert das Unterbewusste bevorzugt diejenigen Informationen, die sowieso in sein Weltbild passen – so bestätigen sich Vorurteile (siehe auch *Der Bestätigungsfehler*, Seite 132). Vielleicht ist Ihnen dies ja auch schon mal passiert: Jemand ist im Straßenverkehr falsch gefahren, Sie schauen nach dem Fahrer, um zu sehen, wie denn wohl eine Person aussieht, die derart fährt. Sie erkennen, dass die Person fremdländisch aussieht – und sehen sich blitzschnell in einem Vorurteil bestätigt. Zusätzlich kann das Unterbewusste dann sogar unsere Erinnerung entsprechend diesem Vorurteil ändern: Manchmal erzeugt es die Überzeugung, bereits *vorher* gewusst zu haben, dass es sich hier um einen Ausländer handelt …

Das Unterbewusste lenkt unsere Aufmerksamkeit zwar auf *Unterschiede*, es sind jedoch die *Gemeinsamkeiten*, welche Konflikte reduzieren. Deshalb ist einer der Grundpfeiler der *Mediation* die Erarbeitung gemeinsamer Interessen und Bedürfnisse. (Die Mediation – wir sehen es in Teil 7 – ist ein Verfahren zur Konfliktbearbeitung und -lösung, bei dem Konflikte in einer konstruktiven Art und Weise deeskaliert und bearbeitet werden.) Gemeinsamkeiten sehen wir trotz augenscheinlicher Unterschiede nur dann, wenn wir *bewusst* hinschauen. Wenn Konfliktparteien ihren Zwist lösen wollen, hilft es also außerordentlich, Gemeinsamkeiten zu erkennen. Dies ist eigentlich kinderleicht, allein schon deswegen, weil es so viele sind. Jeder Mensch hat zum Beispiel das Bedürfnis nach Gruppen-Zugehörigkeit, will glücklich werden, soziale Anerkennung erfahren, Gesundheit und Wohlbefinden für sich selbst und für andere. Die vielen Gemeinsamkeiten *aller* Menschen – unabhängig von Hautfarbe, Religion, Geschlecht usw. – bedeuten, dass alle Menschen etliche Interessen und Bedürfnisse teilen. Für ein friedliches Miteinander brauchen wir daher statt des unterbewussten Blicks auf *Unterschiede* den menschlichen Blick auf *Gemeinsamkeiten*.

Aus den allgemeinen Interessen und Bedürfnissen ergeben sich auch allgemeine Menschenrechte, etwa das Recht auf die Unantastbarkeit der Würde jedes Menschen oder das Recht auf Leben,

Gerechtigkeit, Freiheit und Selbstbestimmung. Insbesondere wenn wir im Zwist mit anderen stehen, dient es einer friedlichen Lösung, wenn wir berücksichtigen, dass diese Rechte jedem Menschen zustehen – selbst denjenigen, die nicht zu unserer Gruppe gehören und die wir unterbewusst als »unnormal« oder gar als unsere Feinde ansehen.

Kinder, Konformität und Kultur

Bisher habe ich dargestellt, dass das Unterbewusste dazu drängt, soziale Regeln zu befolgen. Es drängt auch dazu, eigene Bewertungen, Meinungen und Emotionen an seine Gruppe anzupassen, selbst wenn diese dem ureigenen Interesse widersprechen. Wie bewerkstelligen es Menschen nun, ihre Kultur von Generation zu Generation zu bewahren? Eine wichtige Funktion dafür hat der unterbewusste Drang, den gegenwärtigen Zustand aufrechtzuerhalten – und damit auch die vorherrschende Weltsicht einschließlich sozialer Regeln, Sitten und Werte. (Siehe auch Kapitel *Verlust-Frust für Gedanken,* Seite 132). Jedoch muss hier noch eine weitere Funktion erwähnt werden: die unterbewusste Fortpflanzung der kollektiven Weltsicht von einer Generation zur nächsten.

Nur Menschen können über Generationen hinweg Kulturen entwickeln und aufrechterhalten, wobei Kinder ihre Kultur möglichst originalgetreu verinnerlichen und sie später wiederum an ihre eigenen Kinder weitergeben. Der Motor dieser Tradierung ist der Konformitäts-Drang.

Kleinkinder passen sich auf höchst bemerkenswerte Weise in die unterschiedlichsten Familien und Kulturen ein. Dies bedeutet, Regeln zu lernen und Dinge so zu tun, wie »man« sie in der Gruppe tut. Die Gruppe erwartet solche Konformität, und Erwachsene stellen durch ihre Erziehung sicher, dass Kinder sich in die Gruppe einpassen. Eltern erziehen ihre Kinder entsprechend der Weltsicht der Gruppe und belehren sie darüber, wie die Welt nach Ansicht ihrer Gruppe beschaffen sei. Mit seinem Konformitäts-Drang bewegt das Unterbewusste Eltern dazu, Kindern ihre Kultur zu vermitteln, und es bewegt Kinder dazu, *ohne zu hinterfragen* – also gegebenenfalls auch ohne zu verstehen – das zu glauben, worüber sie von ihren Eltern belehrt werden. Auf diese Art lernen Kinder von ihren Eltern Sprache, Sitten und Bräuche genauso wie Religion, Aberglaube und irrationale Vorstellungen.

Kinder vertrauen tief darauf, dass das, was die Eltern ihnen sagen und zeigen, Sinn ergibt. Für Kinder sind ihre Eltern die Stellvertreter der Gemeinschaft bzw. der Kultur. Selbst wenn Eltern einem Kind etwas vormachen oder sagen, was wenig sinnvoll oder gar falsch ist, übernehmen Kinder dies gutgläubig und imitieren es, auch wenn es für sie vorteilhafter wäre, ihre Eltern in diesem Falle zu ignorieren. Kinder sind aufgrund ihres natürlichen Konformitäts-Drangs jedoch gar nicht in der Lage, ihre Eltern zu ignorieren. Und wir Eltern machen es unseren Kindern auch nicht gerade leicht, Ungereimtheiten zu entdecken, denn wir haben einen Hang dazu, unseren Kindern gegenüber als allwissende Autorität aufzutreten, die objektive Fakten über die Welt vermittelt, die »man« eben weiß. Tatsächlich geben wir meist lediglich unsere persönliche Meinung oder die Weltsicht unserer Gruppe wieder – der nächste Erwachsene oder die nächste Gruppe kann die Dinge auch ganz anders sehen. Die Kinder von Christen übernehmen die Religion ihrer Eltern ebenso, wie es die Kinder von Muslimen tun; die Kinder in individualistischen Gesellschaften übernehmen deren Weltsicht ebenso wie die Kinder in kollektivistischen Gesellschaften die der ihrigen; die Kinder von Neonazis übernehmen die Inhalte der Aussagen ihrer Eltern ebenso, wie es die Kinder von Anhängern liberaler Umweltparteien tun.

Alle Kinder gehen in ihren ersten Lebensjahren davon aus, dass das, was ihre Eltern ihnen erklären, von allgemeiner Gültigkeit ist – sie saugen es unzensiert auf wie ein Schwamm, weil sie annehmen, dass es in ihrer Kultur anerkannt und verbindlich ist. Sie können ja nicht ahnen, dass es oft bereits in der Familie nebenan genau andersherum erklärt wird. Kleinkinder gehen davon aus, dass dasjenige Verhalten, welches sie bei ihren Eltern beobachten, repräsentativ dafür ist, wie »man« sich allgemein verhält und verhalten *soll.* Falls dieses Verhalten nur ein eigenartiges Verhalten ihrer Eltern ist, kann ein Kleinkind dies unmöglich erkennen, da ihm die gesellschaftlichen Normen noch unbekannt sind. Was Kinder von ihren Eltern lernen, ist für sie die Wahrheit und maßgebende Wirklichkeit.

Experimente haben gezeigt: Wenn ein Vorschulkind belehrt wird, ein Werkzeug auf eine bestimmte Art und Weise zu benutzen, benutzt es dieses Werkzeug anschließend genau so, obwohl es auch auf andere Arten genutzt werden und andere Funktionen erfüllen kann oder gar viel effektiver genutzt werden könnte. Wenn ein Kind hingegen selbst (ohne Belehrung) ein Werkzeug kennenlernt, lernt es auch solche anderen Funktionen. Kinder machen außerdem bereitwillig Lösungen von Erwachsenen möglichst originalgetreu nach, selbst wenn diese Lösungen mit Handlungen einhergehen, die willkürlich oder unnütz sind. Kinder tun dies, weil sie sich sowohl daran orientieren, *warum* etwas gemacht wird, als auch daran, *auf welche Weise* jemand etwas vormacht. Ein Kind macht seinen Eltern also vorsichtshalber auch Dinge nach, die es selber nicht versteht, denn gerade diese Handlung könnte ja von besonderer kultureller Wichtigkeit sein.[46]

Affen haben es in dieser Hinsicht erheblich leichter, denn ihr Unterbewusstes drängt sie lediglich dazu, *nützliche* Dinge von anderen zu lernen (siehe Kapitel *Der unterbewusste Drang zum Abgucken*, Seite 173). Affen verhalten sich auf eine bestimmte Weise, weil es *nützlich* ist, Kinder hingegen verhalten sich auf eine bestimmte Weise, weil es die *Norm* ist – selbst dann, wenn ein anderes Verhalten nützlicher für sie wäre. Zudem imitieren Menschen Verhalten aus rein *normativen* Gründen, einfach um sich so zu verhalten wie andere. Ein Affe hingegen macht Verhalten nur dann nach, wenn er einen *praktischen* Grund dafür hat. Kinder lernen deshalb erheblich mehr von Erwachsenen, als dies bei Affen geschieht, geraten jedoch insbesondere in unseren modernen Zivilisationen auch unter mehr Einpassungsdruck.

Wir können unsere unterbewussten Regeln an unserer Sprache erkennen

Wir können uns das Unterbewusste wie einen kulturellen Rucksack vorstellen, den ein Kind von seinen Eltern mit auf den Lebensweg bekommt. Eltern füllen diesen Rucksack auch durch ihren Sprachgebrauch, denn Sprache ist ein besonders wichtiges Werkzeug für das Lernen sozialer Regeln und Werte. Kinder lernen diese insbesondere über Modalverben, also über Verben, die mitteilen, was wir »müssen«, »sollen«, »dürfen«, oder »können« und was man in unserer Gemeinschaft »möchte« oder »will«. Wir bringen unseren Kindern nicht philosophische Theorien bei, anhand derer sie bereits im Vorschulalter abwägen, ob ihr Handeln auch Grundlage einer allgemeinen Gesetzgebung sein könnte, sondern wir sagen ihnen, was sie dürfen, sollen, müssen, können, was wir wollen und was wir mögen. Über unsere Sprache vermitteln wir Kindern sowohl unsere bewusst konstruierten als auch unsere unterbewusst gespeicherten Regeln und Werte. Deswegen können wir an unseren Äußerungen auch erkennen, welche Regeln und Werte wir selbst unterbewusst gespeichert haben. Natürlich sind manche von uns oft bemüht, den Kindern auch zu erklären, *warum* dies so und das anders gemacht werden soll – oft wird jedoch einfach gerüffelt, verboten, durch einen Blick getadelt und vor allem einfach gesagt, was sich gehört und was nicht, was »man« tut und was nicht, was in unserer Familie erlaubt oder erwünscht ist und was nicht.

Wir sagen damit, was unsere Kinder tun bzw. lassen sollen – meist in der Form der Verkündung von Fakten über die Welt: »Das tut man nicht«, »Das darf man nicht«, »Wir mögen so etwas nicht« etc. Unsere eigene Sicht auf die Welt wird als soziales Faktum der Welt ausgegeben; wir verkünden als Eltern, was Sinn ergibt und was nicht, zumindest wird es vom Kind so verstanden. Auf diese Weise befüllen wir die unterbewussten Rücksäcke unsere Kinder. Wir sind stolz auf unsere Nation; wir glauben an den einen Gott und nicht an den anderen; wir mögen unseren Fußballverein, alle anderen Vereine mögen wir nicht; leere Verpackungen darf man nicht auf den Bürgersteig werfen; die Ellenbogen gehören beim Essen nicht auf den Tisch; am Tisch dürfen weder Mützen getragen noch das Smartphone benutzt werden. Bestimmte Kleidung oder Haarschnitte oder sexuelle Orientierungen sind akzeptabel, andere nicht. Wir bzw. die sozialen Normen fordern auf zu einem bestimmten Verhalten: Du sollst ehrlich sein und tapfer, du sollst deine Eltern in Ruhe lassen und nicht nerven. Andere Normen geben uns Notwendigkeiten vor, die nicht ohne Folgen übersehen werden können: Wir müssen in der Öffentlichkeit Kleidung tragen.

Das Unterbewusste von Kindern speichert solche Inhalte und motiviert dann über den Konformitäts-Drang dazu, diesen entsprechend zu denken, zu handeln und zu fühlen. Wenn wir gelegentlich bewusst darauf achten, welche Regeln, Sitten und Werte wir Kindern durch unsere Sprache mit auf den Weg geben, dann können wir unsere unterbewusst gespeicherten Maßregeln erkennen und der bewussten Selbstkritik zugänglich machen.

Dies lohnt sich, weil einiges von dem, was wir in unserem eigenen Rucksack tragen, irrational und widersprüchlich ist, ebenso wie das, was unsere Eltern wiederum von ihren Eltern eingepackt bekommen haben. Wir können uns zum Beispiel fragen, ob wir Ansichten, die wir unseren Kindern mit auf den Weg geben, auch noch nach rationaler Betrachtung für sinnvoll halten. Viele Dinge sind auch erheblich weniger tragisch oder dramatisch, als wir in unseren unterbewussten Überzeugungen meinen. Oder wir teilen unseren Kindern öfter auch mal mit, dass wir lediglich etwas »meinen« oder »glauben«, statt dogmatisch Fakten zu verkünden über Religion, Politik oder die Welt. Vielleicht klären wir sie sogar darüber auf, dass es auch Menschen gibt, die gewisse Dinge anders sehen. Unsere Kinder werden toleranter und intelligenter, wenn wir dies tun, und sie lernen dadurch, Fragen zu stellen und Themen aus unterschiedlichen Perspektiven zu beleuchten.

Das unterbewusste Tradieren kollektiven Wissens – und kollektiver Irrtümer

Obwohl uns der unterbewusste Konformitäts-Drang nicht gerade das Leben versüßt, ist er eine Voraussetzung für die Entstehung unserer modernen Kulturen. Menschen können Wissen und Technik über Generationen hinweg weitergeben und auch weiterentwickeln, vom Rad bis zum selbstfahrenden Auto. Kein Mensch weiß allein, wie man eine Rakete baut und zum Mond schießt, viele Menschen bringen dafür ihr Wissen ein. Jeder Einzelne von ihnen hat wiederum Wissen von vielen anderen übernommen, es weiterentwickelt und gibt es an viele andere weiter. So wird Wissen und dessen Entwicklung etwas Kollektives. Das Unterbewusste befeuert die Kollektivierung von Wissen durch den Konformitäts-Drang – insofern ist es vorteilhaft, dass wir uns mit unserer Auffassung von Wissen und Wirklichkeit so stark an der Gruppe orientieren.

Allerdings geben Menschen auf die gleiche Weise Regeln, Sitten und sogar irrationale Vorstellungen von Generation zu Generation weiter. Deswegen grenzt sich kulturelle Entwicklung durch ihre eigenen kulturellen Gepflogenheiten auch ein: Bei allem Fortschritt bleiben gewisse kollektive Irrtümer erhalten, und Menschen suchen die Erlösung von ihren Problemen durch dieselben unterbewussten Methoden, mit denen sie sich ihre Probleme überhaupt erst geschaffen haben.

Ein Beispiel: Der beeindruckende Fortschritt der westlichen Medizin fand innerhalb eines kulturellen Systems statt, in dem der Mensch von Natur aus als fehlerhaft gilt. Viele meinen, sie müssten erst bestimmte Dinge erreichen, bevor sie sich als Mensch wirklich vollwertig fühlen können; in der christlichen Religion wird der Mensch sündig geboren; nach medizinischer Auffassung sind Erbanlagen an den meisten Krankheiten und Störungen beteiligt, also gilt das Genom eines chronisch kranken Menschen als »fehlerhaft«. Aber: Krankheiten sind keine biologischen Fehler eines Menschen, sondern meist Signale, dass die Biologie dieses Menschen bedroht ist. Früher wurden Kranke von Priestern »geheilt«, heute von Medizinern. Tatsächlich heilt sich ein Mensch jedoch selbst – die Heilung liegt einzig und allein in der Biologie dieses Menschen. Der Arzt kann die Krankheit diagnostizieren und die Heilung des Menschen mit der Behandlung nur *unterstützen*.

Das Unterbewusste sorgt dafür, dass wir Menschen sowohl das Feuer weitergeben, welches dazu beflügelt, Raketen zum Mond zu schießen, als auch die Asche, welche ebendieses Feuer erstickt. Wir tradieren technischen Fortschritt und zerstören damit zugleich die Umwelt und das Klima. Wir legen Wert auf Demokratisierung, Gleichberechtigung sowie Gleichstellung, kaufen aber Produkte, die von Sklaven erzeugt werden.

Der unterbewusste Konformitäts-Drang befreit uns von der Last solcher Widersprüche, denn er versteht die Weltsicht unserer Kultur, einschließlich ihrer Irrtümer und Widersprüche, als *unausweichlich*. Es bewertet sie gar als positiv, und über Generationen hinweg begründen sich Gepflogenheiten und Vorschriften dann allein aus ihrer Existenz (»das war schon immer so«), selbst wenn sie sinnlos sind oder Schaden anrichten. Regeln und Bräuche einer Gruppe müssen keiner Überprüfung auf Logik und Sinn standhalten können – nicht für Erwachsene und schon gar nicht für Kinder. Für das *Unterbewusste* ist nicht entscheidend, dass Regeln und Bräuche sinnvoll sind, sondern dass wir durch ihre Übernahme Teil der Gruppe werden.

Ein Ritual zum Beispiel darf etliche irrelevante und unnütze Handlungen umfassen – für das Unterbewusste ist vielmehr entscheidend, dass die Mitglieder der Gruppe ein Ritual konform ausführen und wir dadurch Teil der Gruppe sind. Taufe, kirchliche Heirat, Begräbnis, Weihnachten, Teezeremonie, Jom Kippur, Ramadan, Opferfest – wie wichtig Ihrem Unterbewussten ein Ritual ist, können Sie feststellen, wenn Sie sich vorstellen, es würde in einer falschen Reihenfolge ausgeführt.

Leider bringt die Einpassung in eine Kultur ein Kind immer dann in Konflikt, wenn die natürlichen Bedürfnisse des Kindes dem sozial erwünschten Verhalten widersprechen, zum Beispiel wenn es zur Mahlzeit keinen Hunger hat, wenn es neugierig auf etwas ist, was es nicht anfassen darf, oder wenn es still sein soll, obwohl es gerade ein großes Mitteilungsbedürfnis hat. Die sozialen Spielregeln schränken den individuellen Handlungsspielraum eines Kindes notwendigerweise ein: Aus einer großen Auswahl von Handlungsalternativen kommen entsprechend den Regeln nur wenige infrage. Dies ist insofern notwendig und sinnvoll, weil menschliche Gesellschaften nur mit Regeln funktionieren können und weil unsere persönliche Freiheit dort enden sollte, wo die Freiheit unserer Mitmenschen beginnt. Unser Unterbewusstes kann jedoch den Raum der uns sinnvollerweise zustehenden Freiheiten auch entgegen unseren Interessen einschränken. Wenn ein Kind im Laufe der Einpassung in eine Familie lernt, seine Fähigkeiten stets nur so einzusetzen, dass sie unter seinem tatsächlichen Potenzial bleiben, wird dies zur unterbewussten Richtschnur und bestimmt Entscheidungen dieser Person dementsprechend auch im Erwachsenenalter. Zu weit gehende Einschränkungen stören die natürliche Entwicklung eines Kindes nachteilig, und eine typische Folge ist die Schwierigkeit, sich vollwertig zu fühlen.

Die Eingrenzungen der eigenen Freiheiten und Möglichkeiten, die damit verbundenen Selbstzweifel und Gefühle von Machtlosigkeit oder Hoffnungslosigkeit landen ebenfalls im kulturellen Rucksack. Diese Inhalte können krank machen, während der Kindheit und auch später noch – sie sind häufige Ursachen psychischer Störungen und chronischer körperlicher Leiden. Deswegen ist es wichtig, dass wir unseren Rucksack durchforsten und darin die Inhalte erkennen, die unseren ureigenen Interessen widersprechen. Darüber nun handelt der Rest dieses Buches.

5

Wirklichkeitsfilter

Das Unterbewusste prägt unsere subjektive Wirklichkeit

Zaubertricks sind cool. Besonders gerne mag ich Gedankenlesertricks. In einem bekannten TED-Talk lud der »Mentalist« Derren Brown die Zuschauer dazu ein, ihm Gedanken samt ihrem Namen zu senden. Mit verbundenen Augen »spürte« er, dass ein Mann namens Allen vorne in der Mitte saß (was stimmte) und ihm Gedanken sendete (was Allen bejahte). Allen war ein ganz normaler Besucher der TED-Konferenz und kein Vertrauter Browns. Brown »erriet« dann Allens Sternzeichen und dass Allen an ein Computer-Passwort dachte. Er bat Allen, an einen Buchstaben des Passworts zu denken, und erriet nicht nur den Buchstaben korrekt (ein »I«), sondern auch, dass Allen zunächst an den Buchstaben »B« gedacht hatte. Außerdem »erspürte« Brown, dass Allen Schlagzeug spielte, darüber nachdachte, seine Firma zu verkaufen, dass diese etwas mit Hautpflege zu tun habe – und zu guter Letzt das Computer-Passwort, an das Allen gedacht hatte.

Diese Tricks faszinieren uns, weil wir keine rationale Erklärung für das Phänomen haben. Nur unterbewusst erklären wir: Der Mann kann Gedanken lesen!

Nun kommt dasjenige hirnphysiologische Phänomen, welches diese Gedankenlesertricks erst so spektakulär macht: Unser Unterbewusstes etikettiert die irrationale Erklärung als »wahr«, und wir leben fortan in einer Wirklichkeit, in der Gaukler Gedanken lesen können. Der Zauberkünstler macht sein Handwerk, aber unser Unterbewusstes leistet die eigentliche Arbeit. Erst wenn unser bewusstes Denken eine handfeste rationale Erklärung produziert, öffnet das Unterbewusste seinen Wirklichkeitsfilter: Derren

Brown ist ein geschickter Taschendieb und hat wahrscheinlich vor der Vorstellung die Geldbörsen Dutzender Personen nach persönlichen Informationen durchforstet, bis er bei einem sogar auf einen Passwort-Vermerk gestoßen ist. Kein »Mentalist« kann Gedanken lesen, und für alle Telepathie-Kunststücke gibt es eine rationale Erklärung – auch wenn einige derart kompliziert und trickreich sind, dass ich mir die Auflösung mehrmals ansehen muss, bevor ich sie verstehe …

Das Unterbewusste hat also einen Wirklichkeitsfilter, und nur wenn dieser Filter geöffnet ist, können *bewusste* Gedanken Erkenntnisse darüber ermöglichen, was die Wirklichkeit ist. Wenn der unterbewusste Wirklichkeitsfilter geschlossen ist – was seiner Standardeinstellung entspricht –, bestimmen unterbewusste Gedanken, was »unsere« Wirklichkeit ist. Wir leben dann in einer Wirklichkeit, in der ein Mentalist Gedanken lesen kann, der sichere Spatz in der Hand mehr wert ist als die riskante Taube auf dem Dach und die Kirsche zehn Cent bzw. der Apfel einen Euro kostet (siehe Beispiel in Kapitel *Wo im Gehirn befindet sich das Unterbewusste?*, Seite 66). Und wir leben dann in einer Wirklichkeit, in der die unterbewusst internalisierten Werte, Regeln und Einstellungen unserer Gruppe allgemeingültig sind.

Wenn wir jedoch bewusst unsere unterbewussten Gedanken revidieren, kann das Unterbewusste den Wirklichkeitsfilter öffnen, und wir können einen neuen Zugang zur Realität bekommen. Manchmal erkennen wir nur durch langsames, rationales, anstrengendes Denken bewusst, dass die Wirklichkeit sich tatsächlich anders darstellt, als unsere unterbewussten Gedanken es uns vorgaukeln – etwa wenn wir rational ausknobeln, wie ein Zaubertrick wohl funktionieren könnte. (Zur Erklärung der Begriffe: Unsere *subjektive Wirklichkeit* ist das, was wir als Wirklichkeit erleben. Sie ist ein Modell der Wirklichkeit, das damit übereinstimmen *kann*, was tatsächlich der Fall ist. Oft halten wir jedoch irrtümliche Gedanken für die Wahrheit und leben dann in einer eigenen Wirklichkeit, die nicht oder nur teilweise mit dem korrespondiert, was tatsächlich wahr ist. Die subjektiven Vorstellungen entsprechen dann nicht der tatsächlichen Wirklichkeit.)

Wir können unserem unterbewussten Wirklichkeitsfilter bei der Arbeit zusehen, wenn wir ins Kino gehen: Wenn sich der Vorhang öffnet, schließt sich der Wirklichkeitsfilter und wir leben in der Wirklichkeit des Films. Erst wenn wir uns bewusst machen, dass dies »nur ein Film« ist, öffnet sich der unterbewusste Wirklichkeitsfilter, dann leben wir wieder in der Realität. Spätestens beim Hinweis »The End« öffnet sich der Filter, und wir erkennen, dass sich die Geschehnisse im Film nicht wirklich zugetragen haben. Wenn wir anschließend nach Hause gehen, wissen wir, dass unsere Erinnerungen an die Szenen des Films nicht Erinnerungen an wirkliche Begebenheiten sind. Dies unterscheiden zu können hört sich vielleicht trivial einfach an – Patienten mit Schädigung des (hinteren) Orbitofrontalhirns können dies jedoch nicht mehr.

Der Neurologe Armin Schnider beschrieb den Fall einer pensionierten Psychiaterin, die nach einer Hirnblutung in der neurologischen Abteilung einer Klinik behandelt wurde. Sie war davon überzeugt, dass sie als Psychiaterin in dieser Klinik arbeiten würde, und versuchte immer wieder, die Station zu verlassen, weil sie in dem festen Glauben war, dass ihre Patienten auf sie warteten und sie diese dringend behandeln müsse. Eine junge Anwältin mit Schädigung des Orbitofrontalhirns aufgrund einer schweren Hirnentzündung war davon überzeugt, dass sie gleich einen wichtigen Gerichtstermin habe, und suchte verzweifelt nach ihren Akten.[1] Der Wirklichkeitsfilter im Gehirn dieser Patientinnen war defekt, und so hielten sie das Wesen ihrer Erinnerungen für die derzeitige Wirklichkeit. Bei Gesunden signalisiert der Wirklichkeitsfilter, dass Erinnerungen nicht Teil der gegenwärtigen Wirklichkeit sind. Bei den beiden Patientinnen jedoch war diese Funktion aufgrund der Schädigung des (hinteren) Orbitofrontalhirns defekt.

Ähnlich verhält es sich bei Patienten mit Schizophrenie-Spektrum-Störung, die psychotische Verzerrungen der Wirklichkeit aufweisen, etwa Wahnvorstellungen haben oder Halluzinationen. Bei ihnen ist der Wirklichkeitsfilter geschlossen, und so leben sie in ihrer eigenen unterbewussten Wirklichkeit.

An diesen Patienten können wir erkennen, wie stark das Unterbewusste bestimmt, was unsere Wirklichkeit ist – und nicht etwa unser Bewusstsein. Wir meinen zwar, dass wir als aufgeklärte Individuen die Wirklichkeit stets objektiv anhand unserer Ratio erkennen würden – es verhält sich jedoch ganz anders: Unsere subjektive Wirklichkeit korrespondiert oft nicht mit dem, was tatsächlich der Fall ist, weil unser Gehirn unsere eigene Wirklichkeit auf unwirkliche Weise konstruiert. Sobald unser Unterbewusstes einen Gedanken als »wahr« etikettiert, wird sein Inhalt zum Bestandteil unserer Wirklichkeit – *unabhängig* davon, ob er nun objektiv wahr ist oder nicht. Sobald unser bezauberndes Unterbewusstes seine Finger im Spiel hat, könnte das, was wir für objektiv halten, kaum subjektiver sein. Und unser Unterbewusstes hat seine Finger meist im Spiel, ohne dass wir es überhaupt merken.

Wie können wir erkennen, was wirklich ist?

Schauen Sie sich einmal um und stellen Sie sich für eine Minute vor, dass Sie gerade träumen. Woran erkennen Sie danach, ob Sie gerade träumen oder ob das, was Sie gerade erleben, die tatsächliche Realität ist? Sie werden vielleicht antworten, dass Sie dies an Ihrem *Gefühl* von Realität erkennen. Genau dieses Gefühl stammt jedoch aus dem Unterbewussten und ist höchst trügerisch. Die beschriebenen Patienten haben dieses Gefühl ja ebenfalls – daher sind sie so stark davon überzeugt, dass ihre psychotischen Vorstellungen wahr sind. Das *Gefühl* von Realität wird unterbewusst erzeugt und ist paradoxerweise davon *unabhängig*, ob der Wirklichkeitsfilter offen oder geschlossen ist – wir haben das Gefühl von Realität auch im Traum (deswegen wirken Träume so real).

Wir erleben einen Traum wie die Wirklichkeit, und wenn wir aufwachen, dauert es oft einen Moment, bis der Wirklichkeitsfilter sich wieder geöffnet hat und wir feststellen, dass das eben Erlebte nur ein Traum war.

Woran können Sie also bewusst und rational erkennen, ob Sie gerade wach sind oder träumen? Vielleicht erkennen Sie dies dadurch, dass Sie Ihre heutigen Erlebnisse bis zum letzten Schlaf bzw. Traum rekonstruieren können, oder dadurch, dass Sie darin nichts Unlogisches finden. Sie können nicht fliegen, Ihre Zähne sitzen alle noch fest, Sie müssen keine uralte Prüfung wiederholen – Ihre Vorhersagemodelle treffen also zu (wir hatten sie erwähnt im Kapitel *Die unterbewusste Glaskugel*, Seite 142), und daraus können Sie schließen, dass Sie wach sind. Sie haben also ein *Bewusstsein* von Realität, das Patienten jedoch verlieren können.

Leider aber ist auch unser Bewusstsein von Realität höchst trügerisch, denn wir sind aktiv an der Konstruktion dessen beteiligt, was wir als Wirklichkeit erleben. Der österreichische Psychologe Paul Watzlawick und andere begründeten aus diesem Phänomen einen ganzen Wissenschaftszweig, den »Konstruktivismus«. Zum Beispiel treffen »selbsterfüllende Prophezeiungen« oft nur deshalb tatsächlich ein, weil wir an deren Erfüllung mitarbeiten. Wenn Lehrer rein fingierte Informationen über die (angeblich) besonders hohe Intelligenz eines ihrer Schüler erhalten, schneidet dieser Schüler tatsächlich besser am Ende des Schuljahres ab. Wenn Wissenschaftler glauben, dass eine von ihnen speziell gezüchtete Rattenart besonders intelligent sei, die Ratten jedoch heimlich gegen ganz gewöhnliche Ratten ausgetauscht wurden, finden diese (gewöhnlichen) Ratten *tatsächlich* den Weg schneller durchs Labyrinth. Menschen, die glauben, sie könnten aktiv zu ihrem Glück beitragen, fühlen sich glücklicher als Menschen, die meinen, dass das Schicksal mit seinen widrigen Launen ihr Leben bestimme. Durch die Kenntnis über den Wirklichkeitsfilter können wir diese Annahmen nun präzisieren: Das Unterbewusste trägt aktiv dazu bei, eine subjektive Wirklichkeit zu konstruieren, und wenn wir die Konstruktion unserer eigenen Wirklichkeit verstehen wollen, müssen wir verstehen, wie das Unterbewusste daran beteiligt ist.

Der Wirklichkeitsfilter öffnet sich unter Gruppenzwang

Das Unterbewusste orientiert sich mit seiner Konstruktion der subjektiven Wirklichkeit an dem, was unsere *Gruppe* für wirklich hält. Wenn meine Gruppe an Zauberei glaubt oder daran, dass die Götter Regen bringen, dann glaube ich dies auch, denn meine subjektive Wirklichkeit, also mein Wirklichkeitsmodell, wird unterbewusst vom Bedürfnis nach Konformität mit der Gruppe bestimmt. Zu Beginn der russischen Invasion in der Ukraine riefen in der Ukraine lebende junge Russen ihre Eltern in Russland an und erzählten ihnen vom Einmarsch der Truppen und den Bombardierungen. Viele Eltern glaubten selbst ihren eigenen Kindern nicht. Aufgrund der streng zensierten Berichterstattung in Russland lebten diese Eltern in einer kollektiven Wirklichkeit, in der russische Truppen die Ukraine von Neonazis befreien und notleidenden Ukrainern mit Kleidung und Essen beispringen.

Der *Konformitäts-Drang* erstreckt sich also sogar auf unsere subjektive Wirklichkeit: Unser Unterbewusstes etikettiert das als wahr, was unsere Gruppe als wahr beurteilt – es konstruiert unsere eigene Wirklichkeit entsprechend unserer Gruppe. Für unser Unterbewusstes zählt nicht, was *tatsächlich* wahr ist, sondern was unsere *Gruppe* für die Wahrheit hält. Wenn nun zwei Gruppen unterschiedliche Auffassungen der Wirklichkeit haben, dann leben die Mitglieder der Gruppen in unterschiedlichen subjektiven Wirklichkeiten. Holocaust-Leugner, Anhänger von Sekten oder Verschwörungstheorien, das Volk eines Landes, das sich im Krieg befindet – sie alle leben als Mitglieder ihrer Gruppe in einer anderen Wirklichkeit als die Mitglieder der anderen Gruppe. Der Druck ist oft enorm, denn wer der Wirklichkeit der Gruppe widerspricht, sie hinterfragt oder kritisiert, wird bestraft oder ausgeschlossen – mit der gleichen Entrüstung, die auf jemanden bei Normverletzungen niedergeht. Aussteiger aus Sekten, rechtsextremen Gruppierungen oder terroristischen Vereinigungen berichten typischerweise, dass sie sich in ihrer Gruppe sozial verankert gefühlt haben, dass sie Angst vor dem Ausstoß aus der Gruppe hatten und Angst vor dem Verlust all ihrer sozialen Kontakte oder gar vor gewalttätigen Sanktionen. Sie berichten auch, dies habe sie »naiv« gemacht gegenüber den Glaubensinhalten der Gruppe. Unter Gruppenzwang öffnet sich der unterbewusste Wirklichkeitsfilter für die absurdesten Vorstellungen, wodurch diese Vorstellungen in das eigene Wirklichkeitsmodell übernommen werden. Für Vorstellungen, die der eigenen Gruppe widersprechen, hält das garstige Unterbewusste seinen Wirklichkeitsfilter geschlossen.

Glücklicherweise hat sich bei Aussteigern der Wirklichkeitsfilter schließlich erneut geöffnet durch die *bewusste* Entdeckung von Ungereimtheiten oder durch die Entdeckung, dass ihre Mitgliedschaft sie in ihrer Würde, Selbstbestimmung und Lebensqualität einschränkt. Beratungsstellen, Selbsthilfegruppen oder YouTube-Videos von Aussteigern können dabei helfen. Auch helfen kann es, sich bewusst zu machen, dass die eigene Identität eben nicht die Gruppen-Identität ist und man daher bei Aufgabe seiner Gruppen-Identität seine eigene, tatsächliche Identität behält (siehe Kapitel *Gruppen-Identität und Reaktionen auf Fremdgruppen*, Seite 212).

Die beste Überzeugungsarbeit besteht aus dem Finden von Gemeinsamkeiten

Menschen können also in unterschiedlichen subjektiven Wirklichkeiten leben, natürlich auch dann, wenn sie der gleichen Gruppe angehören. Um dies zu erkennen, brauchen wir beim nächsten Streit nur laut zu fragen, wer Schuld hat, und dann unsere Meinungen darüber zu vergleichen … Das größte Hindernis, das der Lösung jedes Konflikts im Weg steht, ist, dass sich die Wirklichkeitsmodelle beider Konfliktparteien unterscheiden. Die Parteien haben unterschiedliche Überzeugungen davon, wie sich jeder der Beteiligten verhalten hat, was die Ursachen dafür waren und wie das jeweilige Verhalten zu bewerten sei. Die unterbewussten Wirklichkeitsfilter beider Parteien haben unterschiedliche Informationen passieren lassen (oder eben auch nicht). Eheleute, die sich im Streit getrennt haben, leben tragischerweise in unterschiedlichen Wirklichkeiten, ebenso wie verfeindete Menschen unterschiedlicher Parteien, Religionen, Nationen usw.

Was kann bei der Einigung helfen? Es hilft hierbei die bewusste Entdeckung dessen, was beide Wirklichkeiten trotz allen Streits *gemeinsam* haben, also die Entdeckung derjenigen gemeinsamen Fakten, die beide Wirklichkeiten teilen. Erstaunlicherweise sind sich nämlich selbst die zerstrittensten Personen über tausend Dinge einig, trotz der wenigen Tatsachen, über die sie sich uneinig sind. Dies erleichtert das bewusste Nachvollziehen der Perspektive des anderen. Die beste Überzeugungsarbeit besteht aus dem Finden von Gemeinsamkeiten.

Hingegen ist das Hoffen darauf, dass beide Parteien irgendwann eine gemeinsame Wirklichkeit teilen, jedoch wenig zielführend, weil dieses Happy-End-Szenario meist dem Wunsch entspringt, dass der andere, bitte schön, meine Sicht der Dinge übernehme. Vielleicht tröstet es, dass wir oft nur deshalb so stark auf unsere Sicht der Wirklichkeit pochen, weil es aufgrund des unterbewussten Verlust-Frusts doppelt schmerzen würde, die eigene Wirklichkeit einzubüßen.

Wie können wir den Wirklichkeitsfilter öffnen?

Bewusste Gedanken oder auch gespeicherte Erinnerungen können die Öffnung des Wirklichkeitsfilters aktivieren, wenn Nervenzellen in unterschiedlichen Gebieten des Neokortex immer wieder gleichzeitig feuern. Je stärker solch eine synchrone neuronale Aktivität ist, desto höher ist die Wahrscheinlichkeit, dass sich der unterbewusste Wirklichkeitsfilter öffnet.[2] Deswegen steigt die Chance für dessen Öffnung mit logischem bewusstem Denken. Ein Beispiel: Wenn wir unseren Wirklichkeitsfilter durch bewusstes Erkennen einer negativen Emotion öffnen, können wir emotionale Sogwirkungen ausschalten – und schon stellen sich die fürchterlichen Probleme, die wir vorher hatten, als viel kleiner und unwichtiger dar als zuvor (siehe dazu auch Kapitel *Höllenspiralen und Sogwirkungen*, Seite 23). Solch eine Öffnung des Wirklichkeitsfilters ist vergleichbar mit einer Situation im Kino, in der wir uns bewusst vergegenwärtigen, dass das alles »nur ein Film« ist, oder wenn wir negative Gedankenschleifen bewusst erkennen und feststellen, dass es »nur Gedanken« sind.

Der Orbitofrontalkortex kann solch eine neokortikale Synchronisation bremsen – das Unterbewusste kann also die bewusste Öffnung des Wirklichkeitsfilters hemmen und damit irrationale Gedanken und Illusionen aufrechterhalten. Deswegen scheint es manchmal so schwer, seine Emotionen zu regulieren, und deswegen ist das bewusste rationale Denken oft so mühsam: Das Öffnen des Wirklichkeitsfilters kostet Arbeit. Übrigens hemmt ein Übermaß an Dopamin im Orbitofrontalhirn die Öffnung des Wirklichkeitsfilters – Schizophrene mit zu viel Dopamin im Orbitofrontalhirn haben Realitätsverlust, und Frischverliebte sehen die Welt viel rosiger, als sie ist.

Genau wie Patienten mit Realitätsverlust können Gesunde ebenfalls in ihrer eigenen Wirklichkeit leben. Der entscheidende Unterschied zwischen Patienten und Gesunden ist lediglich, dass sich der Wirklichkeitsfilter bei den Gesunden leichter öffnet als bei den Patienten und sie sich daher eher rational davon überzeugen lassen, dass keine Außerirdischen ihnen die Gedanken mithilfe von 5G-Funktürmen aus dem Kopf ziehen wollen … Patienten mit Schädigung des hinteren Orbitofrontalhirns halten ihre Erinnerungen für die gegenwärtige Wirklichkeit, Psychose-Patienten mit Schizophrenie-Spektrum-Störung halten ihre Wahnvorstellungen für die Wirklichkeit, Verschwörungstheoretiker halten ihre Theorie für die Wirklichkeit – und wir selber halten unsere Weltsicht für die Wirklichkeit. Wir denken zwar alle, *unsere* Vorstellung der Wirklichkeit korrespondiere mit dem, was *tatsächlich wahr* ist, das liegt jedoch nur daran, dass unser Unterbewusstes eben ein *Gefühl von Realität* für unsere Sicht der Wirklichkeit erzeugt – ebenso wie bei einem Schizophrenie-Patienten. Tatsächlich sind es nur winzige graduelle Unterschiede in der Aktivität des Wirklichkeitsfilters zwischen der Wahnvorstellung eines Schizophrenen, dem Glauben an eine Verschwörungstheorie oder dem Glauben des Wissenschaftlers an seine Theorie. Bei Donald Trump und seinen Anhängern öffnet sich der Wirklichkeitsfilter nicht gegenüber der objektiven Tatsache, dass er die letzte Wahl verloren hat. Bei Albert Einstein hingegen hat sich der Wirklichkeitsfilter immer wieder geöffnet, damit er seine theoretischen Überlegungen revidieren konnte. Das Hinterfragen der eigenen Wirklichkeit und die Öffnung des Wirklichkeitsfilters erweitern unsere Sicht der Dinge also erheblich. Grund genug, unsere eigene Wirklichkeit immer mal wieder zu hinterfragen.

Der Wirklichkeitsfilter ist eine Sicherheitsvorkehrung des Unterbewussten

Warum hat das Unterbewusste überhaupt einen Wirklichkeitsfilter, wenn wir doch mit unserem Bewusstsein ein viel tauglicheres Instrument haben, um zu erkennen, welche unserer Gedanken Irrtümer sind und welche nicht? In der Evolution war der Wirklichkeitsfilter von Vorteil: In Gefahrensituationen kann er den evolutionär gewachsenen Funktionen des Orbitofrontalhirns (Risiko-Vertigo, Risiko-Bereitschaft, Bewertungs-Funktion usw.) den *Vorrang* gegenüber den phylogenetisch neuen Funktionen des

Neokortex einräumen, also zum Beispiel gegenüber dem rationalen Abwägen von Handlungsoptionen. Der Wirklichkeitsfilter funktioniert sozusagen wie eine Sicherheitsvorkehrung: In gefährlichen Situationen nehmen die evolutionär bewährten Emotionssysteme dem Bewusstsein das Steuer aus der Hand. Dabei bleibt der Wirklichkeitsfilter geschlossen und verhindert somit, dass der Neokortex in die Bewältigung der Situation hineinfunkt. Je gefährlicher eine Situation ist, desto wichtiger ist eine rasche Entscheidung und desto schwieriger ist es für das Bewusstsein, also für den Neokortex, das Kommando zu übernehmen. Deswegen werden wir schnell blind, wenn wir uns in Not fühlen, und haben Schwierigkeiten, unsere Sorgen und Ängste bewusst zu kontrollieren.

Aus demselben Grund wacht der Wirklichkeitsfilter über die Vorhersagemodelle des Gehirns. Treffsichere Vorhersagemodelle sind überlebenswichtig. Zum Beispiel ist es für das Überleben der Spitzmaus entscheidend, dass ihr Unterbewusstes vorhersagen kann, dass der Grashüpfer wahrscheinlich wegspringt und der Käfer nicht. Unsere Orbitofrontalhirne bewahren unsere Vorhersagemodelle, indem sie ihre Wirklichkeitsfilter geschlossen halten: Ich kann das Vorhersagemodell meines Gehirns nicht einfach durch einen Traum oder meine Gedankenwelt ändern. Wenn ich mir in meiner bewussten Gedankenwelt vorstelle, dass ich fliegen kann, bleibt mein unterbewusstes Vorhersagemodell davon unberührt. Nur eine *Änderung* der Wirklichkeit erfordert ein neues Vorhersagemodell, ansonsten kann das bisherige Modell beibehalten werden. Solche Änderungen der Wirklichkeit müssen durch *Erfahrung* erkannt werden, wobei eine Änderung des Vorhersagemodells eine Öffnung des Wirklichkeitsfilters erfordert (etwa dahingehend: »Nee, dieses Verhalten bringt jetzt keinen Gewinn mehr«, »Was vorher Gewinn bedeutet hat, bedeutet nun Verlust«, oder »Aha, nun winkt ein Gewinn nicht mehr hier, sondern dort«).

Das eigene Wirklichkeitsmodell und das eigene Vorhersagemodell hängen eng miteinander zusammen. In meiner Wirklichkeit geht die Spülmaschine an, wenn ich den Knopf drücke. Wenn ich den Hahn aufdrehe, fließt Wasser. Wenn ich den Bogen auf meiner Geige spiele, erklingt ein Ton. Ohne mein Vorhersagemodell würde mein Wirklichkeitsmodell zusammenbrechen – jedes Geschehnis wäre völlig unvorhersehbar und die Welt unerträglich chaotisch. Ich würde dann in einer surrealen Welt leben, in der plötzlich die Spülmaschine angeht, das Wasser unvorhersehbar beginnt, aus dem Hahn zu fließen und meine Geige zufällig unheimliche Töne von sich gibt. Umgekehrt würde mein Vorhersagemodell ohne ein brauchbares Wirklichkeitsmodell schnell zusammenbrechen, denn man muss wissen, ob ein Vorhersagemodell für eine bestimmte Situation gilt oder nicht: Wenn ich im Elektrogeschäft den Knopf einer Spülmaschine bestätige, erwarte ich nicht, dass sie angeht. Das Gehirn der Patientin, die immer wieder im Krankenhaus nach ihren Gerichtsakten suchte, konnte sich nicht daran anpassen, dass ihre Erwartungen stets enttäuscht wurden – und so lebte sie fortwährend in einer vermeintlichen Wirklichkeit. Ein Tier mit Läsion des hinteren Orbitofrontalhirns kann seine Vorhersagemodelle nicht mehr an neue Situationen anpassen und sucht daher nach wie vor eine Belohnung an der Stelle, an der es nun statt Futter nur noch einen Elektroschock gibt.

Der unterbewusste Wirklichkeitsfilter ermöglicht dem Menschen autonoetisches Bewusstsein

Im Laufe der Evolution ermöglichte der Wirklichkeitsfilter dem Orbitofrontalhirn außerdem, Erinnerungen als Erinnerungen zu erkennen und somit am folgenden Morgen zu wissen, ob wir tags zuvor etwas nur gedacht oder aber wirklich erlebt haben. Daher ermöglicht der Wirklichkeitsfilter es uns, mental in die Vergangenheit zu reisen, denn er etikettiert autobiografische Erinnerungen als Erinnerungen und eben nicht als Teil der gegenwärtig erlebten Realität. In der Fachsprache sagen wir, dass der Wirklichkeitsfilter uns *autonoetisches Bewusstsein* ermöglicht, also Bewusstsein von Erinnerungen und Gedanken, die uns selbst betreffen. Die Anwältin, die auf der Station ihre Akten suchte, und die pensionierte Psychiaterin, die zu ihren Patienten wollte, konnten nicht mehr erkennen, dass ihre autobiografischen Erinnerungen nicht Teil der Gegenwart waren. Unser autonoetisches Bewusstsein ermöglicht es uns auch, Überlegungen darüber anzustellen, inwieweit Vergangenes zu unserer Gegenwart geführt hat. Ich kann mich beispielsweise an meine Zeit als Musikstudent erinnern und mir zugleich vorstellen, wie mein Leben anders verlaufen wäre, wenn ich nach dem Abschlusskonzert meines Musikstudiums nicht am nächsten Morgen mit meinem Bruder zum Bahnhof gefahren und in den Zug nach Leipzig gestiegen wäre, um dort Psychologie und Soziologie zu studieren.

Allerdings kann uns der Wirklichkeitsfilter mit seiner Gedächtnisfunktion auch schwer in die Irre führen, denn er kann auch *im Nachhinein* autobiografische Erinnerungen bilden, also *falsche* »Erinnerungen« an Ereignisse, die niemals stattgefunden haben. In Experimenten können solche »falschen Erinnerungen« implantiert werden. Eine Testperson erinnert sich dann zum Beispiel daran, dass sie als Kind eine Begegnung mit Bugs Bunny in Disneyworld hatte, ihm die Hand geschüttelt hat und von ihm begrüßt wurde – was unmöglich passiert sein kann, da Bugs Bunny keine Disney-Figur ist … Mehrere Studien zeigen: Das Orbitofrontalhirn ist an falschen Erinnerungen beteiligt; es trägt dazu bei, falsche Vorstellungen für wirkliche Geschehnisse zu halten.[3]

Für das absichtliche Einpflanzen falscher Erinnerungen wird meist an Ereignisse angeknüpft, die tatsächlich stattgefunden haben. In Experimenten können bei etwa einem Drittel der Testpersonen falsche Erinnerungen implantiert werden, und im richtigen Leben »erinnert« sich wahrscheinlich jeder Mensch auch an Dinge, die er nie erlebt hat. Der Wirklichkeitsfilter braucht sich nur kurz zu öffnen, und schon werden die implantierten Erinnerungen als tatsächliche Erinnerungen empfunden. Dies kann fatale Folgen haben, wenn etwa im Verlauf einer tiefenpsychologischen Psychotherapie versehentlich falsche Erinnerungen an traumatische Erlebnisse gesät werden. Dies geschieht leicht, wenn der Therapeut bzw. die Therapeutin an wirkliche Begebenheiten der Kindheit anknüpft und wiederholt Vorschläge dahingehend macht, was damals wohl geschehen sein könnte, etwa körperliche oder sexuelle Gewalt. Dies hat in vielen Fällen zu Entzweiung geführt, Gerichtsverhandlungen etc., meist mit Anschuldigungen sexuellen Missbrauchs, an die sich die Person erst im Laufe der Psychotherapie wieder erinnert hat. Die Psychologin Elizabeth Loftus fand Fälle, in denen bewiesen werden konnte, dass es sich dabei um falsche Erinnerungen handeln musste.[4] Dies ist ein extrem kontroverses Minenfeld, denn traumatische Erinnerungen in der Kindheit können der Schlüssel für spätere Probleme sein, und viele Psychotherapeuten vermuten, dass die Erinnerungen an traumatische Erlebnisse verdrängt sein können. Wissenschaftliche Daten zeigen jedoch, dass traumatische Erlebnisse bis auf sehr spezielle Ausnahmefälle durchaus erinnert werden.[5] Die falschen Erinnerungen sind ein weiteres Beispiel dafür, wie das Unterbewusste die subjektive Wirklichkeit einer Person konstruieren kann – der Wirklichkeitsfilter muss sich nur einmal im falschen Moment öffnen, und schon erinnert sich die Person daran, in einem früheren Leben Napoleon gewesen zu sein oder daran, dass sie von Außerirdischen entführt wurde.

Umgekehrt trägt der unterbewusste Wirklichkeitsfilter dazu bei, dass einige vergangene Ereignisse mehr »präsent« sind, also eher zur Gegenwart gehörig eingeordnet werden (»ver-gegenwärtigt« werden), als sie eigentlich sind. Vergangene stressende, traumatische oder ärgerliche Ereignisse können dadurch gegenwärtiger erscheinen, als sie sind. Das Unterbewusste macht sie gefühlsmäßig zum Teil der Gegenwart. Wir schätzen dann die Gegenwärtigkeit vergangener Ereignisse falsch ein und hängen negativen stressenden Erinnerungen übermäßig stark nach. Hier kann es helfen, klar zu erkennen, dass vergangene Geschehnisse tatsächlich der *Vergangenheit* angehören, also auch nicht mehr geändert werden können – im Gegensatz zur Gegenwart und zur Zukunft.

Der Wirklichkeitsfilter ist ein Überlebensfilter

Der Wirklichkeitsfilter etikettiert die unterbewussten Verzerrungen der Wirklichkeit durch Risiko-Vertigo, Risiko-Bereitschaft und Verlust-Frust als Wirklichkeit – so wie er auch alle anderen unterbewussten Gedanken und Irrtümer als Wirklichkeit etikettiert. Diese Verzerrungen dienen ja dazu, den subjektiven Wert von Alternativen, das heißt von möglichen Gewinnen und Verlusten, so einzuschätzen, wie es sich evolutionär am vorteilhaftesten erwiesen hat. Bei der Auswahl dieser Alternativen geht es also letztlich ums Überleben des Individuums und der Spezies. Der Wirklichkeitsfilter ist daher sozusagen auch ein Überlebensfilter. Deswegen ist das Unterbewusste so versessen auf die Kontrolle über den Wirklichkeitsfilter und lässt sich manchmal nur sehr schwer von der Öffnung des Filters überzeugen. Es hält den Wirklichkeitsfilter plausiblerweise geschlossen, wenn eine Öffnung zu Verlust führen würde bzw. wenn bei einer Öffnung Gewinne ausblieben. Solche Gewinne beschränken sich nicht nur auf Käfer und Grashüpfer, sondern umfassen auch, zu einer Gruppe zu gehören und von einer Gruppe akzeptiert zu werden.

Um Gewinne zu erzielen oder die Ansichten der eigenen Gruppe zu verteidigen, beugt unser Gehirn die Wahrheit so, wie es seinen jeweiligen Interessen entspricht. Eine Unwahrheit *fühlt* sich dann entweder wahr an oder zumindest nicht mehr so falsch bzw. schmerzhaft an. Manager von Lehman Brothers lebten in einer verqueren Wirklichkeit, in der es in Ordnung war, riskante Darlehen zu vertuschen. Für einige VW-Manager waren Vorrichtungen zum Betrug bei der Abgasmessung angesichts der winkenden

Profite akzeptabel. In der eigenen Wirklichkeit der neuen Top-Manager von Boeing waren die teuren Sicherheitsmaßnahmen übertrieben, was zum Absturz von zwei 737-MAX-Flugzeugen führte. Die Denkfehler dieser Personen zogen besonders hohe Kosten nach sich.

Aber natürlich legen nicht nur Manager sich ihre Wirklichkeit unterbewusst so zurecht, wie es ihnen am besten passt, sondern wir alle. Die dunkle Seite unseres Gehirns arbeitet uns dabei zu, denn der unterbewusste Wirklichkeitsfilter kann »kognitive Dissonanz« eliminieren. Darum geht es im nächsten Abschnitt.

Kognitive Dissonanz

In einer von Aesops Fabeln kommt ein Fuchs nicht an die hoch hängenden Trauben heran und sagt sich dann: »Pah, die sind eh zu sauer.« Der Fuchs entspannt dadurch die sogenannte »kognitive Dissonanz«, die sich aus dem Widerspruch zwischen seinem Wunsch und der Wirklichkeit ergibt. Die Theorie der »kognitiven Dissonanz« von Leon Festinger ist die einflussreichste Theorie der Sozialpsychologie und eines der bekanntesten psychologischen Themen überhaupt. Zusammengefasst lautet die Theorie wie folgt: Wenn man zwei Gedanken hat, die miteinander im Konflikt stehen, ist dies *unangenehm*, und man hat ein starkes *Bedürfnis*, diesen Konflikt zu beseitigen. Das Gleiche gilt, wenn man eine Entscheidung trifft, die mit den eigenen Einstellungen, Werten oder Zielen im Konflikt steht.

Kognitive Dissonanz ist besonders stark, wenn ein autonoetischer Konflikt besteht, wenn also die Gedanken *über einen selbst* im Widerspruch zur Wirklichkeit stehen. Wenn der Fuchs nicht an die Trauben rankommt, empfinden wir als Leser keine kognitive Dissonanz – nur wenn wir *selbst* nicht an die Trauben kommen, legen wir uns unsere Wirklichkeit entsprechend zurecht. Wir tun dies, um Meinungen, Bewertungen und Gedanken zu meiden, die mit unserem *Selbstkonzept* dissonant sind, etwa solche Gedanken, aufgrund derer wir uns inkompetent, schuldig oder abgelehnt fühlen. Wenn man lügt, fühlt man sich schlecht und biegt sich deshalb die Wirklichkeit dahingehend zurecht, dass man sich besser fühlt. Zum Beispiel sagen wir uns, dass die Lüge im Grunde genommen eine Wahrheit sei, oder dass wir aus höheren Motiven gelogen hätten (etwa um den anderen nicht zu beleidigen) oder dass es ja nur eine triviale Notlüge war. Je mehr sich jemand übrigens selbst wertschätzt, je wichtiger jemandem also Integrität, Ehrlichkeit und Zuverlässigkeit sind, desto weniger wird die Person lügen und betrügen, da dies ansonsten nicht im Einklang mit ihren Werten wäre.

Um kognitive Dissonanz zu vermeiden, umgeben wir uns gerne mit Personen, zu denen unsere unterbewusste Weltsicht nicht im Widerspruch steht. Wenn ich zu einer Gruppe von Personen gehöre, die Sport ablehnen und sich ungesund ernähren, ecke ich mit meiner Trägheit nicht an. Zähle ich zu einer Gruppe, in der es normal ist, ständig über die Welt und alles Schreckliche in ihr zu lästern, kann ich meiner pessimistischen Weltsicht freien Lauf lassen. Wer sich selbst als folgsam und lenkbar ansieht, wird sich von sich aus mit Personen umgeben, die ihn führen. Wer sich als Anführer sieht, wird sich mit Personen umgeben, die ihm folgen.

Das Unterbewusste entspannt kognitive Dissonanz mithilfe des Wirklichkeitsfilters: Bei unangenehmer kognitiver Dissonanz öffnet sich der Wirklichkeitsfilter für diejenigen Gedanken, welche die gegenwärtige Wirklichkeit angenehmer machen. Das Unterbewusste passt durch Öffnung des Wirklichkeitsfilters unsere Weltsicht an die Gegebenheiten an, somit wird Unbehagen beseitigt und die Konsistenz des Wertesystems wieder hergestellt.

Hier einige Beispiele für mentale Vorgänge, welche kognitive Dissonanz durch Anpassung der eigenen Wirklichkeit beseitigen:

- Wir *ändern* eine Bewertung, die nicht ins Bild passt, sodass sie konsonant wird mit den Umständen. Der Abflug verspätet sich dafür hat man nun Zeit, sich etwas zu essen zu besorgen; man bekommt eine Absage auf eine Stellenbewerbung und sagt sich daraufhin, dass die Firma sowieso nicht zu einem passe; ein Artikel ist ausverkauft, deswegen nimmt man einen anderen und findet den nun sogar besser. Das Gleiche gilt für das Ändern von Meinungen, Werten etc.

- Wir rechtfertigen bzw. erklären eine falsche Handlung dadurch, dass wir neue Gedanken *hinzufügen*. Ein Raucher sagt sich etwa: »Rauchen kann zwar der Gesundheit schaden, aber es entspannt, und man lebt ja nur einmal, außerdem soll Nikotin vor Demenz schützen.« Oder man konstruiert bei einer Notlüge höhere Motive – etwa schwindelt man, dass einem ein Geschenk gefalle, rechtfertigt dies aber dadurch, dass man den anderen nicht kränken wolle. Oder man hat etwas falsch gemacht und denkt sich: »Ja, gut, das war jetzt falsch, aber ich habe vorher in ähnlichen Situationen auch schon vorbildlich gehandelt, und immer perfekt handelt ja keiner.«
- Wir *trivialisieren* eine Handlung, einen Gedanken usw. – dadurch wird er unwichtig. Ein Raucher sagt sich: »Durch Rauchen steigt lediglich das Risiko zu erkranken, aber für eine Person meiner Konstitution ist das Risiko viel niedriger, eigentlich verschwindend gering, daher wird es mich schon nicht betreffen.« Oder man denkt sich: »Süßigkeiten sind zwar ungesund und machen dick, aber es ist ja nur ein Keks, der fällt nicht ins Gewicht.« Oder: »Fliegen ist zwar schädlich fürs Klima, aber ein einziger Flug macht ja praktisch nichts aus.«
- Wir *vermeiden* aktiv Informationen, die unserer Weltsicht widersprechen, zum Beispiel ignorieren oder leugnen wir sie.

Kognitive Dissonanz entsteht im Orbitofrontalhirn und wird auch dort aufgelöst: Das Team des Psychologen Matthew Lieberman zeigte Testpersonen Snacks, wobei die Testpersonen auf einer Skala von 1 bis 10 angaben, wie sehr sie diesen Snack mochten. Anschließend stellte das Forscherteam zwei Snacks zur Auswahl, von denen sich die Testperson einen mit nach Hause nehmen durfte. Allerdings stellte das Forscherteam heimtückischerweise immer nur zwei Snacks zur Wahl, die zuvor von der Testperson als ähnlich attraktiv beurteilt worden waren – die Entscheidung war daher schwierig. Nach der Wahl wurden die Testpersonen dann erneut um die Angabe der Attraktivität der Snacks gebeten: Nun wurde der *gewählte* Snack deutlich positiver bewertet und der *abgelehnte* deutlich negativer. Die Bewertung bzw. die Meinung wurde geändert, und zwar dahingehend, dass der ausgewählte Snack nun ziemlich toll war und der abgelehnte Snack letztlich unattraktiv. Zunächst hatten die Testpersonen den Snack gewählt, weil sie ihn *mochten*, und anschließend mochten sie ihn, weil sie ihn *gewählt* hatten. Je deutlicher diese Meinungsänderung war, desto stärker war der (mittlere) Orbitofrontalkortex aktiv.[6] Vor dem ersten Smartphone-Kauf haben wir wochenlang hin und her überlegt, ob wir ein iPhone oder ein Android-Smartphone kaufen sollen. Aber sobald wir das Gerät bezahlt und in den Händen hatten, war ein iPhone (oder Android) plötzlich klar die beste Wahl.

Ein ähnlich trickreiches Experiment ersann der Psychologe Jan de Vries. Er fragte Testpersonen im Hirnscanner, ob sie Aussagen wie die folgende unterstützen: »Ein gutes Vorbild im Straßenverkehr zu sein kann Kinderleben retten. Ich sollte mein Bestes geben, um ein gutes Beispiel zu geben.« Eine Aussage, die jeder emphatisch bejaht. Nun wurden die Testpersonen gefragt: »Sind sie jemals in der Anwesenheit eines Kindes bei Rot über die Ampel gegangen?« Diese Frage provoziert kognitive Dissonanz, da fast jeder schon einmal in Anwesenheit eines Kindes bei Rot über eine Ampel gegangen ist. In den Hirndaten fanden die Forscher, dass bei den dissonanten Fragen das Orbitofrontalhirn aktiv wurde (sowie weitere Strukturen im Gehirn).[7]

Diese Ergebnisse zeigen: Das Unterbewusste öffnet den Wirklichkeitsfilter für das Ändern, Rechtfertigen oder Trivialisieren von Gedanken und Handlungen, und beseitigt somit das Unbehagen des Konflikts sich widersprechender Gedanken und Meinungen. Interessanterweise kann man sich dies auch zunutze machen, um Einstellungen und Meinungen zu ändern. Viele denken, man müsse erst seine Einstellung ändern, um sein Verhalten zu ändern. Tatsächlich sorgt das Unterbewusste stets dafür, dass die Einstellung *folgt*, sobald man sein Verhalten ändert. Wenn wir zum Beispiel erst einmal anfangen, uns gesund zu ernähren, schmecken uns die gesunden Speisen viel besser, und wir können kaum glauben, was wir uns vorher alles so einverleibt haben.

Dissonante Erinnerungen werden vom Unterbewussten ungern aktiviert

Selbst Erinnerungen können kognitiv dissonant sein. Wenn man eine Lebensphase als insgesamt eher negativ in Erinnerung hat, dann sind einzelne positive Erinnerungen aus jener Zeit dissonant. Personen, die sich an eine Scheidungsperiode oder Lebenskrise erinnern, können sich kaum an besonders erfreuliche Ereignisse aus dieser Zeit erinnern. Denken sie jedoch an ihre Heirat oder an die Geburt eines Kindes zurück, erinnern sie sich selten an unerfreuliche Ereignisse in dieser Zeit – und das, obwohl in allen Lebensphasen sowohl erfreuliche als auch unerfreuliche Ereignisse auftreten. Beim Zurückdenken an die glückliche Lebensphase nach der Geburt eines Kindes erinnern wir uns kaum an das Geschrei oder die schlaflosen Nächte. Dies liegt daran, dass das Unterbewusste den Wirklichkeitsfilter vorzugsweise für konsonante Erinnerungen öffnet und ihn für dissonante gerne geschlossen hält. Auf diese Weise konstruiert das Unterbewusste im Nachhinein »konsonante« homogene Lebensphasen, bei denen alle Erinnerungen harmonisch in ein einfaches, eindeutiges Bild passen. Inkonsistenzen löst das Unterbewusste mit den gleichen Vorgängen auf, mit denen es auch kognitive Dissonanzen auflöst (Trivialisieren, Rechtfertigen, Leugnen usw.). Die Erinnerungen sind nicht gelöscht – wenn uns jemand speziell an etwas erinnert, kommen die Erinnerungen auch wieder. Die Erinnerungen werden jedoch vom Unterbewussten vorzugsweise nicht aktiviert.

Wenn wir eine Lebenskrise bewältigen, hilft es beim Rückblick, bewusst auch an die *positiven* Geschehnisse dieser Zeit zurückzudenken. Zudem hilft es, positive Aspekte der Krise zu erkennen, etwa dass wir die Krise überlebt haben, dass wir die Stärke hatten durchzuhalten, oder vielleicht, dass wir uns an einer anderen Person trotz deren Gemeinheiten nicht gerächt haben. Dadurch können wir negative Kapitel unseres Lebens leichter zum Abschluss bringen und zu einem Teil der interessanten und spannenden Geschichte unseres Lebens machen. Wer dies tut, fördert die eigene geistige Gesundheit und das eigene Wohlbefinden.[8]

6

Die unterbewusste Persönlichkeit

Unterbewusste Bindungsstile

Im Jahre 1985 veröffentlichten die Sozialpsychologen Cindy Hazan und Phillip Shaver einen Fragebogen in den *Rocky Mountain News*, mit dem sie die Bindungsstile von Personen in Liebesbeziehungen erforschten.[1] Wenn es Sie interessiert, welchen Bindungsstil Sie haben, lesen Sie die folgenden drei Beschreibungen und beurteilen Sie, welche der drei Beschreibungen am ehesten auf Sie zutrifft. Sie können die Fragen dahingehend beantworten, wie Sie sich normalerweise in Liebesbeziehungen fühlen oder auch gegenüber einem bestimmten Partner bzw. einer bestimmten Partnerin.

(1) Es fällt mir relativ leicht, anderen innerlich nahezukommen, und ich fühle mich wohl, wenn ich mich auf sie verlassen kann und sie sich auf mich. Ich mache mir kaum Sorgen darüber, verlassen zu werden oder dass mir jemand zu nahe kommt.

(2) Ich empfinde, dass andere mir innerlich nicht so nahekommen wollen, wie ich es mir wünsche. Ich mache mir oft Sorgen, dass mein Partner mich nicht liebt oder nicht bei mir bleiben will. Ich möchte meinem Partner sehr nahe kommen, und dieser Wunsch schreckt andere manchmal ab.

(3) Ich fühle mich etwas unwohl, anderen innerlich nahezukommen. Es fällt mir schwer, ihnen völlig zu vertrauen, und ich möchte ungern angewiesen auf sie sein. Ich werde nervös, wenn mir jemand zu nahe kommt. Andere wollen oft von mir, dass ich ihnen näherkomme bzw. ein innigeres Verhältnis mit ihnen habe, als mir lieb ist.

Wenn (1) auf Sie zutrifft, haben Sie einen *sicheren Bindungsstil*. Personen mit diesem Bindungsstil fühlen sich sicher, dass andere

Menschen für sie da sein werden, wenn sie sie brauchen. Sie gehen selbstbewusst mit anderen um – sie sind zum Beispiel zuversichtlich, dass andere Menschen sie mögen und respektieren werden. Zudem haben sie eine eher entspannte, positive Selbstsicht und sehen andere eher als unterstützend und hilfreich an. Sie empfinden gegenseitige Angewiesenheit als positiv.

Wenn (2) auf Sie zutrifft, haben Sie einen *unsicher-sorgenvollen Bindungsstil.* Personen mit diesem Beziehungsstil machen sich Sorgen, dass andere sich weniger um sie kümmern, als sie sich um andere kümmern. Sie machen sich viele Gedanken über ihre Beziehungen und fühlen sich oft ausgegrenzt oder allein. Überhaupt erleben sie oft negative Emotionen, dramatisieren diese und tendieren dazu, diese intensiv oder impulsiv an anderen abzureagieren. Sie haben eine eher negative Selbstsicht und versprechen sich Hilfe und Direktiven von anderen. Sie sind unsicher im Hinblick auf die Reaktionen anderer, haben einen starken Wunsch nach Nähe und Intimität sowie große Sorge vor Zurückweisung.

Wenn (3) auf Sie zutrifft, haben Sie einen *unsicher-vermeidenden Bindungsstil.* Personen mit diesem Bindungsstil ziehen es vor, für sich zu bleiben. Es fällt ihnen schwer, anderen Menschen zu vertrauen. Sie haben zwar eine eher positive Selbstsicht, sehen andere jedoch als generell eher nicht unterstützend an, sind unsicher bezüglich der Absichten anderer und haben eine Vorliebe für emotionale Distanz.

Personen mit sicherem Bindungsstil haben eher warme, stabile und zufriedenstellende enge Beziehungen als Personen mit unsicheren Bindungsstilen. Sie weisen auch ein höheres Maß an Ehrlichkeit, Vertrauen sowie sozialer Unterstützung auf und neigen dazu, ein positives, stimmiges Bild von sich selbst zu haben. Darüber hinaus verlassen sich sichere Personen bei der Bewältigung von Stress eher auf konstruktive Strategien, während vermeidende Personen mehr zu distanzierenden Strategien neigen und sorgenvolle Personen eher einen Hang zu negativen Gedankenschleifen haben.

Die meisten Personen haben mehrere Bindungsstile im Repertoire und können unterschiedliche Bindungsstile zu unterschiedlichen Personen pflegen – zum Beispiel einen sicheren Bindungsstil mit einem Elternteil und einen unsicheren mit dem anderen oder einen sicheren Stil in einer Liebesbeziehung und einen unsicheren in einer anderen. Eine sichere oder unsichere Bindung zu einer bestimmten Person können Sie daran erkennen, ob Sie Ihre Probleme mit dieser Person besprechen und sich an sie wenden können, wenn Sie Hilfe brauchen, und ihr ehrlich mitteilen können, wie Sie sich innerlich fühlen. Sie erkennen es auch daran, ob Sie Sorge haben, von dieser Person verurteilt oder gar verlassen zu werden, oder sich sorgen, dass sich diese Person eigentlich nicht wirklich für Sie interessiert bzw. nicht so sehr für Sie interessiert wie Sie sich für sie. Oder daran, wie sicher Sie sich sind, dass Sie sich auf diese Person voll und ganz verlassen können. In einer Liebesbeziehung sind Eifersucht oder gar Gewalt deutliche Zeichen für eine unsichere Bindung.

Unsere persönlichen Bindungsstile sind unterbewusst; unser Unterbewusstes lenkt unser Bindungsverhalten gegenüber anderen und beeinflusst unsere Empfindungen dabei. Der Beleg dafür ist, dass sich die unterbewussten Bindungsstile auch in unterschiedlicher Aktivität des Orbitofrontalhirns (dem Sitz des Unterbewussten) widerspiegeln. Das Orbitofrontalhirn einer Person mit unsicherem Bindungsstil hat weniger Rezeptoren für endogene Opioide.[2] Zu diesen endogenen Opioiden gehören zum Beispiel Endorphine, die vielen wegen ihrer schmerzstillenden oder euphorisierenden Wirkung bekannt sind. Sie unterstützen jedoch auch das Entstehen sozialer Bindungen und fördern Verhaltensweisen, die mit sozialen Bindungen zusammenhängen. Dazu zählen Lachen, Spielen, Streicheln sowie übrigens auch synchrones Bewegen (deswegen kann gemeinsames Musikmachen oder Tanzen soziale Bindungen herstellen). Die Ausschüttung körpereigener Opioide erleichtert menschliche Begegnung und trägt dazu bei, dass enge menschliche Bindungen entstehen. Personen mit unsicherem Bindungsstil haben also weniger Rezeptoren für soziale Bindungsmoleküle im Unterbewussten. Wenn eine Mutter mit vermeidendem Bindungsstil im Hirnscanner Bilder ihres lachenden Babys sieht, sind ihr Orbitofrontalhirn und ihr Spaßmotor kaum aktiv (im Vergleich zu einer Mutter mit sicherem Bindungsstil) – ihr Unterbewusstes motiviert keine soziale Bindung zu ihrem eigenen Baby.[3]

Personen mit unsicherem Bindungsstil, insbesondere mit unsicher-sorgenvollem Stil, tendieren zu sozialen Angststörungen (»sozialer Phobie«). Personen mit solchen Angststörungen vermeiden soziale Kontakte aus Sorge vor unangenehmen Situationen (etwa Ablehnung, Versagen, Peinlichkeit etc.). Dies geht einher mit einer Fehlregulierung von Annäherung und Meiden im Orbitofrontalhirn – das Unterbewusste dieser Personen hemmt sie, sich anderen Menschen anzunähern, und motiviert sie dazu, andere zu meiden.[4]

Nun fragen Sie sich vielleicht, warum ich so viel über Bindungsstile schreibe, wenn das Thema dieses Kapitels doch eigentlich die unterbewusste Persönlichkeit ist. Dies liegt daran, dass beides eng miteinander zusammenhängt. Zum Beispiel ärgern sich Personen mit unterschiedlichen Bindungsstilen auf verschiedene Weise. Der israelische Psychologe Mario Mikulincer fand heraus, dass Personen mit sicherem Bindungsstil Ärger-Erlebnisse eher rational bewerten und sich daher meist auch schnell wieder abregen können. Im Gegensatz zu Personen mit unsicherem Stil haben sie keinen intensiven Drang, den Ärgerverursacher zu bestrafen. Viele unsicher-sorgenvolle Personen hingegen können ihren Ärger nur schwer kontrollieren, erleben oft intensive Wut, einhergehend mit Feindseligkeit gegenüber anderen. Bei ihnen erzeugt das Unterbewusste starke emotionale Sogwirkungen und Gedankenschleifen – zum Beispiel grübeln sie über das Erlebnis und über ihre Wutgefühle. Dies rührt von ihrer tiefen, unterbewussten Überzeugung, dass Personen, die ihnen nahestehen, letztlich unsensibel für ihre eigentlichen emotionalen Bedürfnisse sind. Demgegenüber ärgern sich unsicher-vermeidende Personen oft viel stärker, als sie zugeben. Ihr Körper ist dann besonders stark aufgeregt, jedoch verbergen sie dies entweder, oder sie reagieren ihren Ärger auffallend aggressiv und feindselig ab. Sie sind kaum bestrebt, sich mit der ursprünglichen Ursache des Ärgers auseinanderzusetzen.[5]

Außer der Art, wie wir uns ärgern, erstreckt sich unser unterbewusster Bindungsstil noch auf etliche weitere Eigenschaften – unser unterbewusster Bindungsstil ist sozusagen ein Grundgerüst, das bestimmt, welche weiteren Persönlichkeitseigenschaften sich darauf entwickeln können.[6]

- *Erleben, Erkennen und Beschreiben von Emotionen.* Personen mit unsicherem Bindungsstil erleben weniger positive Emotionen als Personen mit sicherem Bindungsstil. Unsicher-sorgenvolle Personen haben oft Schwierigkeiten, Emotionen korrekt zu identifizieren. Sie nehmen zum Beispiel positive Emotionen nicht wahr oder reagieren panisch auf emotionale Stress-Signale ihres Körpers. Unsicher-vermeidende Personen mögen nur ungern über ihre Gefühle sprechen und haben Schwierigkeiten, ihre Gefühle zu beschreiben.
- *Emotions- und Stress-Regulation.* Unsicher-sorgenvolle Personen verstärken unterbewusst ihre negativen Emotionen – zum Beispiel verstärken sie negative Emotionen durch negative Gedankenschleifen. Dementsprechend leiden sie oft unter Angststörungen oder Depression. In Konflikten verhalten sie sich übermäßig emotional, irrational fordernd und impulsiv. Überhaupt reagieren sie schnell übermäßig gestresst. Unsicher-vermeidende Personen hingegen können negative Emotionen gut unterdrücken und herunterschlucken – sie haben nach außen hin eine »harte Schale«, lassen die zugrunde liegenden Ursachen für die emotionalen Probleme jedoch ungelöst, was längerfristig zu körperlichen Beschwerden und Krankheiten führt. Diese haben dann keine medizinisch erkennbare Ursache, wie etwa chronische Schmerzen ohne erkennbare Ursache (dies wird auch

somatoforme Störung genannt). Unter Stress können unsicher-vermeidende Personen einen erstaunlich kühlen Kopf bewahren.

- *Schmerz.* Die Schmerzschwelle ist bei unsicher-sorgenvollen Personen niedriger. Sie sind dünnhäutiger und erleben Schmerz intensiver. Unsicher-vermeidende Personen haben eine höhere Schmerzschwelle, erleben Schmerz weniger intensiv und wirken daher besonders hartgesotten. Dies gilt sowohl für akute und chronische Schmerzen. Beide Typen leiden jedoch öfter unter chronischen Schmerzen als Personen mit sicherem Bindungsstil.
- *Empathie.* Unsicher-sorgenvolle Personen fühlen sich stärker in andere ein und zeigen stärkeres Mitgefühl als unsicher-vermeidende Personen. Dies führt auch zu unterschiedlichen ethischen Urteilen, etwa die Meinung darüber, ob es ethisch richtig sei, zu foltern, um Menschenleben zu retten.
- *Sozial-emotionale Wahrnehmung.* Unsicher-vermeidende Personen interessieren sich nur wenig für emotionale Informationen (ob positiv oder negativ). Zum Beispiel bewegt oder berührt es sie kaum, wenn sie beobachten, wie Kinder gemeinsam spielen. Sie reagieren in herzerweichenden Situationen meist erstaunlich unbeeindruckt und ungerührt. Unsicher-sorgenvolle Personen hingegen reagieren eher überempfindlich. Außerdem reagieren sie schnell gestresst, wenn sie Konflikte beobachten, etwa wenn sie zwei Personen sehen, die miteinander streiten.
- Der Bindungsstil beeinflusst sogar Träume: Unsicher-vermeidende Personen träumen eher negativ von anderen Personen. Die Träume unsicher-sorgenvoller Personen drehen sich oft um den Wunsch nach persönlicher Nähe, insbesondere nach stressvollen Tagen. Außerdem spiegelt sich die negative Selbstsicht unsicher-sorgenvoller Personen oft in ihren Träumen wider; so träumen sie oft von Prüfungen, denen sie nicht gewachsen sind.

Entstehung der Bindungsstile in der frühen Kindheit

Wann und wie entstehen unsere unterbewussten Bindungsstile und damit zusammenhängend unsere unterbewussten Persönlichkeitsstile? Sie entwickeln sich in den ersten Lebensjahren – unsere frühe Kindheit ist besonders prägend für unseren unterbewussten Bindungs- und Persönlichkeitsstil. Jedes Kind ist von Natur aus zunächst hoch motiviert, eine liebevolle Bindung mit seinen wichtigsten Beziehungspersonen (in der Regel Mutter und Vater) zu entwickeln. Es ist besonders angewiesen auf Schutz, Versorgung, Hilfe und Trost. Darauf kann ein Kind sich nur verlassen, wenn es stabile, intensive, langfristige soziale Bindungen hat. Die Fähigkeit, liebevolle Bindungen zu anderen Menschen zu entwickeln, und das Bedürfnis nach solchen Bindungen bilden das Fundament unserer menschlichen Existenz.

Je nachdem, wie sich der Umgang zu den Eltern gestaltet, entwickelt sich ein frühkindlicher Bindungsstil. Zwei der einflussreichsten Psychologen des 20. Jahrhunderts, der englische Kinderpsychiater John Bowlby und die nordamerikanische Psychologin Mary Ainsworth, begründeten in den 1950er- und 1960er-Jahren gemeinsam die *Bindungstheorie.* Zurückgehend auf ihre Arbeiten können wir prototypische kindliche Bindungsstile unterscheiden:

- *Sicherer kindlicher Bindungsstil.* Das Kind vertraut tief darauf, dass der Elternteil es schützen und versorgen, ihm helfen, es trösten und unterstützen wird. Der Elternteil versteht die Signale des Kindes kompetent und sensitiv und reagiert angemessen und prompt darauf. Von dieser »sicheren Basis« aus erkundet das Kind die Umwelt aktiv, sucht Nähe und Bindung zu anderen Personen und entwickelt einen selbstbewussten Lebensstil, in dem es anderen Menschen vertraut und sich selbst als würdevoll, liebenswert, kompetent, wertvoll und zuverlässig erlebt.

- *Unsicher-sorgenvoller kindlicher Bindungsstil.* Der Elternteil verhält sich mal zugewandt, mal ablehnend. Für das Kind ist kaum vorhersehbar, wann sich der Elternteil wie verhalten wird. Hier einige Beispiele für abweisendes Verhalten: Der Elternteil hilft nicht sofort, wenn das Kind in Not ist; reagiert lustlos oder missmutig auf die kindlichen Bedürfnisse nach Hilfe, Trost, Schutz und Versorgung; hat negative Emotionen wie etwa Ärger nicht unter Kontrolle; reagiert entnervt statt geduldig; reagiert eher zurechtweisend als ermutigend; verhält sich eher herabsetzend als auf gleicher Augenhöhe begegnend. Beim Kind führen die wiederholten Ablehnungserfahrungen zu einem Gefühl der Hilflosigkeit. Es ist oft in Sorge darüber, ob es sich auf den Elternteil verlassen kann oder nicht, ob die Bindungsperson ihr als Nächstes wohltun oder schaden wird. Es muss stets herausfinden, in welcher Stimmung der Elternteil sich gerade befindet, was sie bzw. er will oder braucht. Das Kind versucht, sich um den Elternteil zu kümmern, damit es dem Elternteil so gut geht, dass er für das Kind da ist. Das Kind hofft ständig auf die nächste Chance emotionaler Nähe und Wärme und wird sehr wachsam gegenüber möglicher emotionaler Ablehnung. Es reagiert daher oft unterwürfig oder ängstlich und hat übermäßige Sorge, verlassen, zurückgewiesen oder abgelehnt zu werden. Wenn sich der Elternteil ihm zuwendet, sind dies oft die glücklichsten Momente für das Kind. Es fühlt sich emotional abhängig vom Elternteil und entwickelt einen Lebensstil, bei dem es eine eher negative Sicht auf sich selbst hat, sich wertlos und inkompetent erlebt, oft keine Lust hat, die Umwelt zu erkunden, und wenig Lebensmut hat. Der Elternteil hingegen wird vom Kind sehr positiv gesehen und oft idealisiert. (In der psychologischen Forschung wird dieser Bindungsstil auch *unsicher-ambivalent* genannt.)

- *Unsicher-vermeidender kindlicher Bindungsstil.* Statt emotionaler Wärme, Geborgenheit, Hilfe, Trost erfährt das Kind Zurückweisung und Ablehnung. Zum Elternteil kann keine emotionale Nähe hergestellt werden. Die Suche nach sozialer Bindung wird daher als vergeblich oder gar als gefährlich erlebt, und das Vertrauen auf eine sichere soziale Bindung wird aufgegeben – es ergibt keinen Sinn mehr, Nähe zu suchen. Damit gibt das Kind auch den ihm natürlicherweise zustehenden Anspruch auf die Befriedigung seiner grundlegenden sozialen und emotionalen Bedürfnisse auf. Das Kind vermeidet nun emotionale Nähe und emotionale Angewiesenheit und sucht sich dadurch vor dem Erlebnis emotionaler Ablehnung durch andere zu schützen. Es reduziert sozusagen die Aktivität im sozialen Bindungssystem seines Gehirns, zu dem auch das »Glücks-System« gehört, auf ein Minimum und lässt andere nur ungern seine innersten emotionalen Regungen wahrnehmen. Das Kind hat erfahren: Wenn es sich gegenüber dem Elternteil öffnet, wird es verletzt, daher öffnet es sich nicht mehr. Statt auf den Elternteil verlässt es sich fortan nur auf sich selbst. Es tendiert dazu, sich für unbesiegbar zu halten und positive Eigenschaften anderer kaum wahrzunehmen.
- Einige Wissenschaftler nennen noch einen vierten, »desorganisierten« Bindungsstil, mit negativer Sicht sowohl auf sich selbst als auch auf die Beziehungsperson, mit viel Sorge bzw. Angst und gleichzeitigem emotionalen Rückzug bzw. Beziehungsvermeidung. Die Situation, in der dieser frühkindliche Bindungsstil entsteht, scheint ein besonders hohes Risiko für spätere schwere psychische Störungen darzustellen.

Als Kleinkind entwickeln wir also im Laufe der Umgangserfahrungen mit einem Elternteil einen Bindungsstil. Der Bindungsstil wird vom Unterbewussten entwickelt und gespeichert. Bowlby sprach davon, dass ein Kind den Bindungsstil »internalisiert«.

Zusammenhängend mit einem Bindungsstil entwickeln wir einen umfassenden *unterbewussten Persönlichkeitsstil*, zu dem, wie beschrieben, etliche Persönlichkeitsmerkmale gehören (etwa wie wir uns ärgern, Emotions- und Stress-Regulation, Empathie usw.). Zum unterbewussten Persönlichkeitsstil gehören außerdem noch weitere Eigenarten:

- Ein unterbewusstes *Vorhersagemodell* darüber, wie ein Elternteil wohl in bestimmten Situationen auf welche Art reagieren wird. Dieses Vorhersagemodell bereitet den eigenen Körper entsprechend auf die nächste Situation vor. Wenn beispielsweise Geborgenheit vorhergesagt wird, wird der Körper auf Erholung und Regeneration vorbereitet, wenn hingegen Stress vorhergesagt wird, wird der Körper in Alarmbereitschaft versetzt. Wenn es dem Kind nicht möglich ist, präzise Vorhersagen zu treffen, etwa sich mit Zuversicht auf Hilfe, Versorgung, Nähe und Schutz zu verlassen, erlebt es Unsicherheit. Solche Unsicherheit führt dazu, dass der Körper vorsichtshalber in Alarmbereitschaft versetzt wird. Ständige Unsicherheit und damit ständige Alarmbereitschaft blockieren die Regeneration des Kindes – typische Folgen sind chronische Krankheiten oder wiederholt auftretende körperliche Beschwerden.
- Der Persönlichkeitsstil beinhaltet *Strategien*, wie mit Problemen und Bedürfnissen umgegangen werden kann. Dazu gehören Verhaltensweisen, die helfen, dass unsere Bedürfnisse erfüllt werden bzw. dass Schmerzen, Strafen und Verluste möglichst vermieden werden. Außerdem gehören zu solchen Strategien Manipulationen, etwa dahingehend, unsere wahren Ziele zu verbergen und andere durch Täuschung zu einem erwünschten Handeln zu bewegen. Wenn ich zum Beispiel entsetzliche Rückenschmerzen vortäusche, ist die Wahrscheinlichkeit, dass ich eine Rückenmassage bekomme, gleich viel höher. Als Kinder

kannten wir die Schwachpunkte unserer Eltern recht genau und wussten, sie für unsere Ziele auszunutzen. Solche Manipulationsstrategien gehören dann zeitlebens zu unserem unterbewussten Verhaltensrepertoire.

- Die Strategien eines Persönlichkeitsstils führen zu einem *Rollenverhalten.* Die Bindungsstile tragen dazu bei, welche Rollen wir als Söhne bzw. Töchter gegenüber unseren Müttern und Vätern entwickeln. Diese Rollen werden Teil unseres Persönlichkeitsstils. Zum Beispiel mag ein Mädchen mit einem unsicher-sorgenvollen Bindungsstil die Rolle eines braven, naiven Rotkäppchens einnehmen, das sich unterordnet, seine eigenen Bedürfnisse zurückstellt und dabei kaum noch weiß, was es eigentlich selbst will.
- Mit dem unterbewussten Persönlichkeitsstil entwickelt sich eine unterbewusste *Selbstsicht.* Bei einem sicheren Bindungsstil ist diese positiv. Wenn jedoch keine enge, verlässliche Bindung zu einem Elternteil hergestellt werden kann, geht das Kind davon aus, dass dies seine Schuld sei. Es glaubt, dass etwas mit ihm von Grund auf falsch sei, weil andere keine innige Bindung zu ihm haben möchten. Bei einem unsicher-sorgenvollen Bindungsstil entwickelt das Kind daraufhin eine negative Sicht auf sich selbst und eine eher naive, positiv-überhöhende Sicht auf andere. Bei einem unsicher-vermeidenden Stil hingegen entwickelt das Kind eine überhöht positive Selbstsicht und eine eher negative Sicht auf andere. (Beim desorganisierten Bindungsstil entwickelt es eine negative Sicht auf sich selbst wie auch auf andere.)

Die Entwicklung des Bindungsstils eines Kindes wird also stark beeinflusst vom Bindungsstil der Eltern. Wenn etwa beide Elternteile einen unsicheren Bindungsstil gegenüber dem Kind praktizieren, kann ein Kind keinen sicheren Bindungsstil entwickeln. Unsere Eltern haben ja ihrerseits unterbewusste Bindungsstile als Kleinkinder internalisiert. So mussten unsere Eltern als Kinder die unterbewussten Forderungen unserer Großeltern erfüllen, um akzeptiert zu werden und dazuzugehören. Nehmen wir zum Beispiel eine Mutter, die keine stabile soziale Bindung durch ihre eigenen Eltern erfahren hat. Wenn sie die Erlösung davon nun bei ihrem Kind sucht, also von dem Kind erwartet, sich wie ein Elternteil emotional um sie zu kümmern und sie mit sozialer Bindung zu versorgen, führt dies zu gestörtem Bindungsverhalten des Kindes – es wird kaum Beziehungen zu anderen Menschen außer der Mutter entwickeln.

Wenn wir als Mütter oder Väter unser *unterbewusst* motiviertes Bindungsverhalten erkennen, können wir uns auch *bewusst* entscheiden, uns anders zu verhalten. Zum Beispiel kann man als Elternteil auch mit einem unsicher-sorgenvollen Bindungsstil ein Kind seine Unabhängigkeit und Selbständigkeit entwickeln lassen und darauf achten, das kindliche Bedürfnis nach Annahme öfter zu erfüllen. Außerdem kann man lernen, sich weniger Sorgen zu machen. Bei einem unsicher-vermeidenden Bindungsstil kann man lernen, dem Kind Geborgenheit und Mitgefühl zuteilwerden zu lassen. Man kann sich trauen, emotionale Nähe zum Kind zuzulassen und eventuell auftretende eigene *positive* Empfindungen von Gemeinschaft »auszuhalten«, auch wenn sie zunächst ungewohnt und Furcht einflößend erscheinen …

Da ein Kind Beziehungen zu beiden Elternteilen entwickelt (soweit vorhanden), kann es auch – je nach Persönlichkeit bzw. Bindungsstil des jeweiligen Elternteils – unterschiedliche Bindungsstile zu den beiden Elternteilen entwickeln. Zum Beispiel kann es einen sicheren Bindungsstil zu einem Elternteil entwickeln und einen unsicheren zu einem anderen. Oder einen unsicher-sorgenvollen Stil zum einen Elternteil, und einen unsicher-vermeidenden zum anderen.

Möchten Sie herausfinden, ob Sie eine eher sichere oder unsichere kindliche Bindung zu Ihrer Mutter bzw. Ihrem Vater hatten? Erinnern Sie sich und überlegen Sie, ob der Elternteil für Sie da war, wenn Sie Hilfe, Trost, Geborgenheit, Schutz brauchten. Hat

Ihr Vater bzw. Ihre Mutter Sie emotional verstanden und sich wirklich für Sie interessiert? Hat er bzw. sie Sie dazu ermutigt, die Welt zu erkunden und Ihre Talente zu entdecken (Sie etwa zum Musikunterricht oder Sport gebracht oder Ihnen ermöglicht, mit Ihren Freunden zusammen zu sein)? Wenn Sie einen Elternteil idealisieren, hatten Sie wahrscheinlich eine unsicher-sorgenvolle kindliche Bindung zu diesem Elternteil. Ironischerweise sehen Erwachsene denjenigen Elternteil, zu dem sie eine unsicher-sorgenvolle Bindung haben (bzw. hatten), in viel positiverem Licht als den anderen Elternteil, *selbst wenn* zu dem anderen Elternteil eine sichere Bindung bestand. Der Grund dafür ist, dass eine sichere Bindung für ein Kind biologisch normal ist und man sich daher später kaum an erwähnenswert positive Erlebnisse erinnern kann. Wenn hingegen negative Erinnerungen vorherrschen, ist eine unsicher-vermeidende Bindung wahrscheinlich.

Da wir als Kinder unterschiedliche Bindungsstile zu den jeweiligen Elternteilen entwickeln können, können wir auch ein unterbewusstes Verhaltensrepertoire entwickeln, das zum Beispiel einerseits einen sicheren Bindungsstil beinhaltet, andererseits auch einen unsicher-sorgenvollen. Je nachdem, ob ein zukünftiger Partner eher dem einen Elternteil entspricht oder dem anderen, kann dann einer der beiden Bindungsstile aktiviert werden. Zum Beispiel beeinflusst unser unterbewusster Bindungsstil dementsprechend unser Vertrauen, unsere Treue, Eifersucht, Intimität oder die Fähigkeit, sich dauerhaft auf einen Partner festzulegen. Unser Bindungsstil beeinflusst auch, wie stark es in einer Beziehung emotional hoch und runter geht, also wie turbulent oder dramatisch eine Beziehung sich darstellt. Daher lohnt es sich, bei der Partnerwahl genau darauf zu achten, welchen unterbewussten Bindungsstil der Partner bzw. die Partnerin bei einem aktiviert. Eifersucht, Gewalt, Fremdgehen und Drama sind Zeichen einer unsicheren Bindung.

Im Kindesalter sind unsere unterbewussten Bindungsstile überlebenswichtig. Als Erwachsene jedoch liegt es in unserem ureigenen Interesse, dass wir sie unserer Selbstkritik zugänglich machen und dann bewusst selbständig denken und handeln. Wir sind dann unabhängig von unseren unterbewussten Bindungsstilen, auch wenn wir oft geneigt sind, uns weiterhin emotional wie ein Vorschulkind zu verhalten. Zum Beispiel ergeben sich Probleme, wenn wir verkennen, dass unser unterbewusster Bindungsstil, der perfekt auf unsere Eltern zugeschnitten ist, für die meisten anderen Erwachsenen unpassend ist. Manchmal erscheint es sogar so, als versuchten wir unterbewusst mit aller Macht, unsere frühkindlich erlebten Bindungsstile in unseren Liebesbeziehungen zu rekonstruieren. Man kann sich jedoch leicht vorstellen, welche Probleme es mit sich bringt, wenn eine Person mit unsicher-sorgenvollem Stil sich mit einer Person mit unsicher-vermeidendem Stil liiert: Die unsicher-sorgenvolle Person kann der anderen Person gar nicht nah genug sein, wohingegen die unsicher-vermeidende Person der anderen Person emotional bloß nicht zu nahekommen will. Merkwürdigerweise suchen wir als Erwachsene oft Personen als Lebenspartner, die diejenigen Bindungs- bzw. Persönlichkeitsstile haben, mit denen unsere Eltern uns in unserer frühen Kindheit ins Herz getroffen haben – und ziehen dann ironischerweise unsere Partner zur Rechenschaft, wenn er bzw. sie sich genau so verhält, wie von uns unterbewusst gewünscht, und uns also wiederum ins Herz trifft. Oder wir haben einen Bindungs- bzw. Persönlichkeitsstil, mit dem wir unseren Partner bzw. unsere Partnerin genau an seiner bzw. ihrer wundesten Stelle treffen können.

Keiner ist jedoch dazu verdammt, sich entsprechend seinem unterbewussten Bindungsstil zu verhalten. Mario Mikulincer hat gezeigt, dass man einen sicheren Bindungsstil lernen kann, zum Beispiel im Rahmen eines Mitgefühlstrainings. Dies geht einher mit mehr prosozialem Verhalten (etwa größerer Hilfsbereitschaft), stärkerem Wohlbefinden und besserer Gesundheit.[7]

Ein unsicherer Bindungsstil ist ein hirnphysiologischer Erfolg

Wir haben erfahren: Unsichere Bindungsstile und die damit zusammenhängenden unterbewussten Persönlichkeitsstile gehen einher mit einer Reihe charmanter Persönlichkeitsmerkmale: Personen mit unsicher-sorgenvollem Stil tendieren zu Selbstunsicherheit und Abhängigkeit von anderen; Personen mit unsicher-vermeidendem Stil neigen zu emotionaler Distanz und Selbstbewunderung. Andere Persönlichkeitsmerkmale unsicherer Bindungsstile sind etwa Zwanghaftigkeit, Depressivität und Rücksichtslosigkeit. Diese Persönlichkeitsmerkmale sind zwar nicht applausverdächtig, jedoch entwickelt ein Kind einen unsicheren Bindungsstil nicht etwa, weil es böse ist, sondern weil es sich schützen muss – vor Trauma und gesundheitsbedrohlichem Stress. Solch psychische Belastungen können in Extremfällen gar zum Tod führen (in Deutschland gibt es pro Jahr 40 bis 60 Todesfälle von Säuglingen und Kleinkindern, die durch Misshandlung verursacht wurden, wobei die Verletzungen gar nicht die direkte Ursache sind – das Kind stirbt aufgrund der psychischen Belastungen). Das unterbewusste Persönlichkeitssystem hat sich aus dem unterbewussten Gefahrensystem entwickelt, welches das Überleben sichern soll – deswegen hat es so starke Macht über uns und sucht Macht über andere.

In den ersten Hunderttausenden von Jahren der Menschheitsgeschichte lebten Menschen in Jäger- und Sammlerinnen-Kulturen. In dieser Zeit speicherte das unterbewusste Gefahrensystem eines Kindes vor allem Gefahren der Umwelt, etwa gefährliche Tiere oder giftige Pflanzen. In Sesshaften-Kulturen (zu denen unsere modernen Zivilisationen gehören) kamen emotionale und soziale Gefahren hinzu. Eine *soziale* Gefahr für ein Kind ist zum Beispiel, aus der Gemeinschaft ausgeschlossen oder nicht als vollwertiges Mitglied der Gemeinschaft akzeptiert zu werden. Eine *emotionale* Gefahr ist beispielsweise emotionaler Stress. Dieser kann dadurch entstehen, dass Eltern ihre Kinder überfordern, ihre eigenen Emotionen nur schwer kontrollieren können oder schlicht psychisch gestört sind.

Psychische Störungen sind in modernen Zivilisationen erschreckend häufig: In den Staaten der westlichen Welt entwickeln wahrscheinlich zwei von drei Personen im Laufe des Lebens eine kürzer oder länger andauernde psychische Störung, am häufigsten Depressionen oder Abhängigkeitserkrankungen. Dies ist eine vorsichtige Schätzung, die Dunkelziffer ist hoch, denn die Hälfte der Personen mit einer psychischen Störung ist sich ihrer Krankheit nicht bewusst und sucht auch keine Hilfe für ihre Probleme im Medizinsystem. Solche Störungen wirken sich besonders negativ auf den Bindungsstil des Kindes aus. Starker und langfristiger emotionaler Stress ist für kleine Kinder außerordentlich belastend und ungesund, da sie erst lernen müssen, sich emotional von den Eltern abzugrenzen und ihre eigenen Gefühle zu regulieren.

Das Gehirn signalisiert dem Kind emotionale und soziale Gefahren durch Schmerzen. Wenn die Öffnung eines Kindes für eine enge, liebevolle Bindung in seiner Umgebung unerwünscht ist und blockiert wird, erlebt das Kind dies als Ausgrenzung und damit als Gefahr. Ausgrenzung aktiviert das Schmerz-System im Gehirn und wirkt für ein Kind ebenso schmerzhaft und gefährlich wie das Anfassen einer heißen Herdplatte. Daher sind Ausgrenzungen hoch emotionale, *traumatische* Erfahrungen. Ein Kind fürchtet sich aufgrund solcher Gefahren. Zudem wird das Kind traurig, wenn es keine enge, innige Bindung herstellen kann, weil es davon ausgeht, dass es eine Art von Person ist, zu der andere keine solche Bindung haben möchten – es geht also davon aus, dass es nicht liebenswert ist. Es tut dann alles, um die Gefahr zu überleben.

Dazu gehört die Entwicklung eines Bindungsstils, der weniger wehtut und dabei helfen soll, sich in Zukunft zu schützen. Kinder haben sozusagen die hirnphysiologische Fähigkeit, sich in das Gefängnis eines unterbewussten Bindungs- und Persönlichkeitsstils zu begeben, mit einem Elternteil als Wärter. Andere Auswege hat es ja nicht, denn ein Säugling kann nicht weglaufen, Kinder sind auf die Hilfe und Versorgung ihrer Familie angewiesen.

Die Angst eines Kindes vor dieser Gefahr ist keineswegs übertrieben, denn wenn ein Kind keine stabile, intensive, langfristige soziale Bindung entwickeln kann, hat dies desaströse Folgen, darunter Drogenabhängigkeit, Depression, Aggressivität, Ärger, Kriminalität, Persönlichkeitsstörungen. Wenn ein Kind keine enge liebevolle Bindung entwickeln kann, ist dies genauso bedrohlich und schmerzhaft wie Mangelernährung. Begibt sich ein Kind ins Gefängnis eines unterbewussten Bindungsstils, ist das keine Situation von Spaß, Lust und Lebensfreude, sondern, im Gegenteil, die Aufgabe davon und oft der Beginn einer anschließenden lebenslangen Suche danach. (Spaß-, Lust- und und Freudlosigkeit sind im Übrigen typische Symptome vieler Krankheiten und Störungen, zum Beispiel Depression, Parkinson-Krankheit, Zwangsstörung, Schizophrenie, Abhängigkeits- bzw. Suchterkrankungen.) Die Entwicklung eines unsicheren Bindungsstils ist der Beginn einer Auffassung, dass man selbst und das eigene Leben von anderen kontrolliert, manipuliert und definiert werde – eine Auffassung, die später oft wiederum an die eigenen Kinder weitergetragen wird.

Ein Ausweg besteht darin, als Erwachsener – statt sich durch sein eigenes Gefängnis zu definieren – zu erkennen, dass man selbst der Kapitän des eigenen Lebensschiffs ist, und dass die Vorstellung, unfähig zu einer innigen, engen Bindung zu sein, ein unterbewusster Irrtum ist. Wir haben die Freiheit, unsere negativen Gedankenschleifen abzuschalten, unsere negativen Emotionen zu regulieren, und unsere eigenen Entscheidungen bewusst selbst zu treffen. Im Umgang mit den eigenen Kindern kann man in die

Beziehung zu ihnen investieren, indem man bewusst sucht, sie zu verstehen, zum Beispiel indem man hinhört, was sie sagen, mit ihnen mitfühlt und sich mit ihnen auf gleicher Augenhöhe unterhält, gerne mit Spaß, Lust und Freude. Oder indem man mit ihnen spielt oder etwas vorliest, anstatt seine Ruhe haben zu wollen, arbeiten zu müssen oder zu beschäftigt mit anderen Dingen zu sein.

Unglücklicherweise torpedieren Eltern ausgerechnet die Bindung zum Kind oft als Strafmaßnahme, etwa in Form von Herabwürdigung oder Ausgrenzung. Beispiele dafür sind Stubenarrest, vom gemeinsamen Esstisch verweisen, Ausschluss von gemeinsamer Aktivität, Anschreien oder gar körperliche Gewalt. Typische Phrasen, mit denen Eltern ihre Kinder herabwürdigen, sind: »Schäm dich«, »Du böser Junge«, »Du ungezogenes Mädchen« usw. – Sätze, bei denen man die *Person* abwertet, anstatt das *Verhalten* zu kritisieren (siehe auch Kapitel *Kommunikationstechniken zur Konfliktlösung*, Seite 338). Umgekehrt knüpfen Eltern die Bindung zum Kind oft an Bedingungen, mit Aussagen wie: »Sei ein liebes Kind und …« (tue dies oder das), »Sei ein guter Junge und …« – als ob das Kind ansonsten kein liebenswerter, vollwertiger Mensch wäre.

Auch häufiger Ärger der Eltern sabotiert die Bindung zum Kind und führt bei ihm zu einem unsicheren Bindungsstil. Besonders schädlich ist es für das Kind, wenn Ärgern wiederholt einhergeht mit Gewalt, Herabwürdigung oder Ausgrenzung. Für eine gesunde Entwicklung eines Kindes ist es deshalb wichtig, dass man gegebenenfalls schon vor der Geburt des Kindes lernt, seinen Ärger zu kontrollieren. Wenn ein Kind etwas Gefährliches (für sich oder andere) tut, ist es sinnvoll, wenn es den Ärger der Eltern zu spüren bekommt und dadurch begreift, wo die gebotenen Grenzen liegen. (Gleiches gilt, wenn ein Kind andere körperlich oder in ihrer Würde verletzt.) Durch solch unangenehme, jedoch sinnvolle Erfahrungen lernt es den Respekt vor den Gefahren der Umwelt oder auch vor der Würde und der Freiheit der Mitmenschen. Höchste Vorsicht ist jedoch mit dem Ärgern geboten, wenn es den Gehorsam des Kindes erzwingen soll, etwa damit es sich unterordnet und an die irrationalen Regeln eines Elternteils hält. Solch autoritäres Ärgern setzt das Kind unter Druck und engt es ein – es fühlt sich unterlegen und entwickelt eine negative Sicht auf sich selbst.

Natürlich haben auch Jugendliche und Erwachsene ein tiefes Bedürfnis nach starken liebevollen Bindungen zu anderen. Das Glücks-System im Gehirn erzeugt dieses Bedürfnis, egal, wie »cool« jemand wirken mag. Selbst Personen mit unsicher-vermeidendem Bindungsstil haben Zellen im Glücks-System, die das natürliche menschliche Bedürfnis nach sozialer Bindung erzeugen. Diese Personen vermeiden also gerade das, wonach sie sich im Innersten am meisten sehnen: eine enge, warme, herzliche Bindung zu einer anderen Person.

Wie sehr selbst wir Erwachsene auf andere angewiesen sind, wird deutlich, wenn wir krank oder in Not sind und Hilfe brauchen. Es spielt keine Rolle, wie stark und unabhängig sich jemand in den erfolgreichen Zeiten seines Lebens fühlt – wenn er krank, sehr jung oder sehr alt ist, muss er sich auf die Hilfe und Unterstützung anderer verlassen. Auch wenn ein erwachsener Mensch in materiellem Überfluss lebt, wird ihn dauernde Einsamkeit unsagbar quälen. Einsame Menschen sind öfter krank und sterben früher.

Tipps: Das können Sie als Elternteil tun, wenn Sie sich ärgern.

- Auch wenn es schwerfallen sollte, seinen Ärger rasch abzukühlen, ist es wichtig, in der Situation dem Kind gegenüber keinerlei Missverständnisse aufkommen zu lassen, dass man sich gerade über das Ergebnis seiner *Handlung* ärgert (etwa über etwas Schmutziges oder Kaputtes), nicht aber über das *Kind* selbst.
- Keinesfalls sollte der Ärger am Kind ausagiert werden, denn das Kind muss sich sogar in dieser Situation sicher, geborgen

und akzeptiert fühlen. Wenn ein Kind mich beißt, ist es sinnvoll, ihm zu erklären, dass das wehtut und dass diese Beißerei deswegen unzulässig ist. Es ist jedoch schädlich, das Kind dafür ebenfalls zu beißen, zu schlagen, anzuschreien, anzuklagen, herabzuwürdigen etc. Hilfreicher ist es, das Kind in den Arm zu nehmen und ihm zu zeigen, was einen bedrückt – anstatt mit dem Zeigefinger auf das Kind zu zeigen. Man schaut dann gemeinsam mit dem Kind darauf, was nun als so furchtbar erlebt wird (und erkennt dabei manchmal auch, dass es tatsächlich nur halb so schlimm ist …).

- Wenn man doch mal aus der Haut fährt, hilft es dem Kind, ihm so zeitnah wie möglich zu erklären, dass man sich unverhältnismäßig aufgeregt hat, »Tut mir leid« sagt und dem Kind zeigt, dass nun wieder alles in Ordnung ist, zum Beispiel alles wieder sauber oder repariert. Noch besser ist es für die eigene Gesundheit und die des Kindes natürlich, sich gar nicht erst zu ärgern, einen kühlen Kopf zu bewahren oder wenigstens schnellstmöglichst wieder abzukühlen. Auch hier gilt: durchatmen, entspannen, fließen lassen …
- Um sich gar nicht erst zu ärgern, hilft es, gelegentlich einen »Macht-nichts-Tag« einzulegen, an dem ein leichtes Missgeschick höchstens mit einem lapidaren Achselzucken und der Versicherung »Macht nichts!« beantwortet wird – so kann das Orbitofrontalhirn ruhig bleiben, selbst wenn etwas schiefgeht.

Persönlichkeitsstile: Welchen (oder welche) haben Sie?

Aus den unterbewussten Bindungsstilen entstehen während der ersten Lebensjahre unterbewusste Persönlichkeitsstile. Da wir alle unterbewusste Bindungsstile haben, haben wir alle auch unterbewusste Persönlichkeitsstile. Unterbewusste Persönlichkeitsstile umfassen Rollen, die wir unterbewusst spielen, Strategien, die wir unterbewusst anwenden, sowie die unterbewusste Sicht auf uns selbst und andere.

Die Wissenschaft ist noch darüber uneinig, wie viele Persönlichkeitsstile es tatsächlich gibt, wie sie genau entstehen und wie sie am besten umschrieben werden können. Es gibt jedoch einige Stile, die immer wieder in unterschiedlichen psychologischen und psychiatrischen Klassifikationen beschrieben werden. Für diese gebe ich im Folgenden einige Beispiele (vielleicht erkennen Sie ja einen wieder …).

Übrigens: Wenn ein unterbewusster Persönlichkeitsstil große emotionale, soziale und gesundheitliche Probleme verursacht, erfüllt er die Kriterien für die Diagnose einer Persönlichkeitsstörung. Selbst wenn eine solche nicht diagnostizierbar ist, zieht das Ausleben eines Persönlichkeitsstils oft gesundheitliche Probleme nach sich, etwa chronische körperliche Krankheiten und Beschwerden.

Die Ausprägung, mit der wir einen Persönlichkeitsstil ausleben, kann variieren. Wenn wir auf Menschen treffen, die einen sehr ähnlichen Persönlichkeitsstil wie einer unserer Eltern haben, aktiviert unser Unterbewusstes unseren Persönlichkeitsstil stärker. Auch bei Gefahr, Stress oder in einer Krise kann unser Unterbewusstes unsere Persönlichkeitsstile zur vollen Entfaltung bringen. Wenn wir hingegen entspannt und gelassen sind, können wir leichter über unseren unterbewussten Methoden stehen und ihnen auch schon mal mit Humor und Selbstironie begegnen. (Zum Beispiel, wenn wir uns dabei ertappen, wie wir in typischer Weise entsprechend unserem unterbewussten Persönlichkeitsstil handeln, denken oder fühlen, und uns dann sagen »Sieh an, da habe ich doch tatsächlich wieder einmal …«)

Hier zunächst zwei Persönlichkeitsstile, bei denen der Zusammenhang zu den unsicheren Bindungsstilen besonders deutlich ist. Ich habe die unterbewusste Selbstvorstellung jedes Persönlichkeitsstils als eine Reihe von (irrationalen) Regeln in Form von Ich-Aussagen formuliert. Mit diesen Regeln legen wir uns und anderen unterbewusst immer wieder die gleichen Fallstricke. Wenn wir einen unterbewussten Persönlichkeitsstil bei uns selbst erkennen, können wir bewusst lernen, uns anders zu verhalten, als es uns diese unterbewussten Regeln vorgeben.

Zudem habe ich für jeden Persönlichkeitsstil einige Stärken aufgelistet – wenn man auf diese Stärken zurückgreift, statt in die unterbewussten Fallstricke zu geraten, entstehen weniger Kosten für einen selbst und andere. Wenn wir meinen, einen Persönlichkeitsstil bei einer anderen Person erkannt zu haben, kann uns dieses Wissen außerdem helfen, auch deren Stärken zu sehen, anstatt die andere Person nur auf die negativen Attitüden ihres Persönlichkeitsstils zu reduzieren.

Unsicher-sorgenvoller Persönlichkeitsstil

Dieser Persönlichkeitsstil entwickelt sich aus einem unsicher-sorgenvollen Bindungsstil. Er entsteht wahrscheinlich, wenn ein Kind einen autoritären, gebieterischen Vater mit unsicherem Bindungsstil hat sowie eine überbehütende Mutter.[8] Bei der Entstehung dieses Persönlichkeitsstils wird das Kind von der Sorge beherrscht, unfähig zu sein, eine innige Bindung zum autoritären Vater zu entwickeln.

- *Stärken:* Cleverness, Vorsicht, Umsicht. Personen mit diesem Persönlichkeitsstil sind hochgradig teamfähig und kooperativ. Sie haben viel Empathie, verstehen andere Personen gut und können sich gut in diese hineinversetzen. Sie haben Humor, können witzig und selbstironisch sein, lebendig Geschichten erzählen und sich gut mit anderen Personen unterhalten.
- *Unterbewusste Selbstvorstellung:* »Das Leben ist mühselig, deswegen bin ich eher passiv als aktiv und habe häufig keine Lust. Entscheidungen zu treffen fällt mir sehr schwer. Am liebsten ist es mir, wenn jemand mir sagt, was ich tun soll, und mir Entscheidungen abnimmt. Verantwortung macht mir Angst, ich ordne mich lieber unter und bediene andere. Ich meide Eigeninitiative, komme schwer in die Gänge, zögere viel und brauche viel Ermutigung von anderen. Ich stelle mich ungern in den Vordergrund und mache ungern Vorschläge. Mir fällt vieles schwerer als anderen, viele Aufgaben überfordern mich, ich weiß oft nicht so recht, wie etwas geht, und mache mir Sorgen, dass ich Aufgaben nicht bewältigen kann. Andere können es wahrscheinlich besser als ich. Ich bin oft frustriert und ärgere mich oft über mich selbst, denn im Zweifelsfall ist es meine Schuld, wenn Dinge schiefgehen. Ich habe ein großes Bedürfnis nach Harmonie, Sicherheit und Nähe zu meinem Partner. Dabei mache ich mir viele Sorgen darüber, dass ich von meinem Partner verlassen werde. In einer Beziehung muss ich mir fortwährend sicher sein, dass der andere mir zugeneigt ist und mich akzeptiert. Sobald das mal nicht der Fall ist, ist das eine Katastrophe.«
- In Führungspositionen besteht das Risiko, dass unsicher-sorgenvolle Personen aufgrund ihrer Scheu vor Verantwortung und Entschlussunlust scheitern. Oft werden Beziehungen durch ausgeprägtes Misstrauen belastet. Dieser Persönlichkeitsstil

kann so weit gehen, dass die betreffende Person kaum realisiert, was sie selbst eigentlich möchte, und durch ihre Selbstunsicherheit sowie ihre Zurückstellung eigener Bedürfnisse depressiv wird. Auch Angststörungen sind aufgrund der Selbstunsicherheit und des mangelnden Selbstvertrauens häufig. In der klinischen Psychologie wird dieser Persönlichkeitsstil »dependente« bzw. »abhängige Persönlichkeitsstörung« genannt.

Unsicher-vermeidender Persönlichkeitsstil

Dieser Persönlichkeitsstil hängt zusammen mit einem unsicher-vermeidenden Bindungsstil.[9] Er kommt häufig in Verbindung mit anderen Persönlichkeitsstilen vor.

- *Stärken*: Entschlusskraft, gut organisiert, Gedankentiefe, kann Verantwortung übernehmen und selbst unter extremem Stress einen kühlen Kopf bewahren. Personen mit diesem Persönlichkeitsstil können gut allein sein und längere Zeit für sich arbeiten, ohne unter Einsamkeit zu leiden.
- *Unterbewusste Selbstvorstellung:* »Kritik oder Lob anderer sind mir eher gleichgültig. Nur wenige Aktivitäten bereiten mir Freude, und ich bevorzuge Aktivitäten, die ich allein durchführen kann. Ich habe kein Bedürfnis nach Nähe zu anderen. Enge, vertrauensvolle Beziehungen müssen nicht sein (allerhöchstens eine). Teil einer Familie zu sein ist mir eher unwichtig. Wenn andere Sex haben wollen, mache ich das mit, aber ich verstehe nicht wirklich, was daran so toll sein soll.«
- Personen mit diesem Persönlichkeitsstil wirken auf andere emotional kalt, da sie kaum Gefühlsregungen zeigen. Besonders gering ist ihre Fähigkeit, warme, zärtliche Gefühle anderen gegenüber zu zeigen. Geborgenheit ist ihnen unbekannt. Ihre fortwährende emotionale Distanz und Kühle steht jedoch im Konflikt damit, dass sich ihr Innerstes – wie bei jedem anderen

Menschen auch – nach inniger Bindung zu anderen Menschen sehnt. Dieser Konflikt führt oft zu somatischen Beschwerden ohne erkennbare medizinische Ursache, etwa chronischen Schmerzen. In der klinischen Psychologie wird dieser Persönlichkeitsstil »schizoide Persönlichkeitsstörung» genannt (nicht zu verwechseln mit Schizophrenie).

Meist hat eine Person zwei oder mehrere Persönlichkeitsstile. Dies liegt auch daran, dass aus einem unsicheren Bindungsstil zu je einem Elternteil ein jeweils passender Persönlichkeitsstil entwickelt wird, und das macht dann ja bei zwei Elternteilen schon mal zwei Persönlichkeitsstile. Zum Beispiel kann der unsicher-vermeidende Persönlichkeitsstil in Kombination mit jedem der hier folgenden Persönlichkeitsstile auftreten. Die unterschiedlichen Persönlichkeitsstile einer Person können sich mischen. Diese Mischung kann zu inneren Konflikten führen, zum Beispiel wenn eine Person mit narzisstischem und mit zwanghaftem Persönlichkeitsstil einerseits als Narzisst Aufgaben delegieren will, um sich um das große Ganze zu kümmern, andererseits jedoch als Zwanghafter alles unter eigener Kontrolle haben will und sich mit jedem Detail genau befassen muss.

Narzisstischer Persönlichkeitsstil

Dieser Persönlichkeitsstil entwickelt sich aus einem unsicher-vermeidenden Bindungsstil, wobei beide Eltern ebenfalls einen unsicher-vermeidenden Bindungsstil hatten – beide Eltern ließen weder echte Nähe noch eine innige Bindung zum Kind zu. Das Kind wurde dabei von mindestens einem Elternteil überzogen verwöhnt oder bewundert.[10]

- *Stärken*: Leistungsbereitschaft, Durchhaltevermögen, Idealismus, Zielstrebigkeit. Oft werden hohe Ziele und hohe persönliche Standards gesetzt. Personen mit narzisstischem Persönlichkeitsstil sind erfolgreicher als andere. Sie können sich Gutes tun und das Leben genießen.

- *Unterbewusste Selbstvorstellung:* »Andere sagen, dass ich grandios bin, vielleicht der klügste Mensch, den sie je getroffen haben. Sie haben recht: Ich bin der Beste, untadelig, unantastbar. Wer mich nicht grenzenlos bewundert, ist dumm. Ich bin der Wichtigste und habe dank meiner einzigartigen Talente unglaublich viel erreicht. Wer mich nicht als Primus behandelt, ist ungerecht, und wenn ich mal nicht besser als alle anderen abschneide, war jemand anderes daran schuld. Überhaupt ist es nie mein Fehler, schuld sind immer andere. Ich bin weit attraktiver als der Durchschnitt, mit allen sieben Wassern gewaschen, kann und weiß praktisch alles und verdiene deswegen mehr als alle anderen Macht und Erfolg. Verglichen mit anderen bin ich mehr wert, meine Meinungen sind wertvoller, mein Charakter ist besser. Andere sollten dankbar sein, wenn ich mich mit ihnen abgebe, und sollten sich schämen, wenn sie mich nicht abgöttisch verehren und nicht automatisch alles tun, was ich von ihnen verlange. Alles muss genau so sein, wie ich es mir vorstelle, am liebsten perfekt. Wenn das nicht der Fall ist, ist das eine Katastrophe. Die Welt dreht sich letztlich um mich, und verglichen mit mir sind die allermeisten anderen Menschen traurig uninteressant.«
- Personen mit narzisstischem Persönlichkeitsstil können die Gefühle anderer erkennen und deuten, diese lassen sie jedoch kalt, Mitgefühl ist ihnen unbekannt. Sie beuten andere für ihre Zwecke aus und manipulieren durch skrupelloses Lügen. Die dadurch entstehende kognitive Dissonanz können sie aufgrund ihres überhöhten Selbstbildes besonders leicht durch Rechtfertigungen und Trivialisierungen beseitigen. Wenn andere mehr haben oder erreichen, werden sie oft sehr neidisch. Gemäß ihrem unsicher-vermeidenden Bindungsstil sind ihre Partnerschaften oberflächlich und wechseln vergleichsweise häufig.

Wenn sie bei einem Partner bleiben, dann nur, weil es für sie einen persönlichen Statusgewinn bedeutet. Aufgrund der hohen, gnadenlosen Leistungsbereitschaft ist dieser Persönlichkeitsstil anstrengend und körperlich belastend. Außerdem können sich Narzissten leicht in Irrtümern verrennen und den Kontakt zur Realität verlieren, weil sich keiner in ihrer Umgebung mehr traut, ihnen ehrliche Ratschläge oder Rückmeldungen zu geben.

Je stärker ein unterbewusster Persönlichkeitsstil zur Blüte kommt, desto stärker werden andere manipuliert und belastet. Wenn einige Mitmenschen sich dann ausgebeutet oder manipuliert fühlen und nicht mehr mitspielen wollen, verabschieden sie sich, Freundschaften werden entzweit, Familien brechen auseinander, und auf diese Weise kann ein Persönlichkeitsstil hohe soziale Kosten verursachen. Es kann jedoch auch zu symbiotischen Verhältnissen von zwei Personen kommen, indem sich beide zwar gegenseitig manipulieren, jedoch die Manipulation des anderen tolerieren, um auch selber weiterhin manipulieren zu können … Zum Beispiel kann eine Person mit narzisstischem Persönlichkeitsstil eine Person mit histrionischem Persönlichkeitsstil immer wieder als Mittelpunkt des Geschehens auserwählen, und die histrionische Person kann den Narzissten immer wieder als untadelige Edelnatur verehren.

Histrionischer Persönlichkeitsstil

Dieser Persönlichkeitsstil hängt mit einem unsicheren Bindungsstil der Person sowie beider Eltern zusammen. Es wird angenommen, dass er entsteht, wenn der Vater desinteressiert ist und einen unsicher-vermeidenden Bindungsstil hat und die Mutter dem Kind keine Aufmerksamkeit gewidmet hat, weil sie stets »zu beschäftigt mit anderen Dingen« war.[11]

- *Stärken*: Schnelle Reaktionsfähigkeit, Schlagfertigkeit, Leistungsbereitschaft, hohe Produktivität.
- *Unterbewusste Selbstvorstellung:* »In Situationen, in denen ich nicht im Mittelpunkt stehe, langweile ich mich oder fühle mich unwohl. Ich bemuttere, versorge und bevormunde andere gerne. Wenn andere dies ablehnen, habe ich alles Recht, empfindlich und übertrieben zu reagieren. Ich nutze gerne meine äußere Erscheinung, um die Aufmerksamkeit auf mich zu lenken. Ich mag es, sexuell zu provozieren und zu verführen, deswegen achte ich darauf, dass mein Äußeres besonders attraktiv ist. Da ich so, wie ich eigentlich bin, nicht wahrgenommen werde, ziehe ich die Aufmerksamkeit über Dramatik und Theatralik auf mich. Meine Emotionen wechseln schnell, und ich bringe meine Gefühle gerne übertrieben zum Ausdruck. In der Öffentlichkeit habe ich keine Probleme damit, meinem Partner lautstark Vorwürfe zu machen. Ich bin ein Meister der Manipulation anderer und kontrolliere andere ständig, schon allein, um zu überwachen, ob sie mir genügend Aufmerksamkeit schenken. Ich habe keine Probleme damit, anderen ihre Ideen zu klauen und zu betrügen, dafür habe ich ebenso wenig Probleme damit, wenn andere mich betrügen.«
- Personen mit histrionischem Persönlichkeitsstil haben oft Schwierigkeiten mit längerfristigen Partnerschaften. Sie gehen entweder andauernd fremd oder verprellen ihren Partner mit ihren Forderungen, Manipulationen und Machtkämpfen, verkennen jedoch, dass sie es sind, die ihre eigenen Beziehungen immer wieder vereiteln.

Obwohl unsere unterbewussten Persönlichkeitsstile unterbewusst unsere Wahrnehmung, unser Verhalten und unsere Emotionen steuern, sind wir ihnen nicht hilflos ausgeliefert. Wir können sie bewusst erkennen und unser Denken und Verhalten ändern – idealerweise mit Humor. Ähnlich wie beim Rezept gegen Gedankenschleifen können wir uns »Moment mal« sagen und uns überlegen, wie wir eine Situation bewältigen können, ohne auf die destruktiven Methoden unseres unterbewussten Persönlichkeitsstils zurückzugreifen. Manchmal kann es helfen, eine der *Stärken* des eigenen Persönlichkeitsstils zu nutzen. So sparen wir uns und anderen Kosten und Nerven. Zum Beispiel kann eine Person mit zwanghaftem Persönlichkeitsstil bewusst »riskieren«, auch mal fünf gerade sein zu lassen, von der Arbeit und Verpflichtungen loszulassen, vielleicht etwas Ungeplantes mit dem Partner bzw. der Partnerin zu unternehmen und sich »schlimmstenfalls« gar einmal Genuss und ausgelassene Freude zu gönnen …

Zwanghafter Persönlichkeitsstil

Auch bei diesem Persönlichkeitsstil ist entdeckt worden, dass er mit einem unsicheren Bindungsstil zusammenhängt (ein zwanghafter Persönlichkeitsstil kann sich sowohl aus einem sorgenvollen als auch einem vermeidenden Bindungsstil entwickeln).[12] Personen mit zwanghaftem Persönlichkeitsstil haben zumindest einen Elternteil, der sich besonders autoritär verhalten, besonders viel Wert auf Disziplin gelegt und das Kind eher kritisiert als ermutigt hat. Das Kind wird in höchstem Grade bevormundet, kontrolliert und eingeschränkt. In dieser Situation sorgt sich das Kind, abgelehnt und ausgestoßen zu werden, wenn es gegen die Regeln verstößt oder auch nur widerspricht. Das Kind ist bemüht, sich noch strenger an die Regeln zu halten als der Elternteil selbst – damit fühlt es sich auf der sicheren Seite. Außerdem ist dies die einzige Möglichkeit, Anerkennung vom Elternteil zu erfahren. Wenn man dann erwachsen ist und seinerseits wieder zwanghaft die eigenen Kinder unter Druck setzt, merkt man erst, wie ähnlich man den eigenen Eltern mit seiner Zwanghaftigkeit geworden ist …

Der zwanghafte Persönlichkeitsstil scheint stets mit mindestens einem weiteren Persönlichkeitsstil aufzutreten.

- *Stärken:* Aufmerksamkeit für Details, Gewissenhaftigkeit, Sorgfalt, Ausdauer, Ehrlichkeit, Fairness.
- *Unterbewusste Selbstvorstellung:* »Ich darf auf keinen Fall Fehler machen, deswegen halte ich mich genau an Vorschriften und Standards. Ich handle ungern spontan, das ist zu riskant. Wenn ich nicht genauestens aufpasse, könnte ich etwas Unrechtes tun oder anderen Schaden zufügen, ihnen zu nahe treten oder sie frustrieren. Wenn ich anderen Personen Tätigkeiten überlasse, mit anderen zusammenarbeite oder mit anderen zusammenlebe, müssen sie die Dinge exakt so wie ich tun, ansonsten ist es eine Katastrophe. Es ärgert mich, wenn andere sich nicht an Regeln halten, sogar wenn es mich selbst gar nicht betrifft. Die Welt wäre besser, wenn alle denken würden wie ich. Meine Erwartungen und Maßstäbe sind sehr hoch, und es quält mich, dass ich sie oft nicht erfüllen kann. Dies beweist, dass ich als Person im Grunde genommen nicht in Ordnung bin. Falls die anderen entdecken sollten, was für ein schlechter Mensch ich bin, wie wenig ich tatsächlich weiß und wie unkompetent ich eigentlich in meinem Beruf bin, würde ich sofort gefeuert und aus allen Gruppen ausgeschlossen. Kein Wunder, dass meine Beziehungspartner mich eher negativ wahrnehmen und irgendwann nichts mehr mit mir zu tun haben wollen. Anderen Personen sollte man deshalb besser gar nicht erst vertrauen.«
- Personen mit zwanghaftem Persönlichkeitsstil sind beruflich meist erfolgreich, da sie stets nach Ordnung und Perfektion streben. Außerdem stellen sie Arbeit sowie Produktivität über Vergnügen und zwischenmenschliche Beziehungen und vertiefen sich häufig übermäßig lang in Aufgaben und Verpflichtungen. Berufliche Probleme entstehen meist erst dann, wenn sie vor lauter Übergenauigkeit Aufgaben fortwährend zu spät fertigstellen. Insbesondere beim Abschluss von Aufgaben sind sie oft unentschlossen. Obwohl sie sich minutiös an Vorschriften halten, haben sie im Innersten ein starkes Bedürfnis nach Autonomie und Selbständigkeit. Die Selbstsicht und die Sicht auf

enge zwischenmenschliche Beziehungen sind sehr negativ – sie zweifeln an ihrem Wert und ihrer Tauglichkeit. Personen mit zwanghaftem Persönlichkeitsstil wirken streng und unnachgiebig, sehr korrekt, emotional wenig impulsiv und kontrolliert (bis auf Ärger, der eingesetzt wird, um die Regeln zu wahren) und reagieren sensibel auf Kritik. Sie neigen zu Geiz und mangelnder Großzügigkeit gegenüber sich selbst und anderen (um Geld für den Fall zukünftiger Katastrophen zu horten). Mit ihrer Rechthaberei und ihrer Versessenheit auf Normen, Ordnung, Moral und Vorschriften entnerven sie oft ihre Mitmenschen. Ihr Perfektionismus und ihr übertriebenes Interesse für Details kann sogar zu einer »zwanghaften Persönlichkeitsstörung« mit wiederkehrenden Zwangsgedanken und -handlungen führen.

Außer den bisher beschriebenen Zusammenhängen zwischen unsicheren Bindungsstilen und unterbewussten Persönlichkeitsstilen zeigte eine Metaanalyse auch Zusammenhänge zwischen unsicherem Bindungsstil eines Erwachsenen (der wiederum, wie gesagt, mit dem frühkindlichen Bindungsstil zusammenhängt) und psychiatrischen Störungen wie Depression, biopolarer Störung, Borderline-Persönlichkeitsstörung und Schizophrenie.[13] Wir können demnach schlussfolgern, dass unterbewusste frühkindliche Bindungsstile die Basis für die Entwicklung unterbewusster Persönlichkeitsstile und sogar von Persönlichkeitsstörungen sind.

Zum Schluss nun noch ein Persönlichkeitsstil, der ebenfalls vielen bekannt vorkommen wird …

Explosibler Persönlichkeitsstil

Personen mit diesem Persönlichkeitsstil haben typischerweise impulsive Wutausbrüche, die in keinem Verhältnis zum auslösenden Ereignis stehen. Diese Ausbrüche wirken sich oft nachteilig auf die Betroffenen, ihre berufliche Laufbahn und ihre Familien aus. Zusammenhänge mit Bindungsstilen müssen erst noch belegt werden. Möglicherweise stehen Jungen bei der Entstehung dieses Persönlichkeitsstils unter dem starken Druck ihres Vaters, sich seinem Willen unterzuordnen und seinen Regeln zu unterwerfen, während sie von ihrer Mutter bewundert werden. Bei Mädchen verhält es sich genau andersherum.[14]

- *Stärken:* Soziales Engagement, Mut, Zielstrebigkeit.
- *Unterbewusste Selbstvorstellung*: »Ich habe diese Wutanfälle, die ich nicht kontrollieren kann. Manchmal bin ich so geladen, dass ein kleiner Anlass ausreicht, das ganze Pulverfass zum Explodieren zu bringen. Andere wundern sich dann darüber, dass ich auf einen kleinen Anlass hin so heftig reagiere. Ich kann jedoch nichts dagegen tun, es ist, als würde ein Schalter in meinem Gehirn umgelegt, und dann gehe ich entweder an die Decke oder bin vor kochender Wut wie gelähmt. Ich stehe dabei wie neben mir und sehe mich selbst wie im falschen Film. Es ist mir oft peinlich, wie ich mich während meiner Temperamentsausbrüche verhalte, und sobald mein Wutanfall vorbei ist, tut es mir leid, was ich währenddessen getan oder gesagt habe. Leider trägt diese Reue nicht dazu bei, ähnliche Episoden in der Zukunft zu verhindern.«
- Personen mit diesem Persönlichkeitsstil wirken oft isoliert, einsam oder unzugänglich; besonders deutlich ist dies bei einigen Kindern mit Autismus oder mit Aufmerksamkeitsdefizit-/Hyperaktivitätsstörung. Manchmal ist dieser Persönlichkeitsstil von außen kaum zu erkennen, weil einige Personen nicht aggressiv explodieren, sondern implodieren. Sie erleben dabei eine kochende innere Wut und verhalten sich oft autoaggressiv, zum Beispiel mit selbstverletzendem Verhalten. Auffallend häufig tritt der explosible Persönlichkeitsstil bei der »emotional instabilen Persönlichkeitsstörung« auf (auch als »Borderline-Persönlichkeitsstörung« bezeichnet; typisch dafür sind impulsive Gefühlsausbrüche, starke Gefühlsschwankungen, unbere-

chenbare Handlungen und unbeständige zwischenmenschliche Beziehungen). Wenn eine Person bei ihren Wutausbrüchen straffällig wird, etwa durch Körperverletzung oder schwere Sachbeschädigung, wird dieser Persönlichkeitsstil klinisch als »intermittierende explosible Störung« bezeichnet.

Der unterbewusste Persönlichkeitsstil im Orbitofrontalhirn

Das Orbitofrontalhirn ist der Sitz unseres unterbewussten Persönlichkeitsstils. Wie gesehen, unterscheidet sich das Orbitofrontalhirn bei Personen mit sicherem und unsicherem Bindungsstil und speichert frühe autobiografische Erinnerungen, die mit unserer Persönlichkeit zusammenhängen.

Auf besonders spektakuläre Weise können wir den Sitz von unterbewussten Persönlichkeitseigenschaften im Orbitofrontalhirn bei Patienten mit Schädigungen des Orbitofrontalkortex erkennen, denn bei ihnen ändert sich die Persönlichkeit. Als dies entdeckt wurde, wurde sogar die Zerstörung des Orbitofrontalhirns in den 1940er- und 1950er-Jahren für eine gangbare Behandlung von Persönlichkeitsstörungen gehalten (diese schaudererregende »Lobotomie« kommt auch am Ende des Films *Einer flog übers Kuckucksnest* vor).

Eine Schädigung des Orbitofrontalhirns kann Persönlichkeitsänderungen verursachen, ohne dass Patienten andere Auffälligkeiten aufweisen – ihre Intelligenz, ihre Aufmerksamkeit und ihr Gedächtnis sind normal. Einige Patienten verstoßen plötzlich immer wieder gegen die sozialen Regeln, ähnlich wie Personen mit antisozialer Persönlichkeitsstörung (letztere Personen missachten und verletzen die Rechte anderer wiederholt in gesetzeswidriger Weise, oft zum eigenen Vorteil oder Vergnügen, sind äußerst gewalttätig und haben dabei weder Schuldgefühle noch Mitgefühl anderen gegenüber). Andere Patienten zeigen einen Verlust von Eigeninitiative (Apathie) oder auch das Gegenteil (Enthemmung, Euphorie, Hyperaktivität), eingeschränkte Selbstkontrolle, emotionale Ausbrüche ohne entsprechenden Anlass, Aggressivität, Feindseligkeit, Reizbarkeit oder übermäßiges Misstrauen.

Bei Schädigung des Orbitofrontalkortex kann es verblüffenderweise zu Änderungen der Persönlichkeit kommen, die bestimmten Persönlichkeitsstilen bzw. Persönlichkeitsstörungen entsprechen. Ein Patient beispielsweise entwickelte plötzlich einen grandiosen Narzissmus: Er hatte fulminante Vorstellungen über den eigenen zukünftigen Erfolg und war davon überzeugt, eine Geschäftsidee zu haben, mit der er Milliarden verdienen würde. Gleichzeitig verpulverte und verspielte er sein gesamtes Guthaben. Er verlor seinen Beruf aufgrund mehrerer nachteiliger Entscheidungen, zudem bekam er große Probleme mit seiner Familie, weil er seine sozialen bzw. familiären Verpflichtungen missachtete, häufig log und kein Mitgefühl anderen gegenüber mehr empfand. Er wurde schnell ungeduldig, unterbrach andere ständig oder antwortete, bevor eine Frage zu Ende gesprochen wurde. Emotionen anderer interessierten ihn kaum noch, und sein Denken war plötzlich rigide und dogmatisch.

Andere Patienten mit Schädigung des Orbitofrontalhirns wiederum werden plötzlich sehr impulsiv, emotional unstabil und aggressiv – ähnlich wie Personen mit Borderline bzw. explosiblem Persönlichkeitsstil.

Der unterbewusste Persönlichkeitsspeicher

Schließlich gibt es noch einen weiteren Beleg dafür, dass das Orbitofrontalhirn der Sitz der unterbewussten Persönlichkeit ist: Der Orbitofrontalkortex hat eine Schlüsselfunktion für das emotionale Gedächtnis bzw. für emotionale persönliche Erinnerungen.[15] Was hat die unterbewusste Persönlichkeit mit Gedächtnis zu tun? Der unterbewusste Bindungs- bzw. Persönlichkeitsstil entwickelt sich beim Kind aus zwischenmenschlichen Erfahrungen. Bei unsicheren Bindungsstilen sind diese Erfahrungen gefährlich oder gar traumatisch. Diese Erfahrungen werden als frühe autobiografische Erinnerungen unterbewusst gespeichert, also als *Erinnerungen* negativer emotionaler Erfahrungen.

Hier ein Beispiel für diese Schlüsselfunktion: Wenn man gesunden Testpersonen zunächst Bilder zeigt, die entweder emotional oder neutral sind, erinnern sie sich später in einem Gedächtnistest besser an die emotionalen als an die neutralen Bilder. Bei Patienten mit Schädigung des Orbitofrontalhirns hingegen verschwinden solche Emotions-Effekte. Das Orbitofrontalhirn sorgt also dafür, dass wir *emotionale* Informationen eher speichern als emotional *neutrale*. Es signalisiert quasi: »Das hier ist relevant«, und sendet ein Signal zum Abspeichern.

Gespeichert wird diese Information größtenteils in anderen Teilen des Gehirns. Das eigentliche Gedächtnissystem hat seinen Sitz im Schläfenlappen (in der Hippocampus-Formation und darum herum). Das Orbitofrontalhirn steuert dieses Gedächtnis-System und beeinflusst damit das Lernen von Informationen, deren Behalten und Erinnern. Dieser Einfluss wird anatomisch ermöglicht durch direkte Nervenverbindungen zwischen dem Orbitofrontalhirn und dem Gedächtnissystem im Schläfenlappen. In der psychologischen Forschung heißt das Gedächtnis für Erlebnisse des eigenen Lebens »episodisches Gedächtnis«. Unsere Vergangenheit ist ein bedeutender Teil unserer Identität, daher ist unser episodisches Gedächtnis auch so wichtig für unsere Identität. Bei Tieren ist übrigens noch kein episodisches Gedächtnis nachgewiesen worden. Dieses ist also möglicherweise relativ neu in der Evolution.

Patienten mit Schädigung des Orbitofrontalhirns haben oft Störungen des episodischen Gedächtnisses. Bei Alzheimer-Patienten gehört der Orbitofrontalkortex zu denjenigen Regionen, in denen besonders viele Nervenzellen absterben. Bei diesen Patienten schwindet das episodische Gedächtnis, und das Ausmaß dieser Beeinträchtigung hängt zusammen mit der Schädigung des

Orbitofrontalhirns. Auch bei Patienten mit Schizophrenie führen Störungen des Orbitofrontalhirns zu Störungen des episodischen Gedächtnisses.[16]

Der Orbitofrontalkortex entwickelt sich hauptsächlich in den ersten 7 Lebensjahren. In dieser Zeit speichert er Gefahren und traumatische Erlebnisse sowie Strategien, diesen Gefahren zu entkommen. Erfahrungen der frühen Kindheit sind also besonders prägend für das Unterbewusste. Nichtsdestotrotz kann das Orbitofrontalhirn auch noch später Traumata speichern und das Gedächtnis sowie das Verhalten und Fühlen entsprechend beeinflussen. Wer schmerzhafte Erlebnisse beim Zahnarzt hinter sich hat, kennt das: Allein der Geruch in der Zahnarztpraxis führt zu Schweißausbrüchen und dem Drang, den Ort schnellstmöglich wieder zu verlassen. Das Orbitofrontalhirn erkennt die Situation, verbindet sie mit emotionalen Erinnerungen ähnlicher Situationen und erzeugt entsprechende Gefühle und Motivationen. Dies kann sogar geschehen, wenn man sich an den eigentlichen Auslöser nicht mehr erinnern kann – wie es bei den meisten Erlebnissen der frühen Kindheit der Fall ist. In einem aufsehenerregenden Fall überlebte ein knapp einjähriges Mädchen die Explosion einer Briefbombe, welche ihre Mutter tötete. Als das Mädchen gefunden wurde, wich sie nicht von der Seite ihrer toten Mutter, als ob sie sie behüten wolle. Jahre später wurde beobachtet, dass es ihr auffällig unangenehm war, wenn Staubteile auf ihrer Haut landeten, wenn sie starken Wind oder Luftzug spürte, oder wenn sie rotem Licht ausgesetzt war. Traumatische Erlebnisse der frühen Kindheit können langfristig das Verhalten beeinflussen, obwohl man sich später nicht mehr an sie erinnern kann.

Nach einem schweren Trauma (etwa einer schweren Katastrophe) kann es zu Gedächtnisverlust kommen, sodass der Unfall selbst und gar die Zeit davor nicht mehr erinnert werden kann (dies wird *dissoziative retrograde Amnesie* genannt). Der Psychologe und Gedächtnisforscher Hans Markowitsch berichtete von einem Patienten, der als junger Mann ein Feuer im Keller seines Hauses entdeckte. Er blieb unverletzt, entwickelte jedoch eine schwere retrograde Amnesie: Er konnte sich an kaum noch etwas erinnern, was bis zu sechs Jahre vor dem Brand geschah. Es wurde herausgefunden, dass der Patient schon lange vor dem Brand große Angst vor Feuer hatte, insbesondere wenn es zu starker Rauchentwicklung kam (so wie in seinem Keller). Diese Angst ging zurück auf ein traumatisches Erlebnis seiner Kindheit, bei dem er erlebte, wie eine Person in einem brennenden Auto ums Leben kam. Das Feuer in seinem Keller rief die Erinnerung an dieses Trauma hervor und bewirkte damit extremen emotionalen Stress. Dieser führte zum Gedächtnisverlust.

Markowitsch untersuchte ein gutes Dutzend Patienten mit einer solchen dissoziativen Amnesie im Hirnscanner. Im Vergleich zu gesunden Testpersonen war die Aktivität bei den Amnesie-Patienten im hinteren zentralen Orbitofrontalhirn erhöht.[17] Das Orbitofrontalhirn ist also an dieser Art Gedächtnisverlust beteiligt. Auf der einen Seite kann das Unterbewusste starke emotionale Reaktionen hervorrufen (wie auf den Zahnarztpraxisgeruch), auf der anderen kann es das Erinnern besonders stressvoller Erlebnisse hemmen.

Interessanterweise hängt das Erinnern von Kindheitserlebnissen mit dem unterbewussten Bindungsstil zusammen: Mario Mikulincer fragte Testpersonen nach Erinnerungen aus ihrer Kindheit, wobei er sie bat, Erlebnisse zu berichten, bei denen sie entweder besonders traurig waren, besonders verängstigt, besonders ärgerlich oder besonders glücklich. (Können Sie sich an solche Erlebnisse erinnern? Wie lange brauchen Sie, bis Ihnen zu jeder dieser Emotionen eine Kindheitserinnerung mit Ihrer Mutter und eine mit Ihrem Vater einfällt?) Personen mit unsicher-sorgenvollem Stil konnten sich schneller an negative als an glückliche Ereignisse erinnern. Sie hatten keine Schwierigkeiten, sich an traurige oder verängstigende Erlebnisse zu erinnern, wohingegen Personen mit unsicher-vermeidendem Stil sich nur schwer an solche negativen Erlebnisse erinnern konnten. Unsicher-Sorgenvolle hatten diese negativen Erlebnisse (insbesondere die traurigen und verängstigenden Erlebnisse) zudem intensiver erlebt als die unterkühlten Unsicher-Vermeidenden. Personen mit sicherem Stil lagen zwischen diesen beiden Gruppen.[18]

Außer emotionalen Erlebnissen speichert das Unterbewusste im Laufe der Entwicklung eines Bindungsstils auch die frühkindliche Selbstsicht und die Sicht auf andere. Diese Sichtweisen können der Wirklichkeit widersprechen. So kann ein Kind eine besonders negative oder aber eine überhöht positive unterbewusste Sicht auf sich selbst oder andere entwickeln. Diese Sicht bleibt für den Rest des Lebens erstaunlich stabil, unabhängig davon, wie viel bzw. wenig sie mit der Realität zu tun hat. Solche und weitere irrationale Vorstellungen sind das Thema des nächsten Kapitels.

Irrationale Vorstellungen

Jeder unterbewusste Persönlichkeitsstil beinhaltet mit seinen Selbstvorstellungen irrationale Gedanken. Darüber hinaus gibt es auch irrationale Vorstellungen, die unabhängig von speziellen Persönlichkeitsstilen sind. Wir lernen sie als Kinder und speichern sie im Unterbewussten, von wo aus sie uns fortwährend das Leben verbittern können. Zum Glück haben wir außer dem Unterbewussten noch ein weiteres Denkorgan im Gehirn: unser Bewusstsein. Wir können daher statt irrational auch rational denken und bewusst lernen, der irrationalen Denkmaschine weniger freien Lauf zu lassen.

Leider schenken wir unseren irrationalen Vorstellungen oft mehr Zuneigung als uns selbst – und wundern uns dann, dass wir uns in unserer Haut unwohl fühlen. Irrationale Vorstellungen blockieren uns, machen uns blind, stressen uns und unterdrücken damit die heilsamen Kräfte unseres Körpers.[19] Sie belasten unseren Herzschlag und unseren Blutdruck, bringen unseren Hormonhaushalt durcheinander und behindern das Immunsystem. Deswegen führen sie zu allen möglichen psychischen und körperlichen Krankheiten, wobei Ärzte manchmal gar keine körperlichen Ursachen der Beschwerden erkennen können (dies ist zum Beispiel oft bei Migräne der Fall).

Das Unterbewusste als Krankheitsursache ist leider in der Schulmedizin praktisch unbekannt und unerforscht. Allerdings gehört es zu den wichtigsten Grundsätzen wirksamer Psychotherapien, seine unterbewussten irrationalen Vorstellungen zu erkennen und – statt sich von ihnen Knüppel zwischen die Beine werfen zu lassen – die Lust am Leben wieder anzuschalten.

Die Vorstellung, dass man im Grunde genommen noch nicht richtig ist

Nicht alles, was unsere Väter und Mütter gesagt oder getan haben, war richtig und perfekt. Unsere Eltern waren ebenso wenig die perfekten Rollenmodelle für uns, wie wir keine perfekten Rollenmodelle für unsere Kinder sind. Trotzdem saugen wir als Kinder das, was unsere Eltern sagen, gutgläubig auf wie ein Schwamm. In diesem Buch geht es jedoch nicht darum, unsere Eltern zu bewerten, zu beschuldigen oder zu verurteilen, sondern um eine realistische Sicht der Dinge. Diese ist wichtig für unsere Gesundheit.

Die Bindungs- und Persönlichkeitsstile, die unser Unterbewusstes während der ersten Lebensjahre entwickelt, sind wie *Rollen,* die wir als Kind spielen müssen, um in unserer Familie akzeptiert zu werden und dazuzugehören. Diese Rollen definieren unsere unterbewusste Selbstsicht. Um von unseren Eltern akzeptiert zu werden, sucht die dunkle Seite unseres Gehirns, unser Denken, Fühlen und Verhalten entsprechend dieser Rollen zu kontrollieren und zu manipulieren.

Wenn wir jedoch eine solche Rolle unseres Persönlichkeitsstils einnehmen, bedeutet dies, dass wir uns Mühe geben, so zu sein, wie wir sein *sollen,* also wie unser Selbst sein *soll.* Dies steht oft im Gegensatz zu unserem *eigentlichen* Selbst, also zu dem, wie wir tatsächlich sind, ohne Rollen zu spielen. Es steht auch oft im Gegensatz zu unserem *idealen* Selbst, sprich, zu der Person, die wir eigentlich gerne sein wollen …

Wie wir *sind,* wie wir sein *wollen* und wie wir sein *sollen,* ist also oft nicht deckungsgleich. Solche Diskrepanzen zwischen *sein, wollen* und *sollen* führen zu emotionalen Dissonanzen, etwa wenn ein Kind merkt, dass es gegenüber den Eltern auf eine bestimmte Art und Weise sein *soll* und dies dem widerspricht, wie es *ist.* Verblüffenderweise sind diese Diskrepanzen in unserer Kultur normal. Viele empfinden Scham für ihr Selbst, weil dieses Selbst nicht mit demjenigen übereinstimmt, das sie nach Ansicht ihrer Eltern haben sollten oder das sie in ihren überzogenen Selbstansprüchen am liebsten hätten. Wir strampeln uns ab und springen durch alle möglichen Reifen, in der Hoffnung, dass wir endlich ein akzeptabler, »richtiger« Mensch sein werden. Aber egal, wie sehr wir uns bemühen, wir hören immer wieder die Stimme in unserem Kopf: »Nicht gut genug« – das unterbewusste Echo einer Stimme, die viele in ihrer Kindheit auch außerhalb ihres Kopfes hörten ...

Wenn wir uns allerdings ständig für etwas an uns schämen, können wir uns nie einfach richtig fühlen; die negativen Emotionen und der Stress, der daraus entsteht, machen uns krank. Wenn wir gesund sein wollen, folgt daraus logisch, uns von dieser Makel-Vorstellung zu lösen.

Die Vorstellung, dass sich Menschen in ihrem Wert unterscheiden

Wenn man sich erst einmal als Mensch »noch nicht richtig« fühlt, ist es nur ein kleiner Schritt zur irrationalen Vorstellung, dass sich Menschen generell in ihrem Wert unterscheiden. Wir setzen uns oder anderen entweder einen Heiligenschein oder Hörner auf und stellen so Menschen über oder unter andere. *Jeder* Mensch hat jedoch eine Menge positiver Eigenschaften, und kein Mensch *ist* ein Monster, selbst wenn er sich wie ein Monster *verhält*. Wenn wir *Menschen* bewerten (anstatt einfach nur ihr *Verhalten* zu kritisieren, wie es logisch wäre), müssen wir unseren eigenen Wert nachweisen – und uns also gegenüber anderen als höher- bzw. minderwertig betrachten.

Wenn wir uns oder andere Menschen bewerten, liegen wir immer falsch, denn die dunkle Seite unseres Gehirns vereinfacht und verzerrt die Wirklichkeit und kann sich bei der Bewertung eines Menschen nur verschätzen. Niemand kann die Tausenden von Eigenschaften erfassen, die einen Menschen ausmachen, geschweige denn für jede dieser Eigenschaften einen zuverlässigen Wert bestimmen und sie dann alle miteinander verrechnen. Nur unser borniertes Unterbewusstes meint, dies zu können. Deswegen verhalten wir uns intelligenter, wenn wir anderen Menschen auf gleicher Augenhöhe begegnen, also ohne zu bewerten, wie (un) attraktiv, (un)gebildet, arm oder reich, stylish, zugehörig usw. dieser Mensch uns scheint. Wir wollen von anderen ja auch nicht auf diese Weise angeschaut werden.

Wenn man übrigens anderen Menschen einfach mit Sympathie begegnet, statt sie zu bewerten, ist es ganz natürlich, dass sie einen dann ebenfalls sympathisch finden. Und wenn man einmal von jemandem nicht gemocht wird, ist dies keine Katastrophe – niemand erweckt bei allen Menschen Sympathie.

Ein Ausweg: bedingungslose Selbst-Annahme

Eine der wichtigsten Erkenntnisse der klinischen Psychologie der letzten Jahrzehnte war, dass wir im Interesse unserer geistig-emotionalen Gesundheit üben müssen, uns selbst *bedingungslos* zu akzeptieren – also ohne Bedingungen wie »erst *wenn* ich dieses oder jenes mache oder erreiche, bin ich ein vollwertiger, liebenswerter Mensch« oder »ich liebe mich erst dann wirklich, *wenn* ich dieses oder jenes an mir verbessert habe«. Nur ohne solche Bedingungen kann man als Selbst seine Würde als Mensch fühlen, sozusagen *Selbstwürdegefühl* erleben.

Deswegen ist der vielleicht wichtigste Tipp dieses Buches: Akzeptieren Sie sich bedingungslos als würdevollen, vollwertigen Menschen. Dies ist gleichbedeutend damit, sich nicht für sich zu schämen und weder die eigene Person noch andere zu bewerten. Daraus wiederum folgt logischerweise: Vergleichen Sie sich niemals mit anderen hinsichtlich des Werts als Mensch – Sie haben dieselbe Würde, das heißt denselben Wert und dieselben Menschenrechte wie jeder andere Mensch auch, nicht weniger – aber auch nicht mehr.

Selbstwürdegefühl können wir nur erleben, wenn wir verstehen, dass eine Person weder mit ihrem Verhalten gleichzusetzen ist noch mit ihrem Besitz, ihrer Bildung oder ihrer Macht. Nur weil wir etwas Peinliches *tun, sind* wir noch nicht peinlich. Nur weil wir einen Fehler *gemacht* haben, *sind* wir noch kein Fehler. Nur weil wir eine Störung haben, *sind* wir noch nicht gestört. Umgekehrt sind wir nicht etwa deswegen ein besserer Mensch als jemand anderes, weil wir reicher, intelligenter oder altruistischer sind. Dies gilt für andere ebenso wie für uns selbst – unabhängig davon, wie sympathisch oder liebenswert sich ein Mensch verhält oder verhalten hat.

Sehen wir unsere persönlichen Schwächen als das, was sie sind: Teile eines frühkindlich entwickelten *Persönlichkeitsstils* und nicht Teile unseres eigentlichen *Selbst.* Wir sind ja nicht mit Persönlichkeitsstilen oder unterbewussten Vorstellungen geboren worden.

Jeder Mensch hat sich unterbewusste Routinen des Denkens, Fühlens und Handelns angewöhnt, die ungesund für ihn oder seine Mitmenschen sind. Deswegen ist jeder Mensch gefordert, mit seinen unterbewussten Angewohnheiten angemessen umzugehen, und zwar derart, dass es seiner eigenen Gesundheit und der seiner Mitmenschen zuträglich ist.

Statt sich zu vergleichen oder zu meinen, man müsse sich beweisen, kann man sich einfach sagen: »Es ist richtig, dass es mich gibt« oder »Ich freue mich, dass es mich gibt«. Statt seine eigene Würde anzuzweifeln, kann man bedenken, wie unfassbar unwahrscheinlich die eigene Existenz ist und dass in dieser Existenz immer auch eine einzigartige Schönheit liegt. Es *gibt* nämlich Perfektion, und wir erleben sie jeden Tag. Denn jeder Mensch ist aus biologischer Sicht *als Mensch* perfekt, selbst wenn sein Denken und Handeln dumm sind und Schaden anrichten. Unser *Selbst* ist richtig, selbst wenn unser Handeln falsch ist. Nur mit Selbstwürdegefühl und einer inneren Einstellung von menschlichem Respekt *ohne Bedingungen* können wir wirklichen inneren Frieden und innere Gelassenheit finden.

Die Vorstellung, dass einem unerwünschte Ereignisse das Leben schwermachen

Im Abschnitt *Höllenspiralen und Sogwirkungen* habe ich beschrieben, dass die Ursache eines Gefühls nie einfach in einem Ereignis oder bei einem Objekt liegt, sondern in unserem Gehirn. Dasselbe Ereignis ruft in unterschiedlichen Situationen unterschiedliche Empfindungen hervor. Ebenso reagieren unterschiedliche Personen auf verschiedene Weise auf dasselbe Ereignis. Dies zeigt uns, dass Ereignisse nicht die *Ursache* dieser Gefühle sind. In Wahrheit sind es unbewusste Bewertungen und irrationale Vorstellungen, die die negativen Emotionen hervorrufen, nicht die Ereignisse selbst. Es sind unsere negativen Emotionen, die uns krank und unglücklich machen, nicht die Umstände oder Ereignisse, die uns gerade nicht passen.

Deswegen können wir unser Fühlen ändern, wenn wir unser Denken ändern, einschließlich unserer negativen unterbewussten Verstimmungen, die uns krank machen – etwa Depression, Angst, Verzweiflung, Ärger. (Gegebenenfalls kann man professionelle Hilfe suchen, etwa bei einem Psychotherapeuten.) Zum Beispiel können wir üben, unsere negativen Empfindungen bewusst zu erkennen, und dann ebenso bewusst Ruhe zu bewahren (»durchatmen, entspannen, fließen lassen …«). Selbstverständlich ist es dabei auch in Ordnung, sich zu sagen: »Ich mag diese Zustände nicht, und nun unternehme ich etwas, um diese zu ändern« (siehe auch den Abschnitt *Problem-Lösen*, Seite 330). Selbst in Situationen, deren Umstände wir nicht beeinflussen können, steht es uns immerhin frei, unsere emotionalen Reaktionen auf diese Situation zu beeinflussen. Diese Freiheit kann uns niemand nehmen.

Die Vorstellung, dass Dinge so sein müssen, wie wir es wollen

Ein weiterer irrationaler Gedanke, mit dem wir uns selbst ein Bein stellen, ist: »Ich/andere/die Welt *muss/müssen* so sein, wie ich es will, sonst ist es eine *Katastrophe.*« Diese zwanghafte Vorstellung bereitet uns Kopfschmerzen und ruft obendrein negative Emotionen hervor, die uns nur zusätzlich stressen: Angst bzw. Depression, wenn *ich* nicht so bin, wie ich eigentlich sein *muss;* Zorn bzw. Rachsucht, wenn *andere* nicht so sind, wie sie sein *müssen;* Frustration bzw. Schwunglosigkeit, wenn *die Welt* nicht so ist, wie sie sein *muss.*

Viele meinen auch, dass alles immer perfekt sein muss. Dabei entwickelt das Unterbewusste die Angewohnheit, entweder das Haar in der Suppe zu sehen oder Dinge, die uns noch zu unserem Glück fehlen. Wenn uns jedoch stets noch etwas zu unserem Glück fehlt, können wir nie glücklich werden. Wir übersehen dann oft, dass der derzeitige Moment bereits golden ist. Wie vielleicht jetzt gerade …

Die Vorstellung, dass Schuldfragen einen Sinn ergeben

Menschen machen Fehler, Irren ist menschlich, und wir können aus Fehlern lernen. Sich jedoch aufgrund eines Fehlers schuldig zu fühlen ist überflüssig. Ebenso wenig hilfreich ist die Frage danach, wer schuld ist bzw. Schuld hat. Hilfreicher ist es, herauszufinden, wie es zu Fehlern gekommen ist und dann Maßnahmen zu entwickeln, ähnliche Fehler in Zukunft zu vermeiden. Wenn man nach Schuld fragt, verdächtigt man den Schuldigen eines moralischen Defizits oder einer sonst wie gearteten Minderwertigkeit. Die negativen Emotionen, die damit einhergehen, schränken den Blick und das Denken aufgrund der unterbewussten Sogwirkungen ein – sie machen gleichsam blind gegenüber den tatsächlichen Zusammenhängen und hemmen das gegenseitige

Verständnis. Es wird dann nach einer Strafe gesucht statt nach einer Lösung. Wenn wir jedoch Verhalten und Ursachen wertfrei beschreiben sowie fair zu uns selbst und anderen gegenüber sind, erübrigen sich Schuldfragen und Schuldgefühle.

»Typisch Mann« – »typisch Frau«

Zum Abschluss noch zwei humorvoll gemeinte irrationale Stellungnahmen, in denen ich die unterbewussten (!) Grundprinzipien des ehelichen Zusammenlebens je nach Geschlecht in wenigen Sätzen zusammengefasst habe. Falls jemandem etwas bekannt vorkommen sollte: Bloß nicht die eigene Haltung ändern, sonst droht am Ende gegenseitiger Respekt und Verständnis …

Männer gegenüber ihren Frauen: »Ich mache nie etwas falsch. Was auch immer schiefgegangen ist – letztlich war es ihr Fehler. Wenn ich mit etwas unzufrieden bin, hätte sie sich ruhig mal etwas mehr Mühe geben können.«

Frauen gegenüber ihren Männern: »Immer wenn etwas schiefläuft, meint er, dass es mein Fehler war – und selbst wenn das nicht stimmt, fühle ich mich dennoch schuldig. Dafür sind Männer emotional unterentwickelt, unsensibel und kommunikativ bemitleidenswert unbeholfen. Aber auch wenn er sich für den Boss hält: Im Hintergrund bin ich die eigentliche Chefin.«

Weitere Möglichkeiten, die dunkle Seite des Gehirns aufzuhellen

Wenn wir als Erwachsene den irrationalen Vorstellungen der dunklen Seite unseres Gehirns folgen, werden wir uns selbst zum Teufel und machen uns unser eigenes Leben zur Hölle. Zum Glück können wir auch lernen, uns anders zu verhalten. Das klappt zum Beispiel:

- mit Selbstbewusstsein: als Selbst *bewusst* das eigene Handeln an den eigenen persönlichen Werten und Zielen orientieren.
- mit Selbstvertrauen: als Selbst den eigenen Stärken trauen.
- mit Selbstwahrnehmung: feinsinnig Signale aus dem Inneren des eigenen Körpers registrieren, den Klang seiner Stimme hören, den eigenen Gesichtsausdruck erspüren, seine Körperhaltung wahrnehmen, die eigene Stimmung und das eigene bewusste Denken erkennen.
- mit »Selbstwürdegefühl«: als Selbst die Würde als Mensch fühlen, und zwar souverän gegenüber den eigenen irrationalen Vorstellungen.
- mit Mitgefühl uns selbst und anderen Menschen gegenüber.

Mitgefühl kann uns übrigens ebenfalls helfen, unsere irrationalen Vorstellungen abzuschalten und uns bedingungslos zu akzeptieren. Bei Mitgefühl konzentrieren wir uns auf Gedanken von Verbundenheit und Solidarität sowie auf das Ansinnen, etwas Sinnvolles zu tun, beispielsweise zu helfen. Dadurch nehmen wir dem Unterbewussten das Steuer aus der Hand und eröffnen die Möglichkeit, dass Empfindungen wie Fürsorge, Sanftmut, Wohlwollen und Zuneigung entstehen. Bei Ärger, Aggression oder Hass hingegen hat das Unterbewusste das Steuer in der Hand und erstickt echtes Mitgefühl.

Mitgefühl anderen Personen gegenüber gehört zu den grundlegenden Werten vieler Menschen (vielleicht werden es durch dieses Buch ja sogar noch mehr). Solche Werte immer wieder zu leben ist unentbehrlich, um unseren Geist gesund zu halten, ähnlich wie regelmäßige Leibesübungen unentbehrlich sind, um unseren Körper gesund zu halten. Menschlichkeit als der grundlegendste aller Werte tut anderen und uns selbst wohl. Wenn wir uns sowohl für das eigene als auch für das Glück anderer engagieren, wachsen unser Wohlbefinden, unsere innere Ruhe und unsere Gelassenheit. Anstatt Not zu schaffen, Feindschaft und Drama, können wir zum Beispiel anderen helfen, ihre Sorgen zu reduzieren, ihre Höllenspiralen und Sogwirkungen auszuschalten oder ihre Gedankenschleifen abzustellen (oder ihnen wenigstens dieses Buch schenken 😊). Menschlichkeit bringt unmittelbar Licht in die Finsternis der dunklen Seite unseres Gehirns – und schon ein verschmitztes Augenzwinkern ist der Funke, der es entfachen kann.

7

Konkrete Empfehlungen für den Alltag

Medi-Working

Mit diesem einfachen Rezept konvertieren Sie Ihr Tagesgeschäft in eine Meditation. Die Technik ist also vergleichbar mit der einer Meditation oder Achtsamkeitsübung, nur dass Sie gleichzeitig produktiv sein können. Bauen Sie das Medi-Working in Ihren Alltagsablauf ein. Je öfter Sie das Medi-Working praktizieren, desto einfacher wird es.

- *Nehmen Sie sich einen bestimmten Abschnitt Ihres Tagesgeschäfts für das Medi-Working vor, etwa eine halbe oder eine Stunde einer bestimmten Tätigkeit.* Tagesgeschäfte schließen ein: berufliche Arbeit (inklusive Lernen für die Schule oder Studium), Hausarbeit, Sport, Kochen, ein Musikinstrument spielen, Gartenarbeit, Lesen, Malen etc.
- *Beginnen Sie mit einem Moment der Entspannung.* Schenken Sie dem Inneren Ihres Körpers für etwa eine oder zwei Minuten feinfühlig Aufmerksamkeit und entspannen Sie dabei. Entspannen Sie zum Beispiel Nacken, Schultern, Rücken, usw. Achten Sie auf eine gerade Körperhaltung, bei der der Kopf aufrecht nach oben zeigt und die Brust geöffnet ist (strecken Sie eventuell die Schultern nach hinten und lassen Sie sie fallen). Atmen Sie ruhig und tief, atmen Sie dabei länger aus, als Sie einatmen, und atmen Sie statt in die Brust in den Bauch (die Brust hebt sich beim richtigen Atmen kaum). Sobald Ihnen bei Ihrer folgenden Tätigkeit auffällt, dass Ihr Körper verspannt oder Sie Ihren Körper gar überlasten, entspannen Sie wieder. Beim Sitzen sollten die Beine nicht übereinandergeschlagen sein (sonst bekommt man beim Einschlafen oder in der Nacht leicht Schmerzen in den Beinen). Wenn Sie am Schreibtisch arbeiten

müssen, erwägen Sie einen höhenverstellbaren Tisch, an dem Sie auch im Stehen arbeiten können. Um auch Ihren Geist zu entspannen, lesen Sie gerne Ihre »Persönliche Erklärung« mit Ihren Werten und Zielen (siehe Kapitel *Zeitmanagement*, Seite 323).

- *Gehen Sie dann direkt zu Ihrem Tagesgeschäft über.* Falls Sie Schwierigkeiten haben, den ersten Schritt zu tun: Bedenken Sie, dass Ihre Tätigkeit Sie mit Sicherheit Ihrem Ziel näher bringen wird – wenn Sie dieser Tätigkeit jetzt nicht nachgehen, wird das Erreichen Ihres Ziels unsicher. Stellen Sie sich dann bildhaft den Moment vor, in dem Sie Ihr Ziel erreichen. Überlegen Sie nun, was der kleinste allererste Schritt ist, und führen Sie diesen aus (zum Beispiel: den Laptop aufklappen, ein Programm öffnen, ein Buch aufklappen, einen Stift in die Hand nehmen). Dann den nächsten kleinen Schritt tun usw. Alle großen Aufgaben des Lebens scheinen Furcht einflößend, können jedoch mit lauter kleinen harmlosen Schritten bewältigt werden.
- *Konzentrieren Sie sich nur auf Ihre Tätigkeit und lassen Sie sich durch nichts ablenken.* Es ist normal, dass einem gerade dann, wenn man mit einer großen Aufgabe angefangen hat, alle möglichen kleinen Aufgaben einfallen, die auf einmal superdringend oder superinteressant sind und am besten erst noch schnell erledigt werden. Geben Sie diesen Impulsen nicht nach! Machen Sie sich stattdessen eine Notiz und erledigen Sie das, was Ihnen jetzt siedend heiß einfällt, später. Wenn möglich, schalten Sie Telefon, Internet, E-Mail etc. ab. Wenn Sie diese Dinge für Ihre Tätigkeit benötigen, nutzen Sie sie nur dafür. Halten Sie sich in dieser Zeit auch fern von »sozialen Medien«. Einige hören beim Arbeiten Musik, weil sie ihnen beim Konzentrieren hilft, sie motiviert, beruhigt oder ihre Gedanken positiv beeinflusst. Nutzen Sie jedoch nur positiv klingende Musik, zum Beispiel Musik, die sich fröhlich, ermutigend oder friedlich anhört.
- *Arbeiten Sie mit Ruhe und Gemütlichkeit.* Setzen Sie sich nicht unter Stress, etwa durch Erfolgsdruck, Fristen, Effizienz, Per-

fektionismus etc. – beim Medi-Working ist das *Erlebnis* das Ergebnis. Es macht nichts, wenn Sie in dieser Zeit der Meditation weniger schaffen als normalerweise – im Gegenteil: Setzen Sie bewusst Ihre Erwartungen herunter, denn hier geht es darum, meditativ zu arbeiten, also ohne jedweden Stress. Lassen Sie sich nicht frustrieren, wenn es für Ihr Empfinden zu langsam vorangeht. Auch klitzekleine Schritte sind besser, als gar nicht zu gehen. Dafür werden Sie ein anderes Mal größere Fortschritte machen. Manchmal brauchen Dinge ihre Zeit, und zuweilen muss man erst einmal stundenlang über etwas nachdenken, ohne dass etwas herauskommt – und dann bekommt man am nächsten Tag wie aus heiterem Himmel die Erleuchtung. Es ist auch keine Katastrophe, wenn etwas nicht gleich so perfekt ist, wie Sie es gerne hätten – Sie können Ihrer Tätigkeit ja gerade jetzt Zeit widmen, um Schritt für Schritt Ihrem Ziel näher zu kommen, mit Gelassenheit und ohne Stress. Dies zu bewerkstelligen ist einer der wichtigsten und größten persönlichen Erfolge, die wir im Leben erzielen können.

- *Lassen Sie keine negativen Gedanken zu.* Wenn Sie bemerken, dass Ihre Gedanken abschweifen, sagen Sie sich: »Aha, meine Gedanken sind gerade abgeschweift, das ist keine Katastrophe, aber nun lenke ich sie zurück auf meine Arbeit.« Dies ist insbesondere bei negativen Gedanken wichtig. Sagen Sie zu denen: »Sorry, aber ich habe gerade leider keine Zeit für euch.«
- *Lassen Sie keine negativen Gefühle zu.* Wenn Sie negative Emotionen oder negative Stimmungen bei sich erkennen, sagen Sie: »Aha, ein negatives Gefühl; das ist nichts Schlimmes, aber jetzt ist Zeit für das Medi-Working. Lieber atme ich jetzt ruhig durch, entspanne mich und konzentriere mich auf meine Arbeit.« Es ist normal, dass man sich bei seiner Arbeit über Dinge ärgert oder entnervt ist, weil die Arbeit nicht so läuft, wie man es sich wünscht. Das ist jetzt jedoch unwichtig. Wichtiger ist: durchatmen, entspannen, fließen lassen.
- *Geben Sie acht, dass Ihre Tätigkeiten nicht von Ihrer eigentlichen*

Arbeit abschweifen. Etwa wenn Sie, statt einen Begriff nachzuschlagen, auch gleich noch ein paar weitere »interessante« Dinge nachschlagen oder von einer Webseite zur nächsten springen oder sich in unwichtigen Details verlieren. Sagen Sie sich auch hier: »Aha, meine Arbeit ist gerade abgeschweift; das ist keine Katastrophe, aber nun lenke ich meine Aufmerksamkeit zurück auf das, was ich eigentlich erledigen will.«

- *Nach der Tätigkeit ist vor der Tätigkeit.* Räumen Sie nach Ihrer Tätigkeit auf (nicht vorher!), wenigstens kurz. Dann sieht es beim nächsten Mal gleich etwas einladender aus an Ihrem Platz, und es wird Ihnen leichter fallen, anzufangen. Führen Sie zum Beispiel Software-Updates *nach* Ihrer Arbeit aus (keinesfalls währenddessen). Überlegen Sie zum Abschluss auch gerne, was Sie dann beim nächsten Mal tun oder erledigen möchten und was der allererste Schritt dafür sein wird.

Zeitmanagement

Die oberste Regel des Zeitmanagements (für das es bereits einige gute Vorbilder gibt[1]) ist: *Verbringe deine Zeit mit Dingen, die dir wichtig sind und die dir helfen, deine Ziele zu erreichen.*

Der erste Schritt für ein vorteilhaftes Zeitmanagement ist daher, sich Klarheit zu verschaffen über seine *Werte* und *Ziele*. Was ist Ihnen eigentlich *wichtig* im Leben (Werte)? Und was wollen Sie eigentlich *erreichen* (Ziele)? Schreiben Sie dies als Ihre »persönliche Erklärung« auf und bewahren Sie den Zettel dort auf, wo Sie ihn leicht wiederfinden. Oder machen Sie ein Memo auf Ihrem Smartphone. Sie können langfristige Ziele aufnehmen (die über Jahre erreicht werden), mittelfristige (über Monate) und kurzfristige Ziele. Achten Sie darauf, dass Ihre Ziele mit Ihren Werten in Einklang stehen. Lesen Sie Ihre Erklärung immer wieder, zum Beispiel zu Beginn jedes Arbeitstags, dann fällt es Ihnen leichter zu beurteilen, ob Ihre Tätigkeiten mit Ihren Werten und Zielen übereinstimmen. Nur wenn einem das Bewusstsein für seine Werte und Ziele fehlt, verschwendet man Zeit mit unwichtigen Dingen.

Befürchten Sie, die oberste Regel des Zeitmanagements sei eine Einladung zu hemmungslosem Egoismus? Im Gegenteil: Wenn die Werte ethisch sind und die Ziele im Einklang mit diesen Werten stehen, bedeutet diese Regel, dass wir uns möglichst ethisch und integer verhalten und dass wir tun, was wir können, um das Glück anderer zu mehren. Überprüfen Sie Ihre Ziele beispielsweise dahingehend, ob andere davon profitieren, dass Sie Ihre Ziele erreichen, oder ob jemand dadurch Schaden nimmt.

Die oberste Regel ist auch keine Einladung zum Burn-out, denn zu den wichtigen Dingen gehören außer Arbeit natürlich auch

Gesundheit, Familie, Freunde, Kunst, Freizeit usw. Stellen Sie sicher, dass Ihre Werte und Ziele auch Investitionen in die Dinge umfassen, die Ihnen wichtig sind. Für Ihre Gesundheit spielen zum Beispiel Ruhephasen, Meditation, Sport, Urlaub eine Rolle. Falls Ihre Werte oder Ziele hingegen beinhalten, dass Sie sich selbst oder anderen Menschen schaden, streichen Sie diese ohne Wenn und Aber aus Ihrer persönlichen Erklärung.

Logischerweise ist es unzureichend, seine Werte und Ziele nur zu *kennen* – man muss auch danach *handeln* … Oft wird unser Handeln von unserem Unterbewussten geleitet. Achten Sie daher darauf, dass Sie Ihr Handeln bewusst selbst steuern, und zwar so, dass Sie entsprechend Ihrer Werte und Ziele handeln. Es klingt trivial, aber dies bedeutet auch: Verbringen Sie mehr Zeit damit, Ihre Ziele zu erreichen, als Sie Zeit damit verbringen, Ihre Ziele *nicht* zu erreichen. Oft vergeuden wir Zeit, weil wir nicht wissen, was wir eigentlich wollen, weil wir keinen Plan haben, weil wir uns zu unwichtigen Dinge haben überreden lassen oder weil wir nicht konzentriert arbeiten. Daher im Folgenden Tipps, die helfen sollen, Ihre Zeit einzuteilen und Aufgaben zu planen.

Das Kuchendiagramm

Zeichnen Sie in einem Kuchendiagramm ein, welchen Anteil Ihrer Zeit Sie für jeden der Hauptbereiche in Ihrem Leben idealerweise aufwenden würden. Wie viel Zeit würden Sie zum Beispiel gerne für Arbeit, Hobby, Familie, Freunde und Hausarbeit aufwenden? Vergleichen Sie dies damit, wie es sich tatsächlich in Ihrem Leben verhält.

Wenn Sie dabei Diskrepanzen entdecken, überlegen Sie, wie Sie Ihre Zeit anders verteilen können. Zum Beispiel können Sie vielleicht einen Monat lang weniger arbeiten, um mehr Zeit mit anderen Dingen zu verbringen. Oder überlegen Sie, welche Dinge Sie miteinander kombinieren können, etwa »anderen helfen« und

»Familie« dadurch kombinieren, dass Sie Ihre Nichten und Neffen babysitten. Vielleicht macht Kochen oder Sport mehr Spaß mit Freunden, oder Sie gehen mit Ihrem Ehepartner ins Konzert.

Schreiben Sie auch konkret den Zeitplan einer typischen Woche auf. Gibt es Dinge, die Sie ändern möchten? Sind Ihr Partner oder Ihre Kinder mit diesem Plan ebenfalls glücklich?

Was ist wichtig, was ist dringend?

Teilen Sie Ihre Aktivtäten ein in wichtig bzw. unwichtig sowie in dringend bzw. nicht dringend.

wichtig dringend	wichtig nicht dringend
unwichtig dringend	unwichtig nicht dringend

Wichtige Dinge meint hier Dinge, die auf der Liste Ihrer Werte und Ziele stehen oder direkt damit zu tun haben. *Dringende Dinge* meint Dinge, die alsbald erledigt werden müssen. Unwichtige und dringende Dinge sind zum Beispiel Dinge, zu denen Sie sich überreden haben lassen und die Sie nun erledigen müssen. Unwichtige und nicht dringende Dinge sind zum Beispiel Rumdaddeln auf Facebook/Twitter/Instragram, das Anschauen belangloser Videos auf YouTube und TikTok, stundenlanges Fernsehen oder Videospiele-Zocken.

Leider ist es meist leichter, unwichtige Dinge zu tun als wichtige, und wenn unwichtige Dinge dringend sind, verbringen wir eher Zeit mit ihnen, als wichtige Dinge zu tun, die (noch) nicht dringend sind. Ein Schlüssel für gutes Zeitmanagement ist daher, möglichst viel Zeit mit Aktivitäten zu verbringen, die *wichtig* und *nicht dringend* sind. Dazu drei wichtige Schritte:

1. Lernen Sie, »Nein« zu unwichtigen Dingen zu sagen. Die Zeit, die Sie unwichtigen Dingen widmen, ist für immer verloren – Sie können sie nicht für wichtige Dinge nutzen. (Wie gesagt, ist dies weder Einladung zu hemmungslosem Egoismus noch zu Burn-out, denn zu den wichtigen Dingen gehört auch, anderen zu helfen, Erholung usw.) Gutes Zeitmanagement bedeutet, *mehr* Zeit für wichtige Aktivitäten zu haben, etwa weil die zur Verfügung stehende Zeit sinnvoller genutzt wird. Vielleicht müssen Sie noch einige Aufgaben erledigen, die Sie bereits zugesagt haben, aber nehmen Sie von jetzt an nur noch wichtige Tätigkeiten an.
2. Sorgen Sie dafür, dass Sie wichtige Aktivitäten erledigen, bevor die Frist zu nahe rückt (sie also noch nicht dringend sind), dann ersparen Sie sich unnötigen Stress.
3. Oft müssen wir alles Mögliche unter einen Hut bringen und haben dann keine Zeit mehr für Dinge, die wichtig, jedoch nicht dringend sind. Diese Dinge fallen dann leicht hinten runter, zum Beispiel vernachlässigen wir dann, den Kontakt zu unseren Freunden aufrechtzuhalten oder uns um unsere Gesundheit und Erholung zu kümmern. Es ist daher wichtig, bewusst Zeit für solche Dinge einzuplanen. Füllen Sie diese Zeit keinesfalls mit dringenden Aufgaben, welche »mal wieder dazwischengekommen« sind.

Tipps für Ihr Zeitmanagement

- *Fangen Sie zur geplanten Zeit sofort mit der geplanten Aktivität an.* (Siehe dazu auch *Medi-Working*, Seite 319 und *Auch das Anfertigen unserer Steuererklärung kann glücklich machen*, Seite 50) Der erste Schritt scheint oft am schwierigsten, dies ist jedoch lediglich eine unterbewusste Täuschung. Selbst die längste Reise beginnt mit dem ersten Schritt, wobei es unwichtig ist, wie groß oder klein dieser Schritt ist. Machen Sie also lieber einen winzig kleinen Schritt als gar keinen, damit brechen Sie den unterbewussten Bann und können loslegen. Verschwenden Sie nicht mehr Zeit damit, die Arbeit an einer Sache zu vermeiden, als Sie brauchen, um das Projekt tatsächlich zu bewältigen …

- *Erstellen Sie eine To-do-Liste für Ihre Aufgaben.* Diese kann Ihnen viele Stunden vergeudete Zeit ersparen. Planen Sie nicht zu ehrgeizig, sondern eher so, dass Sie in der geplanten Zeit locker schaffen, was Sie sich vorgenommen haben. Es ist besser, noch Zeit übrig zu haben (in der Sie dann zum Beispiel noch etwas extra tun können), als gestresst zu sehen, dass man in der geplanten Zeit kaum schaffen kann, was man sich vorgenommen hat. Ein Plan mit konkreten Arbeitsschritten kann Ihnen die Furcht davor nehmen, die Arbeit nicht bewältigen zu können, und Ihnen außerdem helfen, ein realistisches Bild davon zu bekommen, wie viel Zeit die Schritte beanspruchen werden. Erklimmen Sie den Berg dann Schritt für Schritt. Freuen Sie sich am Ende Ihres Arbeitstages über all die durchgestrichenen Aufgaben der Liste und planen Sie die Schritte für den nächsten Tag.
- *Machen Sie die unterbewusste Routine-Maschine zu Ihrem Helfer.* Wenn Sie bewusst eine bestimmte Tätigkeit zur immer gleichen Zeit ausführen, wird sie zur Gewohnheit. Es fällt dann leichter, diese Tätigkeit in den Tages- bzw. Wochenablauf zu integrieren, sich zu der Tätigkeit aufzuraffen, sogleich zu beginnen etc.
- *Wählen Sie Ihre Tätigkeiten mit Bedacht aus.* Jedes »Ja« für eine Tätigkeit bedeutet, dass Sie die Zeit dafür aus einem Stück Ihres Kuchendiagramms bezahlen. Wenn Sie für die Tätigkeit etwas weglassen müssen, was Ihnen eigentlich wichtiger ist, machen Sie einen schlechten Tausch …
- *Lassen Sie sich nicht zu unwichtigen Tätigkeiten überreden.* Besonders leicht wird man überredet, wenn diese Aufgabe erst in einiger Zeit erledigt werden muss (»Könntest du im nächsten

Herbst …?«). Stellen Sie sich in solchen Situationen vor, Sie müssten die Aufgabe zeitnah erledigen.

- *»Lieber perfekt zögern als fehlerhaft arbeiten.«* Mit diesem Motto scheitert man auf hohem Niveau. Jeder möchte gerne gute Resultate. Je mehr wir jedoch wollen, dass unsere Ergebnisse perfekt sind, desto schwerer machen wir es uns. Wir fürchten uns davor, dass das Resultat nicht perfekt sein wird, und sind unzufrieden, wenn nicht gleich alles perfekt ist. Bei vielen Tätigkeiten ist es jedoch normal, dass man Fehler macht, etwa wenn ein Produkt oder eine Methode erst entwickelt werden muss. Michelangelo hat auch nicht gleich den Meißel aus der Hand gelegt, als sein David noch grob und hässlich aussah. Beim Arbeiten ist es wichtiger, sich voll der Tätigkeit und dem Prozess zu widmen, als auf das Ergebnis zu schielen. Für die meisten Aufgaben ist es sowieso wichtiger, sie adäquat statt perfekt zu erledigen.
- *Teilen Sie Ihre Arbeit klug ein.* Planen Sie zum Beispiel für eine Arbeit, die zehn Stunden dauert, lieber mehrere Blocks von wenigen Stunden ein als einen langen Zehn-Stunden-Block.
- *Unnötig wiederholtes Hervorkramen vergeudet Zeit.* Erledigen Sie Aufgaben entweder sofort oder entscheiden Sie, wann Sie sie erledigen wollen, und legen Sie sie bis dahin zurück. Wenn Sie zum Beispiel Ihre E-Mails lesen, schätzen Sie zunächst schnell ab, was Sie tun müssen, um die Angelegenheit zu erledigen, und entscheiden Sie, ob Sie die E-Mail gleich beantworten oder später. Entscheiden Sie dann, wann Sie die Aufgabe erledigen wollen, und holen Sie diese E-Mail erst zur geplanten Zeit wieder hervor. Machen Sie sich gegebenenfalls eine Notiz in Ihrem Kalender und erledigen Sie die Aufgabe dann zum vorgesehenen Zeitpunkt. So umgehen Sie, dieselben E-Mails immer wieder hervorzukramen, durchzulesen, zu überlegen, was Sie tun sollen usw.
- *Nehmen Sie sich Zeit zum Planen.* Probieren Sie, bestimmte Zeiten in Ihrem Tages- bzw. Wochenablauf für die Planung Ihrer

Tätigkeiten zu reservieren. Lernen Sie, realistisch und konkret zu kalkulieren, damit Sie sich Ihrer Arbeit widmen können, ohne unter Stress zu geraten.

- *Beraumen Sie Besprechungen mit Anfangs- und Schlusszeit an.* Oft vereinbaren wir Besprechungen mit einer Anfangszeit, jedoch ohne eine genaue Dauer zu verabreden. Dadurch dauern Besprechungen länger als erwünscht. Wenn eine Schlusszeit vereinbart wurde, ist es leichter, die geplanten Dinge in dieser Zeit auch zu erledigen und dann wieder zu anderen Tätigkeiten überzugehen.
- *Konzentrieren Sie sich auf Ihre Tätigkeit.* Bleiben Sie mit Ihren Gedanken bei der Tätigkeit. So vermeiden Sie negative Gedankenschleifen. Widmen Sie sich der Tätigkeit mit Ruhe und Gelassenheit, ohne Stress und negative Emotionen (siehe Kapitel *Medi-Working*, Seite 319).

Problem-Lösen: Eine Methode für Änderungen

Jeder hat Probleme, niemand braucht sich dafür schämen. Und egal, wie groß das Problem auch scheinen mag: Es hätte immer auch noch schlimmer kommen können, und andere Menschen hatten wahrscheinlich auch schon größere Sorgen. Zum Glück gibt es für jedes Problem eine Lösung. Im Folgenden stelle ich Ihnen die effektivste Methode für das Lösen von Problemen vor. Sie ist frappierend einfach:

1. *Identifizieren Sie das Problem.* Ein Problem ist halb gelöst, wenn es klar formuliert ist. Formulieren Sie daher das Problem in einem vollständigen Satz und geben Sie ihm einen einfachen Namen. Dabei hilft es, eine kurze Beschreibung des Problems aufzuschreiben oder sie sich in ganzen Sätzen vorzusagen. Durch diese Beschreibung soll es einfacher werden, sich darüber klar zu werden, was das eigentliche Problem ist. Überlegen Sie, wo genau die Problemstellen liegen und was gegebenenfalls das ihnen zugrunde liegende Problem ist. Zum Beispiel kann sich das Problem »Ständig unordentliche Küche« bei genauerer Betrachtung herausstellen als »Die Küche ist vollgestopft mit unnötigem Zeug« oder »Es gibt zu wenig Stauraum für Vorräte«. Haben Sie den Mut, sich beim Betrachten der Probleme eigene Schwierigkeiten einzugestehen (etwa »Ich habe ein Problem damit, mich von unnützen Küchengegenständen zu trennen«). Es hilft auch, mit jemandem über das Problem zu sprechen – vielleicht bekommen Sie von Ihrem Gesprächspartner Anregungen, wo das *tatsächliche* Problem liegt.

Falls Sie mehrere Probleme plagen, erstellen Sie eine Liste davon und bringen Sie diese in eine Rangfolge (die größten bzw. dringendsten Probleme nach oben).

Wenn Sie Schwierigkeiten haben, zu erkennen, was eigentlich genau das Problem ist, gönnen Sie sich eine Pause. Manchmal kommen wir einem Problem eher auf den Grund, wenn wir räumlichen oder zeitlichen Abstand dazu haben. In der Zwischenzeit können Sie vielleicht das nächste Problem auf der Liste angehen.

2. *Denken Sie sich möglichst viele Lösungen aus.* Wenn Sie in Schritt 1 mehrere Probleme aufgelistet haben, wählen Sie eines davon und denken sich zunächst eine Lösung dafür aus. Wichtig ist in diesem Schritt, diese Lösung nicht zu zensieren – wenn man kreativ denkt, ist erst einmal nichts falsch. Beginnen Sie also gerne mit irgendeiner Lösung, die Ihnen in den Sinn kommt, auch wenn sie noch so dumm klingen mag. Im Gegenteil: Denken Sie sich auch absurde oder unmögliche Lösungen aus, denn das kann helfen, andere, realistische Einfälle zu stimulieren. (Etwa »Mit einem Zauberstab alle unnötigen Dinge aus der Küche verschwinden lassen« führt zur Idee »Ein Anbau mit Stauraum«, und dieser Gedanke führt zu »Systematisches Entrümpeln in Küche und Dachboden und Saisonware aus Küche auf den Dachboden«.) Notieren Sie sich jede Lösung kurz (damit Sie sie nicht wieder vergessen).

Warum ist es wichtig, mehrere Lösungen zu sammeln? Weil Sie möglicherweise auf noch bessere Lösungen kommen als die erste, die Ihnen einfällt. Warum ist es wichtig, Lösungen nicht zu zensieren und sogar absurde Lösungen zuzulassen? Weil uns der unterbewusste Druck, die perfekte Lösung zu finden, oft das ganze bewusste Denken blockiert. Da das Unterbewusste keine unmöglichen Dinge denken kann, nehmen wir dem Unterbewussten das Steuer aus der Hand, wenn wir bewusst absurde oder unmögliche Dinge denken.

3. *Finden Sie heraus, ob sich eine Lösung bewährt.* Gehen Sie in folgenden Schritten nach dem *STAB*-Prinzip vor:

   (S) Selektion: Wählen Sie zunächst eine der Lösungen aus der Liste, die Sie im vorigen Schritt erstellt haben (hier kann es helfen, mit einer Person des Vertrauens über diese Auswahl zu sprechen).

   (T) Testen: Probieren Sie diese Lösung aus. Überlegen Sie sich, was diese Lösung genau an einzelnen Schritten beinhaltet, und fangen Sie an, diese auszuführen.

   (A) Auswerten: Beurteilen Sie dann, ob die Lösung funktioniert. Falls die Lösung in die falsche Richtung geht, werfen Sie sie über Bord und probieren eine andere Lösung aus der Liste – für das Fehlschlagen einer Lösung gibt es keinen besseren Trost, als sofort eine neue zu probieren! Geht die Lösung jedoch in die richtige Richtung, gehen Sie über zum nächsten Schritt.

   (B) Beharren: Arbeiten Sie beharrlich an der Problemlösung, bis Sie das Problem als gelöst ansehen. Große Probleme werden meist nicht über Nacht gelöst, sie erfordern oft Nachjustierung, Ergänzung oder eine zusätzliche Maßnahme. Manchmal offenbart ein Lösungsansatz auch andere Probleme, und Sie müssen für diese neuen Probleme wieder mit dem allerersten Schritt 1 anfangen. Die Lösung eines kniffligen Problems ist oft wie eine Erfindung, die immer weiter verfeinert werden muss, bis sie wirklich funktioniert. Werden Sie zum Ingenieur bzw. zur Ingenieurin Ihrer Problemlösung.

Weitere Tipps zur Problemlösung

- Die hier vorgestellte Methode zur Problemlösung kann auch in einer Partnerschaft oder in einem Team angewendet werden, etwa bei Problemen in der Partnerschaft. (Siehe hierzu auch Kapitel *Von der Mediation lernen*, Seite 345)

- Nehmen Sie ein Problem nach dem anderen in Angriff. Lösen Sie lieber ein Problem effizient als mehrere gleichzeitig nur halbherzig.
- Manchmal hat man so viele Probleme, dass man die Hoffnung verliert. Es lohnt sich jedoch immer, ein Problem anzugehen, egal, wie viele weitere Probleme es noch gibt oder zu geben scheint. Trösten Sie sich in diesem Fall mit der *80:20-Regel*: 80 Prozent der Schwierigkeiten sind auf 20 Prozent der Probleme zurückzuführen. Wenn Sie die wenigen wirklich wichtigen Probleme eines nach dem anderen angehen, werden Sie eine unverhältnismäßig große Anzahl von Schwierigkeiten überwinden. Haben Sie trotzdem das Gefühl, in eine Abwärtsspirale zu trudeln? Dann schauen Sie unterbewusst momentan vielleicht nur noch auf Ihre Schwächen und meinen deshalb, dass Sie es nicht schaffen, Ihre Probleme zu lösen. Lesen Sie in diesem Fall das Kapitel *Notfallhilfe* (Seite 349) und beginnen Sie erneut mit Schritt 1 der hier beschriebenen Methode zur Problemlösung.
- Arbeiten Sie daran, sich selbst zu ändern, nicht andere. Wenn Ihre Lösung beinhaltet, dass andere sich entsprechend Ihrer Wünsche ändern sollen, hat Ihre Lösung wenig Aussicht auf Erfolg. Was Sie hingegen höchst effizient ändern können, ist Ihr eigenes Verhalten. Übernehmen Sie daher die Verantwortung für Ihren Teil des Problems und überlegen Sie, wie Sie Ihr zukünftiges Verhalten entsprechend ändern können.
- Selbst wenn ein Problem theoretisch gelöst werden kann, kann eine Lösung manchmal derart aufreibend sein, dass es sinnvoller ist, das Problem zu akzeptieren und auf sich beruhen zu lassen, zumindest vorläufig – insbesondere dann, wenn die Lösung eines Problems so viel Zeit und Energie kosten würde, dass Sie diese besser in sinnvollere, wichtigere Dinge investieren, die Sie Ihren eigentlichen Zielen näher bringen.
- Nehmen Sie professionelle Hilfe in Anspruch, wenn Ihre Probleme bei Ihnen oder Ihren Mitmenschen Schaden anrichten,

wie etwa bei Depression, Drogenmissbrauch, Angststörungen, Essstörungen.

- Probieren Sie, Probleme frühzeitig zu erkennen, also bevor sie zu unterbewussten Monstern gewachsen sind. Je früher wir Probleme erkennen und angehen, desto einfacher können wir sie korrigieren. Unserem Unterbewussten scheinen Probleme oft viel größer und bedrohlicher, als sie tatsächlich sind. Daher ist es in unserem Interesse, mit bewusstem Blick Probleme zu identifizieren und diese dann rational zu analysieren und intelligent zu lösen.

Tabelle zum Abwägen von Entscheidungen

Hier einige Tipps für das Anlegen einer Tabelle zur rationalen Abwägung langfristiger Folgen. Das Beispiel bezieht sich auf die Berufswahl, es kann aber auf andere Entscheidungen übertragen werden.

(1) Sammeln Sie alle Alternativen, d. h. alle möglichen Berufe, und schreiben Sie diese untereinander in die erste Spalte der Tabelle. Lassen Sie die ersten beiden Zeilen frei.

(2) Sammeln Sie dann *alle Aspekte*, die Ihnen wichtig sind. Zum Beispiel für eine Berufswahl: Freude an der Tätigkeit, Gehalt, Aufstiegsmöglichkeiten, Ausbildungsdauer, Selbstbestimmung, Vereinbarkeit mit der Familie usw. Schreiben Sie diese Aspekte in die Zeile oberhalb der Berufe, in jeweils eine eigene Spalte (siehe Abbildung auf der übernächsten Seite).

(3) Dann vergeben Sie für jede Alternative möglichst *objektiv* Punkte pro Aspekt, auf einer Skala von 1 bis 10. Je höher die Punktzahl ist, desto vorteilhafter, und je niedriger die Punktzahl, desto nachteilhafter ist der Aspekt. Wenn Sie zum Beispiel weniger Ausbildungsjahre vorteilhaft finden, geben sie desto *weniger* Punkte, je *mehr* Ausbildungsjahre ein Beruf erfordert. Im Beispiel in der Tabelle in Abbildung 10 wird die Freude an der Tätigkeit am höchsten für Beruf 1 eingeschätzt, am zweithöchsten für Beruf 3, dann kommt Beruf 2. Das Gehalt ist am höchsten für Beruf 2, Beruf 3 bietet die besten Aufstiegsmöglichkeiten.

(4) Als Nächstes bestimmen Sie für jeden Aspekt, *wie wichtig er Ihnen persönlich* ist, ebenfalls auf einer Skala von 1 bis 10. In der genannten Tabelle wurde die Freude an der Tätigkeit als

besonders wichtig eingeschätzt (Wert 10), die Aufstiegsmöglichkeiten als etwas weniger wichtig (Wert 9). Multiplizieren Sie dann für jeden Aspekt die objektive Punkteanzahl mit diesem persönlichen Wichtigkeitswert und tragen Sie das Ergebnis in die entsprechenden Zellen ein (dies entspricht den hellgrauen Zellen in der Tabelle in Abbildung 10). Zum Beispiel wurde die Freude an Beruf 1 mit dem Wert 10 eingeschätzt und die Wichtigkeit an der Freude am Beruf ebenfalls mit dem Wert 10, ergibt miteinander multipliziert 100 Punkte. Beruf 2 verspricht zwar das höchste Gehalt (Wert 10), jedoch wurde die Wichtigkeit der Höhe des Gehalts als weniger hoch eingestuft (Wert 7), daher ergibt sich ein Wert von 70 (10 mal 7).

(5) Addieren Sie dann für jede Alternative die Zahlen der Spalten, die Sie in Schritt 4 eingetragen haben, also die hellgrauen Zellen in Abbildung 10 (dort ergibt sich dann der höchste Wert (229) für Beruf 3, Beruf 1 hat den niedrigsten Wert (201).

(6) Falls unterschiedliche Alternativen auch unterschiedliche *Wahrscheinlichkeiten* hinsichtlich unterschiedlicher Aspekte haben, gehen Sie wie folgt vor (siehe dazu auch die untere Tabelle in Abbildung 10): Vergeben Sie für die Wahrscheinlichkeiten ebenfalls Werte von 1 bis 10. Zum Beispiel sind die Aufstiegsmöglichkeiten bei Beruf 2 recht sicher (daher wurde in die entsprechende Zelle der Wert 9 eingetragen) und recht unsicher bei Beruf 3 (daher wurde lediglich der Wert 6 eingetragen). Das (Anfangs)gehalt kann für alle Berufe recht gut eingeschätzt werden, daher wurde für alle drei Berufe der Wert 9 eingetragen. Ähnlich wie in Schritt 4 multiplizieren Sie dann den Wert, der bei Schritt 4 errechnet wurde (die Ergebnisse der hellgrauen Zellen in der Tabelle in Abbildung 10), mit diesem Wahrscheinlichkeitswert. Zum Beispiel wurde in Schritt 4 ein subjektiver Wert von 100 für die Freude an Beruf 1 errechnet (und ein Wert von 80 für Beruf 2); dieser Wert wird nun mit den 9 Wahrscheinlichkeitspunkten multipliziert, was einen Wert von 900 ergibt (für Beruf 2 wird der

Wert von 80 mit 8 Wahrscheinlichkeitspunkten multipliziert, was einen Wert von 640 ergibt).

(7) Anschließend addieren Sie dann analog zu Schritt 5 für jede Alternative die Zahlen der Spalten, die Sie in diesem Schritt 6 eingetragen haben. Dieser Wert ist am höchsten für Beruf 2 (1918 Punkte). Dieser Beruf sollte in die engere Wahl gezogen werden.

Die Werte, die Sie im letzten Schritt ermittelt haben, also entweder in Schritt 5 (wenn Sie keine Wahrscheinlichkeiten einschätzen können) oder 6 (wenn Sie Wahrscheinlichkeiten einschätzen können), geben Ihnen nach Ihrem besten Wissen an, welche Alternative am wertvollsten für Sie ist.

	Objektive Punkte			**Wichtigkeit**			**Summe**
	Freude	Gehalt	Aufstieg	Freude: 10	Gehalt: 7	Aufstieg: 9	
Beruf 1	10	8	5	10 * 10 = 100	8 * 7 = 56	5 * 9 = 45	201
Beruf 2	8	10	8	8 * 10 = 80	10 * 7 = 70	8 * 9 = 72	222
Beruf 3	9	7	10	9 * 10 = 90	7 * 7 = 49	10 * 9 = 90	229

	Wahrscheinlichkeit			**Einbezug von Wahrscheinlichkeit**			**Summe**
	Freude	Gehalt	Aufstieg				
	9	9	8	100 * 9 = 900	56 * 9 = 504	45 * 8 = 360	1764
	8	9	9	80 * 8 = 640	70 * 9 = 630	72 * 9 = 648	1918
	7	9	6	90 * 7 = 630	49 * 9 = 441	90 * 6 = 540	1611

Abbildung 10: Tabelle zum Abwägen von Entscheidungen

Kommunikationstechniken zur Konfliktlösung

Bei Auseinandersetzungen wird die dunkle Seite unseres Gehirns rasch zum Konfliktmotor. Wir wollen unbedingt unseren Willen bekommen, andere sollen sich so verhalten, wie wir es für normal halten. Unser Unterbewusstes will sich keineswegs mit der Gegenpartei an den Tisch setzen, sondern diese oft am liebsten aus der Welt sehen. Deswegen sind Konflikte ein dauerhaftes und zentrales Thema des menschlichen Zusammenlebens.

Hier stelle ich die wichtigsten Techniken zur Konfliktvorbeugung und -lösung vor. Sie eignen sich für das Privatleben wie für den Beruf. Diese Werkzeuge zu lernen sollte in keiner Schule fehlen. Ihre Anwendung führt zu einer Streitkultur, die an der Würde des Menschen sowie am gegenseitigen Verstehen orientiert ist und in der Konflikte *konstruktiv* sowie gewaltfrei deeskaliert und bearbeitet werden.

Eine gesunde Streitkultur ist von folgenden Grundsätzen bestimmt:

- *Bedingungsloser Respekt.* Alle Parteien zeigen gegenseitig bedingungslosen Respekt sowie bedingungslose Wertschätzung der anderen, unabhängig davon, wie sie sich verhalten bzw. was sie gemacht haben. Die Gleichheit aller Menschen an Würde und Rechten gilt auch für diejenigen, die uns unsympathisch sind oder uns Leid angetan haben. Selbst wenn es schwerfallen mag: Bewahren Sie bei einem Konflikt den Respekt vor anderen Beteiligten. Die innere Ruhe, die dies mit sich bringt, ist auch gesünder für Sie selbst.
- *Fairness.* Die Parteien kommunizieren ohne Beleidigungen, Beschimpfungen, Unterstellungen oder gar Handgreiflichkeiten.

- *Jeder darf ausreden.* Die andere Seite hört jeweils aufmerksam zu. Idealerweise ruhig und geduldig. (Insbesondere Männer haben oft die ungute Neigung, andere zu unterbrechen.)
- *Win-win-Lösungen statt Siege oder Kompromisse.* Unterbewusst tendieren wir bei Konflikten dazu, unsere *Position* zu verteidigen, um möglichst viel vom umkämpften Kuchen zu bekommen. Entweder zanken wir, oder wir handeln oder feilschen, um für unsere Position das Maximale herauszuschlagen. Gelungene *Konfliktlösungen* erkennen wir jedoch daran, dass der Kuchen *größer* wird und beide schließlich mehr haben als vorher. Einst stritten sich zwei Personen um eine Kokosnuss. Jeder wollte sie für sich haben, und sie fingen an, zu feilschen, zu schreien und einander zu beleidigen. Jeder pochte auf die Kokosnuss, und meinte, er habe das Recht auf sie. Da kam der eine auf die Idee, den anderen zu *fragen,* wieso er die Kokosnuss eigentlich haben wolle. Es stellte sich heraus, dass der eine an der Kokosmilch interessiert ist, der andere am Fruchtfleisch. Also taten sich beide zusammen, öffneten die Kokosnuss gemeinsam; der eine bekam das gesamte Fruchtfleisch, der andere die gesamte Kokosmilch – Win-win. Hätten die beiden lediglich nach einem *Kompromiss* gesucht, hätten sie sich die Kokosnuss »gerecht geteilt« – und hätten dann jeweils weniger als bei einer *Konfliktlösung* (jeder hätte eine halbe Kokosnuss und die Hälfte der Kokosmilch). Viele sind eine Streitkultur gewöhnt, bei der entweder der eine den anderen *besiegt* oder bei der sich beide Parteien auf einen *Kompromiss* einigen, wo also beide etwas gewinnen und beide etwas verlieren. Bei einer gelungenen *Konfliktlösung* hingegen gewinnen beide Parteien. Auch wenn das mit der Kokosnuss nur ein einfaches Beispiel ist, zeigt es doch: Wenn beide Parteien an einer Konfliktlösung interessiert sind, kann in jedem Konflikt eine Win-win-Lösung gefunden werden.
- *Feinfühligkeit.* Wirklich hinzuhören und mitzufühlen beginnt damit, sich selbst feinfühlig zu begegnen, das heißt, seine eigene

Stimme zu hören, seine eigene Stimmung zu erkennen, oder wahrzunehmen, welche Haltung man mit seiner Miene und Körperhaltung ausdrückt.

- *Vertraulichkeit.* Die Parteien geben keine vertraulichen Informationen ohne Einverständnis der anderen Parteien an andere weiter.

Interessen und Bedürfnisse erkennen

Um Win-win-Lösungen zu finden, klären Sie, welche Interessen und Bedürfnisse hinter der Position Ihres Gesprächspartners stehen, also was Ihrem Gesprächspartner wichtig ist bzw. was er braucht. (Ebenso sollten Sie natürlich klar machen, was Ihre eigenen Interessen und Bedürfnisse sind.) Idealerweise erkennen beide Parteien, dass sie trotz unterschiedlicher Positionen einige gemeinsame Interessen und Bedürfnisse teilen.

Statt um Positionen zu kämpfen oder Kompromisse zwischen unterschiedlichen Positionen zu finden ergibt es mehr Sinn, Lösungen zu finden, welche die unterschiedlichen Interessen aller Parteien erfüllen. Streit und Kompromissfindung sind Methoden der letzten Jahrhunderte – Konfliktlösung ist die Methode der Zukunft. Dafür brauchen wir ein besseres Verständnis dafür, *wieso* unserem Gesprächspartner eine Sache so wichtig ist. Dies können wir durch *Fragen* erfahren. Dabei ist es wichtig, die Bedürfnisse des Gegenübers zu würdigen, etwa mit Formulierungen wie »Ich verstehe, dass …«, »Ich höre, was du sagst und wie viel es dir bedeutet …«, »Ich sehe, wie wichtig dir dies ist …«

Das Unterbewusste sieht bei Konflikten nur die gegensätzlichen Positionen und Meinungen. Diese Sicht ist jedoch lediglich eine *oberflächliche* – und damit stark eingeschränkte – Betrachtungsweise. Wenn wir uns bewusst darum bemühen, können wir erkennen, dass den entgegengesetzten Positionen und Meinungen etliche gemeinsame Interessen und Bedürfnisse *zugrunde* liegen.

In einem Sorgerechtsstreit zum Beispiel ist es beiden Parteien wichtig, dass es den Kindern gut geht, und beide Parteien haben das Bedürfnis nach sozialem Kontakt zu den Kindern. Weitere Interessen und Bedürfnisse, die wir alle teilen, sind zum Beispiel: Erfüllung der wirtschaftlichen Grundbedürfnisse bzw. finanzielle Sicherheit, Glück und Zufriedenheit, Zugehörigkeitsgefühl, Gerechtigkeit, einen Sinn im eigenen Tun sehen bzw. einen Beitrag zur Gesellschaft leisten, Anerkennung, Integrität, Gesundheit, Wohlbefinden. Selbst in einem festgefahrenen Konflikt schafft das Erkennen zugrunde liegender gemeinsamer Interessen und Bedürfnisse oft einen Durchbruch.

Kommunikationstechniken

Um Interessen bzw. Bedürfnisse zu erkennen und anschließend, darauf aufbauend, Lösungen zu erarbeiten, sind die folgenden Kommunikationstechniken besonders hilfreich.

- *Aktives Hören.* Dies bedeutet, aufmerksam hinzuhören und den anderen wirklich verstehen zu wollen. Wie fühlt sich die andere Person? Was will sie eigentlich, was ist ihr wichtig? Fragen Sie gegebenenfalls nach, bis Sie meinen, die andere Person verstanden zu haben. Finden Sie heraus, was der *anderen Person* wichtig ist, obwohl es *Ihnen* unwichtig ist. Lassen Sie sie mit Respekt wissen: »Ich verstehe, dass dir dies wichtig ist.«
- *Fragen stellen.* Auch mit Fragen können Sie herausfinden, was die andere Person will, was ihr wichtig ist, was sie braucht, wie sie sich fühlt. Außerdem können Sie mit Fragen den Blick für größere Zusammenhänge öffnen. Dies ist wichtig, weil das Unterbewusste unseren Blick in Konflikten durch die Sogwirkungen negativer Emotionen einengt. Eröffnen Sie neue Perspektiven durch Fragen wie »Was wäre eine positive Sache, die das Ganze haben könnte?«, »Hast du schon mal darüber

nachgedacht, ob …?« oder »Wie ändert Information XY die Perspektive?« Zudem können Sie mit Fragen gemeinsam nach Lösungen suchen, etwa mit »Was wäre, wenn …?«, »Lass uns mal so tun als ob …, »Was würde dann …?«, »Was wäre die Konsequenz von …?«, »Was würde sich aus XY in Kombination mit AB ergeben?« oder »Wie kann XY mit AB unter einen Hut gebracht werden?« Statt Vorschläge abzulehnen, können Sie beispielsweise fragen »Wäre es vielleicht sogar noch besser, wenn …?«, und statt negativer Kritik können Sie fragen: »Ich verstehe es noch nicht ganz, könntest du das noch einmal erklären?«

- *Meiden Sie »Warum …«-Fragen, die nach Schuld fragen.* Solche Fragen führen zu nichts (etwa »*Warum* hast du das (nicht) gemacht?«). Fragen Sie die andere Person stattdessen, was sie will und meint (»Was meinst du dazu?«, »Erzähl doch mal …?«). Oft müssen Sie erfinderisch sein, um die Gründe für eine Position auszuloten, also um herauszufinden, warum der anderen Person etwas wichtig ist. Probieren Sie, durch Fragen die wesentlichen Punkte zu erkennen (zum Beispiel »Welche der Sachen ist dir am wichtigsten?«), oder zu neuen Ideen anzuregen (etwa »Wäre es für dich denkbar …?«, »Wie könnte es funktionieren, dass …?«).
- *Den anderen wiedergeben.* Wenn Sie meinen, den anderen verstanden zu haben, probieren Sie, die Sichtweise der anderen Person so wiederzugeben, *dass sie zustimmt*! Bringen Sie dies gerne auf den Punkt, sprich, die Wiedergabe darf kürzer sein als das, was die Person erzählt hat. Sie müssen dafür die Fakten erkennen und die Gefühle verstehen. Geben Sie darauf acht, dass diese Wiedergabe weder Beurteilungen noch Bewertungen Ihrerseits enthält.
- *Sprechen Sie über* sich, *wenn Sie über sich sprechen.* Sagen Sie, was *Sie* wollen, wie *Sie* sich fühlen, was *Sie* stört, ärgert etc., anstatt andere oder Ihren Gesprächspartner in den Fokus Ihrer Äußerungen zu setzen. Machen Sie also sich selber

– statt andere – zum Subjekt Ihrer Sätze. Hier einige Anhaltspunkte:

- *Wandeln Sie das Wort »man« um in »ich«.* Sagen Sie zum Beispiel »*Ich* will, dass …« statt »*Man* will doch, dass …«. Oder »*Ich* mache das anders« bzw. »*Ich* möchte nicht, dass das so gemacht wird« statt »*Man* macht das nicht so«. Probieren Sie es mit »Ich will nicht, dass …« statt »Keiner will, dass …«, bzw. mit »Ich rege mich darüber auf, wenn …« statt »Da muss einem ja der Kragen platzen«, oder mit »Ich finde es selbstverständlich, dass …« statt »Es ist doch selbstverständlich, dass …«.
- *Wandeln Sie »Du«-Aussagen um in »Ich«-Aussagen.* Sagen Sie zum Beispiel »*Ich* habe ein Problem damit, wenn du später als vereinbart kommst,« statt »*Du* kommst immer zu spät« oder »*Ich* finde es belastend, wenn du den Müll nicht herunterbringst« statt »Nie bringst *du* den Müll herunter«. Oder probieren Sie es mit »Es ärgert mich, wenn der Müll nicht runtergebracht wird« statt »Du ärgerst mich, wenn du den Müll nicht runterbringst«. Sie können »Du«-Aussagen oft auch umwandeln in Aussagen, in denen Sie zum Ausdruck bringen, was Ihnen wichtig ist, zum Beispiel wandeln Sie »*Du* bist rücksichtslos« um in »*Mir* ist Rücksichtnahme wichtig«, oder »*Du* denkst doch immer nur an dich« in »*Mir* ist es wichtig, dass …«
- *Machen Sie Aussagen über das Verhalten einer Person statt über die Person selber.* Sagen Sie zum Beispiel »Er hat sich unklug *verhalten*« statt »Er *ist* dumm«. Oder »Was du da *getan* hast, kam bei mir so an wie …« statt »Du *bist* …« (gefolgt von einer wertenden Eigenschaft der Person, meist negativ wie etwa »dumm«, »unfähig«, »ungezogen«). Probieren Sie also, Sätze mit »Ich *bin* …«, »Du *bist* …« usw. aus Ihrem Streitvokabular zu streichen. Probieren Sie dies auch in Ihrer Alltagssprache, etwa mit »Er *kann* toll singen« statt »Er *ist* ein toller Sänger«. Mit diesem Trick können Sie stets das *Verhalten* einer Person

beschreiben, ohne diese Person zu bewerten. Fortgeschrittene nutzen hier starke Untertreibungen, das gibt der Aussage dann sogar noch eine humorvolle Wendung, etwa »Er hat sich damit nicht gerade übermäßig genial verhalten«.

- *Halten Sie den Ball flach.* Probieren Sie, die emotionale Wucht aus Aussagen über andere zu nehmen und Aussagen zu neutralisieren. Wandeln Sie zum Beispiel eine Aussage wie »Immer versalzt du die Suppe, da muss man ja wahnsinnig werden« um in »Ich habe ein Problem damit, wenn so viel Salz in der Suppe ist«. So können Sie »Du«-Aussagen, die Ihnen auf der Zunge liegen, in Aussagen umwandeln, die möglichst neutral werden. Fangen Sie Sätze auch mit Formulierungen an wie: »Es ist mir wichtig, dass …«, »Ich fühle mich (verzweifelt/enttäuscht/verletzt/hilflos etc.) wenn …«, »Ich habe ein Problem damit …«, »Ich finde es belastend …« Sie können auch hier Humor riskieren, etwa mit der Bemerkung »Gib mir bitte mal einen Moment, ich probiere mich darauf zu konzentrieren, das Nächste so genervt zu sagen, wie ich kann …«
- *Sich Zeit nehmen.* Achten Sie darauf, in einer hitzigen Debatte überlegt zu antworten. Statt spontan zu antworten nehmen Sie sich lieber Zeit, eine Frage innerlich zu wiederholen, und denken Sie einen Moment nach. Was wäre eine *unerwartete* Antwort? Was wäre Ihr erster unterbewusster Impuls für eine Antwort? Und wie würde sich eine vernünftige Antwort demgegenüber darstellen? Wie können Sie das, was Ihnen auf der Zunge liegt, neutraler formulieren? Atmen Sie erst einmal ruhig durch. Damit Ihr Gegenüber weiß, dass Sie Zeit brauchen, können Sie gerne sagen: »Da muss ich mal kurz drüber nachdenken.« Wenn Sie feststellen, dass die andere Person recht hat, Sie das aber in der momentanen, emotional aufgeladenen Situation nicht zugeben mögen, probieren Sie eine starke Untertreibung wie »Ja gut, wenn man es *sooo* sieht, könnte es natürlich sein, dass du da vielleicht einen winzig kleinen Punkt hast …« Wenn Ihr Gegenüber über eine Ant-

wort nachdenkt, haben Sie Geduld – Sie können in der Zeit ja selbst weiter konstruktiv nachdenken.

Eine Schlussbemerkung: Es ist in Ordnung, mit bestimmten Personen nicht zu kommunizieren, um einen Konflikt zu lösen. Und zwar dann, wenn zum Beispiel ein bereits bewältigtes Trauma wieder aufbrechen kann oder wenn die andere Person einem der eigenen Elternteile so ähnlich ist, dass der eigene unterbewusste Persönlichkeitsstil mit all seinen negativen Auswirkungen aktiviert wird. Anders als kleine Kinder, die selbst bei den schlimmsten Eltern niemals die Hoffnung aufgeben, dass sich diese eines Tages zum Guten ändern werden, dürfen wir als Erwachsene im Interesse unseres Selbstschutzes den Kontakt zu anderen abbrechen. Wir verabschieden uns dann von dem Gedanken, dass im Umgang mit diesen Personen eines Tages Friede, Freude und Eierkuchen einkehren wird. In einem solchen Fall kann man einen Anwalt oder Vertraute um Hilfe bitten oder es gegebenenfalls mit einer Mediation versuchen (man kann in einer Mediation auch darum ersuchen, nur über den Mediator bzw die Mediatorin mit der anderen Partei zu kommunizieren). Andernfalls haken Sie die Sache ab, und denken Sie möglichst nicht weiter daran. Es gibt im Leben Konflikte, die nicht gelöst werden müssen. Zeigen Sie stattdessen Ihre persönliche Größe, indem Sie dem, was Sie an diese Person verloren haben, souverän nicht hinterhertrauern, also ohne Verlust-Frust.

Von der Mediation lernen

In den letzten Jahrzehnten wurde eine besonders wirksame Methode zur Konfliktlösung entwickelt: die Mediation (nicht zu verwechseln mit Meditation).[2] Von ihr können wir uns einige Techniken zur systematischen Konfliktlösung abschauen:

- *Themensammlung.* Sammeln Sie zu Beginn die Themen bzw. Probleme, die zum Streit geführt haben. Schreiben Sie diese für alle sichtbar auf einem Blatt Papier auf. Wenn einige Themen zusammengehören, gruppieren Sie diese auch zusammen auf dem Blatt. Sie können die Themen auch getrennt nach Streitparteien unterteilen. Es ist wichtig, dass alle Themen aufgenommen werden dürfen, ohne weitere Diskussion – es ist wichtig, dass jede Partei die Probleme der anderen Partei(en) respektiert. Allerdings sollten Sie darauf achten, dass wirklich nur die Themen aufgelistet werden (z. B. »Müll häuft sich in der Küche an«), statt Meinungen, Schuldzuweisungen, Sachverhalten etc. (etwa »Der blöde Esel bringt nie den Müll runter«). Manchmal fällt einer Partei erst später auf, dass ein Thema vergessen wurde, dann darf dieses nachgetragen werden. Das Ziel der Konfliktlösung ist, alle Punkte bearbeitet zu haben.
- *Interessen und Bedürfnisse.* Legen Sie dann eine ungefähre Reihenfolge fest, in der die Themen bearbeitet werden sollen; wählen Sie das erste Thema aus (sinnvollerweise das dringlichste, ansonsten das leichteste) und beginnen Sie, die Interessen und Bedürfnisse herauszufinden, welche diesem Thema zugrunde liegen. Was genau will jede Partei, und warum ist ihr dies wichtig?
- *Lösungsmöglichkeiten sammeln und Lösungen erarbeiten.* Gehen Sie nach den Schritten im Kapitel *Problem-Lösen* vor, nur dass Sie hier mit mehreren Parteien in einem Brainstorming Lösungsmöglichkeiten sammeln, eine der Lösungen aussuchen, diese ausprobieren und gegebenenfalls verfeinern oder durch eine andere Lösung ersetzen. Schreiben Sie die Lösungsmöglichkeiten auf einem für alle Parteien sichtbaren Blatt Papier auf.
- Halten Sie Ihre Vereinbarung schriftlich fest. Insbesondere wenn Lösungen von Sitzung zu Sitzung ausprobiert und verfeinert werden, ist es hilfreich, schriftlich festzuhalten, was besprochen wurde. Dadurch gibt es weniger Missverständnisse, und man kann später gegebenenfalls nachgucken.

Konfliktlösung mit Kindern und Jugendlichen

Die Techniken zur Konfliktlösung können auch mit Kindern und Jugendlichen angewendet werden. Dafür gelten für diese die gleichen Regeln und Rechte, also auch das gleiche Mitspracherecht, wie für die Erwachsenen. Geben Sie Ihren Kindern dafür entweder dieses Kapitel zum Lesen oder erklären Sie Ihnen die in diesem Kapitel vorgestellten Regeln, Werkzeuge und Techniken – und teilen Sie dabei mit, dass diese für Sie genauso gelten wie für Ihre Kinder. Halten Sie die im »Familienrat« gefundenen Lösungen bzw. Vereinbarungen auf jeden Fall schriftlich fest. Heften Sie diese gerne für alle sichtbar zum Beispiel an den Kühlschrank.

Kinder ermutigen

Wenden Sie die hier beschriebenen Kommunikationstechniken auch in Besprechungen im »Familienrat« und überhaupt im Umgang mit Ihren Kindern an. Achten Sie zum Beispiel darauf, dass Sie das Verhalten Ihrer Kinder *beschreiben*, statt es zu *bewerten*. Beschreiben Sie bei einem (kleineren) Kind etwa, wie es sich angestrengt hat (»Da hast du dir aber Mühe gegeben.«) oder etwas gemeistert hat (»Jetzt hast du es geschafft.«), statt seine Person zu beschreiben (»Du bist so klug!«) oder es gar mit anderen zu vergleichen (»Das hast du besser gemacht als die anderen.«). Insbesondere Geschwister sollten nie miteinander verglichen werden. Beschreiben Sie positiv-realistisch statt übertrieben positiv (etwa »Das ist ein schönes Bild, das du da gemalt hast« statt »Das ist das schönste Bild, das ich je gesehen habe«).

Es spricht nichts gegen einen Satz wie »Das ist ja ein schönes Bild!« – nachhaltiger wird er jedoch, wenn man konkreter wird und beschreibt, was man sieht: »Oh, das ist ja schön, wie …!« Oder nach dem Aufräumen: »Du hast ja alle Autos und Bücher verstaut und sogar die schmutzigen Socken in den Wäschekorb getan! Das sieht ja richtig einladend und gemütlich bei dir aus!« Durch diese Aussagen versteht das Kind, dass man es beachtet und sein Engagement erkennt. Eine Aussage wie »Sei ein guter Junge und räume auf« ist hingegen Gift für das Selbstwertgefühl, weil sie den Wert der Person an ein Verhalten bzw. ein Ergebnis knüpft. Statt ein Verhalten oder ein Ergebnis zu erkaufen (»Dann bekommst du auch Schokolade …«), probieren Sie besser, Lösungen zu finden, bei denen das Kind aufgrund seiner eigenen Interessen und Bedürfnisse handelt.

Eine weitere Möglichkeit ist, die Auswirkung auf andere Personen zu beschreiben. Zum Beispiel kann man sagen: »Du hast die Einkaufstüte bis zur Haustür getragen. Das war eine große Hilfe!« statt »Du bist ein gutes Mädchen!« Ähnlich können Sie den Aufwand beschreiben, zum Beispiel durch »Toll, du hast weiter an diesem Rätsel gearbeitet, bis du es herausgefunden hast« statt »Was für ein kluger Junge du bist!«

Besonders ermutigend ist es, Fortschritte zu beschreiben. Wenn ein Kind Chaos fabriziert oder mit einer Aufgabe zu kämpfen hat, ist man versucht zu sagen, was es falsch gemacht hat. Heben Sie jedoch lieber hervor, was richtig ist, und zeigen Sie den Fortschritt auf eine Weise auf, die sich unterstützend und aufrichtig anfühlt.

Manchmal müssen wir als Eltern gleichwohl darauf hinweisen, was falsch ist. In diesem Fall ist es wichtig, das Positive zuerst zu würdigen, bevor man das Negative erwähnt. Die Kritik sollte man positiv formulieren, das ermutigt eher. Schlagen Sie also lieber vor, was ein leichter erster Schritt zur Lösung sein kann, als alles zu erwähnen, was immer noch falsch ist.

Notfallhilfe bei negativen Emotionen bzw. Stimmungen

Diese Notfallhilfe ist aus meinem Buch *Good Vibrations* übernommen.[3] Wenn Sie die hier dargestellten Schritte praktizieren, ändert es ihr Gehirn zum Positiven, neue Bahnen entstehen und bereits bestehende Bahnen werden gestärkt. So wird diese Methode von Mal zu Mal einfacher und effektiver.

1. *Schritt: Starten Sie mit Musik.* Sie haben erkannt, dass Sie sich ärgern, sorgen, trauern oder Ähnliches? Gratulation: Dies zu erkennen ist ein wichtiger Schritt! Es ist normal und menschlich, negative Emotionen zu erleben. Leider gibt es kein Leben völlig ohne Probleme, Leid oder Veränderungen. Es kommt darauf an, die negativen Emotionen nicht zu einer länger andauernden Stimmung werden zu lassen. Dafür ist unser Leben zu schade. Legen Sie nun Musik auf, die Sie angenehm und ermutigend finden. Lassen Sie die *Good Vibrations* der Musik in Ihnen mitschwingen. Wenn Ihnen gerade keine Musik einfällt, probieren Sie einen Song von Elvis Presley oder eine Bach-Kantate (z. B. BWV 147). Führen Sie sich vor Augen, dass solch eine Situation auch anderen passiert. Gehen Sie jetzt den zweiten Schritt, um Ihre negativen Emotionen in positive umzuwandeln.

2. *Schritt: Durchatmen, entspannen, fließen lassen.* Atmen Sie langsam und tief aus – beispielsweise sechs Schläge der Musik lang ausatmen und vier Schläge lang einatmen. Wiederholen Sie dies mehrere Male so, dass Sie regelmäßig atmen. Dadurch wird Ihr Körper automatisch ruhiger. Entspannen Sie Ihre Muskeln, einen

nach dem anderen. Streichen Sie langsam mit Ihrer rechten Hand Ihren linken Arm auf und ab und sagen sich »Alles wird gut!«. Oft hilft eine Tasse heißer Tee dabei, um sich zu beruhigen und zu entspannen.

3. Schritt: Etwas Positives finden. Finden Sie einen positiven Aspekt der derzeitigen Situation, und sei es lediglich, dass es hätte schlimmer kommen können, dass Ihnen nun womöglich irgendetwas anderes Unangenehmes erspart bleibt oder dass Sie an dieser Situation wachsen können – einige der wichtigsten Dinge im Leben lernen wir durch Fehler und Krisen. Geben Sie daher nicht auf. Niemals! Denken Sie an § 3 des Kölschen Grundgesetzes: »Et hätt noch immer jot jejange.« Bei jeder Schwierigkeit oder Krise können wir zwar die Hoffnung aufgeben, in Verzweiflung fallen und selbstzerstörerisch denken bzw. handeln. Wir können jedoch auch die Herausforderung annehmen, um unsere inneren Stärken zu entdecken und zu entwickeln sowie unsere Entschlossenheit, Ausdauer und Hartnäckigkeit – und so an der Herausforderung zu wachsen. Um dies zu tun, brauchen wir keine negativen Emotionen. Wünschen wir denjenigen, die Unruhe stiften, herumstänkern, zerstören oder Zwietracht säen, Glück und Wohlbefinden. Anstatt nach Schuldigen zu suchen und andere oder uns selbst anzuklagen, konzentrieren wir uns darauf, unsere Probleme zu lösen. Fangen wir mit unseren negativen Emotionen an. Falls Ihnen momentan einfach nichts Positives zu der Sache einfällt, denken Sie an einige positive Dinge in Ihrem Leben allgemein, selbst wenn die mit der derzeitigen Situation nichts weiter zu tun haben. Fortgeschrittene legen den Benny-Hill-Song auf und amüsieren sich an der Ironie des absurden Gegensatzes zwischen der Musik und ihrer Stimmung …

4. Schritt: Bedenken Sie, dass Sie momentan wahrscheinlich nicht klar denken. Wenn Sie sich im Zustand eines starken negativen Affekts befinden, ist es sehr wahrscheinlich, dass Sie die Welt, sich selbst, Ihr Problem und daran beteiligte Personen jetzt gerade irrational und mit etlichen Verzerrungen sehen. Sie gehen also momentan wohl von etlichen Irrtümern aus. Beispielsweise überschätzen Sie die Bedrohlichkeit, befürchten unrealistisch negative Folgen (Worst-Case-Szenarios), füllen Informationslücken mit Annahmen und halten diese unbewiesenen Annahmen für Fakten. Diese irrationalen, oft übermäßig pessimistischen und negativen Gedanken und inneren Einstellungen werden auch als »kognitive Verzerrungen« bezeichnet. Sie geben sich vielleicht Alles-oder-nichts-Gedanken hin wie etwa: »Entweder alles ist perfekt oder mein Leben ist ein Desaster und ich bin ein Versager« oder »Wenn X passiert, wird mein ganzes Leben zerfallen«. Womöglich befürchten Sie auch, dass Sie im schlimmsten Fall alles verlieren und Sie und Ihre Familie nie wieder glücklich werden oder dass so etwas wie jetzt immer wieder passieren wird. Irrationale negative Gedanken sind jedoch typisch für diese Situation und ein Effekt der *emotionalen Sogwirkungen.* Statt sich als Glaskugelleser zu betätigen, Informationslücken zu füllen und negative Annahmen ohne tatsächliche Fakten zu treffen, bedenken Sie bitte Folgendes: Genau diese kognitiven Verzerrungen tragen nur zu Ängsten, Sorgen, zu Ihrem Ärger und Ihrem Stress bei. Und: Negative Emotionen zu *empfinden* bedeutet noch nicht, dass etwas in Wahrheit negativ *ist.* Es ist die eigene Sicht der Dinge, die etwas für einen ärgerlich, traurig usw. macht. Wenn Sie Ihre Aufmerksamkeit auf die positiv klingende Musik richten, hilft Ihnen dies, die Sogwirkungen negativer Emotionen aufzulösen.

5. Schritt: Stärken sehen. Klagen Sie sich nicht an, zerfleischen Sie sich nicht mit Selbstvorwürfen und schämen Sie sich nicht bodenlos für Fehler. Jeder macht Fehler, daran wachsen wir. Beim nächsten Mal probieren wir, es richtig zu machen. Schauen Sie jetzt auf Ihre Stärken. (Wenn Sie sich in einer Zeit, in der es Ihnen gut ging, Ihre Stärken auf einen Zettel geschrieben haben, dann lesen Sie ihn jetzt.) Suchen Sie nicht nach Schuldigen, Sie selbst eingeschlossen. Bedenken Sie, dass Sie unabhängig von Ihrem Verhalten und

Ihren Fehlern als Mensch nicht weniger oder mehr wert sind als jeder andere Mensch. Ihre Würde als Mensch ist selbst durch Fehler nicht antastbar.

6. Schritt: Konzentrieren. Konzentrieren Sie sich auf etwas, dass Ihnen nützt und sinnvoll ist, wie etwa Musik, Ihre Arbeit oder das Lösen Ihres Problems. Weitere Anregungen dafür: Spielen Sie selbst Musik; unterhalten Sie sich damit, ein Spiel zu spielen; räumen Sie auf; lesen Sie ein Buch, das Sie schon lange lesen wollten; gehen Sie an die frische Luft; machen Sie eine leichte Leibesübung; duschen Sie. Oder machen Sie eine Achtsamkeitsübung bzw. eine Meditation und sagen Sie sich dabei in ganzen Sätzen ein Dutzend positive Dinge über Ihr Leben (mit Sätzen, die anfangen mit »Ich freue mich, dass »…«, »Ist es ein Glück, dass »…«, »Bin ich froh, dass »…«, »Wie schön, dass »…«). Wiederholen Sie diese. Wichtig ist bei all dem, dass Sie sich ganz auf sich konzentrieren, damit Ihre negativen Gedanken und Emotionen abflauen und Sie wieder im Moment leben können. Bedenken Sie: Je weniger Zeit Sie mit negativen Gedanken verbringen, desto mehr Zeit bleibt Ihnen für positive. Wenn Sie bemerken, dass Ihre Gedanken abschweifen bzw. negative Gedanken auftauchen, kommentieren Sie dies mit einem »Ah« …« und sagen Sie sich dann, dass es normal ist, dass so etwas passiert. Lenken Sie dann Ihre Aufmerksamkeit wieder auf das, was Sie tun wollen, und widmen Sie der Sache oder Person, die die negative Assoziation auslöst, keinen weiteren negativen Gedanken. Wenn Sie immer wieder an eine solche Person denken, sagen Sie: »Sorry, ich habe leider gerade keine Zeit für dich«, und denken Sie an etwas, das Ihnen guttut. Sie werden sehen, dass die negativen Gedanken dann zusehends abflauen und seltener auftauchen. Sie sind wie dicke Wolken, die weiterziehen und sich auflösen.

7. Schritt: Mit anderen reden. Reden Sie mit einer anderen Person konstruktiv über Ihr Problem. Behalten Sie Sorgen und Probleme nicht für sich. Einfach Dinge einmal auszusprechen hat meist schon sehr positive Wirkungen, und Unterstützung von anderen wirkt oft Wunder. Außerdem haben andere oft Ideen zur Lösung eines Problems. Reden Sie vorzugsweise mit Personen, die gegebenenfalls Ihr Verhalten, nicht jedoch Sie als Person kritisieren. Seien Sie darauf vorbereitet, dass diese Person Ihnen auch Unangenehmes erzählt – echte Freunde haben den Mut, Ihnen auch Dinge zu sagen, die Sie vielleicht nicht gerne hören. Um auf unterschiedliche Ideen zu kommen und unterschiedliche Perspektiven zu entwickeln, sprechen Sie mit drei Personen (dies reicht meist aus, um die wichtigsten Aspekte einer Situation zu erfassen). Wenn Sie gerade mit keiner Person reden können, reden Sie laut mit sich selbst. Das mag Ihnen erst mal peinlich vorkommen, aber wenn wir laut mit uns selbst sprechen, fassen wir unsere Gedanken in ganze Sätze und geben ihnen eher Logik, statt irrationale Gedankenfetzen zu denken.

Allgemein ist es gerade in Krisenzeiten wichtig, dass Sie auch Dinge tun, die Ihnen und Ihrer Gesundheit guttun und Ihnen Vergnügen oder Freude bereiten. Wenn die Musik, die Sie gerade hören, angenehm ist und Ihnen Spaß macht, ist dies ein idealer Anfang. Einigen hilft es, nun Sport zu machen oder etwas richtig leckeres Gesundes zu kochen. Seien Sie sparsam mit Salz wegen des Bluthochdrucks und essen Sie gerade jetzt Fisch, Früchte und Gemüse. Nehmen Sie zusätzlich Vitamin C und D. Trösten Sie sich nicht mit Süßigkeiten, auch nicht mit Alkohol oder anderen Drogen. Seien Sie vorsichtig, sich mit trauriger Musik oder mit Musik, die zu Ihrer Stimmung passt, zu trösten. Manchmal hilft es, sich zu trauriger Musik mal richtig auszuheulen. Beginnen Sie danach jedoch wieder mit Schritt 1 und achten Sie darauf, mit positiv klingender Musik zu enden.

Organisieren Sie auch Zeit, in der Sie an einer Lösung des Problems arbeiten können oder auf die Sie die negative Emotion vertagen. Falls Ihnen tagsüber weitere Sorgen und Probleme einfallen, schreiben Sie sie geschwind auf einen Zettel und vertagen Sie jeden negativen Gedanken auf Ihre »Problemlöse-Zeit«. Trösten Sie sich damit, dass Sie nun nicht besorgt sein müssen, da Sie sich ja Zeit dafür zurechtgelegt haben.

Schließlich noch ein letzter Tipp, um Sorgen abzuhelfen: Wenn man sich Sorgen macht, fokussiert das Unterbewusste alle Gedanken nur auf Dinge, die schiefgehen können. Legen Sie daher positive, ermutigend klingende Musik auf und erstellen Sie schriftlich eine Liste mit mindestens sieben Punkten dazu, was in Ihrem Leben gelingen bzw. gut gehen kann. Dies können Dinge sein, die Sie noch an diesem Tag erledigen möchten oder innerhalb der nächsten Woche oder des nächsten Monats oder längerfristig. Wichtig: Formulieren Sie die Sätze nicht mit »könnte«, »vielleicht«, »wahrscheinlich«, »eventuell«, sondern als *Fakten* über die Zukunft. Wenn Sie sich zum Beispiel Sorgen über den Ausgang einer Prüfung machen und es eine realistische Möglichkeit gibt, diese erfolgreich zu absolvieren, schreiben Sie: »Die Prüfung wird ein Erfolg.« Andere Beispiele sind: »Das Projekt wird ein Erfolg« und »Ich werde mich heute Abend erleichtert und glücklich fühlen«. Lesen Sie sich diese Liste dann laut vor.

Anmerkungen

Teil 1

1 Sigmund Freud gilt heute als Entdecker des »Unbewussten«, weil er sich ausgiebiger als jeder vor ihm damit beschäftigt hat, dass unbewusste Prozesse einen Einfluss haben können auf Gedanken, Gefühle und Verhalten – und zwar ohne dass die Person darüber berichten kann. Genau in diesem Umstand liegt jedoch auch ein Dilemma: Wenn die Inhalte des Unbewussten im Verborgenen liegen und nicht objektiv beobachten werden können, werden Annahmen darüber leicht zur Spekulation. Einige Ideen Freuds fanden zwar wissenschaftliche Bestätigung – beispielsweise dass ein seelisches Trauma in der frühen Kindheit langwierige emotionale und körperliche Probleme bereiten kann. Viele seiner Annahmen sind wissenschaftlich jedoch weder überprüfbar noch widerlegbar, etwa seine Mutmaßungen über Ödipus-Komplex, Penisneid, Kastrationsangst oder Traumdeutung. Auch seine Sicht auf das Unbewusste als Hort primitiver sexueller Triebe und Bedürfnisse, deren verklemmte Verdrängung die Ursache für neurotische Störungen sei, fanden keine wissenschaftliche Bestätigung. In Abgrenzung zu Freuds Auffassung des »Unbewussten« spreche ich daher in diesem Buch vom »Unterbewussten«.

2 Killingsworth, M. A., & Gilbert, D. T. (2010): »A wandering mind is an unhappy mind«, *Science,* 330(6006), S. 932

3 Reiche, E. M. V., Morimoto, H. K., & Nunes, S. M. V. (2005): »Stress and depression-induced immune dysfunction. Implications for the development and progression of cancer«, *International Review of Psychiatry,* 17(6), S. 515–527

4 Koelsch, S., Andrews-Hanna, J. R., & Skouras, S. (2021): »Tormenting thoughts. The posterior cingulate sulcus of the default mode network regulates valence of thoughts and activity in the brain's

pain network during music listening. Human brain mapping. 42(3), S. 773–786

5 Böttger, S., Prosiegel, M., Steiger, H. J., & Yassouridis, A. (1998): »Neurobehavioural disturbances, rehabilitation outcome, and lesion site in patients after rupture and repair of anterior communicating artery aneurysm«, *Journal of Neurology, Neurosurgery & Psychiatry*, 65(1), S. 93–102

6 Dougherty, D. D., Shin, L. M., Alpert, N. M., Pitman, R. K., Orr, S. P., Lasko, M., … & Rauch, S. L. (1999): »Anger in healthy men. A PET study using script-driven imagery«, *Biological Psychiatry*, 46(4), S. 466–472

7 Zinchenko, O. (2019): »Brain responses to social punishment. A meta-analysis«, *Scientific Reports*, 9(1), S. 1–8

8 Danner, D. D., Snowdon, D. A., & Friesen, W. V. (2001): »Positive emotions in early life and longevity. Findings from the nun study«, *Journal of Personality and Social Psychology*, 80(5), S. 804–813

9 Koelsch, S., Jacobs, A. M., Menninghaus, W., Liebal, K., Klann-Delius, G., Von Scheve, C., & Gebauer, G. (2015): »The quartet theory of human emotions. An integrative and neurofunctional model«, *Physics of Life Reviews*, 13, S. 1–27

10 Soon, C. S., Brass, M., Heinze, H. J., & Haynes, J. D. (2008): »Unconscious determinants of free decisions in the human brain«, *Nature Neuroscience*, 11(5), S. 543 ff.

11 Libet, B., Alberts, W. W., Wright, E. W., & Feinstein, B. (1967): »Responses of human somatosensory cortex to stimuli below threshold for conscious sensation«, *Science*, 158(3808), S. 1597–1600

12 Rule, R. R., Shimamura, A. P., & Knight, R. T. (2002): »Orbitofrontal cortex and dynamic filtering of emotional stimuli«, *Cognitive, Affective & Behavioral Neuroscience*, 2(3), S. 264–270

13 Gruber, O., Diekhof, E. K., Kirchenbauer, L., & Goschke, T. (2010): »A neural system for evaluating the behavioural relevance of salient events outside the current focus of attention«, *Brain Research*, 1351, S. 212–221

14 Sladky, R., Höflich, A., Atanelov, J., Kraus, C., Baldinger, P., Moser, E., … & Windischberger, C. (2012): »Increased neural habituation

in the amygdala and orbitofrontal cortex in social anxiety disorder revealed by FMRI«, *PloS One*, 7(11), e50050

15 Wojtasik, M., Bludau, S., Eickhoff, S. B., Mohlberg, H., Gerboga, F., Caspers, S., & Amunts, K. (2020): »Cytoarchitectonic characterization and functional decoding of four new areas in the human lateral orbitofrontal cortex«, *Frontiers in Neuroanatomy*, 14, S. 2

16 Kivimäki, M., & Steptoe, A. (2018): »Effects of stress on the development and progression of cardiovascular disease«, *Nature Reviews Cardiology*, 15(4), S. 215–229

17 Knutson, B., Rick, S., Wimmer, G. E., Prelec, D., & Loewenstein, G. (2007): »Neural predictors of purchases«, *Neuron*, 53(1), S. 147–156

Teil 2

1 Constantinople, C. M., Piet, A. T., & Brody, C. D. (2019): An analysis of decision under risk in rats. *Current Biology*, 29(12), S. 2066–2074

2 Tversky, A., & Kahneman, D. (1992): Advances in prospect theory: Cumulative representation of uncertainty. *Journal of Risk and uncertainty*, 5(4), S. 297–323

3 Hilbig, B. E. (2012): »Good things don't come easy (to mind)«, *Experimental Psychology*, 59(1), S. 38–46

4 Suh, E., Diener, E., & Fujita, F. (1996): »Events and subjective well-being: Only recent events matter«, *Journal of Personality and Social Psychology*, 70, S. 1091–1102

5 Knetsch, J. L. (1989): »The endowment effect and evidence of nonreversible indifference curves«, *The American Economic Review*, 79(5), S. 1277–1284

6 Kahneman, Daniel; Knetsch, Jack L.; Thaler, Richard H. (1990): »Experimental tests of the endowment effect and the coase theorem«, *Journal of Political Economy*, 98 (6), S. 1325–1348

7 Mok, J. N., Green, L., Myerson, J., Kwan, D., Kurczek, J., Ciaramelli, E., … & Rosenbaum, S. R. (2021): »Does ventromedial prefrontal cortex damage really increase impulsiveness? Delay and probabil-

ity discounting in patients with focal lesions«, *Journal of Cognitive Neuroscience*, S. 1–19

8 Tobler, P. N., O'Doherty, J. P., Dolan, R. J., & Schultz, W. (2007): »Reward value coding distinct from risk attitude-related uncertainty coding in human reward systems«, *Journal of Neurophysiology*, 97(2), S. 1621–1632

9 Tom, S. M., Fox, C. R., Trepel, C., & Poldrack, R. A. (2007): »The neural basis of loss aversion in decision-making under risk«, *Science*, 315(5811), S. 515–518

10 Votinov, M., Mima, T., Aso, T., Abe, M., Sawamoto, N., Shinozaki, J., & Fukuyama, H. (2010): »The neural correlates of endowment effect without economic transaction«, *Neuroscience Research*, 68(1), S. 59–65

11 Tong, L. C., Karen, J. Y., Asai, K., Ertac, S., List, J. A., Nusbaum, H. C., & Hortaçsu, A. (2016): »Trading experience modulates anterior insula to reduce the endowment effect«, *Proceedings of the National Academy of Sciences*, 113(33), S. 9238–9243

12 Morrison, S. E., & Salzman, C. D. (2009): »The convergence of information about rewarding and aversive stimuli in single neurons«, *Journal of Neuroscience*, 29(37), S. 11471–11483

13 Howard, J. D., & Kahnt, T. (2017): »Identity-specific reward representations in orbitofrontal cortex are modulated by selective devaluation«, *Journal of Neuroscience*, 37(10), S. 2627–2638

14 Padoa-Schioppa, C., & Assad, J. A. (2006): »Neurons in the orbitofrontal cortex encode economic value«, *Nature*, 441(7090), S. 223–226

15 Schüller, C. B., Kuhn, J., Jessen, F., & Hu, X. (2019): »Neuronal correlates of delay discounting in healthy subjects and its implication for addiction. An ALE meta-analysis study«, *The American Journal of Drug and Alcohol Abuse*, 45(1), S. 51–66

16 Wang, M., Rieger, M. O., & Hens, T. (2017): »The impact of culture on loss aversion«, *Journal of Behavioral Decision Making*, 30(2), S. 270–281

17 Apicella, C. L., Azevedo, E. M., Christakis, N. A., & Fowler, J. H. (2014): »Evolutionary origins of the endowment effect. Evidence from hunter-gatherers«, *American Economic Review*, 104(6), S. 1793–1805

18 Maddux, W.W., Yang, H., Falk, C., Adam, H., Adair, W., Endo, Y., … & Heine, S.J. (2010): »For whom is parting with possessions more painful? Cultural differences in the endowment effect«, *Psychological Science,* 21(12), S. 1910–1917

19 Westen, D., Blagov, P.S., Harenski, K., Kilts, C., & Hamann, S. (2006): »Neural bases of motivated reasoning. An fMRI study of emotional constraints on partisan political judgment in the 2004 US presidential election«, *Journal of Cognitive Neuroscience,* 18(11), S. 1947–1958

20 Elstad E, Carpenter D.M., Devellis R.F., Blalock S.J. (2012): »Patient decision making in the face of conflicting medication information«, *International Journal of Qualitative Studies on Health and Well-being,* 7(1), S. 1–11

21 Tsogli, V., Skouras, S., & Koelsch, S. (2022): »Brain-correlates of processing local dependencies within a statistical learning paradigm«, *Scientific Reports,* 12, S. 1–11

22 Noonan, M.P., Chau, B.K., Rushworth, M.F., & Fellows, L.K. (2017): »Contrasting effects of medial and lateral orbitofrontal cortex lesions on credit assignment and decision-making in humans«, *Journal of Neuroscience,* 37(29), S. 7023–7035

23 Lehne, M., Rohrmeier, M., & Koelsch, S. (2014): »Tension-related activity in the orbitofrontal cortex and amygdala. An fMRI study with music«, *Social Cognitive and Affective Neuroscience,* 9(10), S. 1515–1523

24 Plassmann, H., O'Doherty, J., Shiv, B., & Rangel, A. (2008): »Marketing actions can modulate neural representations of experienced pleasantness«, Proceedings of the National Academy of Sciences, 105(3), S. 1050–1054

25 Gilbert, S.J., Swencionis, J.K., & Amodio, D.M. (2012): »Evaluative vs. trait representation in intergroup social judgments. Distinct roles of anterior temporal lobe and prefrontal cortex«, *Neuropsychologia,* 50(14), S. 3600–3611

Teil 3

1 Gettler, L.T., Boyette, A.H., & Rosenbaum, S. (2020): »Broadening perspectives on the evolution of human paternal care and fathers' effects on children«, *Annual Review of Anthropology*, 49, S. 141–160

2 Watson, K.K., & Platt, M.L. (2012): »Social Signals in Primate Orbitofrontal Cortex«, *Current Biology*, 22(23), S. 2268–2273

3 Barat, E., Wirth, S., & Duhamel, J.R. (2018): »Face cells in orbitofrontal cortex represent social categories«, *Proceedings of the National Academy of Sciences*, 115(47), E11158–E11167

4 Azzi, J.C.B., Sirigu, A., & Duhamel, J.-R. (2012): »Modulation of value representation by social context in the primate orbitofrontal cortex«, *Proceedings of the National Academy of Sciences*, 109(6), S. 2126–2131

5 Troiani, V., Dougherty, C.C., Michael, A.M., & Olson, I.R. (2016): »Characterization of face-selective patches in orbitofrontal cortex«, *Frontiers in Human Neuroscience*, 10

6 Fusar-Poli, P., Placentino, A., Carletti, F., Landi, P., Allen, P., Surguladze, S., … & Politi, P. (2009): »Functional atlas of emotional faces processing. A voxel-based meta-analysis of 105 functional magnetic resonance imaging studies«, *Journal of Psychiatry and Neuroscience*, 34(6), S. 418–432

7 Willis, M.L., Palermo, R., Burke, D., McGrillen, K., & Miller, L. (2010): »Orbitofrontal cortex lesions result in abnormal social judgements to emotional faces«, *Neuropsychologia*, 48(7), S. 2182–2187

8 Karafin, M.S., Tranel, D., & Adolphs, R. (2004): »Dominance attributions following damage to the ventromedial prefrontal cortex«, *Journal of Cognitive Neuroscience*, 16(10), S. 1796–1804

9 Haun, D.B., Rekers, Y., & Tomasello, M. (2012): »Majority-biased transmission in chimpanzees and human children, but not orangutans«, *Current Biology*, 22(8), S. 727–731

10 Van de Waal, E., Borgeaud, C., & Whiten, A. (2013): »Potent social learning and conformity shape a wild primate's foraging decisions«, *Science*, 340(6131), S. 483–485

11 Qi, S., Footer, O., Camerer, C. F., & Mobbs, D. (2018): »A collaborator's reputation can bias decisions and anxiety under uncertainty«, *Journal of Neuroscience*, 38(9), S. 2262–2269

Teil 4

1 Carr, A. R., Paholpak, P., Daianu, M., Fong, S. S., Mather, M., Jimenez, E. E., … & Mendez, M. F. (2015): »An investigation of care-based vs. rule-based morality in frontotemporal dementia, Alzheimer's disease, and healthy controls«, *Neuropsychologia*, 78, S. 73–79

2 Zinchenko, O., & Arsalidou, M. (2018): Brain responses to social norms. Meta-analyses of MRI studies«, *Human Brain Mapping*, 39(2), S. 955–970

3 Sevinc, G., & Spreng, R. N. (2014): »Contextual and perceptual brain processes underlying moral cognition. A quantitative meta-analysis of moral reasoning and moral emotions«, *PloS One*, 9(2), e87427

4 Pincus, M., LaViers, L., Prietula, M. J., & Berns, G. (2014): »The conforming brain and deontological resolve«, *PloS One*, 9(8), e106061

5 Vijayakumar, N., Cheng, T. W., & Pfeifer, J. H. (2017): »Neural correlates of social exclusion across ages. A coordinate-based meta-analysis of functional MRI studies«, *NeuroImage*, 153, S. 359–368

6 Asch, S. E. (1956): »Studies of independence and conformity. I. A minority of one against a unanimous majority«, *Psychological Monographs: General and applied*, 70(9), S. 1–70

7 Deutsch, M., & Gerard, H. B. (1955): »A study of normative and informational social influences upon individual judgment«, *The journal of abnormal and social psychology*, 51(3), S. 629

8 Zaki, J., Schirmer, J., & Mitchell, J. P. (2011): »Social influence modulates the neural computation of value«, *Psychological Science*, 22(7), S. 894–900

9 Nook, E.C., & Zaki, J. (2015). Social norms shift behavioral and neural responses to foods. Journal of cognitive neuroscience, 27(7), 1412–1426

10 Wei, Z., Zhao, Z., & Zheng, Y. (2013): »Neural mechanisms underlying social conformity in an ultimatum game«, *Frontiers in Human Neuroscience*, 7, S. 896

11 Lin, L.C., Qu, Y., & Telzer, E.H. (2018): »Intergroup social influence on emotion processing in the brain«, *Proceedings of the National Academy of Sciences*, 115(42), S. 10630–10635

12 Siehe Anm. 1

13 Cameron, C.D., Reber, J., Spring, V.L., & Tranel, D. (2018): »Damage to the ventromedial prefrontal cortex is associated with impairments in both spontaneous and deliberative moral judgments«, *Neuropsychologia*, 111, S. 261–268

14 Bzdok, D., Schilbach, L., Vogeley, K., Schneider, K., Laird, A.R., Langner, R., & Eickhoff, S.B. (2012): »Parsing the neural correlates of moral cognition. ALE meta-analysis on morality, theory of mind, and empathy«, *Brain Structure and Function*, 217(4), S. 783–796. Siehe auch Anm. 3

15 Fede, S.J., & Kiehl, K.A. (2019): »Meta-analysis of the moral brain. Patterns of neural engagement assessed using multilevel kernel density analysis«, *Brain Imaging and Behavior*, S. 1–14

16 Thomas, M.L., Martin, A.S., Eyler, L., Lee, E.E., Macagno, E., Devereaux, M., … & Jeste, D.V. (2019): »Individual differences in level of wisdom are associated with brain activation during a moral decision-making task«, *Brain and Behavior*, 9(6), e01302

17 Strikwerda-Brown, C., Ramanan, S., Goldberg, Z.L., Mothakunnel, A., Hodges, J.R., Ahmed, R.M., … & Irish, M. (2021): The interplay of emotional and social conceptual processes during moral reasoning in frontotemporal dementia. *Brain*, 144, S. 938–952

18 Bastin, C., Harrison, B.J., Davey, C.G., Moll, J., & Whittle, S. (2016): »Feelings of shame, embarrassment and guilt and their neural correlates. A systematic review«, *Neuroscience & Biobehavioral Reviews*, 71, S. 455–471

19 Fourie, M.M., Thomas, K.G., Amodio, D.M., Warton, C.M., & Meintjes, E.M. (2014): »Neural correlates of experienced moral

emotion. An fMRI investigation of emotion in response to prejudice feedback«, *Social Neuroscience,* 9(2), S. 203–218

20 Takahashi, H., Yahata, N., Koeda, M., Matsuda, T., Asai, K., & Okubo, Y. (2004): »Brain activation associated with evaluative processes of guilt and embarrassment. An fMRI study«, *Neuroimage,* 23(3), S. 967–974

21 Finger, E. C., Marsh, A. A., Kamel, N., Mitchell, D. G., & Blair, J. R. (2006): »Caught in the act. The impact of audience on the neural response to morally and socially inappropriate behavior«, *NeuroImage,* 33(1), S. 414–421

22 Sturm, V. E., Ascher, E. A., Miller, B. L., & Levenson, R. W. (2008): »Diminished self-conscious emotional responding in frontotemporal lobar degeneration patients«, *Emotion,* 8(6), S. 861

23 Li, Z., Yu, H., Zhou, Y., Kalenscher, T., & Zhou, X. (2020): »Guilty by association. How group-based (collective) guilt arises in the brain«, *NeuroImage,* 209, S. 116488.

24 Müller-Pinzler, L., Rademacher, L., Paulus, F. M., & Krach, S. (2016): »When your friends make you cringe. Social closeness modulates vicarious embarrassment-related neural activity«, *Social Cognitive and Affective Neuroscience,* 11(3), S. 466–475

25 Melchers, M., Markett, S., Montag, C., Trautner, P., Weber, B., Lachmann, B., … & Reuter, M. (2015): »Reality TV and vicarious embarrassment. An fMRI study«, *Neuroimage,* 109, S. 109–117.

26 Burnett, S., Bird, G., Moll, J., Frith, C., & Blakemore, S. J. (2009): »Development during adolescence of the neural processing of social emotion«, *Journal of Cognitive Neuroscience,* 21(9), S. 1736–1750

27 Wagner, U., N'Diaye, K., Ethofer, T. & Vuilleumier, P. (2011): »Guilt-specific processing in the prefrontal cortex«, *Cerebral cortex,* 21(11), S. 2461–2470

28 Zahn, R., Moll, J., Paiva, M., Garrido, G., Krueger, F., Huey, E. D., & Grafman, J. (2009): »The neural basis of human social values: evidence from functional MRI«, *Cerebral Cortex,* 19(2), S. 276–283

29 Smith-Collins, A. P., Fiorentini, C., Kessler, E., Boyd, H., Roberts, F., & Skuse, D. H. (2013): »Specific neural correlates of successful learning and adaptation during social exchanges«, *Social Cognitive and Affective Neuroscience,* 8(8), S. 887–896

30 Yang, Z., Zheng, Y., Yang, G., Li, Q., & Liu, X. (2019): »Neural signatures of cooperation enforcement and violation: a coordinate-based meta-analysis«, *Social Cognitive and Affective Neuroscience,* 14(9), S. 919–931

31 Zinchenko, O. (2019): »Brain responses to social punishment. A meta-analysis«, *Scientific Reports,* 9(1), S. 1–8

32 Yang, Q., Shao, R., Zhang, Q., Li, C., Li, Y., Li, H., & Lee, T. (2019): »When morality opposes the law. An fMRI investigation into punishment judgments for crimes with good intentions«, *Neuropsychologia,* 127, S. 195–203

33 Van Bavel, J. J., Packer, D. J., & Cunningham, W. A. (2008): »The neural substrates of in-group bias. A functional magnetic resonance imaging investigation«, *Psychological Science,* 19(11), S. 1131–1139

34 *New York Times* vom 27. 09. 2021, https://www.nytimes.com/2021/09/27/briefing/covid-red-states-vaccinations.html

35 Contreras-Huerta, L. S., Baker, K. S., Reynolds, K. J., Batalha, L., & Cunnington, R. (2013): »Racial bias in neural empathic responses to pain«, *PloS One,* 8(12), e84001

36 Domínguez D, J. F., van Nunspeet, F., Gupta, A., Eres, R., Louis, W. R., Decety, J., & Molenberghs, P. (2018): »Lateral orbitofrontal cortex activity is modulated by group membership in situations of justified and unjustified violence«, *Social Neuroscience,* 13(6), 739–755

37 Molenberghs, P., Gapp, J., Wang, B., Louis, W. R., & Decety, J. (2016): »Increased moral sensitivity for outgroup perpetrators harming ingroup members«, *Cerebral Cortex,* 26(1), S. 225–233

38 Cikara, M., Botvinick, M. M., & Fiske, S. T. (2011): »Us versus them. Social identity shapes neural responses to intergroup competition and harm«, *Psychological Science,* 22(3), S. 306–313

39 Hein, G., Silani, G., Preuschoff, K., Batson, C. D., & Singer, T. (2010): »Neural responses to ingroup and outgroup members' suffering predict individual differences in costly helping«, *Neuron,* 68(1), S. 149–160

40 Haun, D. B., Rekers, Y., & Tomasello, M. (2014): »Children conform to the behavior of peers; other great apes stick with what they know«, *Psychological Science,* 25(12), S. 2160–2167

41 Köymen, B., Lieven, E., Engemann, D.A., Rakoczy, H., Warneken, F., & Tomasello, M. (2014): »Children's norm enforcement in their interactions with peers«, *Child Development*, 85(3), S. 1108–1122
42 Riedl, K., Jensen, K., Call, J., & Tomasello, M. (2012): »No third-party punishment in chimpanzees«, *Proceedings of the National Academy of Sciences*, 109(37), S. 14824–14829
43 Hamann, K., Warneken, F., Greenberg, J.R., & Tomasello, M. (2011): »Collaboration encourages equal sharing in children but not in chimpanzees«, *Nature*, 476(7360), S. 328–331
44 Apicella, C.L., Azevedo, E.M., Christakis, N.A., & Fowler, J.H. (2014): »Evolutionary origins of the endowment effect. Evidence from hunter-gatherers«, *American Economic Review*, 104(6), S. 1793–1805
45 Hewlett, B.S., Fouts, H.N., Boyette, A.H., & Hewlett, B.L. (2011): »Social learning among Congo Basin hunter-gatherers«, *Philosophical Transactions of the Royal Society B: Biological Sciences*, 366(1567), S. 1168–1178
46 Tomasello, M. (2016): »The ontogeny of cultural learning«, *Current Opinion in Psychology*, 8, S. 1–4

Teil 5

1 Schnider, A. (2013): »Orbitofrontal reality filtering«, *Frontiers in Behavioral Neuroscience*, 7, S. 67
2 Ebd.
3 Kurkela, K.A., & Dennis, N.A. (2016): »Event-related fMRI studies of false memory. An Activation Likelihood Estimation meta-analysis«, *Neuropsychologia*, 81, S. 149–167
4 Loftus, E.F., & Davis, D. (2006): Recovered memories. Annu. Rev. Clin. Psychol., 2, S. 469–498
5 Otgaar, H., Howe, M.L., & Patihis, L. (2021): »What science tells us about false and repressed memories«, *Memory*, 30, S. 1–6
6 Jarcho, J.M., Berkman, E.T., & Lieberman, M.D. (2011): »The neural basis of rationalization. Cognitive dissonance reduction during decision-making«, *Social Cognitive and Affective Neuroscience*, 6(4), S. 460–467

7 de Vries, J., Byrne, M., & Kehoe, E. (2015): »Cognitive dissonance induction in everyday life. An fMRI study«, *Social Neuroscience*, 10(3), S. 268–281

8 Beike, D. R., & Landoll, S. L. (2000): »Striving for a consistent life story. Cognitive reactions to autobiographical memories«, *Social Cognition*, 18(3), S. 292–318

Teil 6

1 Hazan, C., & Shaver, P. (1987): »Romantic love conceptualized as an attachment process«, *Journal of Personality and Social Psychology*, 52(3), S. 511

2 Turtonen, O., Saarinen, A., Nummenmaa, L., Tuominen, L., Tikka, M., Armio, R. L., … & Hietala, J. (2021): »Adult attachment system links with brain mu opioid receptor availability in vivo. Biological Psychiatry: Cognitive Neuroscience and Neuroimaging, 6(3), S. 360–369

3 Strathearn, L., Fonagy, P., Amico, J., & Montague, P. R. (2009): »Adult attachment predicts maternal brain and oxytocin response to infant cues«, *Neuropsychopharmacology*, 34(13), S. 2655–2666

4 Aupperle Robin, L., & Martin, P. P. (2010): »Neural systems underlying approach and avoidance in anxiety disorders«, *Dialogues in Clinical Neuroscience*, 12(4), S. 517

5 Mikulincer, M. (1998): »Adult attachment style and individual differences in functional versus dysfunctional experiences of anger«, *Journal of Personality and Social Psychology*, 74(2), S. 513

6 Vrticka, P., & Vuilleumier, P. (2012): »Neuroscience of human social interactions and adult attachment style«, *Frontiers in Human Neuroscience*, 6, S. 212

7 Mikulincer, M., & Shaver, P. R. (2007): »Boosting attachment security to promote mental health, prosocial values, and inter-group tolerance«, *Psychological Inquiry*, 18(3), S. 139–156

8 Fiedler, P. (2007): *Persönlichkeitsstörungen*. Weinheim, Psychologie Verlags Union

9 Timmerman, I. G., & Emmelkamp, P. M. (2006): »The relationship between attachment styles and Cluster B personality disorders in

prisoners and forensic inpatients«, *International Journal of Law and Psychiatry*, 29(1), S. 48–56

10 Meyer, B., & Pilkonis, P. A. (2011): »Attachment theory and narcissistic personality disorder«, *The Handbook of Narcissism and Narcissistic Personality Disorder. Theoretical Approaches, Empirical Findings, and Treatments*, S. 434–444

11 Sachse, R. (2019): *Persönlichkeitsstile. Wie man sich selbst und anderen auf die Schliche kommt*. Paderborn, Jungfernmann

12 Pozza, A., Dèttore, D., Marazziti, D., Doron, G., Barcaccia, B., & Pallini, S. (2021): »Facets of adult attachment style in patients with obsessive-compulsive disorder«, *Journal of Psychiatric Research*, 144, S. 14–25

13 Herstell, S., Betz, L. T., Penzel, N., Chechelnizki, R., Filihagh, L., Antonucci, L., & Kambeitz, J. (2021): »Insecure attachment as a transdiagnostic risk factor for major psychiatric conditions. A meta-analysis in bipolar disorder, depression and schizophrenia spectrum disorder«, *Journal of Psychiatric Research*, 144, S. 190–201

14 Siebel, W. A. (1995): *Umgang. Einführung in eine psychologische Erkenntnistheorie*. Glaser, Langwedel

15 Brand, M., & Markowitsch, H. J. (2006): »Memory processes and the orbitofrontal cortex«, in: *The Orbitofrontal Cortex*. Hg. v. David H. Zald & Scott L. Rauch. Oxford Univ. Press, Oxford, S. 285–306

16 Siehe Anm. 17 im Teil 5

17 Brand, M., Eggers, C., Reinhold, N., Fujiwara, E., Kessler, J., Heiss, W. D., & Markowitsch, H. J. (2009): »Functional brain imaging in 14 patients with dissociative amnesia reveals right inferolateral prefrontal hypometabolism«, *Psychiatry Research: Neuroimaging*, 174(1), S. 32–39

18 Mikulincer, M., & Orbach, I. (1995): »Attachment styles and repressive defensiveness. The accessibility and architecture of affective memories«, *Journal of Personality and Social Psychology*, 68(5), S. 917

19 Vîslă, A., Flückiger, C., Grosse Holtforth, M., & David, D. (2016): »Irrational beliefs and psychological distress: A meta-analysis«, *Psychotherapy and Psychosomatics*, 85(1), S. 8–15

Teil 7

1 Die Tipps in diesem Abschnitt, sowie im Abschnitt *Problem-Lösen* wurden angeregt von und teilweise übernommen aus: Butler, G., Grey, N., Hope, T. (2018): *Managing your Mind. The Mental Fitness Guide.* Oxford Univ. Pres, Oxford.

2 Siehe z. B. Fisher, R., Ury, W., Patton, B. (2018): *Das Harvard-Konzept. Die unschlagbare Methode für beste Verhandlungsergebnisse.* München, Dt.Verlags-Anstalt

3 Kölsch, S. (2019): *Good Vibrations. Die heilende Kraft der Musik.* Ullstein, Berlin

Register

Klänge und Töne helfen unserem Körper besser als Medikamente

Musik hält fit und macht gesund – und dies auf allen möglichen Ebenen, wie die Forschung beweist. Stefan Kölsch, international führender Neurowissenschaftler auf diesem Gebiet, beschreibt so anschaulich wie fundiert die Auswirkungen von Musik auf unser Gehirn, unsere Emotionen und unseren Körper und zeigt, wie die neuen Erkenntnisse für jeden praktisch anwendbar sind. Das Buch für alle, die sich nicht allein auf die Schulmedizin verlassen wollen – mit zahlreichen konkreten Tipps, wie jeder von uns mit Musik im Alltag sein Wohlbefinden unterstützen und fördern kann.

Stefan Kölsch

Good Vibrations

Die heilende Kraft der Musik

Taschenbuch

Auch als E-Book erhältlich

www.ullstein.de